〈개정 증보판〉

논문작성에 필요한

SPSS/AMOS 통계분석방법

송지준 著

예제파일은 21세기사 홈페이지(http://www.21cbook.co.kr) 커뮤니티→자료실에서 다운받으시기 바랍니다.

처음 통계책을 출판하려고 결심했을 때 많은 근심과 걱정에 빠졌었다. 왜냐하면 저자는 통계학과를 전공하지 않았기 때문에 통계책을 출간했을 때 주변의 따가운 시선이 신경 쓰였고, 또한 수십 편의 통계를 이용한 논문을 작성하였다고 해서 통계책까지 출간한다는 것이 저자 스스로도 위축될 수밖에 없었다. 하지만 이러한 걱정에도 불구하고 본서는 2008년 출판이후 2015년 현재까지 독자들로부터 지속적으로 꾸준한 사랑을 받고 있다. 이는 논문통계를 공부하는 사람들의 욕구에 본서가 부응했기 때문이라고 생각한다.

오랜 시간 동안 논문통계를 강의하면서 저자가 가장 절실하게 느꼈었던 것을 한 마디로 요약하자면, 기존에 출간되어 있는 통계책과 통계강의는 너무나 어렵다는 것이다. 온통 계산식이 마치 지식 자랑을 하듯 책 전체를 차지하고 있어 보기만 해도 정신이 어지럽고 공부할 엄두가 나질 않게 만들어져 있다. 그 뿐만 아니라 통계책을 구입하는 대부분의 독자들은 학위/학술 논문을 작성하기 위함인데, 여기에 포커스를 맞추어서 핵심만을 설명한 책은 거의 찾아보기 힘들다. 통계수업 역시 이와 유사하다. 정작 필요한 것은 논문작성에 필요한 통계수업인데, 수업은 어려운 계산식과 심도깊은 통계학 이론에만 집중되어 있다. 저자는 이러한 것들이 어찌 보면 넌센스일지도 모른다고 생각해왔었다.

저자 역시 그 동안 논문을 작성하면서 통계 때문에 수많은 시행착오와 좌절을 경험하고 여기까지 왔다. 그렇기 때문에 대학원 시절 저자는 책에서 시키는데로 논문에 필요한 것만을 클릭 하면 분석 결과가 도출되고, 도출된 분석결과를 쉽게 설명한 책이 있으면 얼마나 좋을 까하고 상상을 하곤 했었다. 어떤 책이든 독자가 외면한다면 그 책은 더 이상 살아있는 책이 아니라는 것이 저자의 주장이다. 이러한 이전의 경험들과 저자의 생각이 본 저서를 작성하게 된 가장 큰 동기가 된 것 같다.

2008년 처음 본서가 탄생된 이후, 몇 번의 개정작업이 이루어졌다. 2009년 7월에 출판한 개정 1판에서는 매개효과 분석방법(19강)과 군집분석을 이용한 시장세분화 방법(20강)을 추가로 소개하였다. 사회과학 논문에서 매개효과를 분석한 논문을 가끔씩 접할 수 있는데, 어떤 통계책을 보아도 분석방법에 대해서 자세한 설명을 한 책을 찾아보기 힘이 든다. 따라서 여기에서 자신 있게 소개하였다. 또한 군집분석을 통한 시장세분화하는 방법에 대하여 소개하였다. 이 두 가지 분석방법은 독자들의 논문을 한층 업그

레이드 시킬 것이라 믿어 의심치 않는다.

2011년도에는 개정2판을 출판하였다. 개정 2판에서는 AMOS를 이용하여 구조방정식모델 분석을 실시할 때, 좀 더 완벽한 연구방법론이 되는데 도움을 줄 것이다. 구체적으로 측정모델 타당성 검정 방법(26강)과 간접효과 분석방법(31강)에 대하여 소개하였는데, 이는 구조방정식모델 분석의 논리성과 체계성을 향상시키게 될 것이다. 개정 2판에 포함된 내용은 몇몇 독자들의 요구에 의해서 소개하게 되었는 바, 해당 독자들에게 재차 감사의 말을 전한다.

이번 2015년에는 개정 3판을 출판한다. 개정 3판은 그동안 파악하지 못했던 오타 및 사소하게 잘못된 부분을 수정하였으며, 매개효과와 조절효과를 좀 더 심도 깊게 설명을 하였다. 또한 제 1부에 "저자의 여담"이라는 제목으로 논문통계와 관련한 지식들을 추가하였다, 이는 논문을 준비하는 독자들에게 많은 도움을 줄 것으로 생각한다.

저자는 본 졸저가 논문을 작성하는 독자들에게 통계분석이 더 이상 일부사람들의 전유물이 아닌 대중적으로 친밀한 분야가 되는데 기여할 것으로 바라며, 머지않아 진보적인 학자가 이 보다 더 쉬운 통계책을 출판하여 논문 통계의 대중화가 이루어질 수 있기를 진심으로 기원한다.

마지막으로 이 책을 존경하는 어머니와 사랑하는 아내와 딸 근영 그리고 나의 영원한 멘토, 그리운 아버지에게 바친다.

2015년 9월

송 지 준

이제는 웬만한 사람이라면 누구나 인터넷으로 메일을 작성하고, 뉴스를 보고, 정보를 검색한다. 또한 직장인이라면 각자에게 필요한 소프트웨어 하나 정도는 다룰 줄 안다. 그런데 컴퓨터 운영시스템에 대해 자세히 알고 이 모든 것을 사용하는 사람은 과연 몇 명이나 될까? 대부분의 사람들은 컴퓨터 운용 시스템에 대해서는 관심이 없을 뿐만 아니라 알려고 하지도 않는다. 왜냐하면 컴퓨터 운용 시스템을 몰라도 컴퓨터를 사용하는데 아무런 지장이 없기 때문이다.

통계분석도 컴퓨터의 윈도우를 사용하듯이 간단하게 사용하면 얼마나 좋을까? 클릭만 하면 원하는 정보를 획득할 수 있듯이 통계분석도 클릭해서 따라하면 결과가 도출되고 쉽게 해석도 할 수 있도록 말이다. 과연 그러한 일은 가능한 것일까? 물론 윈도우를 사용하는 것과 통계분석을 실행하는 것은 비교할 수 없는 많은 차이점이 있지만, 최소한 통계분석이라는 말을 듣기만 해도 무시무시한 기분에서 해방시켜줄 만한 교재는 있어야 할 것이다. 본서는 이러한 동기에서 시작하였다. 무조건 따라만 하면 분석결과가 도출되고, 도출된 분석결과를 쉽게 이해할 수 있는 방법 말이다. 최대한 통계분석을 이해하는데 필요한 부분만 언급하고 거품은 제거하였다. 거품을 제거하고 제거하고 또 제거하였다. 그렇다고 부실공사를 한 것은 절대로 아니다. 본서에 나오는 분석 및 해석 방법을 이해한다면 논문을 작성하는데 많은 도움이 될 것이라고 확신한다.

통계는 더 이상 전문가들의 전유물이 아니다. 연구를 하는 사람 누구라면 쉽게 다룰 수 있어야 한다. 논문을 작성하면서 통계분석을 더 이상 타인에게 의뢰하지 말고 본인이 직접 하자. 그러해야지만 꾸준한 연구 활동을 할 수 있다. 통계분석을 하지 못하면 연구 설계부터 작성까지 많은 제약이 따르기 때문에 연구 활동을 포기하는 경우를 많이 보았다. 저자 역시 통계를 배우는데 많은 어려움을 겪었고 포기도 몇 번이나 하였다. 그때마다 드는 생각은 왜 이렇게 어려운 교재 밖에 없을까? 거품을 제거하고 분석에 필요한 설명과 독자에게 다가갈 수 있는 용어로 된 교재는 없는 것 일까? 통계책은 좀 쉽게 만들면 안되는 것일까? 등등 많은 생각을 하였다. 이러한 저자의 경험을 바탕으로 본 저서는 탄생하였다. 최대한 쉽게 이해할 수 있고, 이 책을 마스터하면 통계분석을 스스로 할 수 있는 실력이 되게끔 혼혈의 힘을 쏟았다. 과감하게 거품을 제거하였고, 과감하게 계산방법을 제거하였다.

저자의 말

본 저서는 통계분석을 대중화하는데 어느 정도 기여 할 수는 있어도, 통계 전공자 혹은 전문가에게 질타를 받을 수도 있을 것이다. 통계학에 대한 전문적인 지식을 제공하는데 인색하였기 때문이다. 그렇지만 통계분석을 연구자에게 한발 다가가는데 기여하고 싶은 저자의 마음에 헤아려 주었으면 하는 바램이다. 통계분석을 이해하는데는 단시간의 학습으로는 절대 이루어지지 않는다. 상당한 시간을 투자하여 반복적으로 연습을 해 보아야 한다. 이 부분에는 왕도가 없다. 노력만이 살길이다. 아무쪼록 본 저서가 논문을 작성하는 독자들에게 유익한 교재가 되었으며 한다.

끝으로 졸저를 출간함에 있어 수고를 아끼지 않으신 21세기사 관계자 여러분께 깊은 감사를 드린다.

2008년 3월

송 지 준

통계는 더 이상 전문가들의 전유물이 아니다. 연구를 하는 사람 누구라면 쉽게 다룰 수 있어야 한다. 논문을 작성하면서 통계분석을 더 이상 타인에게 의뢰하지 말고 본인이 직접 하자. 그러해야지만 꾸준한 연구 활동을 할 수 있다. 통계분석을 하지 못하면 연구 설계부터 작성까지 많은 제약이 따르기 때문에 연구 활동을 포기하는 경우를 많이 보았다. 저자 역시 통계를 배우는데 많은 어려움을 겪었고 포기도 몇 번이나 하였다. 그때마다 드는 생각은 왜 이렇게 어려운 교재 밖에 없을까? 거품을 제거하고 분석에 필요한 설명과 독자에게 다가갈 수 있는 용어로 된 교재는 없는 것 일까? 통계책은 좀 쉽게 만들면 안되는 것일까? 등등 많은 생각을 하였다.

시중에 통계와 관련한 많은 책들을 볼 수 있다. 그런데 하나 같이 복잡하다. 책을 그냥 훑어보아도 계산식이 책 전체를 도배하고 있다. 그래도 어렵게 책에서 제시한데로 따라해서 결과물을 도출하였는데, 논문에 옮겨 적으려니 막막하다. 많은 분석결과 도출물 중 무엇을 적고, 무엇을 적지 않아야 할지 도대체 모르겠다. 그뿐만이 아니다. 설문조사의 경우, 회귀분석이나 t-test, ANOVA 등과 같은 대부분의 가설 검정을 위한 분석에서는 변수정제과정으로서 요인분석과 신뢰도 분석을 가설검정 전에 실시하여 결과물을 제시 해주어야 한다. 그런데 시중의 출판된 책들은 이러한 언급은 일체 없고 개별 분석 방법에 대한 설명만 이루어지고 있다. 논문에서 가설검정을 위해 통계분석을 하려니 어떠한 분석방법부터 시작해야 할지 막막하다.

사회과학 학문을 하는 사람들이면 누구나 한번쯤은 통계에 부딪힌 경험을 하였을 것이다. 특히, 석/박사 논문을 쓰는 대학원생에게는 발표날짜에 맞추어 작성해야하는 통계분석 결과와 논문양식에 맞는 표를 작성하는 것이 어찌보면 가장 큰 걱정거리가 아닐 수 없다. 통계분석 방법을 배우자니 너무나 힘이 든다. 책을 보아도 모르는 이야기가 대부분이어서 읽을 엄두도 안난다. 결국에는 통계를 할 줄 아는 사람을 소개받거나, 전문 기관에 의뢰한다. 그 비용도 만만하지 않다.

통계를 배우려고 결심하고 서점에 가서 책도 사고 통계학원에도 등록을 하였다. 그런데 구입한 책이나 학원에서 강의하는 강사나 어려운 계산법으로 사람을 괴롭힌다. 저자는 학부 4학년 시절, 모대학 방학특강수업으로 SPSS를 처음 접했다. 그 당시 수업시간 중에 선생님과 이런 대화를 나누었던 것으로 기억한다. "선생님, SPSS를 이용하여 통계분석하는데 정확한 분석방법을 선택하여 분석을 하고, 도출된 결과를 제대로 해석만 할 줄 알면 되는 것이지 굳이 그러한 결과가 도출된 계산방식까지 알 필요가 있나요?" 선생님은 저자의 말에 몹시 불쾌한 인상을 지었던 것으로 기억한다. "통계학 이론을 알지 않고 도출된 결과를 해석하는 것은 모래성에 집을 짓는 것과 같습니다. 어떠한 학문이라도 이론을 완전히 습득해야 합니다. 특히, 통계 소프트웨어는 단순한 도구에 불과한 것입니다. 기본적인 계산방식은 완벽하게 습득해야 합니다." 그 수업의 반 이상은 계산방식을 배우는데 시간을 보냈다. 저자도 계산방식을 습득하고자 열심히 노력하였고, 주변의 수학과와 통계학과에 다니던 친구들의 도움을 받아 공부하였던 것으로 기억한다. 그런데 그때 이후로 단 한번도 계산방식을 논문에 적용해 본 적은 없다. 통계소프트웨어가 제공한 결과치만 가지고 해석을 하였다. 난 그때 왜 그렇게 그것을 배울려고 바둥바둥했을까?

우리는 일반적인 통계 분석 관련 책에서 통계분석 결과를 도출하는데 필요한 계산방식에 대하여 쉽게 접하게 된다. 사실 논문을 위한 통계 분석을 실시하는데 있어 계산방법을 습득하면 좋겠지만, 사실상 통계를 전공하지 않은 사람에게는 너무나 어려운 일이다. 결론적으로 말하면, SPSS나 AMOS를 이용하여 통계분석을 실시하는데 에는 굳이 계산방식을 배울 필요가 없다는 것이다.

시중에 출판된 대부분의 통계관련 책자는 많은 부분을 통계학 이론과 계산방식과 관련한 지식 제공에 충실하고 있다. 물론 그러한 책들이 잘못되었다는 것이 아니다. 어찌보면, 피교육자의 입장에서 당연히 거쳐야 할 과정일 수도 있다. 사실 비통계학과 출신이면서 통계를 이용하여 논문을 작성하는데 너무나 어려운 계산공식과 이론에 충실한 설명은 오히려 통계를 배우려는 시도조차 못해보는 상황을 초래할 수 있다. 책만 보아도 눈이 어지럽고 머리가 아프기 때문이다. 각각의 통계분석의 개념만 알아도 분석하는데 아무런 지장이 없다. 따라서 본서에서는 통계학에 대한 자세한 계산식과 관련한 지식은 제공하지 않는다.

본서의 특징 중 또 다른 하나는 논문 작성에 포커스가 맞추어져 있다는 것이다. 시중에 출판된 통계 관련 교재를 보면, 요인분석에 대한 설명, 신뢰도 분석에 대한 설명을 각각 해놓았다. 이러한 교재에서 언급한데로 충실히 학습하고 논문을 작성하려니 언제 요인분석을 실행하고 언제 신뢰도 분석을 이용하는지 도대체 이해가 가질 않는다. 즉, 통계분석 기법 각각에 대해서는 이해를 하지만 막상 본인의 논문을 작성하려니 언제 어떠한 분석방법을 사용할지 막막할 것이다. 이 뿐만 아니다. 분석을 실시하기 전 SPSS 매뉴얼을 보면 엄청나게 많은 분석결과물을 도출할 수 있는 내용을 담고 있다. 그러면 이 모든 결과를 도출하여 해석하고 논문에 제시하여야 하는 것 일까? 물론 그 해답은 NO이다. 논문에서 분석결과를 제시하는데는 극히 제한적인 결과물을 제시할 뿐이다. 그런데 어떠한 교재도 무엇을 제시하라고 자세히 언급한 책을 찾아보기 힘이 든다.

이와 같이 본 저서는 통계학 이론에 대한 설명은 최대한 줄이고 논문을 작성하는데 필요한 통계분석 방법에 포커스를 맞추고 있다. 따라서 학위/학술 논문을 작성하려는 대학원생, 연구자 혹은 사회과학 조사방법에 관심이 있는 사람에게는 매우 유익한 교재가 될 것이다. 하지만 통계라는 것은 단순히 책 몇 권을 가지고 독학하였다고 해서 정복할 수 있는 분야가 결코 아니라는 것을 기억해야 한다.

통계분석을 이해하는데는 단시간의 학습으로는 절대 이루어지지 않는다. 상당한 시간을 투자하여 반복적으로 연습을 해 보아야 한다. 책뿐만 아니라 논문통계만을 위한 수업도 듣는 것이 좋다. 이 부분에는 왕도가 없다. 노력만이 살길이다. 아무쪼록 본 저서가 논문을 작성하는 독자들에게 유익한 교재가 되었으며 한다.

끝으로 졸저를 출간함에 있어 수고를 아끼지 않으신 21세기사 관계자 여러분께 깊은 감사를 드린다.

2008년 3월

송 지 준

목 차

■■■ 제1부 ■■■

통계분석 전 기본 지식

■■■ 제2부 ■■■

SPSS를 이용하여 논문을 작성하자

■■□ 제3부 □■■

AMOS를 이용하여 논문을 작성하자

제1부

통계분석 전 기본 지식

PART
1

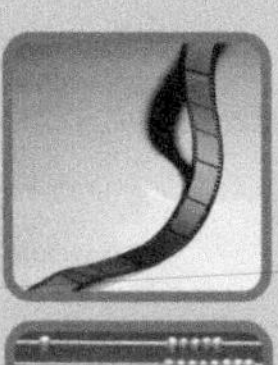

통계분석 전 기본 지식

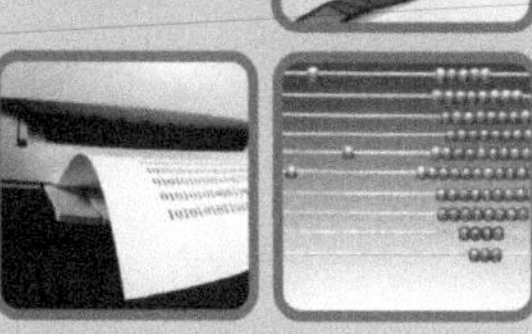

제1부에서는 논문을 작성하는데 있어, 통계분석 전에 알아야 할 가장 기초적인 지식을 담고 있다. 저자의 경험에 비추어 볼 때, 논문을 많이 접해보지 않았거나 논문을 처음 작성해 보는 사람의 경우 가설 검정결과를 해석 하는데 어려워하는 것 같았다. 이러한 문제를 해결하기 위하여 제1강에서는 가설과 유의수준 해석에 대한 상세한 설명을 하였다. 특히, 가장 많은 혼돈을 초래하는 가설의 채택과 기각 여부를 판단하는 방법에 대해 자세히 설명하였다. 논문에서 가설을 설정하였다면, 가설에 나오는 변수를 무엇으로 측정할 것인가를 결정해야 한다. 즉, 측정도구를 선정하여야 한다. 이와 관련된 사항은 제2강 측정도구와 척도에서 상세히 다루었다. 선정한 측정도구를 가지고 설문지를 완성한다. 조사응답자를 대상으로 설문지를 배포하고, 회수된 설문지로 본격적으로 통계분석을 실시해야 한다. 그런데 어떠한 통계분석 방법을 사용할 것인가? 통계분석 방법을 계획하지 않고 설문조사를 했다간 큰 낭패를 볼 수 있다. 통계분석 방법은 연구목적을 달성할 수 있도록 이미 계획되어 있어야 한다. 왜냐하면 변수의 척도에 따라 통계분석 방법도 달라지기 때문이다. 통계분석 방법이 미리 계획되어 있어야지만 변수의 척도를 고려하여 측정도구를 선정할 수 있는 것이다. 이와 관련한 사항은 제3강 통계분석 방법의 결정에서 상세히 다룰 것이다.

저자의 여담

1 우리의 논문은 표본연구이다.

이 책을 읽는 대부분의 독자들은 SPSS와 AMOS라는 분석도구를 이용하여 논문의 실증연구 부분에 해당하는 내용을 기술할 계획을 가지고 있을 것이다. 이를 소위 정식용어는 아니지만 일반적으로 알기 쉽게 말해 논문통계라 칭한다.

저자는 논문통계라는 것은 통계와 연구방법론을 합한 의미라 생각한다. 특히 연구방법이라는 넓은 의미 속에서 통계분석을 어떠한 방법으로 진행할 것인가는 매우 중요한 개념이다.

일반적으로 연구는 모집단 전체를 대상으로 한 연구가 거의 불가능하다. 따라서 모집단 전체에서 표본을 추출하며, 이를 가지고 분석을 진행하게 된다. 이때 표본에 의해 도출된 계수값들을 추정치(estimate)라고 하며, 이 값을 논문에서 제시한다.

그렇다면 무엇을 추정하는가? 간단히 말해 모집단을 수(數)로 나타낸 모수를 추정한다. 결론적으로 각 연구자들이 수집한 표본에 의해 모수를 추정하는 값인 추정치(estimate)를 구하고 이것을 우리는 논문에서 제시하는 것이다. 이것을 그림으로 나타내면 아래와 같다.

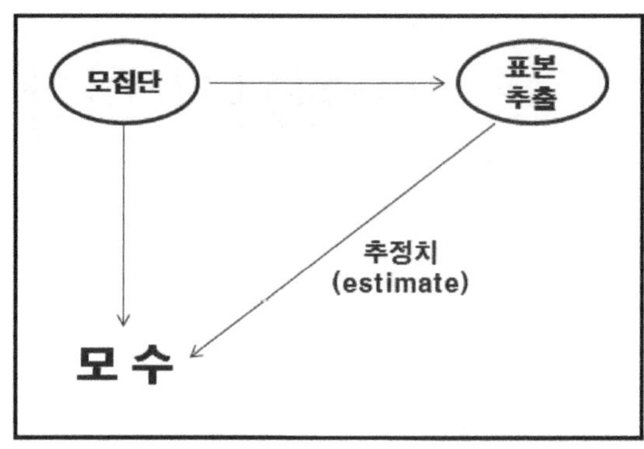

그런데 이 추정치는 제대로 추정해야 한다. 논리적 근거나 타당성 없이 마구잡이 추정해서는 안된다. 그러면 신뢰할 수 없는 추정치값이 나오지 않겠는가? 예를 들어, A라는 사람은 변수에서 오차가 큰 문항 혹은 설명력이 낮은 문항을 제거한 후 분석하여 추정치를 도출하였고, B라는 사람은 오차를 제거하는 과정 없이 분석을 실시했다고 가정하자. 여러분은 A와 B 중 누가 더 정확한 추정치를 도출했다고 생각하는가? 당연히 A라고 생각하지 않는가?

우리의 연구는 연구자가 수집한 표본과 설정한 연구모델과의 관계에서 나온 결과값에 대한 해석이다. 그렇기 때문에 선행연구에서는 어떤 두 변수들 간에 유의한 영향관계가 있다하더라도 나의 연구에서는 그렇지 않을 수도 있다. 저자는 이러한 경우 연구자 자신이 분석을 잘못했다고 생각하는 사람들을 많이 만났다. 하지만 이는 분석을 잘못한 것이 아니다. **선행연구와 왜 다른 결과가 나타났는가는 대부분 표본의 특성에서 찾을 수 있다.**

우리는 논문의 결론부분에서 시사점을 제시한다. 이 시사점을 논의한 근거는 어디인가? 바로 통계분석결과에 근거하여 제시하게 된다. 제대도 추정하지 않은 추정값을 근거로 시사점을 제시했다면, 그 논문은 많은 문제점을 가지고 있을 것이고, 심지어는 논문 자체가 잘못되었다고도 이야기 할 수 있을 것이다. 그 만큼 연구방법이라는 넓은 의미 속에서 통계분석을 어떠한 방법으로 할 것인가는 매우 중요한 개념이라는 것이다.

이렇게 중요한 연구방법은 전공마다 상이할 수도 있고, 논문을 지도 혹은 심사하는 교수님마다 이견(異見)이 존재할 수도 있다. 저자의 생각에 어떤 부분은 이견이 존재할 수 없을 것 같아도, 때로는 (저자의 입장에서) 너무나 답답하지만 어쨌든 이견은 존재한다. 그렇기 때문에 논문통계를 배우는 연구자는 제대로 배워야 한다. 누구나 들어서 수긍할 수 있는 논리적 근거와 타당성이 있는 **논문통계를 분석하기 위해서는 통계학이 아닌 논문통계를 가르치는 사람한테 제대로 배워야 한다.** 그러해야만 논문 심사자의 질문에 답변을 할 수 있다.

2 사회과학논문은 방어(defence)학문이다.

연구자는 논문 심사자의 질문에 어떻게든 답변 할 수 있어야 한다. 왜 그런가?

당신의 전공이 무엇이던지 논문에서 통계를 돌렸다면 이는 사회과학 학문의 성격을 접목한 논문이기 때문이다. 그렇다면 사회과학 학문의 성격을 알아야 될 것이다. 결론부터 말하자면 사회과학 논문은 방어(defence)에서 성장한 학문이다. 어떤식으로든 심사자의 질문에 방어를 못한다면 논문의 신뢰성은 추락할 수밖에 없다.

여기서 좀 더 이해를 돕고자 사회과학학문의 발전배경에 대해서 살펴보자.

논문에 통계분석을 하기 시작하면서 많은 사회과학자들은 논문의 타당성확보에 많은 노력을 기울였다. 이는 현재도 마찬가지이며, 사회과학논문의 영원한 숙제인 듯하다. 특히, 그중에서 내적타당성과 외적타당성 확보가 중요한 문제였다.

내적타당성을 확보하기 위해서는 종속변수의 변화가 순수하게 독립변수에 의해서 발생하였다는 것을 증명할 수 있어야 한다. 예를 들어, 어떤 신약을 개발하기 위해서 먼저 생쥐를 대상으로 임상실험을 한다고 가정해 보자. 100마리 생쥐에게 주사약을 주입하였더니 생쥐에게 어떠한 변화가 생겼다. 여기서 독립변수는 주사약이 되고, 종속변수는 생쥐의 변화가 된다. 이러한 연구는 누구나 보아도 생쥐의 변화는 독립변수인 주사약 때문에 일어났다는 것을 알 수 있다. 이는 내적타당성이 매우 높은 연구가 된다.

그런데 사회과학 분야는 어떠한가? 한번 생각해보자. 한 연구자가 노인의 우울증을 감소시키는 연구를 한다고 가정하자. 그래서 우울증 감소 프로그램을 개발하여, 우울증상이 있는 노인분들에게 개발한 프로그램을 한 달간 실시하였다. 그 후 조사하였더니 우울증이 통계적 유의수준하에서 감소한 것으로 나타나, 이 연구자는 조사결과를 발표하였다. 그런데 이러한 질문을 받았다. 노인분들의 우울증이 독립변수인 개발한 우울증 감소 프로그램 때문에 감소하였는지, 아니면 조사기간 중 연구자가 통제할 수 없는 어떠한 원인들(예를 들어, 조사기간 중 노인의 자식들의 지속적인 관심과 배려, 친구분의 조언, 새로운 친구 혹은 배우자가 생김 등등)에 의해서 우울증이 감소했는지 어떻게 알 수 있느냐는 질문이다. 어떻게 답변해야 하겠는가?

앞에서 언급한 생쥐와는 완전히 다른 차원의 연구가 된다. 이렇듯 사회과학 학문은 연구자가 통제할 수 없는 수많은 변수들이 존재하는 상황에서 연구가 이루어진다. 어쨌든 질문에 답을 해야 한다. 이러한 질문들은 조금씩 사회과학 학문을 과학적으로 발전하게 만든다.

실례를 하나 들면, 논문에서 R^2을 제시하게 되는 것이다. 이는 독립변수가 종속변수를 설명하는 정도이다. 우울증 감소 프로그램의 R^2이 0.301이라면 개발된 우울증 감소프로그램이 우울증 감소에 30.1%의 역할을 했다는 것이다. 그렇다면 나머지인 69.9%는 오차, 즉 통제할 수 없었던 다른 어떤 원인에 의해서 일어났다는 것을 의미한다. 이렇듯 실제 독립변수의 설명력을 제시함으로써 방어(defence)를 했다.

어쨌든 내적타당성 문제는 어느 정도 해결을 하였다.

이젠 외적타당성에 대해서 한번 생각해보자. **외적타당성은 반복 실험 했을 때 동일한 값이 나오면 외적타당성이 높다고 한다.** 앞에서 생쥐의 예를 들었다. 제대로 약(독립변수)을 개발했다면 100마리 생쥐에게는 유사한 혹은 동일한 반응(종속변수)이 나타날 것이며, 이후 사람들을 대상으로 임상실험을 거친 후 새로운 신약이 시중에서 판매하게 될 것이다. 외적타당성이 매우 높은 연구가 된다. 그러면 사회과학 분야는 어떠한가? 신뢰할 수 있는 측정도구를 가지고 어떠한 변수들 간의 관계를 조사하였다. 그런데 항상 같은 결과가 나오는 것이 아니다. 왜 그런가? 정답부터 말하자면 이는 앞에서 언급했던 우리의 논문은 표본연구이기 때문이다.

그런데 질문이 들어온다. 왜 선행연구와 다른 결과로 나타났는가? 어쨌든 질문에 답을 해야 한다. 사회과학자들은 이 문제를 해결하는데 아주 골머리를 앓았을 것으로 생각된다. 결국에는 답을 찾지 못한 것 같다. 그래서 탄생한 것이 논문에서 제일 끝부분, 연구의 한계점을 제시하게 된다. 연구의 한계점에 꼭 들어가는 내용은 무엇인가? 논문을 읽어보았다면 누구나 한번 쯤 본 적이 있는 내용이다. "본 연구는 표본 연구이므로 연구결과를 일반화하는데 문제가 있을 수 있다"는 내용은 꼭 들어간다. 외적타당성은 결국 이것으로 해결하게되면서, **연구의 한계점은 방어학문의 흔적**이 되어 버렸다.

결론적으로 심사자로부터 질문을 받으면 어떤식으로든 답변을 할 수 있어야 하지 않을까? **논문 투고 혹은 발표 전에 본인이 심사자가 되어 자신의 논문에 질문을 해보자. 그런데 본인이 작성한 논문에 자신이 답을 하지 못한다면 그 논문은 문제가 좀 있지 않을까?**

3 학술논문은 복불복(福不福)이다.

누구나 심사자의 질문에 답을 잘하고 싶어 한다. 누구나 논리적이고 타당성이 높은 논문을 작성하고 싶어 한다. 그러기 위해서는 첫 번째로 다른 사람의 논문을 비판할 수 있어야 한다고 저자는 생각한다. 이는 소위 논문 critical이라 표현한다. 그런데 왜 다른 사람의 논문을 가지고 공부를 하라고 하지 않고 비판을 하라고 말하는가? 저자는 항상 수업시간에 이야기 한다. **학술논문=복불복** 이라고.

왜 복불복인가? 전공에 따라 약간의 차이가 있겠지만 대부분 학술논문은 3인 심사로 이루어진다. 즉, 학술논문은 익명의 3인에 의해 심사되어 지고, 최종 게재판정이 이루어진다는 것이다. 그런데 그 3인이 어떤 사람인가? 우리는 모른다. 통계를 전혀 모르는 사람인지, 잘 아는 사람인지, 그것도 제대로 아는 사람인지, 아니면 혼자서 대충 독학해서 여기저기서 아는체 하는 사람인지 알 수 없다. 물론 우수한 실력을 가진 교수님도 계실 것이다. 어쨌든 우리는 누구로부터 심사를 받는지 모른다. 그런데 말이다. **학술논문이라고는 곳은 아주 공평하지 않는 곳이다.** 어떤 사람은 대충 논문을 썼는데도 수정후게재가로 쉽게 논문이 통과되는 반면, 아주 열심히 논문을 쓴 사람은 계속 수정후재심 판정이 나올 가능성이 있는 곳이다. 이것이 학술논문이다.

심사자로 누구를 만나느냐에 따라 상황이 달라진다. 그래서 현재 모든 전공에서 논문통계 부분이 잘못되었는데도 불구하고 게재된 논문이 부지기수(不知其數)이다. 많아도 너무 많다. 다른 사람의 논문을 가지고 공부하다가 본인의 연구도 잘못될 가능성이 크다. 그래서 저자는 학술논문을 복불복이라 칭한다.

저자는 논문통계 수업시간에 항상 이야기 한다. **논문가지고 절대 공부하지 말고 그 논문을 비판하라.** 타인의 논문을 비판하게 되면 본인의 논문은 자연스럽게 논리적으로 쓰게 될 것이다. 정말이다. 한번 믿어봐라.

4 논문통계는 책만 보고 독학하기 힘들다.

앞에서 주저리 주저리 말한 것이 어려운가? 논문통계를 돌리는 것도 힘이 드는데, 연구방법까지 생각해야 하고, 다른 사람 논문을 비판까지 하란다. 논문통계는 결코 쉽지 않는 분야이다. 당연한 이야기다. 누구나 통계를 직접 분석하여 논문을 쓴다면 그만큼 희소성도 없지 않겠는가? 어렵다. 그것도 많이 어렵다. 그런데 많은 사람들이 이 책은 쉽게 적혀 있다고들 이야기 한다. 저자는 수 년 동안 정말 즐겁지만 지겹도록 많이 들었다. 본서가 처음 탄생한 2008년부터 지금까지 많은 독자들로부터 그리고 특히 저자의 논문통계 수업을 들은 수강생들로부터 받은 찬사이다.

이 책으로 통계를 독학했다는 많은 사람들을 만났다. 그런데 저자는 깊은 책임감을 느낀다. 어떤 책임감인가 하면 이 책이 누군가에게 논문통계를 독학할 수 있다는 자신감을 주었고, 또한 책을 다 본 후 자신이 통계를 아주 잘한다고 생각하게끔 만든 허상(虛想)에 대한 책임감이다. 저자는 분명하게 말한다. 이 책만으로 SPSS 또는 AMOS를 활용한 논문통계를 정복하기 정말 힘이 든다고 말이다. 아니 이 책만이 아니다. 대한민국에서 현재 출판되어 있는 모든 통계책으로는 독학하기 정말 힘들다는 것이다. **"통계 이 책 한권으로 끝내기" 이와 유사한 문구는 상술에 불과하다.** 그래도 이 책은 그 중에 낫다.

논문통계를 포기하는 사람들의 공통점은 혼자서 책만 본다는 것이다. 그러니깐 빨리 포기하게 된다. 즉, 논문통계는 혼자서 책을 보면서 정복하기 정말로 정말로 힘든 분야라는 말이다. 물론 천재는 예외로 한다. 그런데 본인이 천재라고 생각하는가? 그렇다면 통계는 독학으로만 충분히 가능하다. 그렇지 않다면 어떠한 경로를 통해서든 논문통계수업을 들을 것을 권유한다. 저자와 같이 평범한 사람들은 그 어떠한 통계책으로도 독학하여 통계를 정복하기 힘들다는 것을 다시 한번 강조하고 싶다.

논문통계를 공부하는 많은 사람들은 아니 거의 대부분의 사람들은 통계 비전공자들이다. 소위 통계전공자보다 비전공자 사람들이 통계를 더 많이 쓴다는 것이다.

통계전공자도 학교에서 수년 동안 수업을 듣고 공부하였는데, 비전공자가 어떻게 책만 보고 논문통계를 정복하려 하는가? 논문통계를 독학으로 하려는 이 자체가 잘못되었다고 생각하지 않는가?

논문통계는 수업을 들을 것을 권유한다. 수업을 선택할 때는 강사 선택과 교육과정 내용을 잘 살펴보아야 한다. 통계학 전공자가 수업하면 계산식 때문에 미쳐버린다. 유명한 SPSS/AMOS 통계 강사를 만나면 수업 때는 이해가 가는데 막상 논문을 쓰려니 어디서 시작해야 할지 막막하다. 이는 각각의 통계 분석방법만 가르치기 때문에 이런 현상이 발생한다. 우리는 논문을 쓰기 위해서 통계를 공부하는 것이 아닌가? 그렇다면 **"논문통계"를 가르치는 강사를 만나야 한다.** 통계와 연구방법을 가르치고 다른 사람의 논문도 비판할 수 있는 능력을 키워주고, 논문통계 초보자의 눈높이에 맞춰 강의할 수 있는 선생님을 만나야 한다.

논문통계를 정복하고 싶지 않은가? 학위를 마치고 계속 연구 활동할 사람이라면 넘어야 할 산이다. 이 산을 넘어야만 자유롭게 연구 활동을 할 수 있다. 그렇지 않으면 **통계 때문에 지속적으로 학문적 구걸을 해야 한다.** 아니면 비싼 비용 들여 매번 통계분석을 타인에게 의뢰해야 한다. 그런데 본인이 통계를 모르니 분석을 의뢰하여도 심사자의 질문에 답변을 못한다. 지속적인 연구 활동을 할려고 하니 정말 어렵다.

하지만 말이다. 노력 없이 무엇을 얻을 수 있겠는가? 노력을 하되 가장 쉬운 방법을 선택해야 하지 않겠는가?

단 하루의 논문통계 강의가 혼자서 1년 이상의 노력과 같을 수 있다는 것을 기억하자.

저자의 여담에서는 그동안 논문통계 수업을 하면서 느꼈던 부분을 적어보았다.

끝까지 읽어주어서 감사드리며, 저자의 생각들이 독자들에게 좋은 조언이 되기를 진심으로 바란다.

2015년 어느 여름날

저자 송지준(www.easyspss.com)

제1강
가설과 유의수준의 해석

1 가설이란

가설(hypothesis)이란 어떤 문제를 검정하기 전에 세워지는 잠정적인 문장이라고 할 수 있다. 예를 들어, 우울증에 걸린 사람들을 치료할 수 있는 방법은 무엇일까? 라는 문제를 생각해보자. 기존에 우울증을 치료하는 데에는 약물치료, 상담치료, 운동요법 등의 방법이 있다. 여기에 어떤 연구자가 "우울증을 치료하는 새로운 방법으로 관광활동이 효과가 있을 것이다"라고 추론하고 이를 검정하고자 한다. 이때 검정하기 전에 세워지는 잠정적인 문장이 가설인 것이다.

이것의 가설은 "관광활동은 우울증 환자들의 우울성향에 부(-)의 영향을 미칠 것이다"로 설정할 수 있다.

가설은 이와 같이 검정이 이루어지기 전에 세워지는 것이므로 문제에 대한 해답이 될 수 있을지 없을 지는 아직 알 수 없으나, 연구자가 이론 혹은 경험에 기초하여 잠정적으로 해답이라고 생각하는 것이라 할 수 있다. 그런데 모든 연구에서 가설을 반드시 설정할 필요는 없다. 연구자는 연구의 특성에 따라 가설을 설정할 것인가 아니면 설정하지 않을 것인가를 결정한다. 그러나 과학적 연구에서의 가설은 연구자가 규명하고자 하는 주요 핵심사항이므로, 가설을 설정하는 것은 과학적 연구에서 중요한 하나의 절차이다.

과학적 연구는 원인(cause)이 결과(effect)에 영향을 미치는 인과관계(causal relationship)를 가정하고 있다. 따라서 가설을 설정할 때는 반드시 원인과 결과를 문장에 제시하여야 한다. 예를 들어 가족의 사랑이 많으면 우울증에 걸릴 확률이 낮다는 것을 가정하자. 여기서 "가족의 사랑"은 원인 변수가 되고 "우울증"은 결과 변수가 된다. 이러한 원인과 결과를 포함한 가설 문장은 "가족의 사랑은 우울증에 부(-)의 영향을 미칠 것이다"로 설정하면 된다.

2 귀무가설(영가설)과 연구가설

가설의 종류에는 귀무가설(혹은 영가설)과 연구가설 두 종류가 있다.

귀무가설(영가설)은 H_0로 표시하며, 검정할 가설의 내용에는 차이가 없다 혹은 효과가 없다(없다는 것은 0이므로, 이를 영가설이라고도 함)고 진술하는 가설이다.

연구가설은 H1으로 표시하며, 검정할 가설의 내용에는 차이가 있다 혹은 효과가 있다고 진술하는 가설이다. 연구가설은 연구자가 세운 새로운 가설이고, 일반적으로 논문에서 가설이 채택되었다고 하는 것은 연구가설이 채택되었다는 것을 의미한다.

귀무가설(영가설)과 연구가설 설정의 예를 들어 설명하면 다음과 같다.

앞에서 "우울증을 치료하는 새로운 방법으로 관광활동이 효과가 있을 것이다"라고 추론하고 가설을 설정하였다. 이를 귀무가설(영가설)과 연구가설로 구분하여 설정하면 다음과 같다.

- **귀무가설(영가설) H0 = 관광활동은 우울증 환자들의 우울성향을 감소시켜 주지 않을 것이다.**
- **연구가설 H1 = 관광활동은 우울증 환자들의 우울성향을 감소시켜줄 것이다.**

귀무가설(영가설)은 검정할 가설의 내용에는 차이가 없다 혹은 효과가 없다고 진술하는 가설이므로 "우울성향을 감소시켜 주지는 않을 것이다"라고 설정한다. 연구가설은 그 반대의 진술에 해당하는 가설의 내용에는 차이가 있다 혹은 효과가 있다고 진술하는 가설이므로 "우울성향을 감소시켜줄 것이다"라고 설정하면 된다.

논문에서 제시하는 가설은 연구가설이다. 귀무가설(영가설)은 논문에서 제시하지 않는다. 단지 연구가설의 반대되는 의미로서 연구가설이 기각되었을 때 해석의 차원에서 머릿속에 기억하고 있으면 된다.

3 가설의 유의도 수준

논문에서는 앞에서 설명한 연구가설을 제시하고, 연구가설이 기각되는지 아니면 채택되는지를 검정한다. 그렇다면 가설이 기각되었다 혹은 채택되었다라고 하는 기준은 무엇일까? 이는 유의도 수준(significant level)에 기준하여 가설 채택 유무를 결정한다. 즉, 유의도 수준 내에 들어가면 가설은 채택되었다고 한다.

유의도 수준은 α**(알파) 또는 p(probability : 확률)**로 표시한다. α(알파) 또는 p값은 가설채택 유무를 결정하는 기준값이므로 최초 연구자가 정하여야 하는데, 일반적으로 사회과학분야에서는 $\alpha = 0.05$ 또는 $p < 0.05$을 기준으로 한다. $\alpha = 0.05$라는 것은 표본의 결과가 모집단의 본질과 관계없이 표본의 특성에 의해 우연히 나타났을 확률이 100번 가운데 5번 이하라는 뜻이다. 즉, 통계치가 모수치를 대표하는 정도에 있어서 오차가 5%이며, 표본통계치의 신뢰도가 95%라는 것을 의미한다. 이렇듯 일반적으로 사회과학 분야에서는 5%의 오차를 인정하고 95%의 신뢰도를 확보하면 된다. 그러나 인간의 생명을 다루는 의약품을 개발할 경우에는 5%의 오차가 매우 클 수가 있다. 이럴 경우에는 $\alpha = 0.01$ 또는 $p < 0.01$을 기준으로 하는데, 이는 99%의 신뢰도를 확보하고 1%의 오차만을 인정하는 기준이다. 만약 1%의 오차도 크다고 생각할 때는 $\alpha = 0.001$ 또는 $p < 0.001$을 기준으로 하여 신뢰도 99.9%를 확보하고 0.1%의 오차를 인정하면 된다.

유의도 수준을 기준으로 가설의 채택과 기각을 해석하는 방법은 다음과 같다.

$\alpha = 0.05$ 일 때,
α가 p값보다 클 때($\alpha >$ p값), 귀무가설은 기각되고 연구가설은 채택하고,
α가 p값보다 작을 때($\alpha <$ p값), 귀무가설은 채택하고 연구가설은 기각한다.

이것을 예를 들어 설명하면 다음과 같다. "관광활동은 우울증 환자들의 우울성향을 감소시켜줄 것이다."라는 가설을 검정한 결과 p값이 0.03이 나왔다고 하자. 그렇다면 이 가설은 채택되었을까? 아니면 기각되었을까? (일반적으로 사회과학분야에서 $\alpha = 0.05$을 기준) p값이 0.03으로 α가 p값보다 클 때에 해당하여 귀무가설은 기각되고 연구가설은 채택하게 된다. 연구가설 채택의 의미는 "관광활동은 우울증 환자들의 우울성향을 감소시켜주는 것으로 나타났다"것을 의미한다.

가설을 채택하고 기각하는 기준에는 p값 이외에도 t값이 있다. α =0.05일 때, t값은 1.96이다. 즉, t값이 ±1.96이상이 되면 α =0.05에서 유의적이라고 해석한다.

t값의 절대치	양측검정 시
절대치 t값 ≧ 2.58	α =0.01 에서 유의적
절대치 t값 ≧ 1.96	α =0.05 에서 유의적
절대치 t값 ≧ 1.645	α =0.10 에서 유의적

지금까지의 설명은 통계를 처음 접하는 사람들이라면 이해하기가 매우 힘들 것이다. 그러나 가설을 기각하고 채택하는 기준은 꼭 알고 넘어가야 할 부분이다. 그렇다고 너무 걱정하지 말자. 앞으로 계속 가설을 채택하고 기각하는 것과 관련한 설명이 될 것이다. 천천히 그리고 조금씩 본서의 책장을 넘기다 보면, 가설의 기각과 채택은 쉽게 이해가 될 것이다.

반드시 읽고 넘어갑시다

앞에서 설명한 가설의 채택과 기각을 해석하는 기준은 많은 혼동을 가져다 줄 것이다. 특히, **α = 0.05 일 때, α가 p값보다 클 때(α > p값), 귀무가설은 기각되고 연구가설은 채택하고, α가 p값보다 작을 때(α < p값), 귀무가설은 채택하고 연구가설은 기각한다.**는 설명은 너무나 헷갈릴 것이다. 이 부분을 어렵게 생각하지 말고 한번 간단하게 생각해 보자.

일반적으로 사회과학분야에서는 α = 0.05를 기준하기 때문에, p값이 0.05보다 작으면 무조건 가설은 채택이 된다. 또한 t값이 ±1.96이상이 될 때도 가설은 채택이 된다. 앞의 설명이 혼동이 되면 그냥 이것만 암기해도 된다. 가설을 검정하였더니 p값이 0.045가 나왔다. 그러면 p값이 0.05보다 작으니깐 이것은 가설이 채택되었다고 해석하면 된다. 또한 t값이 −2.01이 나왔다면 이것 역시 t값이 ±1.96이상이 되므로 가설은 채택된 것이다.

제2강
측정도구와 척도

1 측정도구의 선정

어떤 연구에서 가족의 사랑과 우울증 간의 인과관계를 규명하기 위하여 "가족의 사랑은 우울증에 부(-)의 영향을 미칠 것이다"로 가설을 설정하였다고 하자. 여기서 원인 변수는 "가족의 사랑"이고 결과 변수는 "우울증"으로, 분석은 가족의 사랑과 우울증 간의 관계를 규명하는 것이 주요 목적이다. 이러한 인과관계를 분석하기 위해서는 "가족의 사랑"과 "우울증"을 측정해야 한다. 이를 측정도구라 한다. 또한 이것을 어떠한 측정도구를 이용하여 측정할 것인가에 대한 문제에 직면하는데, 이를 측정도구의 선정이라고 한다.

예를 들어, 한 연구자가 "우울증"을 측정하기 위하여 상식에 의하여 다음과 같은 설문 문항을 작성하였다고 하자.

① 나는 죽고 싶다
② 나는 잠이 잘 오지 않는다
③ 밥맛이 없다
④ 사람들을 만나기가 귀찮다
⑤ 사람들을 만나기가 무섭다
⑥ 혼자 있고 싶다
⑦ 외롭다
⑧ 말하기가 귀찮다
⑨ 매사에 의욕이 없다

누가보아도 위의 문항은 우울증이 있는 사람들의 증상인 것으로 보인다.

그러나 이러한 문항을 가지고 설문조사를 실시하여, 분석을 하고 결과물을 발표하였다. 과연 올바르게 진행된 논문이라고 할 수 있을까? 또 여기서 작성한 우울증의 측정도구를 신뢰할 수 있을까? 그 답은 당연히 올바르게 진행된 논문이 아니며, 위에서 사용한 측정도구도 절대로 신뢰할 수 없다는 것이다. 또한 이런 논문은 학위/학술 논문으로서 인정받지 못할 것이 분명하다.

앞에서 언급한 논문의 문제점은 무엇일까? 그것은 측정도구를 활용하는 방법이 잘못되었다. 우울을 측정하기 위해서는 연구자가 상식에 의해 문항을 작성해서는 안되고 새로운 측정도구를 개발하던지 선행연구자의 측정도구를 인용해야 한다.

기존 선행연구를 검토하면, 우울과 관련한 측정도구는 많이 존재한다. 이러한 측정도구들은 선행연구자가 과학적인 방법을 통하여 "우울증"을 측정하는 측정도구를 최초 개발하였고, 후속연구자들은 이 측정도구를 이용하여 분석을 하여 "우울증"을 대표할 수 있는 측정도구로 탄생한 것이다. 누가 보아도 신뢰할 수 있는 측정도구가 된 것이다. 이렇게 탄생한 "우울" 관련 측정도구들은 여러 개가 존재한다.

따라서 연구자는 기존 선행연구를 검토하여 논문의 의도에 부합하는 "우울증" 측정도구를 선정하는 것이 논문에 신뢰성을 부여할 수 있는 방법이다.

그러나 연구의 특성상 선행연구자가 이용한 측정도구를 인용하지 않고, 연구자가 직접 설문문항을 작성해야 하는 경우가 있다. 예를 들면, 연구자가 직접 참여관찰을 통해서 측정대상의 문제점 등을 도출하여 분석을 해야 하는 경우, 논문의 목적이 측정도구를 개발하는 경우 등이 그것이다. 이러한 특수한 상황을 제외하고, 인과관계를 규명하는 과학적 조사방법에서는 일반적으로 선행연구자로부터 자신의 연구에 가장 적합한 측정도구를 선정하고 분석을 실시한다.

2 척도의 형태를 고려하자

저자에게 한 후배가 얼굴이 노랗게 질려서 찾아 왔다. 일주일 후가 논문 발표인데 아직 통계분석을 못했다는 것이다. 거의 울다시피 매달려 어쩔 수 없이 도와주기로 했다. 근데 어찌된 일인가? 설문지를 보니 전부 명목척도이다.

답은 나왔다. 빈도분석과 교차분석(카이스퀘어 검정) 밖에 할 수 없었다.

그냥 무작정 측정도구를 선정하고 설문지를 작성하면 통계분석이 엉망이 될 수 있다. 그러므로 최초 연구를 설계할 때 통계분석 방법을 계획하고 이에 적합한 측정도구를 선정해야 한다. 앞에서 언급한 내용 중 빈도분석과 교차분석(카이스퀘어 검정)이 잘못되었다는 것이 아니다. 측정도구를 제대로 선정하고 설문지를 작성했다면 통계분석 방법은 여러 가지 사용할 수 있었을 것이다. 그러나 명목척도로만 구성된 설문지를 작성하다보니 분석방법이 제한적이라는 의미이다. 얼마나 안타까운 일인가? 조사비용을 지불하면서까지 어렵게 설문조사를 실시하였는데 분석은 단 한 가지 방법 밖에 할 수 없다니 말이다.

최초 연구를 설계할 때부터 통계분석 방법은 무엇으로 할 것인가를 미리 계획하고 있어야 체계적인 논문을 작성할 수 있다.

변수의 척도를 무엇으로 하느냐에 따라 통계 분석방법은 달라진다(이에 대한 자세한 내용은 제3강에서 다룬다). 따라서 측정도구를 선정하던지 혹은 개발하던지, 연구에 가장 적합한 척도가 어느 것인가를 고려하고 설문지를 작성해야 한다.

1) 명목척도(nominal scale)

측정대상의 속성을 분류할 목적으로 숫자를 부여한 척도를 말한다. 가장 간단한 예로는 성별을 들 수 있다. 보통 설문지에서 남자 = 1, 여자 = 2로 작성하는데, 여기서 1과 2의 의미는 명목상 남자와 여자에 1과 2를 부여한 것이다. 이를 명목척도라 한다. 명목척도는 단순히 속성을 분류할 목적으로 명목상 숫자를 부여하는 것이기 때문에 이 숫자는 계량적 의미를 가지지 못한다. 이외에도 연령, 학력, 종교, 취미 등도 명목척도로 구성된 변수이다.

2) 서열척도(ordinal scale)

측정대상 간의 크기의 크고 작음, 양의 많고 적음, 선호도의 높고 낮음 등과 같이 순서관계를 밝혀주는 척도를 말한다. 예를 들어, 국어, 영어, 수학 세 과목에 대하여 가장 선호하는 과목 순서대로 1, 2, 3의 숫자를 부여하는 것이 서열척도이다. 그런데 1, 2, 3의 의미는 1이 2보다 더 선호되고, 2가 3보다 더 선호되고, 1이 3보다 더 선호된다는 것을 나타내지만 1이 2보다 얼마만큼 더 선호되는지는 알 수 없다.

3) 등간척도(interval scale)

측정대상의 속성에 순위를 부여하되 순위사이의 간격이 같은 척도를 말한다. 1점: 전혀그렇지 않다, 2점: 그렇지않다, 3점: 보통, 4점: 그렇다, 5점: 매우그렇다 등으로 표현되는 것을 말한다. 등간척도는 일반적으로 설문지 작성에 가장 많이 이용되는 척도이다.

4) 비율척도(ratio scale)

등간척도의 속성을 가지며, 절대값 0이 존재하는 척도이다. 등간척도는 절대값 0이 존재하지 않지만 비율척도는 이것이 존재한다. 비율척도로 얻어진 자료는 모든 분석에 활용이 가능하다.

3 논문에서 "측정도구의 선정" 제시 사례

선행연구로부터 측정도구를 선정한 후 반드시 누가 개발한 측정도구를 인용하였는가를 밝혀야 한다. 이것을 논문에서 제시하지 않는다면 신뢰할 수 없는 논문으로 전락하고 만다. 따라서 측정도구를 개발한 선행연구자나 해당 측정도구를 이전에 사용한 연구자를 반드시 제시하여야 한다. 또한 측정도구와 관련한 정보도 함께 공개 한다면 논문의 신뢰성을 더욱 높일 수 있을 것이다.

아래의 내용은 "우울증" 측정도구를 선정하고 논문에서 관련 내용을 제시하는 방법에 대한 설명이다. "우울증" 측정도구와 관련하여, 최초 한국판으로 번역하여 사용한 연구자, 측정도구의 구성, 측정도구의 항목별 내용 등과 같은 구체적인 정보를 제공하고 있다.

논문에서 "측정도구의 선정" 제시사례

우울 성향을 측정하기 위한 도구로는 세계적으로 널리 사용되고 있는 자기보고형 우울증 간이 선별검사도구의 하나인 CES-D(the center for epidemiological studies depression scale)를 한국판 척도로 번역(전겸구, 이민규, 1992)한 것을 이용하였다.

CES-D 척도는 총 20문항으로 구성되며, 점수가 높을수록 우울 성향이 심함을 나타내지만, 그 중 4문항은 긍성적 질문이므로 역(逆)채점 하였다. 연구대상들에게 최근에 척도의 내용이 얼마나 자주 일어났는지를 4점 척도로 반응하도록 구성되었다. 구체적으로 0점에서 3점까지의 점수로 구성되어있으며, 총점은 0에서 60점까지 분포하게 된다. 각 항목들은 0점이 거의 드물게(1일 이하), 1점이 때때로(1~2일), 2점이 상당히(3~4일), 3점이 대부분(5~7일)로 측정된다. 대부분의 진단적 도구와 같이 CES-D도 연속적인 점수선상에서 어떤 절단점(cut-off)을 취하여 그 이상을 비정상군, 그 이하를 정상군으로 분류하게 되는데, 몇 점에서 절단점을 설정하느냐는 매우 중요한 의미를 가진다. 대부분의 선행연구에서는 25점을 절단점으로 사용하고 있어 본 연구도 이와 동일한 절단점을 사용하여 측정하였다.

우울 성향의 구체적인 항목별 내용은 다음과 같다. 1)평상시에는 아무렇지 않던 일들이 귀찮게 느껴졌다, 2)입맛이 없었다, 3)가족이나 친구들을 만나보고 이야기도 했지만 울적한 기분은 계속 든다, 4)나는 다름 사람만큼 기분이 좋았다, 5)내가 하고 있는 일에 마음을 집중하기가 어려웠다, 6)기분이 우울했다, 7)하는 일마다 힘들게 느꼈다, 8)미래에 대해 희망적으로 느꼈다, 9)내 인생은 실패작이라고 생각했다, 10)무서움을 느꼈다, 11)잠을 설쳤다, 12)행복했다, 13)평소보다 말을 적게 했다, 14)외로움을 느꼈다, 15)사람들이 불친절했다, 16)인생이 즐거웠다, 17)눈물이 난적이 있었다, 18)슬픔을 느꼈다, 19)사람들이 나를 싫어한다고 느꼈다, 20)일을 제대로 진척시킬 수 없었다 등으로 구성된다.

제3강
통계분석 방법의 결정

최초 논문을 설계할 때부터 연구목적을 달성하는데 가장 적합한 통계분석 방법은 미리 계획하고 있어야 한다. 저자는 어려운 통계분석을 이용하여 작성한 논문이 참신한 논문이라고 생각하는 연구자를 종종 보았다. 그러나 분석방법은 연구 목적을 달성하는데 가장 적합한 분석방법을 선택하여 이용하면 되는 것이지, 어려운 분석방법을 이용하여 논문을 작성하였다고 해서 좋은 논문이라고 생각하는 것은 올바르지 않다고 생각한다. 논문에서 통계분석과 관련하여 가장 중요한 것 중 하나는 새로운 현상을 발견하려는 참신한 연구 목적의 설정과 이를 달성하는데 가장 적합한 분석방법을 선택하는 것이다. 따라서 통계분석 방법을 결정하는 가장 중요한 필요조건에 대하여 알고 있어야 한다.

통계분석 방법을 결정하는데 가장 중요한 필요조건은 변수의 척도이다. 척도의 형태에 따라 선택할 수 있는 분석방법은 다르다. 만약 연구의 목적을 달성하기 위해 t-test를 실시해야 경우라면, 독립변수는 명목척도 또는 서열척도, 종속변수는 등간척도 또는 비율척도로 이루어져야 한다. 만약 독립변수가 등간척도라면 t-test를 실시할 수 없다. 따라서 연구자는 최초 연구를 설계 할 때부터 이러한 내용을 알고 있어야 연구에 적합한 측정도구를 선정하고 분석방법도 미리 계획할 수 있는 것이다.

제3강에서는 앞으로 본서 제2부에서 설명하게 될 통계분석 방법에 대한 간략한 소개와 각 통계분석 방법에 적용할 수 있는 척도에 대한 설명을 할 것이다.

1 데이터 코딩 ☞ 본서의 5강

제5강에서는 데이터 코딩에 대하여 설명한다. 데이터 코딩은 통계분석 방법은 아니지만, 통계분석을 하기 위해 반드시 거쳐야 하는 사전 단계이다. 설문지를 작성하고 조사응답자를 대상으로 설문지를 배포하여 회수하였다. 회수한 설문지로 무엇을 할 것인가? 제일 먼저 해야 할 단계가 회수한 설문지를 하나씩 검토하여 무성의하게 응답한 설문지나 결측치가 많은 설문지 등을 제거하는 것이다. 그 이후 남은 설문지로 데이터 코딩을 실시한다. 데이터 코딩은 가급적이면 SPSS에 직접 실시하는 것이 가장 좋다. 그러나 상황이 여의치 않을 때는 엑셀(EXCEL)에서 코딩하고 SPSS에 붙이기 하면 된다.

2 빈도분석 ☞ 6강

빈도분석은 가장 기초적인 분석방법으로 **변수의 분포도**를 구할 때 주로 사용한다. **명목척도, 서열척도, 등간척도, 비율척도 모두에 이용**한다. 등간척도와 비율척도는 주로 평균과 표준편차를 구할 때 사용하는 경우가 많다.

빈도분석은 가장 간단하면서 광범위하게 이용되는 분석방법이다. 논문에서는 주로 응답자의 인구통계적특성을 제시할 때 이용한다.

3 요인분석 ☞ 7강

요인분석은 측정하고자 하는 변수들을 상관관계가 높은 것끼리 묶어서 변수를 단순화 시키는데 사용한다. 이를 타당성 검정이라고도 한다. 요인분석을 하기 위해서는 측정도구가 **등간척도나 비율척도**로 구성되어 있어야 한다.

논문에서 요인분석은 측정도구로 선정한 변수들이 선행연구 이론과 동일하게 요인이 적재되는가를 확인하고, 만약 잘못 적재된 변수나 설명력이 부족한 변수들은 이 과정에서 제거한다.

4 신뢰도 분석 ☞ 8강

신뢰도 분석은 요인분석으로 추출된 요인들이 동질적인 변수들로 구성되어 있는가를 파악할 때 이용하는 분석방법이다. 따라서 논문에서 측정도구로 선정한 변수들이 선행연구 이론과 동일하게 요인이 적재되는가를 요인분석을 실시하여 확인한 후, 요인으로 추출된 변수들을 가지고 신뢰도 분석을 실시한다. 만약 신뢰도 분석 결과 신뢰도를 저해하는 항목이 나타난다면 이를 제거하여야 한다.

신뢰도 분석을 실시하기 위해서는 측정할 변수가 **등간척도나 비율척도**로 구성되어야 한다.

5 변수 계산 ☞ 9강

변수계산은 통계분석에 해당하는 것은 아니지만 본격적으로 통계분석 전에 이루어지는 과정이다. 요인분석을 실시하여 선행이론에 기초로 잘못 적재된 변수나 설명력이 부족한 변수를 제거하고, 신뢰도 분석을 통해 신뢰도를 저해하는 항목을 제거한 후, 최종적으로 남은 변수들을 가지고 변수계산을 해주어야 한다. 변수계산을 하여 새로운 변수로 저장한 후, 이것을 가지고 추가분석에 활용한다.

6 상관관계분석 ☞ 10강

상관관계분석은 논문에서 설정한 가설을 검정하기에 앞서 모든 연구가설에 사용되는 측정변수들 간의 관계의 강도를 제시함으로써 변수들 간 관련성에 대한 대체적인 윤곽을 제시해준다. 비록 연구자가 쓰고자 하는 논문이 가설을 설정하지 않았더라도, 변수들 간의 인과관계를 증명하는 논문이라면 상관관계분석 결과를 제시하는 것이 바람직할 것이다. 상관관계분석에 이용하는 변수는 9강에서 변수계산을 한 새로운 변수를 가지고 실시한다.

상관관계분석은 변수가 **등간척도, 비율척도** 일 경우에는 피어슨의 상관관계분석을 실시하고, **서열척도**인 경우에는 스피어만의 상관관계분석을 실시한다.

7 단순/다중 회귀분석 ☞ 11강, 12강,

회귀분석은 독립변수(영향을 주는 변수)가 종속변수(영향을 받는 변수)에 어떠한 영향을 미치는 지를 파악하기 위해 실시하는 분석이다. 즉, 두 변수간의 인과관계를 분석하는 통계기법이다. 단순 회귀분석은 독립변수가 한 개 종속변수가 한 개 일 때, 다중 회귀분석은 독립변수가 두 개 이상 종속변수가 한 개 일 때 사용한다.

논문에서 단순/다중 회귀분석은 측정도구를 선행이론에 부합하게 요인분석을 실시하고, 요인으로 추출된 변수들을 신뢰도 분석을 실시하는 등의 변수정제과정을 거친 후 변수계산을 통하여 생성된 새로운 변수를 가지고 실시한다.

독립변수와 종속변수 모두 **등간척도와 비율척도**로 구성되어야 한다.

8 위계적 회귀분석 ☞ 13강

위계적 회귀분석은 회귀분석의 일종으로, 많은 독립변수 중 종속변수에 상대적으로 가장 큰 영향력을 미치는 독립변수를 파악할 때 사용하는 분석 방법이다. 즉, 종속변수에 영향을 미치는 독립변수들을 크기 순으로 위계질서를 확립하는 분석이다.

독립변수와 종속변수 모두 **등간척도와 비율척도**로 구성되어야 한다.

9 더미변수를 이용한 회귀분석 ☞ 14강

더미변수를 이용한 회귀분석은 회귀분석의 일종이다. 단순/다중 회귀분석, 위계적 회귀분석은 독립변수와 종속변수 모두 등간척도와 비율척도로 구성되어 있어야 하지만, 더미변수를 이용한 회귀분석은 **독립변수가 명목척도 혹은 서열척도이고, 종속변수가 등간척도 또는 비율척도**로 구성되어 있을 때 이용한다는 차이점이 있다.

명목척도 또는 서열척도 구성된 독립변수는 더미변수로 전환한 후 회귀분석을 실시해야 한다.

10 조절효과 분석 ☞ 15강

조절변수란 독립변수와 종속변수 사이의 관계를 체계적으로 변화시키는 일종의 독립변수이다. 예를 들어, 대통령 선거에서 후보자의 외모(독립변수)가 대통령 당선(종속변수)에 미치는 영향은 성별에 따라 달라질 것으로 가정하였다고 하자. 즉, 대통령 후보자의 외모가 대통령 당선에 미치는 영향은 여성이 남성보다 영향력이 더 크게 나타 날 것으로 예측하고 분석을 실시하였다.

이 경우 성별은 조절변수(moderating variable)라 한다.

조절변수는 **명목척도, 서열척도, 등간척도, 비율척도** 등 모든 척도에 가능하다.

11 t-test ☞ 16강

t-test는 종속변수에 대한 독립변수의 집단 간 평균의 차이를 구할 때 이용하는 분석방법이다. 여기서 독립변수는 두 집단으로 구성되어야 한다. t-test는 독립표본 t-test와 대응표본 t-test 두 가지 종류가 있다. 독립표본 t-test는 말 그대로 집단이 서로 독립되어 있는 것을 말한다. 예를 들어 성별은 남성과 여성으로 구별될

수 있고 이것은 서로 독립된 집단이다. 따라서 성별(남성과 여성)에 따른 우울증의 차이를 구할 때는 독립표본 t-test를 이용하면 된다. 그러나 동일표본에서 측정된 두 변수 값의 평균차이를 검정할 때는 대응표본 t-test를 이용한다. 예를 들어, 동일한 학생들을 대상으로 실험전과 실험후의 평균의 차이를 구할 때 사용한다.

독립표본 t-test와 대응표본 t-test는 **독립변수가 명목척도 또는 서열척도로 구성되어야 하고, 종속변수는 등간척도 또는 비율척도**로 구성되어야 한다.

12 일원배치 분산분석 ☞ 17강

일원배치 분산분석은 t-test와 같이 집단 간 평균의 차이를 구하는 분석기법이다. 그런데 t-test와 다른 점은 반드시 독립변수는 2개 이상의 범주로 구성되어야 한다는 것이다. 독립변수의 집단이 최소 3집단 이상으로 구성되어 있다 보니 집단 내에서도 평균의 차이가 어느 집단 간에 발생하는지 알 수가 없다.

따라서 사후검정을 통해서 집단내 평균차이를 규명해야 한다.

독립변수가 **명목척도 또는 서열척도**로 구성되어야 하고, 종속변수는 **등간척도 또는 비율척도**로 구성되어야 한다.

13 교차분석 ☞ 18강

교차분석은 주로 **명목척도와 서열척도**로 구성된 변수들을 분석한다. 변수간의 분포와 백분율을 나타내주는 교차표(Cross Tabulation)를 작성하고, 두 변수 간의 독립성과 관련성(카이제곱 검정)을 분석하는데 이용한다.

14 매개변수의 효과 분석방법 ☞ 19강

매개변수는 독립변수와 동일하게 종속변수에 영향을 미치는 변수이지만, 순서적인 측면에서 독립변수와 종속변수의 사이에 있는 변수이다. 다시 말해, 독립변수에 영향을 받으면서 종속변수에 영향을 미치는 변수이다. 주로 등간척도와 비율척도로 구성된 변수들을 분석한다. 매개변수의 효과를 검정하는 분석방법은 단순한 통계 분석 방법에서 벗어나 변수들을 다각적인 차원에서 분석한다는 점에서 논문을 한층 향상시킬 수 있다.

15 군집분석을 통한 시장세분화 방법 ☞ 20강)

시장세분화를 위해서는 일반적으로 군집분석을 많이 이용한다. 군집분석은 동일집단에 속해있는 대상물의 유사한 특성에 기초해서 집단을 몇 개의 군집으로 분류하는 분석기법이다. 군집분석이 가장 유용하게 사용하게 되는 상황은 마케팅을 위한 시장세분화를 할 경우이다. 시장세분화위한 일반적인 통계분석방법의 절차는 다음과 같다. 먼저, 해당변수들을 요인분석과 신뢰도 분석 등 변수정제 과정을 거친 후, 변수계산을 통하여 새로운 변수를 생성시킨다. 이 새로운 변수를 가지고 군집분석을 실시한다. 도출된 군집들과 인구통계적 변수(성별, 나이, 연령, 학력, 소득 등)와의 연관성을 보기 위하여 카이스퀘어 검정을 실시한 후 시장세분화를 실시한다. 또한 마지막으로 차이검정이 필요하다면 군집별로 차이검정을 실시하면 된다.

제 20강에서는 군집분석을 중심으로 시장세분화 방법에 대하여 집중적으로 설명할 것이다. 주로 등간척도와 비율척도로 구성된 변수를 분석한다.

16 구조방정식모델분석 ☞ 본서의 제3부(21강~30강)

최근들어 구조방정식모델분석을 이용하여 논문을 작성하는 경향이 증가하고 있다. 왜냐하면 구조방정식모델 분석은 회귀분석과 달리 측정오차까지 추정할 수 있고, 상호종속관계에서 동시추정도 가능하며, 간접효과까지 측정할 수 있다는 강점이 있기 때문이다. 이에 제3부에서는 AMOS를 이용하여 구조방정식모델분석을 설명한다. 구조방정식모델분석에 이용하는 변수의 척도는 주로 **등간척도와 비율척도**로 이루어진 변수를 분석한다.

제2부

SPSS를 이용하여 논문을 작성하자

PART

2

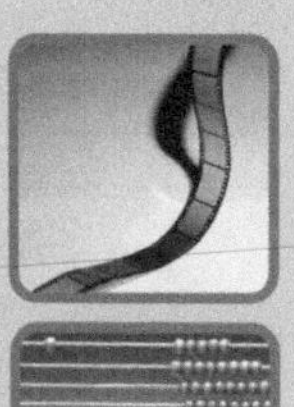

SPSS를 이용하여 논문을 작성하자

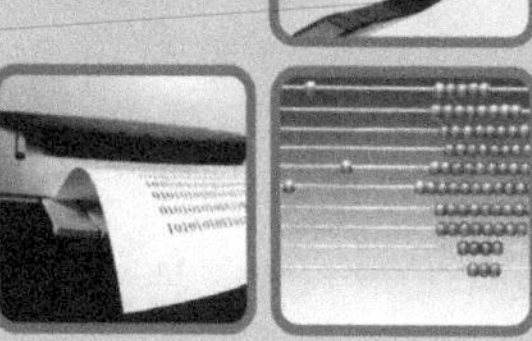

제2부에서는 제일 먼저 SPSS를 처음 접하는 사람들을 위하여 제4강. SPSS 기본메뉴 익히기부터 시작한다. 그런 이후에 논문과 관련된 통계분석 방법을 학습할 것이다.

논문을 작성하기 위하여 가설을 설정하고, 가설을 검정하기 위한 측정도구 선정도 하였다. 이후 조사응답자를 대상으로 설문지를 배포하고 회수하였다. 그렇다면 회수한 설문지로 무엇을 해야 할 것인가? 그 다음단계는 데이터 코딩을 해야 한다. 이와 관련된 내용은 "제5강 설문지를 회수했으면 데이터를 코딩한다"에서 자세히 다룬다. 데이터를 코딩했으면 본격적으로 통계분석을 실시한다. 일반적으로 논문에서는 통계분석 결과를 제시하기 전에 응답자의 특성을 제시한다. 이와 관련된 사항은 "제6강 논문의 인구통계적특성은 반드시 제시한다"에서 다룬다.

그 다음에는 측정도구로 선정한 변수들을 가지고 요인분석(제7강)과 신뢰도분석(제8강)을 실시하여 변수정제과정을 거친다. 변수정제를 한 나머지 변수들은 다음 분석을 위하여 변수계산(제9강)을 하여 새로운 변수로 저장해둔다.

일반적으로 가설 검정에 앞서 분석할 변수 간의 관련성과 방향성을 파악하기 위하여 상관관계분석(제10강)을 실시한다. 그 이후에 각자 연구 상황에 맞게 필요한 통계분석을 실시하면 된다.

본서에서는 회귀분석과 관련한 통계분석방법을 4파트로 나누었다. 단순회귀분석(제11강), 다중회귀분석(제12강), 위계적회귀분석(제13강), 더미변수를 이용한 회귀분석(제14강)의 순으로 설명하였다. 그리고 SPSS를 이용하여 조절효과를 어떻게 검정하는 가를 제15강에서 설명하였다. 제16강(t-test)과 제17강(ANOVA)에서는 평균차이검정과 관련된 분석방법을 설명하였고, 제18강에서는 카이제곱

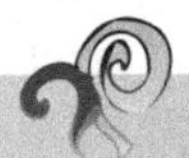

검정 방법에 대한 내용을 담고 있다. 제19강에서는 매개변수 효과의 분석방법에 대해 설명하였고, 제20강에서는 군집분석을 통한시장세분화 방법을 설명하였다.

본서의 특징 중의 하나로 모든 분석 방법 마지막에, 논문에서 분석결과를 어떻게 제시하는가를 예를 들어 자세히 설명하였다. 또한 모든 분석은 하나의 예로 끝나는 것이 아니라 풍부한 예제와 상황을 가지고 설명을 하였다.

독자들이 본서에 충실히 임한다면 혼자서도 충분히 SPSS를 이용하여 통계분석을 할 수 있으리라 확신한다.

■■■ 제4강 ■■■

SPSS 기본 메뉴 익히기

4강에서는 통계분석 방법을 학습하기 전에 꼭 필요한 SPSS 메뉴에 대하여 설명을 할 것이다. SPSS 메뉴 중 기본적으로 가장 많이 활용하고 중요한 부분을 개략적으로 언급하고, 실제 분석에서 구체적으로 설명을 할 것이다.

본서에서는 기본적으로 SPSS 한글판을 사용하고 있으나, 영문판을 사용하는 독자들을 위하여 한글과 영문을 함께 적어 놓았다.

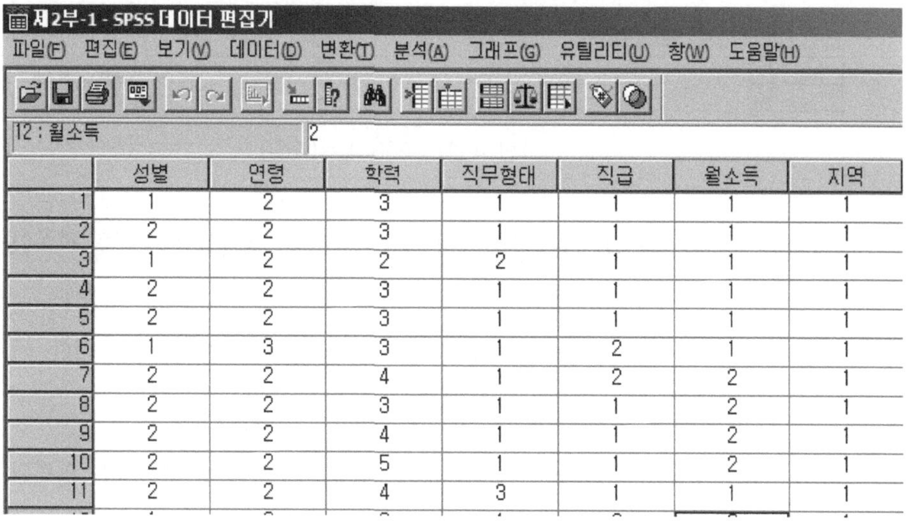

	성별	연령	학력	직무형태	직급	월소득	지역
1	1	2	3	1	1	1	1
2	2	2	3	1	1	1	1
3	1	2	2	2	1	1	1
4	2	2	3	1	1	1	1
5	2	2	3	1	1	1	1
6	1	3	3	1	2	1	1
7	2	2	4	1	2	2	1
8	2	2	3	1	1	2	1
9	2	2	4	1	1	2	1
10	2	2	5	1	1	2	1
11	2	2	4	3	1	1	1

〈그림 4-1〉 SPSS 기본메뉴

1 파일(File)

〈그림 4-2〉 SPSS 메뉴(파일)

① 새로 만들기(New)는 한글워드에서 새문서와 같은 역할을 한다. 즉, 비어있는 새로운 데이터 창을 만들어 준다.

② 열기(Open)는 문서를 데이터 창에 불러오기를 할 때 사용하는 기능이다. 단축 아이콘은 이다.

③ 텍스트 데이터 읽기(Read Text Data)는 한글워드 등에서 코딩 혹은 입력된 데이터가 텍스트(*.txt)로 저장되어 있는 경우, 그 데이터를 SPSS에서 읽도록 하는데 사용하는 기능이다.

④ 저장(Save)은 입력한 데이터를 저장할 때 사용한다. 단축 아이콘은 이다.

⑤ 다른이름으로 저장(Save As...)은 기존의 데이터를 다른 이름으로 저장할 때 사용하는 기능이다. 다른이름으로 저장하게 되면 기존의 데이터는 그대로 남게 된다.

⑥ 데이터 정보 표시(Display Data Infor...)는 SPSS에서 저장된 파일의 정보를 알려주는 기능을 한다. 이것을 선택하고 SPSS 데이터로 저장된 파일을 선택하면, 그

파일에 입력되어 있는 변수 이름(Variable Name), 설명(Label), 자릿수(Column) 등의 구체적인 정보를 제공한다.

⑦ 인쇄(Print...)는 마우스 블록을 지정하여 지정한 부분만 인쇄할 수도 있고, 전체를 인쇄할 수도 있다.

⑧ 인쇄 미리보기(Print Preview)는 인쇄 미리보기로 출력할 면을 미리 보여준다.

원상태로 돌아가기 위해서는 키보드에서 Esc를 누르면 된다.

2 편집(Edit)

잘라내기(Cut), 복사(Copy), 지우기(Clear)는 필요시 블록을 지정하고 사용하여야 한다. 붙여넣기(Paste)는 복사한 데이터는 붙여놓기 할 때 사용하는 기능이다. 찾기(Find...)는 잘못 입력한 변수값이나 특정 값 또는 설명을 찾을 때 사용하는 기능이다. 옵션(Options...)는 SPSS에서 사용되는 여러 가지 옵션을 설정하는 곳인데, 최초 SPSS를 설치했을 때 그 상태로 사용하면 된다.

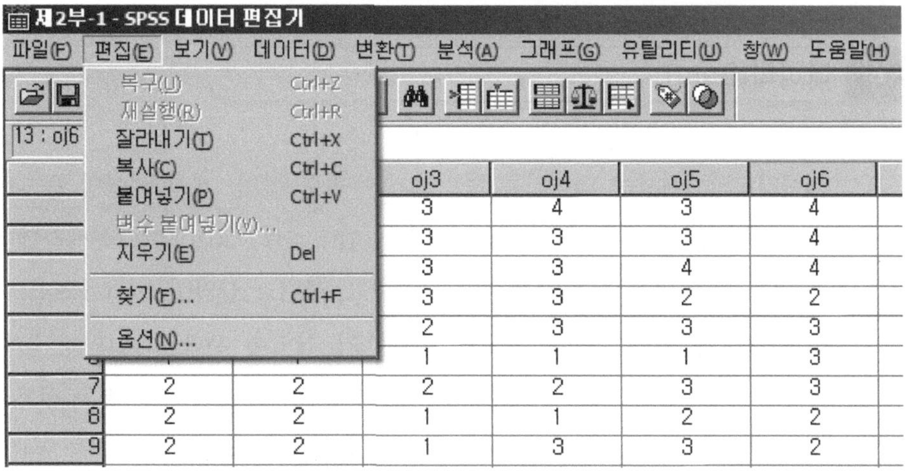

〈그림 4-3〉 SPSS 메뉴(편집)

3 보기(View)

여기서는 글꼴(Font)의 종류나 크기를 지정하거나 툴바(Toolbars)의 선택, 변수값 설명(Value Labels)등을 보여준다. 마우스로 누르기를 반복하면 설정되었다 해제되었다를 반복한다. 변수값 설명(Value Labels)을 선택하면, 변수값을 입력한 데이터의 경우에는 입력한 한글이 데이터 창에 나타난다.

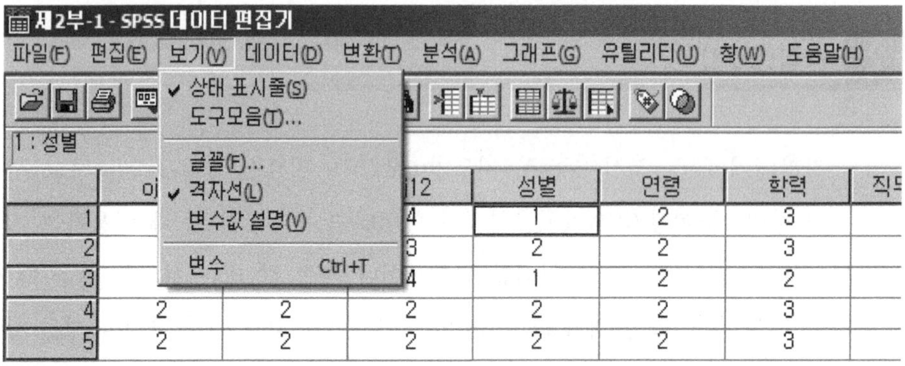

〈그림 4-4〉 SPSS 메뉴(보기)

4 데이터(Data)

데이터(Data)에서는 데이터를 관리하거나 변수 삽입, 케이스 삽입 등 데이터와 관련된 중요한 기능 등이 있다. 변수 삽입(Insert Variable)을 선택하면 마우스가 있는 왼쪽 칸에 새로운 변수가 삽입되고, 케이스 삽입(Insert Cases)을 선택하면 마우스가 있는 위쪽에 새로운 케이스가 삽입이 된다. 파일합치기(Merge Files)는 데이터를 두 개의 파일로 나누어 저장하여 하나로 합할 경우 사용한다. 케이스 선택(Select Cases...)은 변수의 특정값 만을 골라내거나 조건을 부여하여 조건에 부합하는 케이스만 분석할 수 있도록 해주는 조건문 만들기 기능이 있다.

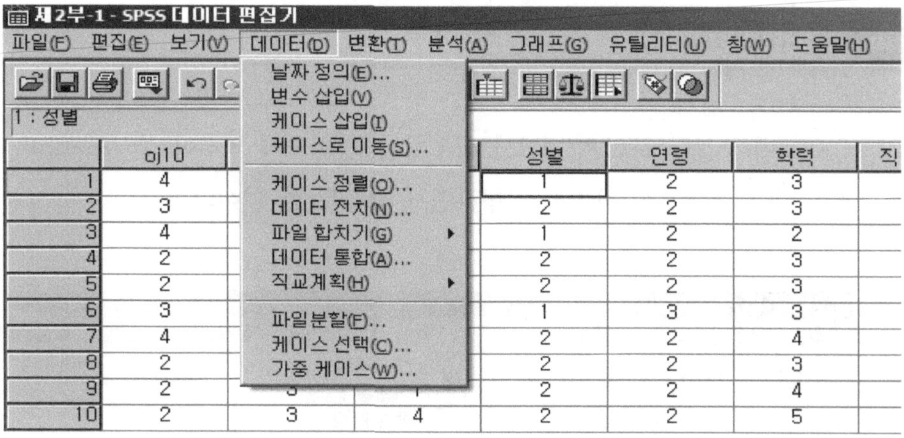

제2부-1 - SPSS 데이터 편집기

파일(F) 편집(E) 보기(V) 데이터(D) 변환(T) 분석(A) 그래프(G) 유틸리티(U) 창(W) 도움말(H)

날짜 정의(E)...
변수 삽입(V)
케이스 삽입(I)
케이스로 이동(S)...
케이스 정렬(O)...
데이터 전치(N)...
파일 합치기(G)
데이터 통합(A)...
직교계획(H)
파일분할(F)...
케이스 선택(C)...
가중 케이스(W)...

1 : 성별

	oj10			성별	연령	학력	직
1	4			1	2	3	
2	3			2	2	3	
3	4			1	2	2	
4	2			2	2	3	
5	2			2	2	3	
6	3			1	3	3	
7	4			2	2	4	
8	2			2	2	3	
9	2			2	2	4	
10	2	3	4	2	2	5	

〈그림 4-5〉 SPSS 메뉴(데이터)

5 변환(Transform)

변수계산(Compute...)은 변수간의 가감승제, 새로운 변수의 생성 등을 할 수 있는 곳으로 자주 사용하는 기능이다. 코딩변경(Recode)은 변수값을 바꾸어주는 기능을 한다. 여기에는 같은변수로(Into Same Variables)와 새로운변수로(Into Different Variables)가 있는데, "새로운 변수로"는 코딩 변경시 새로운 변수를 생성하며, "같은변수로"는 코딩 변경시 새로운 변수를 생성하지 않고 기존의 변수값이 변한다.

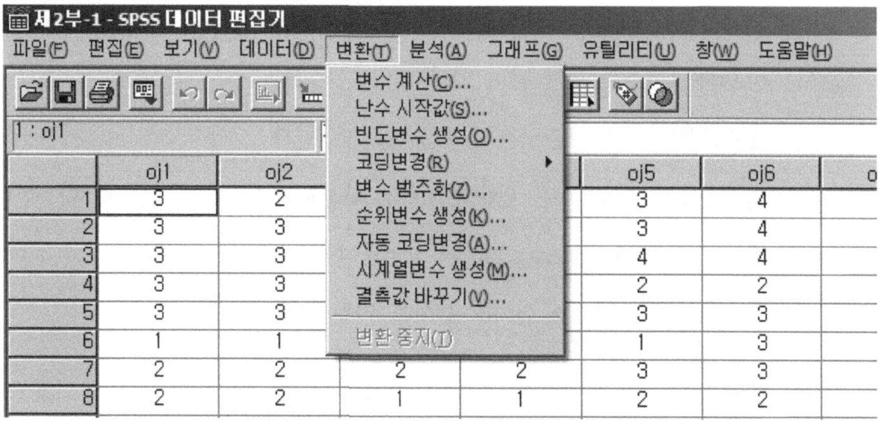

제2부-1 - SPSS 데이터 편집기

파일(F) 편집(E) 보기(V) 데이터(D) 변환(T) 분석(A) 그래프(G) 유틸리티(U) 창(W) 도움말(H)

변수 계산(C)...
난수 시작값(S)...
빈도변수 생성(O)...
코딩변경(R)
변수 범주화(Z)...
순위변수 생성(K)...
자동 코딩변경(A)...
시계열변수 생성(M)...
결측값 바꾸기(V)...
변환 중지(T)

1 : oj1

	oj1	oj2			oj5	oj6	o
1	3	2			3	4	
2	3	3			3	4	
3	3	3			4	4	
4	3	3			2	2	
5	3	3			3	3	
6	1	1			1	3	
7	2	2	2	2	3	3	
8	2	2	1	1	2	2	

〈그림 4-6〉 SPSS 메뉴(변환)

6 분석(Analysis)

SPSS에서 모든 분석은 여기서 이루어진다. 반드시 익혀야 할 메뉴이며, 구체적인 내용 통계분석 방법을 설명하면서 언급을 할 것이다.

제2부-1 - SPSS 데이터 편집기

파일(F) 편집(E) 보기(V) 데이터(D) 변환(T) 분석(A) 그래프(G) 유틸리티(U) 창(W) 도움말(H)

보고서(P)
기술통계량(E)
통계표 작성(T)
평균 비교(M)
일반선형모형(G)
상관분석(C)
회귀분석(R)
로그선형분석(O)
분류분석(Y)
데이터 축소(D)
척도화분석(A)
비모수 검정(N)
시계열 분석(I)
생존분석(S)
다중응답분석(L)
결측값 분석(V)...

1 : oj1 3

	oj1	oj2	oj5	oj6
1	3	2	3	4
2	3	3	3	4
3	3	3	4	4
4	3	3	2	2
5	3	3	3	3
6	1	1	1	3
7	2	2	3	3
8	2	2	2	2
9	2	2	3	2
10	4	3	3	3
11	3	4	4	4
12	2	1	2	4

〈그림 4-7〉 SPSS 메뉴(분석)

① 기술통계량(Descriptive Statistics)에서는 빈도분석, 기술통계, 교차분석을 지원하는 곳이다.

② 평균비교(Compare Means)는 평균 차이검정을 실시할 때 이용한다. 여기서는 t-test와 ANOVA 분석 등이 지원된다.

③ 상관분석(Correlate)은 상관관계분석을 지원한다.

④ 회귀분석(Regression)은 단순회귀분석, 다중회귀분석을 실시할 때 이용한다.

⑤ 데이터 축소(Data Reduction)는 요인분석을 할 때 이용한다.

⑥ 척도화 분석(Scale)는 신뢰도 분석을 지원해 준다.

제5강
설문지를 회수했으면 데이터를 코딩한다

SPSS에 데이터 입력하는 것을 코딩(coding)이라고 한다. 설문지를 회수하면 최초로 시행하는 작업이 데이터 코딩이다. 데이터 코딩은 반드시 실시해야 하는 작업인 것만큼 처음부터 확실하게 하는 것이 좋다. 여기서는 회수한 설문지를 SPSS 상에 어떻게 코딩 작업하는 가에 대한 설명이다. 어려운 것은 전혀 없다. 시간만 할애한다면 누구나 코딩을 쉽게 할 수 있을 것이다.

1 설문지에 번호를 매겨라

설문지를 회수 한 후 제일 먼저 해주어야 할 것은 **응답이 부실한 설문지와 무성의하게 응답한 설문지**를 연구자가 가려내어서 제거를 한 후 최종적으로 분석에 사용할 설문지만을 남겨둔다. 그 후 설문지 앞면에 일련번호를 순서대로 적어두는 것이 좋다. 왜냐하면 혹시 발생 할 줄 모르는 데이터 입력 오류 시 확인 작업을 위해서 꼭 필요한 작업이다.

〈그림 5-1〉의 왼쪽 사진과 같이 설문지 앞면에 기입한 일련번호와 오른쪽 화면의 SPSS 상에서 검은색 박스 안에 보이는 번호와 동일하게 코딩작업을 실시한다. 그러면 추후에 입력상의 오류를 발견하였을 때 재확인작업에 매우 유용하다.

예제로 사용한 왼쪽 설문지에서는 앞면에 직접 번호를 기입하였다. 이러한 방법을 사용하여도 되고, 최초 설문지 앞면에 "일련번호________"의 양식으로 작성하여 번호를 매기기도 한다.

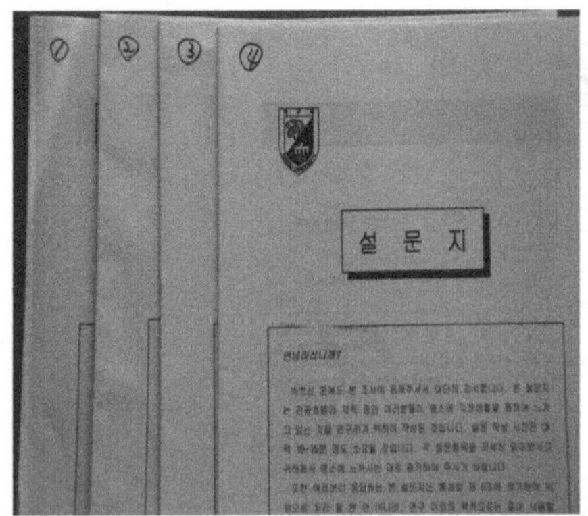

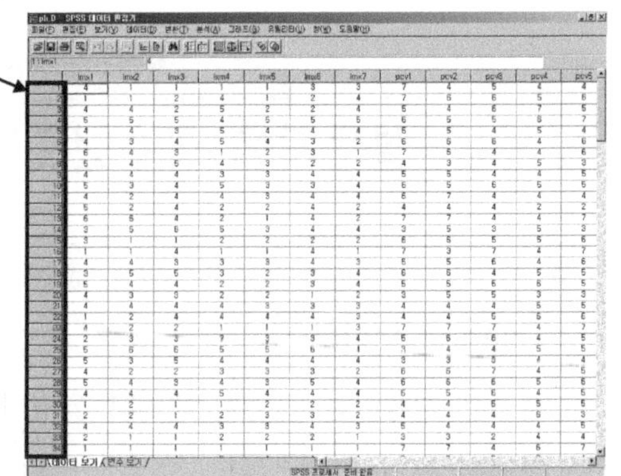

<그림 5-1> 설문지 앞면에 번호를 부여하자

2 데이터 코딩 방법

1) 아래의 〈예제 1〉를 가지고 SPSS에 코딩 해보자.

〈예제 1〉 설문지 코딩

1. 귀하의 성별은?
   ① 남 ② 여

2. 귀하의 연령은?
   ① 20대미만 ② 20대 ③ 30대 ④ 40대 ⑤ 50대 ⑥ 60대이상

3. 귀하의 학력은?
   ① 중졸이하 ② 고졸 ③ 전문대졸 ④ 대졸 ⑤ 대학원이상

4. 귀하의 근속년수는?
   (2)년 (6)개월

5. 귀하의 근무형태는?
   ① 정규직 ② 계약직 ③ 인턴사원 ④ 기타____________

6. 귀하의 직위는?
   ① 사원 ② 주임 ③ 대리 ④ 과장 ⑤ 차장 ⑥ 부장이상

7. 귀하의 월소득은?
   ① 100만원미만 ② 100만원~199만원 ③ 200만원~299만원
   ④ 300만원~399만원 ⑤ 400만원이상

8. 귀하의 거주지는?
   (대구)

최초에 데이터를 SPSS에 직접 입력하면 가장 좋겠지만, 상황이 여의치 않을 때는 Excel에 입력하고 이를 복사하여 SPSS에 붙이기 하여도 된다.

2) 데이터 코딩

(1) 데이터 입력

SPSS상에 직접 코딩하기 위해서는 "데이터 보기"와 "변수보기"의 기능을 숙지해야 한다. 〈그림 5-2〉와 같이 SPSS 화면에서 왼쪽 아래를 보면 "**데이터 보기**"와 "**변수보기**"가 나타난다. "데이터 보기"를 클릭하면 〈그림 5-2〉와 같은 SPSS 화면이 나타나고, "변수보기"를 클릭하면 〈그림 5-3〉과 같이 변수에 대한 설명을 입력하는 화면이 나타난다. 직접 〈예제 1〉를 입력하면서 자세하게 설명하겠다.

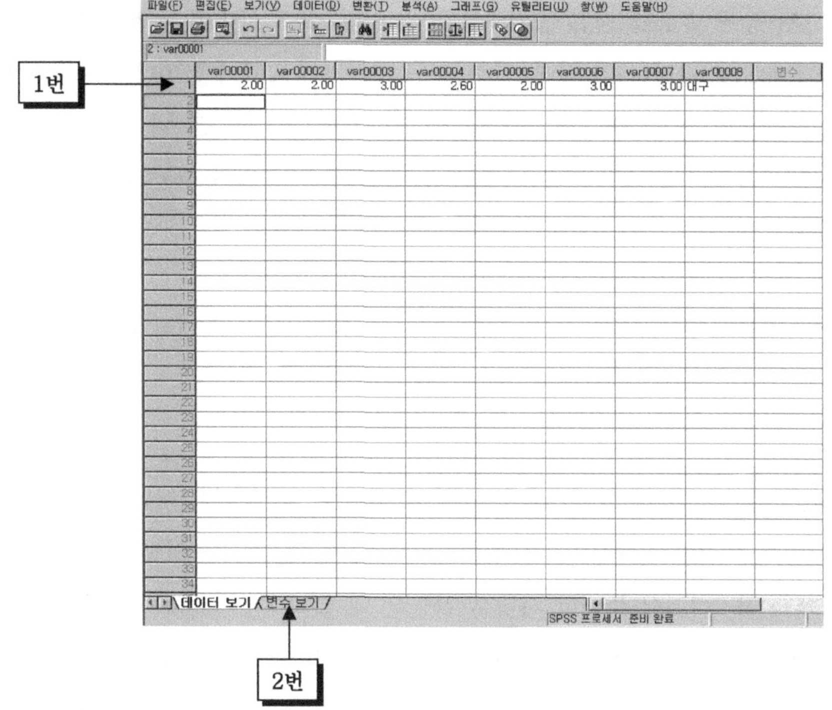

〈그림 5-2〉 데이터 보기

〈예제 1〉의 데이터를 입력하기 위하여, 먼저 SPSS 창을 띄운다. 〈그림 5-2〉와 같은 화면을 **데이터창**이라 한다. 먼저, 〈예제 1〉에서 응답자가 체크한 번호는 성별 = 2, 연령 = 2, 학력 = 3, 근속년수 = 2.6(2년6개월), 근무형태 = 2, 직위 = 3, 월소득 = 3번, 거주지 = 대구로 구성되어 있다(2, 2, 3, 2.6, 2, 3, 3, 대구). 이를 다음과 같은 절차로 코딩작업을 실시한다.

1번 변수의 코딩은 여러 가지 방법이 있지만, 가장 흔히 사용되고 편리한 방법은 SPSS상에 그대로 입력하는 것이다. 물론 상황이 여의치 않을 때는 EXCEL에 입력한 후 복사하여 SPSS에 붙이기 해도 된다. 이외에도 예전에는 한글파일에서 작성하는 방법도 있지만 사용법이 복잡하고 불편해서 잘 사용하지 않는다. 독자들은 SPSS에 직접 입력하는 방법이나 EXCEL에 입력 후 복사하여 SPSS에 붙이기 하는 방법만 알고 있으면 된다. 여기서는 SPSS에 직접 입력하는 방법을 학습할 것이다.

SPSS상에 번호를 직접 입력해보자. 그런데 SPSS 화면에 성별을 2로 입력하니깐 2.00으로 나타나고, 연령, 학력 등도 마찬가지로 소수점 이하 두 자리까지 나타나고 있다. 또한 변수명은 var00001에서 var00008까지로 나타난다. 소숫점 이하 자리를 없애고 변수명을 설정하기 위해서는 연구자가 다음과 같은 작업을 실시해야 한다.

2번 "변수보기"를 클릭하면 〈그림 5-3〉과 같은 화면이 나타난다.

(2) 데이터 설명 값 입력

3번 "이름"에 성별, 연령, 학력, 근속년수, 근무형태, 직위, 월소득, 거주지의 순으로 직접 입력한다. 그러면 "var00001~var00008"이 입력한 변수명으로 바뀌게 된다. 여기서 주의할 사항은 한글은 네 글자 만 입력이 되기 때문에 네 글자 이상 입력해야 할 때는 연구자가 알 수 있는 용어로 줄여서 사용해야 한다.

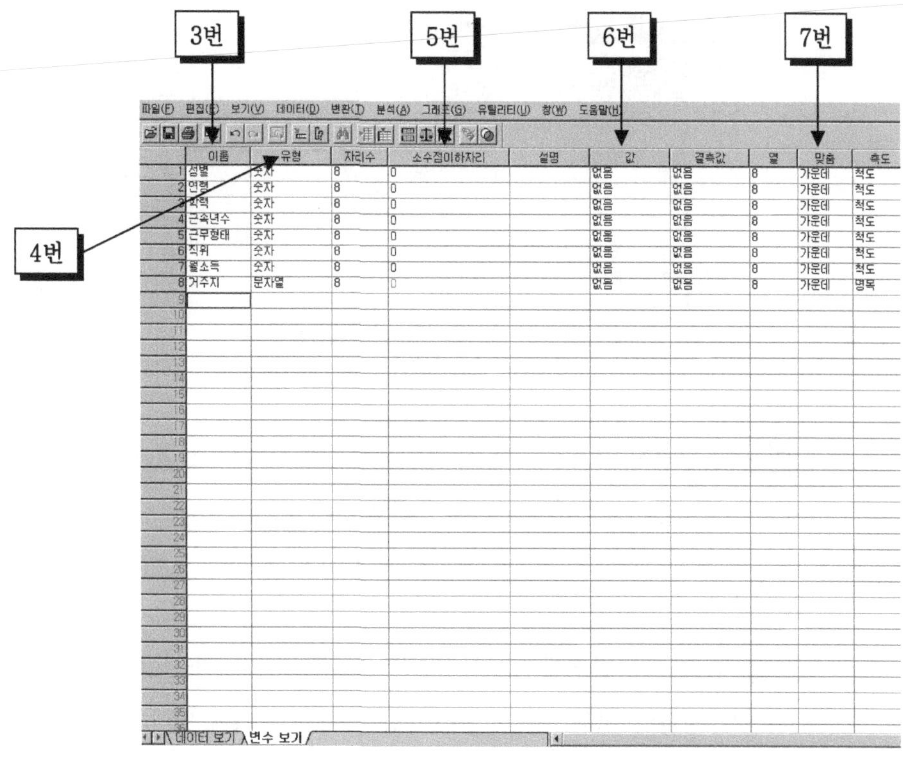

〈그림 5-3〉 변수보기

4번 "유형"은 코딩할 변수가 숫자 혹은 문자와 같이 어떠한 유형을 입력할 것인지를 선택하는 곳이다. 일반적으로 코딩할 변수는 대부분이 숫자로 되어 있어 "유형"에서는 특별히 수정하는 것이 없이 넘어가면 된다. 그러나 〈예제 1〉의 8번 "거주지＝대구"와 같이 문자로 입력해야 할 때는 유형을 변경시켜줘야 한다. 유형을 변경해야 할 셀에 마우스를 갖다 대고 클릭을 해보자. 그러면 〈그림 5-4〉와 같은 화면이 생성될 것이다. 여기서는 최초 숫자(N)에 체크가 되어 있는데, 이를 문자열(R)에 체크를 하고 확인을 누른다. 그러면 변수유형은 문자로 되어 SPSS 데이터 창에 문자를 입력할 수 있게 된다.

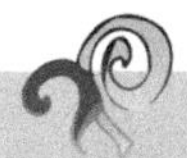

변수 유형

숫자(N)
콤마(C)
점(D)
지수표기(S)
날짜(A)
달러(L)
사용자 통화(U)
문자열(R)

문자(H): 8

확인
취소
도움말

〈그림 5-4〉 변수유형

5번 "소수점이하자리"는 최초 화면에서 2로 나타나고 있다. 이는 데이터 창에 입력된 숫자를 소수점 이하 2자리까지 나타낸다는 것을 의미한다. 이를 0으로 바꾸어주면 데이터 창에 입력한 숫자의 소수점 이하는 없어진다.

6번 "값"은 각 변수에 대한 구체적인 설명을 입력하는 곳이다. 예를 들면, 설문지에서 성별의 경우 1번은 남자, 2번은 여자로 되어 있다. 이를 SPSS가 1번을 남자, 2번을 여자로 인식하게끔 여기에서 입력하는 것이다. 만약 이러한 작업을 하지 않는다면 향후 분석결과를 출력했을 때 "남자"라는 용어 대신 "1"로 표현되기 때문에 1이 무엇인지를 파악하기 위해서는 설문지를 다시 보아야하는 번거로움이 발생한다. 따라서 최초 코딩 작업을 할 때 시간을 할애하여 모든 문항에 대하여 다음과 같은 작업을 실시하는 것이 좋다.

"값" 열에 있는 셀을 마우스로 클릭하면 〈그림 5-5〉의 왼쪽 그림과 같은 화면이 생성된다. 여기서 변수값은 1로 입력하고, 변수값 설명은 남자를 입력한다. 그 후 추가(A)를 클릭하면, 아래의 오른쪽 그림과 같이 1 = 남자로 나타난다.

또 다시 여기서 변수값은 2, 변수값설명은 여자로 입력하고, 추가(A)를 클릭한 후 확인을 누른다. 이러한 과정을 모든 문항에 반복적으로 실시한다.

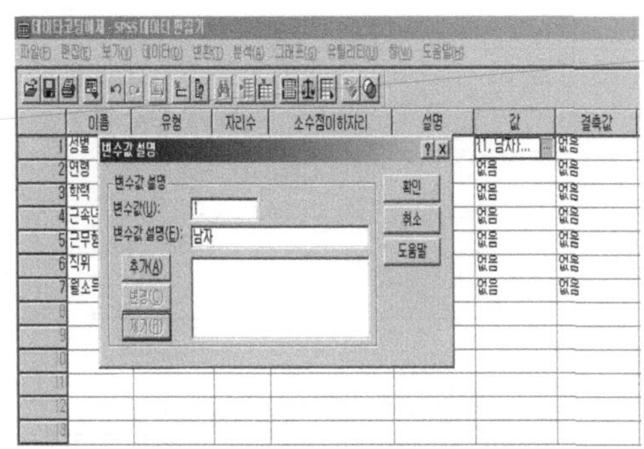
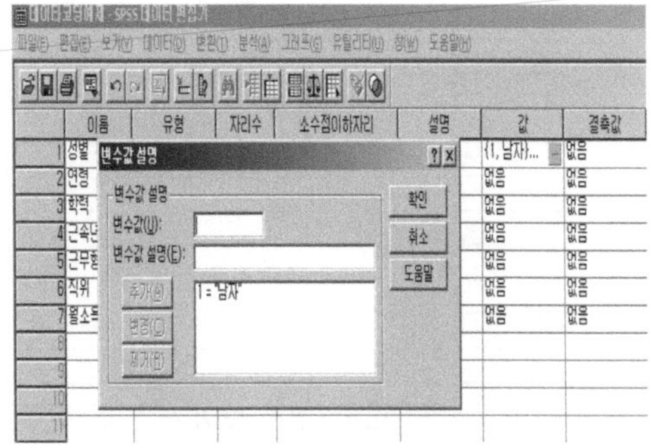

〈그림 5-5〉 변수 값 입력방법

연령의 경우에는 변수값에 1, 변수값 설명에 20대미만 입력한 후, 추가(A) 클릭한다. 또 다시 변수값에 2, 변수값설명에 20대 입력하고 추가(A) 클릭한다. 이러한 과정을 30대, 40대, 50대, 60대 이상을 반복적으로 실시하고 최종적으로 확인을 누르면 된다.

7번 "맞춤"은 최초 오른쪽으로 설정되어 있다. 이는 SPSS 데이터 창에서 각 셀에 입력된 숫자 혹은 문자가 오른쪽에 위치한다는 의미이다. 이를 "가운데"로 변경해보자. 그러면 각각의 셀에 입력된 숫자 혹은 문자를 가운데에 정렬하게 된다.

3) 최종 결과

위에서 언급한 순서대로 실시한 후, 〈그림 5-6〉과 같이 SPSS 화면에서 왼쪽 아래쪽에 위치한 "데이터보기"를 클릭하면 데이터 창이 〈그림 5-7〉과 같이 나타난다. 최종 데이터 창을 보면 성별, 연령, 학력, 근속년수, 근무형태, 직위, 월소득, 거주지가 입력되어 있고, 소수점 이하도 없어졌으며, 각 셀에서 가운데에 정렬되어있다는 것을 알 수 있다.

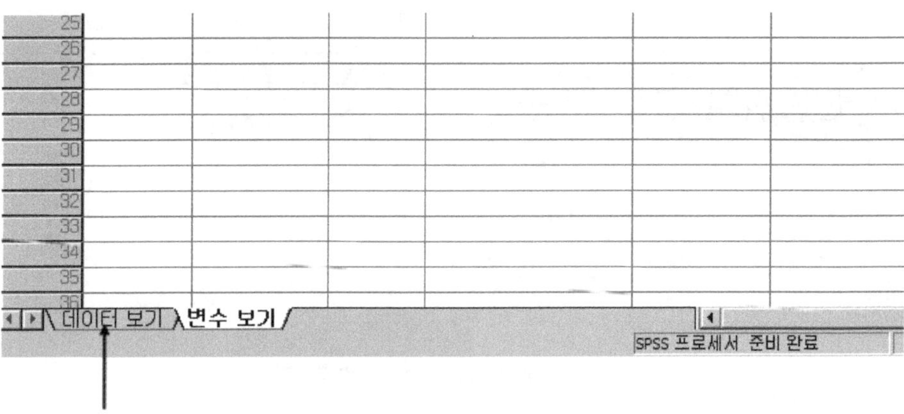

〈그림 5-6〉

파일(F) 편집(E) 보기(V) 데이터(D) 변환(T) 분석(A) 그래프(G) 유틸리티(U) 창(W) 도움말(H)

22 : 근무형태

	성별	연령	학력	근속년수	근무형태	직위	월소득	거주지	변
1	2	2	3	3	2	3	3	대구	
2									
3									
4									
5									
6									
7									

〈그림 5-7〉 코딩 후 최종결과

■■■ 제6강 ■■■

논문의 인구통계적특성은 반드시 제시한다

설문조사를 실시한 논문에서는 응답자의 일반적 특성을 반드시 제시하여야 한다. 보통 논문에서는 "표본의 일반적 특성" 혹은 "표본의 인구통계적 특성"으로 표현한다. 인구통계적특성을 조사하기 위한 통계분석방법은 **빈도분석**을 실시하면 된다.

1 빈도분석

① 빈도분석은 통계분석에서 가장 기초적인 분석방법으로 광범위하게 사용한다.

예를 들어, 대통령 선거때 어느 후보가 몇 %의 지지율을 받고 있는지를 파악할 때, 설문조사에 응답한 사람 중 남자가 몇 %, 여자가 몇 %인지, 각 연령별 분포(20, 30, 40, 50대 등)는 몇 %를 차지하는지를 알고자 할 때 이용한다.

② 빈도분석은 척도에 관계없이 즉, 명목척도, 등간척도, 비율척도, 서열척도 모두에 사용할 수 있는 분석이다.

③ 빈도분석은 평균, 표준편차, 최빈값, 중위값, 최대값, 최소값 등을 나타낼 수 있다. 단, 변수가 등간척도와 비율척도로 구성되어 있을 때만 그 값들은 의미가 있다.

④ 빈도분석은 그래프로도 나타낼 수 있다.

2 빈도분석 실시 방법

사용되는 file명 : 제2부 - 1

먼저, 예제파일 "**제2부-1**"을 불러온다.

1) 빈도분석 대화상자 경로

빈도분석을 실시하기 위해서는 메뉴 중 분석에서 기술통계량으로 이동한 후 빈도분석을 선택하여 클릭하면 된다.

메뉴〉 분석 ➡ 기술통계량 ➡ 빈도분석
(Analyze ➡ Descriptive Statistics ➡ Frequencies...)

제2부-1 - SPSS 데이터 편집기
파일(F) 편집(E) 보기(V) 데이터(D) 변환(T) 분석(A) 그래프(G) 유틸리티(U) 창(W) 도움말(H)

보고서(P) ▸
기술통계량(E) ▸ 빈도분석(F)... / 기술통계(D)... / 데이터 탐색(E)... / 교차분석(C)...
통계표 작성(T) ▸
평균 비교(M) ▸
일반선형모형(G) ▸
상관분석(C) ▸
회귀분석(R) ▸
로그선형분석(O) ▸
분류분석(Y) ▸
데이터 축소(D) ▸
척도화분석(A) ▸
비모수 검정(N) ▸
시계열 분석(I) ▸
생존분석(S) ▸
다중응답분석(L) ▸
결측값 분석(V)...

〈그림 6-1〉 빈도분석 대화상자 경로

2) 빈도분석의 실행

빈도분석을 클릭하면 〈그림 6-2〉와 같은 화면이 생성된다.

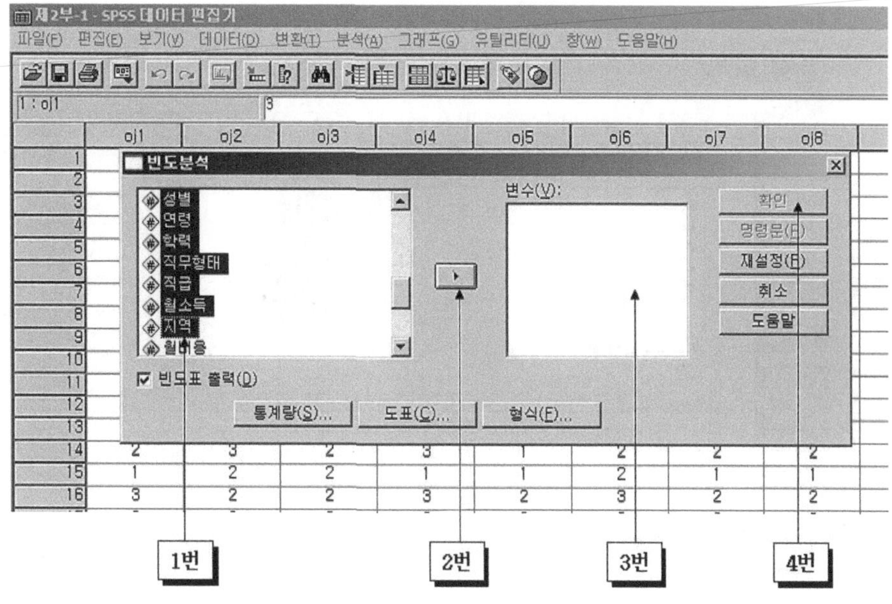

〈그림 6-2〉 빈도분석의 실행

1번 빈도분석 왼쪽창의 항목들은 SPSS 데이터 창에서 연구자가 직접 코딩한 변수명이 나타난다. 변수들 중 "인구통계적 특성"에 해당하는 변수명들을 하나씩 클릭하던지 혹은 하나의 변수를 클릭한 후 Shift + ↓를 누르면 여러 개의 변수를 한 번에 선택할 수 있다.

2번 선택한 변수들을 **변수(V):** 인 오른쪽 창으로 이동한다.

3번 왼쪽 창에서 선택된 변수들이 오른쪽 창으로 이동되어졌다. 여기에 생성된 변수들은 빈도분석의 대상 변수들이다. 다음의 그림은 선택한 변수가 오른쪽 창으로 이동된 화면이다.

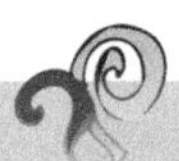

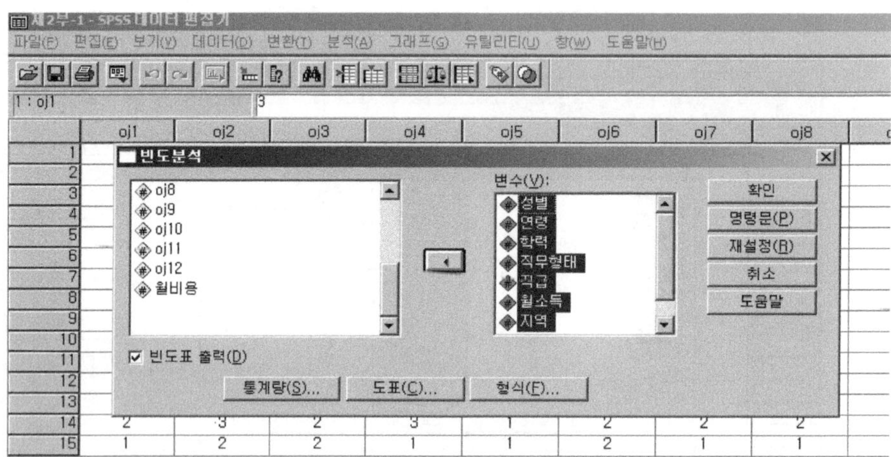

4번 최종적으로 확인을 클릭한다. 확인을 클릭하면, output-spss 뷰어(Viewer)라는 새로운 창이 생성된다.

3) 빈도분석 결과의 해석

빈도분석을 실행하기 위하여 선택한 변수들 즉, 성별, 연령, 학력, 직무형태, 직급, 월소득, 지역 등의 결과물(output-spss 뷰어)이 〈그림 6-3〉과 같이 나타난다.

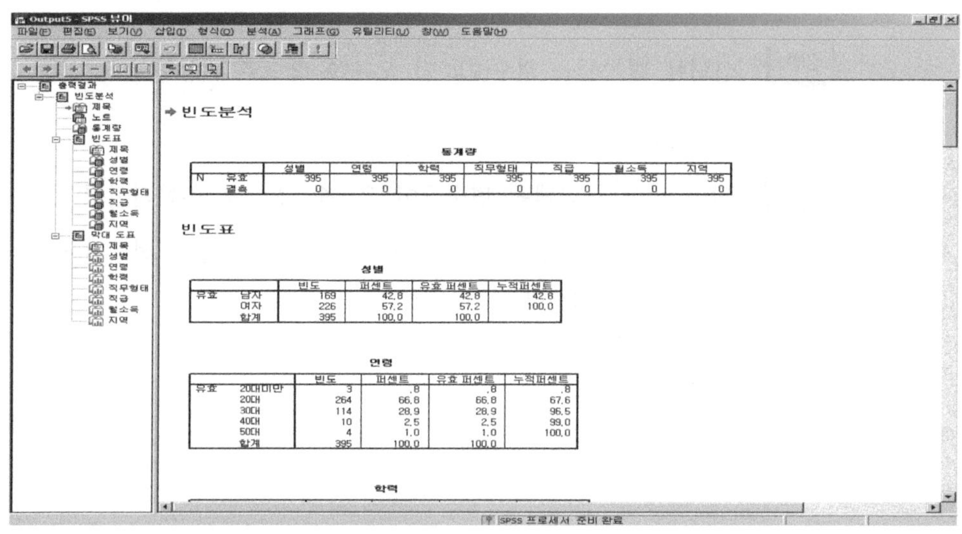

〈그림 6-3〉 빈도분석 결과

〔빈도분석 결과해석 1〕 통계량

		성 별	연 령	학 력	직무형태	직 급	월소득	지 역
N	유효	395	395	395	395	395	395	395
	결측	0	0	0	0	0	0	0

【통계량 해석】

통계량은 선택한 변수들의 유효한 데이터 수와 결측치(missing) 값을 보여준다. 본 데이터는 총 395부로 구성되어 있고, 결측치는 없는 것으로 나타난다.

여기에서 한 가지 주의 할 점은 결측치 값이다. 만약 연구자가 데이터를 코딩하는 과정에서 실수로 데이터를 입력하지 않았다면 결측치 값은 입력하지 않은 숫자만큼 나타나게 된다. 이러한 경우에는, 연구자가 어느 곳에서 입력하지 않았는지를 직접 찾아서 문제를 해결하여야 한다. 이러한 경우는 종종 발생하는 상황이다. 따라서 제5강에서 설명한 것처럼, 설문지 제일 앞면에 일련번호를 기입하였다면 결측치가 발생한 설문지를 쉽게 찾아 missing된 수치를 입력할 수 있다. 그러나 설문 응답자가 해당 문항에 체크를 하지 않아서 missing된 경우도 있을 수 있다. 이런 경우의 대표적인 해결 방법은 해당되는 설문지를 제거하는 방법이 있다.

〔빈도분석 결과해석 2〕 성 별

		빈 도	퍼센트	유효 퍼센트	누적퍼센트
유효	남자	169	42.8	42.8	42.8
	여자	226	57.2	57.2	100.0
	합계	395	100.0	100.0	

【성별 해석】

성별의 빈도수와 퍼센트를 나타낸다. 먼저, 남자는 총 395명 중 169명으로 전체의 42.8%를 차지하고 있다. 여자의 경우에는 226명으로 전체의 57.2%를 차지하고 있는 것으로 나타난다.

〔빈도분석 결과해석 3〕 연 령

		빈도	퍼센트	유효 퍼센트	누적퍼센트
유효	20대미만	3	.8	.8	.8
	20대	264	66.8	66.8	67.6
	30대	114	28.9	28.9	96.5
	40대	10	2.5	2.5	99.0
	50대	4	1.0	1.0	100.0
	합계	395	100.0	100.0	

【연령 해석】

연령의 경우도 성별과 마찬가지로 해석하면 된다. 20대 미만이 3명으로 전체의 0.8%를 차지하고 있다. 20대의 경우에는 264명으로 전체의 66.8%를 차지하고 있고, 누적퍼센트는 67.6%(66.8%+0.8%)로 나타난다.

이와 동일하게 학력, 직무형태, 직급, 월소득, 지역 등의 분석결과물이 나타날 것이므로 각자 확인해보자.

3 논문에서 "표본의 인구통계적 특성" 제시 방법

논문에서 표본의 인구통계적 특성은 아래와 같이 표로 제시하고 해석을 하면 된다.

– 표본의 인구통계적특성 해석방법 –

응답자의 인구통계학적 특성을 살펴보면 다음과 같다. 성별 분포는 남성과 여성이 각각 42.8%와 57.2%로 나타났고, 연령별 분포는 20대 67.6%로 가장 많았으며, 30대가 28.9%, 40대 이상이 3.5%의 순서로 나타났다. 학력별 분포는 전문대졸 64.3%, 대졸이 26.1%, 고졸 6.1%, 대학원 이상 3.5%로 나타났고, 근무형태는 정규직이 72.4%, 비정규직이 27.6%로 밝혀졌다. 직급별 분포는 사원 72.7%로 가장 많이 나타났고, 주임 17.0%, 대리 5.8%, 과장이상 4.5%의 순으로 나타났다. 마지막으로 근속년수별 분포는 2년이하 32.8%, 2년 1개월이상~4년이하

30.2 %, 4년 1개월 이상~6년 이하 16.6%, 6년 1개월 이상~8년 이하 7.2%, 8년 1개월 이상 13.2%로 나타났다.

〈표본의 인구통계적 특성〉

구 분		빈도수(명)	구성비율(%)
성 별	남	169	42.8
	여	226	57.2
연 령	20대	267	67.6
	30대	114	28.9
	40대 이상	14	3.5
학 력	고 졸	24	6.1
	전문대졸	254	64.3
	대 졸	103	26.1
	대학원 이상	14	3.5
고용형태	정규직	286	72.4
	비정규직	109	27.6
직 급	사 원	287	72.7
	주 임	67	17.0
	대 리	23	5.8
	과장 이상	18	4.5
근속년수	2년 이하	129	32.8
	2년 1개월~4년 이하	121	30.2
	4년 1개월~6년 이하	65	16.6
	6년 1개월~8년 이하	28	7.2
	8년 1개월 이상	52	13.2

4 빈도분석의 추가 사항

논문에서 제시하는 표본의 인구통계적특성은 앞에서 설명한데로 빈도분석을 실시하여 그 결과물을 제시하면 된다. 그러나 간혹 연구의 특성에 따라 **평균값**, **중위값**, **최빈값**, **표준편차** 등을 제시하거나 **그래프**를 제시해야 할 때가 있을 것이다. 그러한 경우에는 다음과 같은 방식으로 분석을 실시하면 된다.

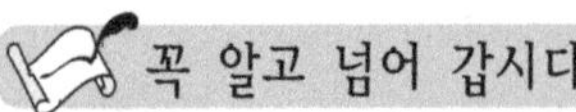

논문에서 인구통계학적 특성은 일반적으로 명목척도로 구성되어 있다. 빈도분석에서 사용한 본서의 예제파일 "2부-1"에서도 성별, 연령, 학력 등은 모두 명목척도로 구성된 것이다. 명목척도로 구성된 경우에는 평균값, 중위값, 최빈값, 표준편차의 값을 구한다는 것은 의미가 없다. 왜냐하면, 성별의 평균값이 1.4라고 했을 때 이것은 무의미한 수치이기 때문이다. 1=남성, 2=여성인데 1.4가 무슨 의미가 있겠는가? 마찬가지로 연령, 학력, 직무형태, 직급, 월소득 등 명목척도 구성되어 있다면 무의미한 수치이다. 따라서 평균값, 중위값, 최빈값, 표준편차 등의 수치는 등간척도나 비율척도로 구성되어 있을때 만 의미가 있다. 여기서는 비율척도로 구성된 **월비용** 변수로 분석을 실시한다.

(1) 통계량(Statistics...)

예제파일 "2부-1"의 월비용 변수를 오른쪽으로 이동한 후, 〈그림 6-4〉와 같이 **통계량(Statistics...)**을 클릭한다. 통계량을 클릭하면 새로운 창이 〈그림 6-5〉처럼 생성되는데, 여기서 연구자가 필요한 부분을 체크하면 된다.

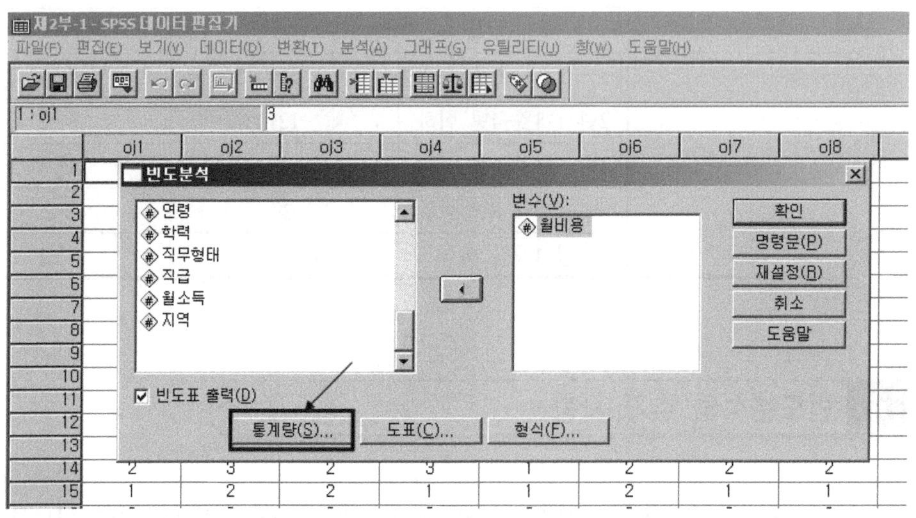

〈그림 6-4〉 빈도분석의 통계량 1

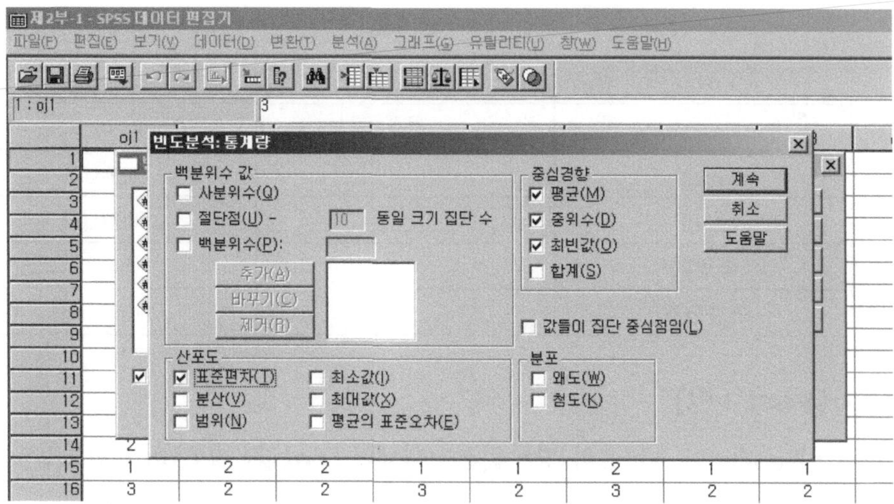

〈그림 6-5〉 빈도분석의 통계량 2

〈그림 6-5〉에서는 평균, 중위수, 최빈값, 표준편차 등을 클릭한 후, **계속**을 누르고 **확인**을 하면 다음과 같은 분석결과물이 나타난다.

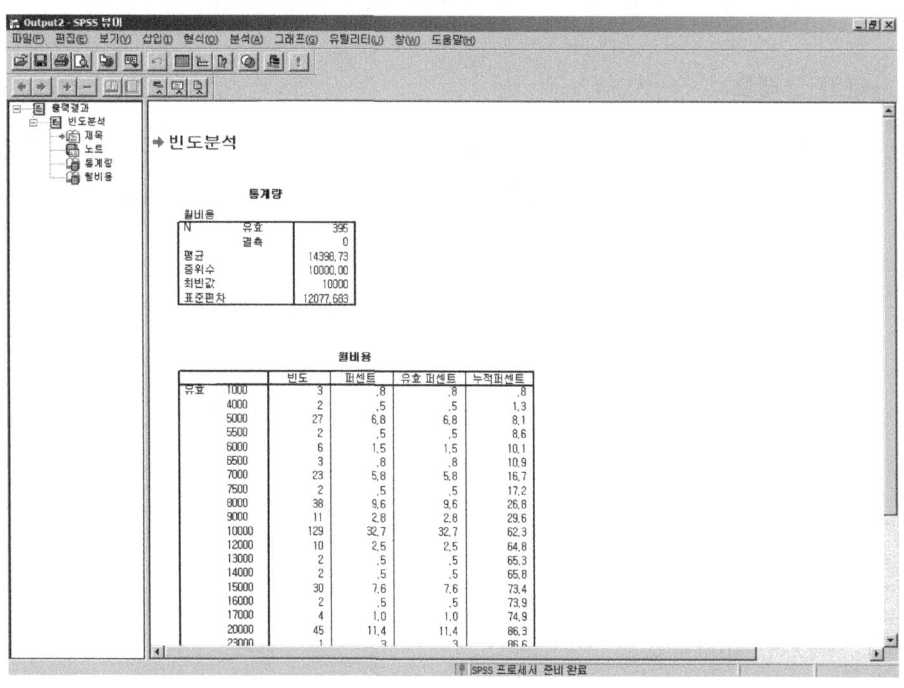

통계량

월비용

N	유효	395
	결측	0
평균		14398.73
중위수		10000.00
최빈값		10000
표준편차		12077.683

월비용

		빈도	퍼센트	유효 퍼센트	누적퍼센트
유효	1000	3	.8	.8	.8
	4000	2	.5	.5	1.3
	5000	27	6.8	6.8	8.1
	5500	2	.5	.5	8.6
	6000	6	1.5	1.5	10.1
	6500	3	.8	.8	10.9
	7000	23	5.8	5.8	16.7
	7500	2	.5	.5	17.2
	8000	38	9.6	9.6	26.8
	9000	11	2.8	2.8	29.6
	10000	129	32.7	32.7	62.3
	12000	10	2.5	2.5	64.8
	13000	2	.5	.5	65.3
	14000	2	.5	.5	65.8
	15000	30	7.6	7.6	73.4
	16000	2	.5	.5	73.9
	17000	4	1.0	1.0	74.9
	20000	45	11.4	11.4	86.3
	23000	1	.3	.3	86.6

〈그림 6-6〉 빈도분석 통계량 분석결과

〈통계량〉 월비용

N	유 효	395
	결측	0
평균		14398.73
중위수		10000.00
최빈값		10000
표준편차		12077.683

【통계량 해석】

- 평균(Mean) : 월비용의 평균값을 나타낸다. 평균값은 14,398.73원으로 나타난다.
- 중위수(Median) : 중위값(중앙값)은 10,000원으로 나타난다.
- 최빈값(Mode) : 최빈값은 10,000원으로 가장 많은 분포를 나타내고 있는 비용을 의미한다.
- 표준편차(Std. Deviation) : 표준편차는 12,077.683원으로 나타난다.

(2) 그래프

연구자들은 분석결과를 좀 더 현장감 있고 멋있게 표현하기 위해서 그래프를 이용하기도 한다. 빈도분석에서 그래프를 이용하고자 할 때는 다음과 같은 절차를 거친다.

빈도분석 창을 열어 성별, 연령, 학력 변수를 선택하여 오른쪽으로 이동시킨다. 〈그림 6-7〉에서 **도표(C)**를 클릭하면, 〈그림 6-8〉처럼 새로운 창인 "**빈도분석: 도표**"가 생성된다. 여기에서 '막대도표"를 선택한 후, **계속**을 클릭하고 **확인**을 누르면 〈그림 6-9〉와 같이 분석결과가 도표로 나타난다.

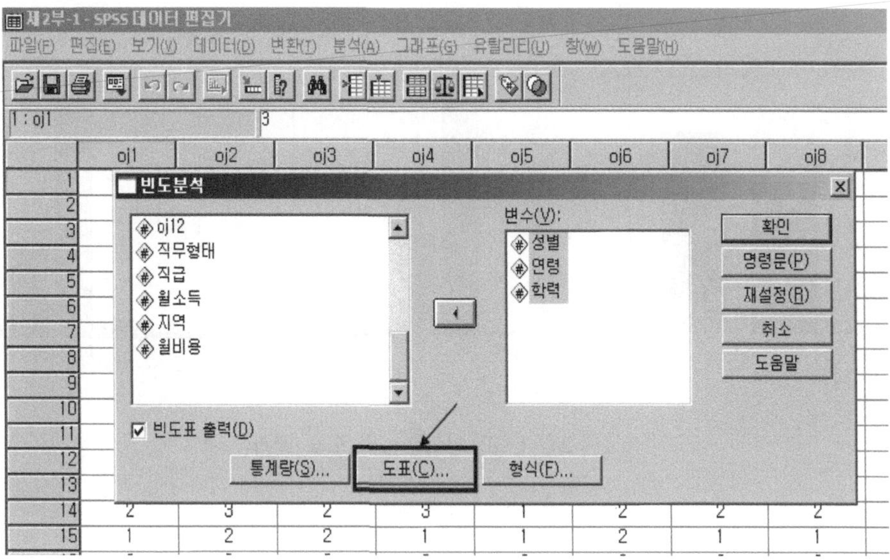

〈그림 6-7〉 빈도분석의 도표 1

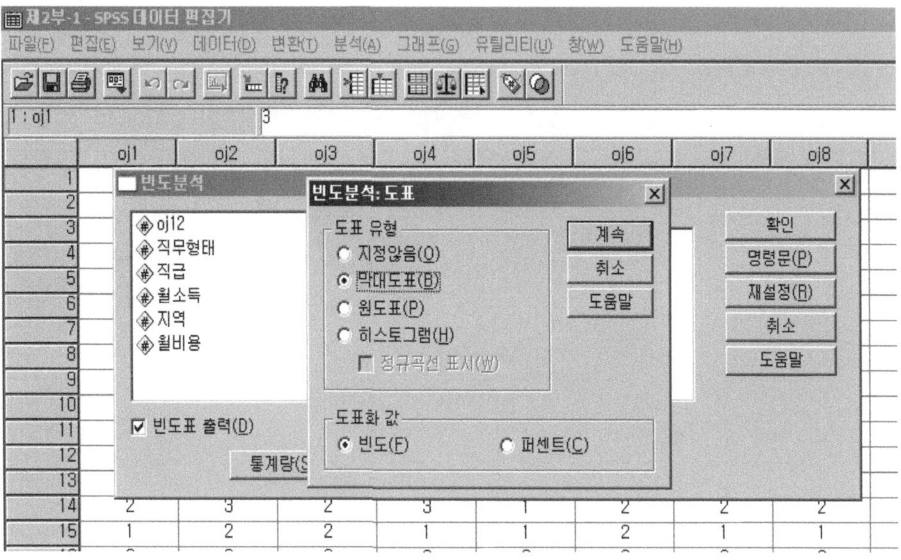

〈그림 6-8〉 빈도분석의 도표 2

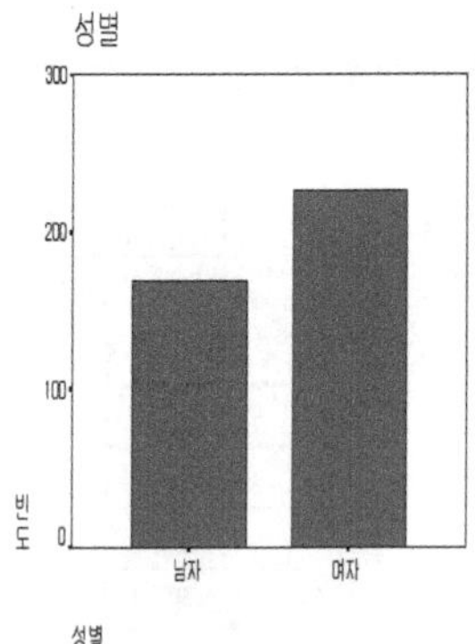

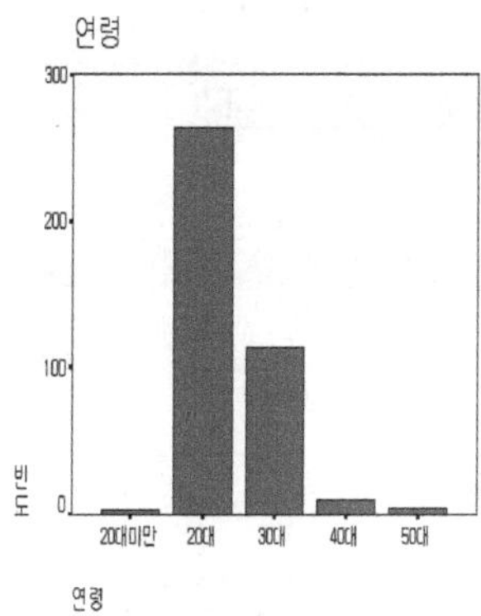

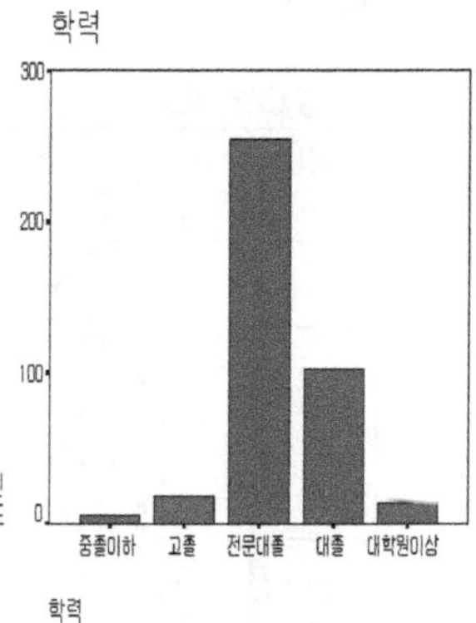

〈그림 6-9〉 빈도분석의 도표 결과

제7강
요인분석

1 요인분석

① 요인분석은 측정하고자 하는 개념을 얼마나 정확히 측정하였는가를 파악하는 것이다.

② 요인분석은 같은 개념을 측정하는 변수들이 동일한 요인으로 묶이는지를 확인하는 것이다. 이것은 측정도구의 타당성을 판정하는 것이기 때문에 논문에서는 이를 타당성 검정이라고도 한다.

③ 요인분석은 수많은 변수들을 상관관계가 높은 것끼리 묶어줌으로서 그 내용을 단순화 시킨다(변수의 축소).

④ 요인분석에서 요인적재치는 변수들의 중요도 정도를 나타내는 것으로 그 수치가 낮을수록 중요도가 낮다는 것을 의미한다. 일반적으로 요인적재치가 0.4이하일 때는 해당 변수를 제거하는 것이 좋다(변수의 제거).

⑤ 요인분석과 신뢰도 분석(제8강)으로 변수 정제과정을 거친 후 남은 변수들은 계산(제9강)을 해주어야 한다. 변수계산 후 생성된 새로운 변수는 회귀분석, 평균차이검정(t-test, ANOVA) 등 추후분석에 이용한다.

⑥ SPSS에서 실시하는 요인분석을 탐색적 요인분석이라고도 하는데, 이는 이론상으로 아직 체계화 되거나 정립되어 있지 않은 연구에서 향후 연구의 방향을 파악하기 위하여 탐색적 목적으로 실행한다는 것을 의미한다.

⑦ 요인분석을 실시하기 전에 연구자가 선정한 측정도구에 대한 정확한 정보를 가지고 있어야만 한다. 즉, 선행이론에 근거하여 측정도구가 하나의 요인으로 구성된 변수인지 아니면 몇 개의 하위요인을 가지고 있는 변수인지 등과 같이 사전에 관련 정보를 알고 있어야 한다. 이러한 정보를 가지고 있어야 요인분석 후 잘못 적재된 문항을 제거할 수 있다.

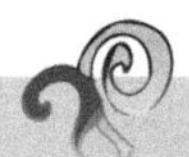

2 논문에서 요인분석 전 꼭 알아두어야 할 사항

얼마 전 한 지인으로부터 통계분석을 해달라는 간곡한 부탁을 받았다. 근데 어찌된 일인가? 요인분석을 할려고 보니 연구자인 당사자가 몇 개의 하위요인으로 구성된 변수인지를 모르고 있는 것 아닌가? 그래서 나도 이 변수를 처음 보는 변수이니 인용한 선행연구를 찾아서 이 변수가 몇 개의 하위요인으로 구성되어 있으며, 각각의 하위요인들의 문항은 어떠한 것이 있는지 알아보고 메일로 부쳐 달라고 하였다. 며칠 후 전화가 왔다.
도저히 어느 선행연구에서 변수를 인용했는지 못 찾겠다는 것이었다. 그러면 나보고 어쩌란 말인가?

제2강 측정도구의 선정에서 본인의 연구에 가장 적합한 측정도구를 선행연구로부터 찾아 인용해야 한다고 하였다. 본인의 연구에 가장 적합한 측정도구를 찾았다면, 해당 측정도구에 대한 정보를 충분히 가지고 있어야 한다. 즉, 연구자가 선택한 측정도구가 하나의 요인으로 묶여지는 변수인지 아니면 몇 개의 하위요인으로 구성된 변수인지를 정확히 알아야만 한다. 뿐만 아니라 몇 개의 하위요인으로 구성된 변수라면, 각각의 하위요인들은 설문지에서 몇 번에서 몇 번까지의 문항들이 모여서 구성된 변수인지도 알고 있어야 한다. 만약, 연구자가 자신이 선택한 변수에 대한 정보가 없다면 어떠한 상황이 발생할 것인가 상상해 보자. 실제 선행연구에서는 3개의 요인으로 묶이는 변수이지만, 본인의 연구에서는 5개의 요인으로 묶였다고 해서 이 변수를 5개의 하위요인으로 구성된 변수라고 논문에 적었다가는 논문은 다음 학기로 연기될 것이다. 또한 선행연구에서 3개의 요인으로 묶이는 변수인데, 본인의 연구에서도 3개의 요인으로 묶었다고 해서 요인분석이 잘 되었다고 말할수 있는가? 아니다. 각각의 설문문항들이 하위요인에 제대로 적재되었는지도 파악해야 한다. 선행연구에서는 1,2,3,4,5번 문항이 하나의 하위요인으로 묶었는데, 본인의 연구에서는 1,3,4,6,7번 문항으로 묶었다면 잘못된 요인분석인 것이다.

따라서 제2강에서도 강조하였지만, 연구자가 선택한 변수에 대한 정보를 사전에 꼼꼼히 파악하고 있어야 한다.

☞ 아마도 독자들은 지금까지 이야기 한 것에 대해 이해가 잘 되지 않을 것이다. 당연한 결과이다. 지금부터 실제로 요인분석을 실시하면서 위에서 언

급한 것을 반복해서 설명을 해 나갈 것이다. 천천히 따라서 해보자. 그러면 반드시 이해가 갈 것이라 믿어 의심치 않는다.

3 요인분석 실시 방법

사용되는 file명 : 제2부-1

먼저, 예제파일 "**제2부-1**"을 불러온다. 여기에서 **조직공정성(Organizational Justice)**을 요인분석해보기로 하자(예제파일에서 변수명은 oj1~oj12).

본서에서 사용하는 조직공정성은 3개의 하위요인으로 구성되어 있는데, 이에 대한 구체적인 정보는 〈표7-1〉과 같다. 분배적 공정성은 oj1~oj3번까지이고, 절차적 공정성은 oj4~oj8번, 상호작용공정성은 oj9~oj12번까지이다. 이 변수는 이미 많은 선행연구를 통해서 입증된 변수이므로 이것을 신뢰하고, 이를 기초로 요인분석을 실시하면 된다(리커트 5점척도로 조사하였음).

〈표 7-1〉 제2부-1파일에 대한 정보

조직공정성 하위요인	예제파일에서 변수명	내 용
분배적 공정성	oj1	내가 쌓아 온 경험의 양에 비추어 볼 때, 내가 근무하는 직장은 나에게 공정한 보상을 해준다.
	oj2	내가 업무에 기울인 노력의 양에 비추어 볼때, 내가 근무하는 직장은 나에게 공정한 보상을 해준다.
	oj3	내가 맡은 업무에서 받는 스트레스나 긴장에 비추어 볼 때, 직장에서는 나에게 공정한 보상을 해준다.
절차적 공정성	oj4	내가 근무하는 직장의 각종 의사결정은 편협됨이 없이 공정하게 이루어진다.
	oj5	내가 근무하는 직장은 의사결정에 앞서 모든 직원들에게 의견을 충분히 수렴한다.

절차적 공정성	oj6	나의 상사는 직무관련 의사결정을 분명히 하기 위해 다양하게 자료를 수집한다. 나의 상사는 직무관련 의사결정을 분명히 하기 위해 다양하게 자료를 수집한다.
	oj7	모든 직무관련 의사결정은 관련 직원들에게 일관되게 적용된다.
	oj8	나의 직장은 직무 관련 의사결정에 대해 옳지 못하다고 직원들이 느낀다면 이의를 제기 할 수 있다.
상호작용 공정성	oj9	나의 상사는 나의 의견을 존중한다.
	oj10	나의 상사는 나를 친절하고 인격적으로 대우 해 준다.
	oj11	나의 상사는 피고용인으로서의 나의 권리를 존중해 준다.
	oj12	나의 상사는 솔직한 자세로 나를 대한다.

1) 요인분석 대화상자 경로

요인분석을 실시하기 위해서는 〈그림 7-1〉과 같이 메뉴 중 **분석**에서 **데이터 축소**로 이동한 후 **요인분석**을 선택하여 클릭하면 된다. 그러면 〈그림 7-2〉와 같은 화면이 생성된다.

메뉴〉 분석 ➡ 데이터 축소 ➡ 요인분석
(Analyze ➡ Data Reduction ➡ Factor analysis)

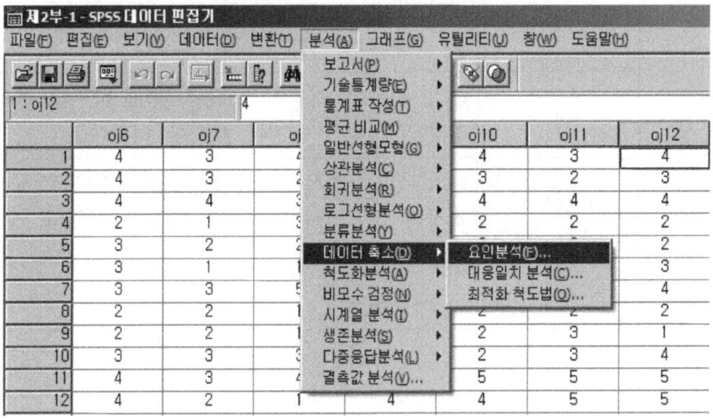

〈그림 7-1〉 요인분석 대화상자 경로

2) 요인분석의 실행

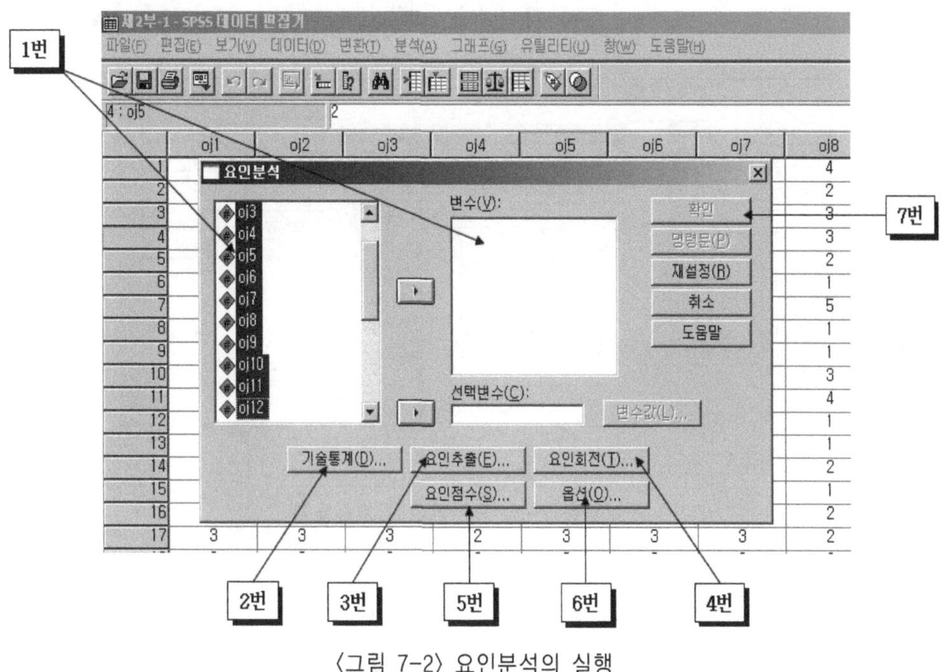

〈그림 7-2〉 요인분석의 실행

1번 요인분석을 실시할 항목(oj1~oj12)을 선택하여 오른쪽으로 이동시킨다.

2번 기술통계(D)...를 클릭하면 〈그림 7-3〉과 같은 새로운 창이 생성된다. 여기에서 **일변량 기술통계**(U)와 **상관계수**(C), KMO**와** Bartlett**의 구형성 검정**(K)을 체크하고 **계속**을 클릭한다.

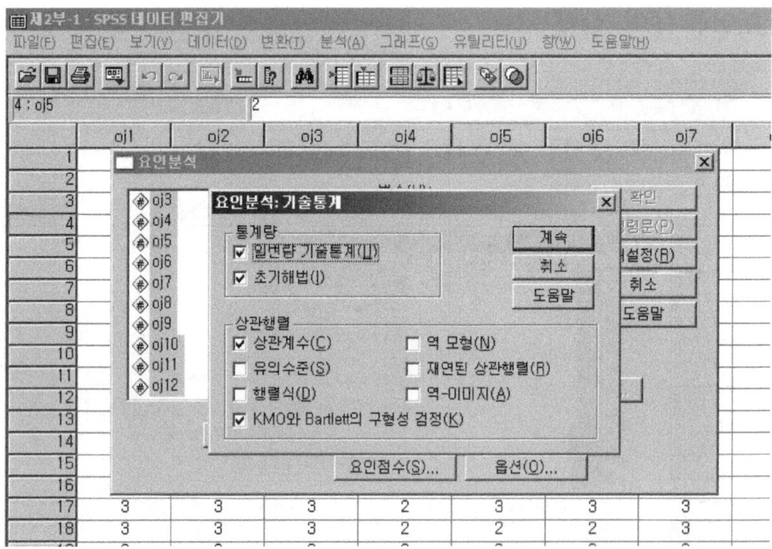

〈그림 7-3〉 요인분석의 기술통계

3번 요인추출(E)...를 클릭하면 〈그림 7-4〉와 같이 새로운 창이 생성된다. SPSS에서는 요인추출의 방법(M)은 최초 **주성분**으로 초기설정 되어 있고, 또한 고유값 기준(E) 역시 1로 고정되어 있다. 따라서 요인추출은 체크하는 것 없이 **계속**을 클릭하면 된다.

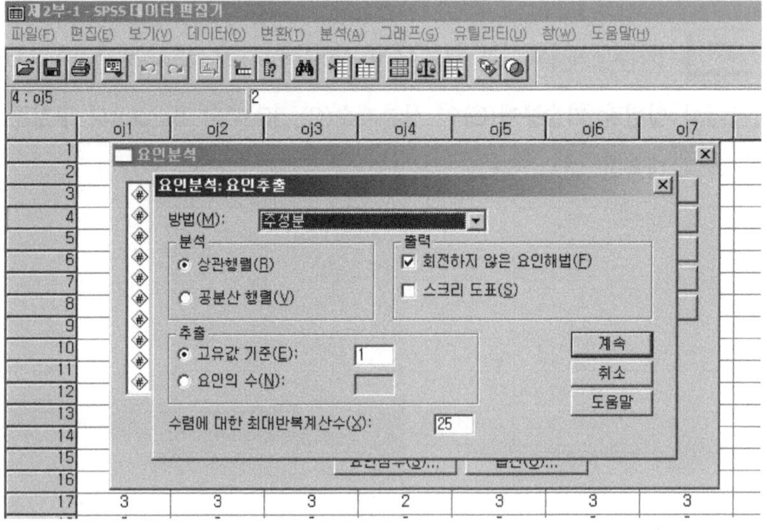

〈그림 7-4〉 요인분석의 요인추출

4번 요인회전(T)...을 클릭하면 〈그림 7-5〉와 같은 새로운 창이 생성된다. 요인회전의 방법으로는 **베리멕스(V)**를 체크하고 **계속**을 클릭한다.

〈그림 7-5〉 요인분석의 요인회전

5번 요인점수(S)...를 클릭하면 〈그림 7-6〉과 같이 새로운 창이 생성된다. 여기에서 "변수로 저장(S)"을 체크한다면 요인분석 마친 후에 SPSS 데이터창 제일 마지막 부분에 새로운 변수들이 생성된다. 그러나 이 새로운 변수들은 사실상 이용되지 않는다. 실제로 이용되는 변수는 요인분석 후에 변수계산(제9강)을 하여 추후 분석에 이용하기 때문이다. 따라서 **여기서 아무것도 체크하지 않고 계속을 클릭한다**.

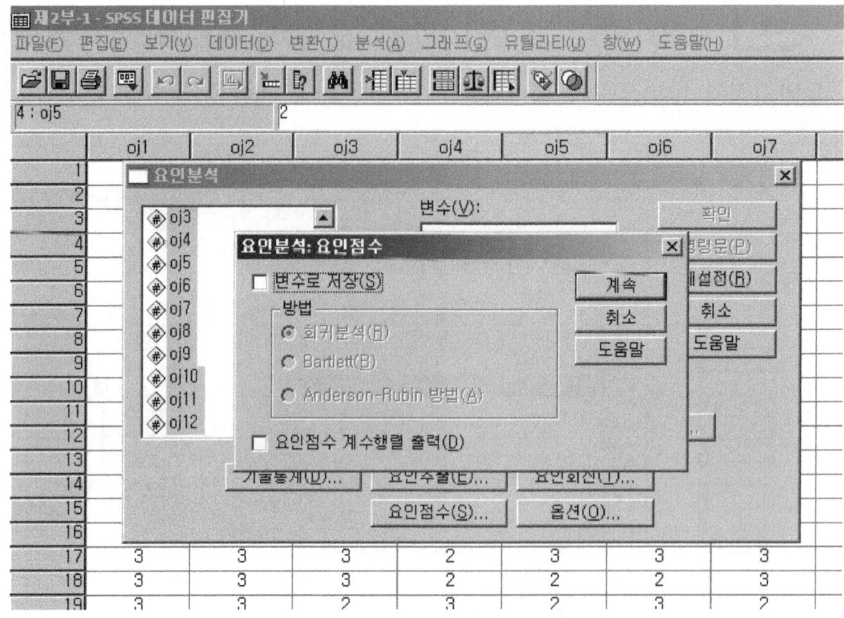

〈그림 7-6〉 요인분석의 요인점수

6번 옵션(O)...을 클릭하면 〈그림 7-7〉과 같은 새로운 창이 생성된다. 결측값에서는 목록별 결측값 제외(L)가 초기설정되어 있다. 여기서는 계수출력형식에서 **크기순 정렬(S)**를 체크한다. 이는 요인적재량의 수치가 높은 순에서 낮은 순으로 분석결과물을 보여준다. 마지막으로 **계속**버튼을 누른다.

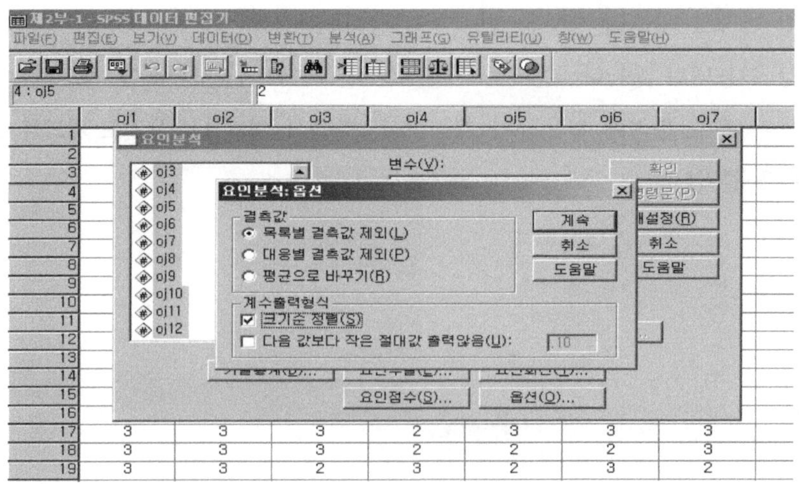

〈그림 7-7〉 요인분석의 옵션

7번 1번부터 6번까지의 과정을 마쳤다면 **확인** 버튼을 클릭한다. 그 후 요인분석결과가 아래와 같이 출력될 것이다.

3) 요인분석 결과의 해석

요인분석 결과물이 〈그림 7-8〉과 같이 나타날 것이다.

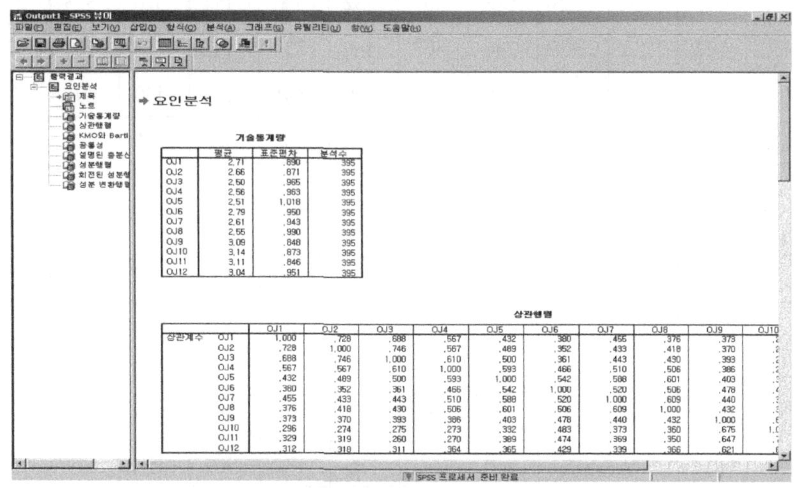

〈그림 7-8〉 요인분석의 결과창

〔요인분석 결과 해석 1〕 기술통계량

	평 균	표준편차	분석수
OJ1	2.71	.890	395
OJ2	2.66	.871	395
OJ3	2.50	.965	395
OJ4	2.56	.963	395
OJ5	2.51	1.018	395
OJ6	2.79	.950	395
OJ7	2.61	.943	395
OJ8	2.55	.990	395
OJ9	3.09	.848	395
OJ10	3.14	.873	395
OJ11	3.11	.846	395
OJ12	3.04	.951	395

【기술통계량 해석】

기술통계량은 oj1~oj12까지의 평균(Mean)과 표준편차(Std Dev)를 보여주고 있다. 또한 본 설문지에 응답자의 수(n=395)도 나타나고 있다.

〔요인분석 결과 해석 2〕 상관행렬

		OJ1	OJ2	OJ3	OJ4	OJ5	OJ6	OJ7	OJ8	OJ9	OJ10	OJ11	OJ12
상관계수	OJ1	1.000	.728	.688	.567	.432	.380	.455	.376	.373	.296	.329	.312
	OJ2	.728	1.000	.746	.567	.489	.352	.433	.418	.370	.274	.319	.318
	OJ3	.688	.746	1.000	.610	.500	.361	.443	.430	.393	.275	.260	.311
	OJ4	.567	.567	.610	1.000	.593	.466	.510	.506	.386	.273	.270	.364
	OJ5	.432	.489	.500	.593	1.000	.542	.588	.601	.403	.332	.389	.365
	OJ6	.380	.352	.361	.466	.542	1.000	.520	.506	.478	.483	.474	.429
	OJ7	.455	.433	.443	.510	.588	.520	1.000	.609	.440	.373	.369	.339
	OJ8	.376	.418	.430	.506	.601	.506	.609	1.000	.432	.360	.350	.366
	OJ9	.373	.370	.393	.386	.403	.478	.440	.432	1.000	.675	.647	.621
	OJ10	.296	.274	.275	.273	.332	.483	.373	.360	.675	1.000	.790	.669
	OJ11	.329	.319	.260	.270	.389	.474	.369	.350	.647	.790	1.000	.659
	OJ12	.312	.318	.311	.364	.365	.429	.339	.366	.621	.669	.659	1.000

【상관행렬 해석】

oj1~oj12까지의 상관행렬을 보여주는 표이다. 요인분석은 변수들간 상관관계가 높은 것끼리 하나의 요인으로 간결하게 묶어주는 역할을 한다. 따라서 상관행렬 표를 보면 어떠한 변수들끼리 상관관계가 높은지를 알 수 있다. **1.000**을 기준으로 위, 아래가 같은 수치를 나타내고 있기 때문에 둘 중 하나만 보면 된다. 여기서 oj1번의 경우를 살펴보면, oj2번과 상관계수가 0.728 가장 높게 나타나고 있고, oj3번(0.688)과 oj4번(0.567)과의 비교적 높은 상관계수를 가지고 있다. oj7번의 경우에도 oj1번과 0.455로 어느 정도 높은 상관관계를 가지고 있지만, oj8번과 오히려 더 높은 0.609의 수치를 보이고 있다. 이러한 이론적 근거를 바탕으로 SPSS는 공통요인들끼리 하나의 요인으로 묶어주는 것이다.

알아 두세요

일반적으로 논문에서 요인분석결과를 제시할 때 상관행렬 표는 제시하지 않는다. 왜냐하면 변수들 간에 높은 상관관계가 있는 것끼리 SPSS가 알아서 하나의 요인으로 묶어주기 때문이다.

사실상 연구자는 어떠한 변수들끼리 묶어졌는지가 중요한 결과이지, 상관행렬은 이론에 근거한 결과를 확인하는 수단에 불과하기 때문이다. 따라서 독자 여러분들이 직접 분석을 할 때는 **기술통계에서 상관계수(C)를 체크하지 않아도 된다**(요인분석의 실행 2번 참고 〈그림7-3〉참고).

〔요인분석 결과 해석 3〕 KMO와 Bartlett의 검정

표준형성 적절성의 Kaiser-Meyer-Olkin 측도		.907
Bartlett의 구형성 검정	근사 카이제곱	2862.040
	자유도	66
	유의확률	.000

【KMO와 Bartlett의 검정 해석】

Kaiser-Meyer-Olkin(KMO)는 변수들 간의 상관관계가 다른 변수에 의해 잘 설명되는 정도를 나타내는 값이다. 이 값이 적으면 요인분석을 위한 변수들의 선정이 좋지 못함을 나타내는 것이다. 일반적으로 **KMO 값이 0.90이상이면 상당히 좋은 것이고,** 0.80~0.89 **꽤 좋은 편,** 0.70~0.79 **적당한 편,** 0.60~0.69 **평범한 편,** 0.50~0.59 **바람직하지 못한 편,** 0.50미만이면 **받아들일 수 없는 수치로 판단한다.**

여기서는 KMO 값이 0.907로 매우 높은 수치로서 요인분석을 위한 변수들의 선정이 상당히 좋은 편으로 나타나고 있다.

Bartlett의 구형성 검정은 요인분석 모형의 적합성 여부를 나타내는 것이다. 요인분석 모형으로서 적합한지 아닌지는 유의확률로서 파악하게 된다. 귀무가설은 "상관관계행렬이 단위행렬이다"이고, 귀무가설이 기각되어야지만 요인분석 모델을 사용할 수 있는 것이다. 여기서는 유의확률이 0.000으로서 귀무가설을 기각된다. 즉, 요인분석의 사용이 적합하며 공통요인이 존재한다고 결론을 내릴 수 있다(유의확률을 기준으로 가설기각과 채택을 해석하는 방법은 제1강을 참고).

〔요인분석 결과 해석 4〕 공통성

	초 기	추 출
OJ1	1.000	.781
OJ2	1.000	.819
OJ3	1.000	.803
OJ4	1.000	.657
OJ5	1.000	.706
OJ6	1.000	.615
OJ7	1.000	.681
OJ8	1.000	.706
OJ9	1.000	.701
OJ10	1.000	.831
OJ11	1.000	.808
OJ12	1.000	.704

추출 방법 : 주성분 분석.

【공통성 해석】

oj1~oj12까지 각 변수별 초기값과 주성분 분석에 의한 공통성 추출값이 제시되어 있다. 공통성(Communality)은 추출된 요인들에 의해서 설명되는 비율이라고 할 수 있다. 그래서 공통성이 낮은 변수는 요인분석에서 제외하는 것이 좋다. 일반적으로 **공통성이 0.4이하이면 낮다고 판정한다**.

알아 두세요

2)요인분석의 실행. **3번** 항목에서 SPSS에서는 최초 주성분으로 기본 설정되어 있다고 하였다. 주성분 분석(principal components analysis)은 변수들을 요인들의 선형결합으로 가정하는것으로, 표본의 분산을 가장 많이 설명해주고 주성분과 무관한 분산을 가장 많이 설명해주는 선형결합이다. 이는 요인추출단계에서 공통요인을 결정시키는데, 이것은 고유치와 요인들에 의해 설명할 수 있는 분산의 비율을 고려하여 결정하는 것이다.

독자 여러분 어렵죠? 당연히 어려울 것입니다. 위와 같은 이론을 이해하고 알면 좋겠지만 사실상 논문을 쓰는 데는 필요 없다고 과감히 말씀드립니다. 대부분의 통계학 관련 책들이 이런 부분에 대해 너무나 친절하게 설명해 놓았기 때문에 그 만큼 어렵게 느껴지는 것입니다. 본서에서는 논문을 쓰는데 필요한 통계 중 거품에 해당하는 부분은 과감하게 넘어가겠습니다. 그것이 통계에 한걸음 다가가는 길이며, 본서의 특징이기도 합니다.

여러분이 기억해야 할 것은 공통성은 주성분 분석으로 추출되는 값이고, 0.4이하이면 그 값이 낮다고 판단한다. 이것만 기억하면 됩니다.

〔요인분석 결과 해석 5〕 설명된 총분산

성 분	초기 고유값			추출 제곱합 적재값			회전 제곱합 적재값		
	전 체	% 분산	% 누적	전 체	% 분산	% 누적	전 체	% 분산	% 누적
1	6.000	50.003	50.003	6.000	50.003	50.003	**3.137**	**26.144**	26.144
2	1.795	14.962	64.965	1.795	14.962	64.965	**2.842**	**23.686**	49.830
3	1.014	8.454	73.419	1.014	8.454	73.419	**2.831**	**23.589**	73.419
4	.503	4.192	77.611						
5	.495	4.122	81.733						
6	.412	3.429	85.162						
7	.389	3.244	88.406						
8	.363	3.026	91.433						
9	.318	2.652	94.085						
10	.283	2.360	96.445						
11	.238	1.987	98.432						
12	.188	1.568	100.000						

추출 방법 : 주성분 분석.

【설명된 총분산 해석】

요인분석의 목적은 데이터를 축소하는 것이므로, 위에 나타난 12개의 성분을 모두 연구에 사용하는 것은 잘못된 것이다. 그래서 **2) 요인분석의 실행** 3번에서 고유값은 1로 기본설정 하였고, 4번에서 베리멕스(Varimax) 회전법을 체크하였다. 그 결과 위의 표와 값이 3개의 요인(성분1, 2, 3)으로 나타났다.

추출된 세 요인의 초기고유치(eigenvalue)는 각각 6.000, 1.795, 1.014로서 이것은 요인추출 기준으로 지정한 고유치 1 이상인 요인만 추출한 것을 의미한다. 고유치는 그 요인이 설명하는 분산의 양을 나타내는 것이므로 이 값이 큰 요인이 상대적으로 중요한 요인이라는 것을 의미한다. 1번 요인의 분산은 50.003%로 전체에서 1번 요인이 50% 설명하고 있다는 것을 말하고, 2번 요인의 경우에는 14.96%, 3번 요인은 8.45% 설명하고 있다. 누적퍼센트는 73.41%로 전체에서 세 요인이 73.41%만큼 설명하고 있는 것으로 나타나고 있다.

논문에서는 **회전제곱합적재값을 제시**하여야 하는데, 1번, 2번, 3번 요인의 고유치는 각 3.137, 2.842, 2.831로 고유치 1 이상으로 나타나고 있고, 분산설명율도 요인별로 각 26.144%, 23.686%, 23.589%의 설명력을 보이고 있다. 전체 누적퍼센트 회전하기 전과 동일한 73.41%로 나타난다.

〔요인분석 결과 해석 6〕 성분행렬

	성 분		
	1	2	3
OJ5	.739	-.191	-.351
OJ9	.731	.392	.112
OJ4	.724	-.358	-5.559E-02
OJ7	.719	-.132	-.383
OJ3	.712	-.450	.305
OJ2	.711	-.430	.359
OJ6	.706	.111	-.323
OJ8	.703	-.109	-.446
OJ1	.701	-.391	.368

OJ11	.684	.563	.148
OJ10	.677	.595	.137
OJ12	.672	.474	.164

- 요인추출 방법 : 주성분 분석
- a : 추출된 3 성분

【성분행렬 해석】

논문을 작성할 때는 일반적으로 성분행렬은 참고하지 않고, 다음 페이지의 회전된 성분행렬을 참고한다. 그러므로 성분행렬에 대한 설명은 생략하기로 한다.

〔요인분석 결과 해석 7〕 회전된 성분행렬

	성 분		
	1	2	3
OJ10	**.887**	9.390E-02	.191
OJ11	**.869**	.123	.193
OJ12	**.797**	.180	.189
OJ9	**.754**	.233	.280
OJ2	.171	**.860**	.224
OJ3	.142	**.842**	.271
OJ1	.197	**.837**	.204
OJ4	.125	**.588**	.543
OJ8	.204	.203	**.789**
OJ7	.212	.262	**.753**
OJ5	.186	.327	**.752**
OJ6	.408	.141	**.654**

- 요인추출 방법 : 주성분 분석.
- 회전 방법 : Kaiser 정규화가 있는 베리멕스
- a : 5 반복계산에서 요인회전이 수렴되었습니다.

【회전된 성분행렬 해석】

위의 표는 **2) 요인분석의 실행**. 4번에서 베리멕스(Varimax) 회전법을 체크한 결과, 5차례 반복계산 후에 얻어진 회전 결과이다. 총 12개의 변수는 3개의 요인으로 묶여졌음을 확인할 수 있다. oj10, oj11, oj12, oj9는 1번 요인, oj2, oj3, oj1, oj4는 2번 요인, oj8,oj7, oj5, oj6는 3번요인으로 묶였다.

각각의 변수들에 대한 수치는 요인적재량(factor loading)이라고 한다. 위의 표에서 보는 바와 같이, 각 요인별 요인적재량의 수치는 큰 수치부터 작은 수치까지 내림차순으로 나타나고 있다. 이는 **2) 요인분석의 실행**. 6번 크기순 정렬(S)을 체크하였기 때문에 내림차순으로 나타나고 있는 것이다.

위의 분석결과는 선행연구와 동일하게 3개의 요인으로 묶여졌으나, oj4번이 잘못 적재된 것으로 나타난다. 앞에서 조직공정성에 대한 설명을 하였듯이, 분배적 공정성은 oj1, oj2, oj3만으로 구성되어야 하는데 절차적 공정성인 oj4번이 분배적 공정성에 잘못 적재된 것이다. 이러한 경우에는 oj4번을 제거하여야 한다. oj4번을 제거하고 다시 요인분석을 실시하면, 모든 분석결과는 달라진다.

다음에 이어지는 **4) 변수제거 후 요인분석결과**에서 oj4번을 제거하고 요인분석을 다시 실시할 것이다.

요인분석을 실시하여 단 한 번에 선행연구결과의 이론구조에 적합한 결과가 나오면 좋겠지만, 사실상 그렇치않은 경우가 대부분이다. 저자의 개인적인 경험에 의하면, SPSS에서 요인분석이 가장 귀찮고 힘이 드는 것 같다. 그러므로 독자 여러분도 요인분석 고비만 잘 넘기면 그 다음은 많이 수월할 것이다.

요인적재량(factor loading)

요인적재량은 각 변수와 요인간의 상관관계의 정도를 나타내는 것이다. 그러므로 각 변수들은 요인적재량에 가장 높은 요인에 묶이게 된다. 요인적재량의 기준은 일반적으로 ±0.3이상이면 된다고 하지만, 좀 더 **보수적인 기준으로 ±0.4** 이상으로 보는 견해가 지배적이다. 여기서는 모든 요인적재량이 0.4이상의 수치를 보이고 있다.

베리멕스(Varimax) 직각회전(Orthogonal rotation)

요인을 회전하는 이유는 변수의 설명축인 요인들을 회전시킴으로써 요인의 해석을 돕고자 하는 데 있다. 회전법으로 여러 가지 회전방법이 개발되어 왔으나 가장 널리 사용되는 방법은 베리멕스(Varimax) 법이다. 일반적으로 직각회전 방식의 요인점수를 이용하여 회귀분석이나 판별분석 등을 수행할 경우, 요인들의 다중공선성에 의한 문제점을 발생시키지 않는다.

4) 변수 제거 후 요인분석 결과

(1) 요인 분석의 재실행

앞에서 oj4번이 잘못 적재되어 제거해야 한다고 하였다. 변수 하나를 제거하면 요인분석은 처음부터 다시 실시하여야 한다. 〈그림 7-9〉는 최초 요인분석을 실행하는 경로로 들어가면 나타나는 창이다.

메뉴〉 분석 ➡ 데이터 축소 ➡ 요인분석
(Analyze ➡ Data Reduction ➡ Factor analysis)

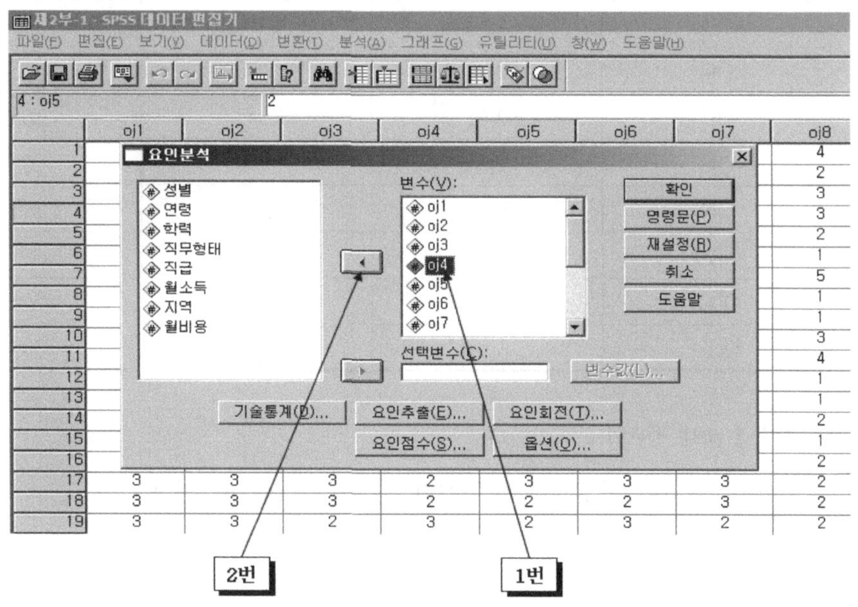

〈그림 7-9〉 변수제거 후 요인분석의 재실행

1번 제거할 변수인 oj4번을 마우스로 클릭한다.

2번 선택한 변수(oj4)를 왼쪽으로 이동하여, 요인분석 대상 변수에서 제거한다.

oj4번을 왼쪽으로 이동한 후, **2) 요인분석의 실행**에서 설명한 것과 동일한 방식으로 분석을 실시한다.

(2) 재분석 결과의 해석

다음은 잘못 적재된 oj4번을 제거한 후, 요인분석을 한 결과이다. oj4번이 제거됨으로 해서 요인분석 결과가 달라졌다는 것을 알 수 있다.

〔재분석 결과 해석 1〕 기술통계량

	평 균	표준편차	분석수
OJ1	2.71	.890	395
OJ2	2.66	.871	395
OJ3	2.50	.965	395
OJ5	2.51	1.018	395
OJ6	2.79	.950	395
OJ7	2.61	.943	395
OJ8	2.55	.990	395
OJ9	3.09	.848	395
OJ10	3.14	.873	395
OJ11	3.11	.846	395
OJ12	3.04	.951	395

【기술통계량 해석】

oj4번이 제거된 이후의 기술통계량 수치를 보여주고 있다.

〔재분석 결과 해석 2〕 KMO와 Bartlett의 검정

표준형성 적절성의 Kaiser-Meyer-Olkin 측도		.893
Bartlett의 구형성 검정	근사 카이제곱	2557.593
	자유도	55
	유의확률	.000

【KMO와 Bartlett의 검정 해석】

Kaiser-Meyer-Olkin(KMO) 값이 0.893으로 이전 보다는 조금 낮아졌지만, 여전히 높은 수치를 보여주고 있고, **Bartlett 구형성 검정** 역시 유의확률이 .000으로서 요인분석으로 적합한 것으로 나타나고 있다.

〔재분석 결과 해석 3〕 공통성

	초 기	추 출
OJ1	1.000	.792
OJ2	1.000	.839
OJ5	1.000	.704
OJ6	1.000	.616
OJ7	1.000	.700
OJ8	1.000	.719
OJ9	1.000	.701
OJ10	1.000	.829
OJ11	1.000	.804
OJ12	1.000	.710

추출 방법 : 주성분 분석

【공통성 해석】

oj4번 제거 이후 공통성의 수치를 보여주고 있다. 추출방법은 이전에 설명한 바와 같이 주성분 분석을 이용하였다.

〔재분석 결과 해석 4〕 설명된 총분산

성 분	초기 고유값			추출 제곱합 적재값			회전 제곱합 적재값		
	전 체	% 분산	% 누적	전 체	% 분산	% 누적	전 체	% 분산	% 누적
1	5.524	50.221	50.221	5.524	50.221	50.221	**3.099**	**28.174**	**28.174**
2	1.684	15.312	65.533	1.684	15.312	65.533	**2.613**	**23.754**	**51.927**
3	1.012	9.201	74.735	1.012	9.201	74.735	**2.509**	**22.807**	**74.735**
4	.502	4.564	79.298						
5	.446	4.054	83.353						
6	.397	3.608	86.960						
7	.363	3.304	90.264						
8	.355	3.227	93.491						
9	.284	2.581	96.072						
10	.244	2.215	98.287						
11	.188	1.713	100.000						

추출 방법 : 주성분 분석

【설명된 총분산 해석】

설명된 총분산은 oj4번 제거 이전과 비교하여 성분 1, 2, 3의 고유치와 분산설명력에서 많은 변화가 있는 것으로 나타나고 있다. 전체 누적 퍼센트는 74.735%로 변수 제거전(73.419%)과 비교하여 약간높은 설명력 수치를 보여주고 있다.

〔재분석 결과 해석 5〕 회전된 성분행렬

	성 분		
	1	2	3
OJ10	**.884**	.199	9.408E-02
OJ11	**.864**	.204	.127
OJ12	**.805**	.183	.168
OJ9	**.753**	.285	.230
OJ8	.194	**.800**	.204
OJ7	.200	**.768**	.265
OJ5	.183	**.754**	.319

OJ6	.405	**.659**	.137
OJ2	.163	.243	**.868**
OJ3	.139	.281	**.843**
OJ1	.192	.219	**.841**

• 요인추출 방법: 주성분 분석.
• 회전 방법 : Kaiser 정규화가 있는 베리멕스.
• a : 5 반복계산에서 요인회전이 수렴되었습니다.

【회전된 성분행렬 해석】

이 부분은 oj4번 제거 이후에 우리가 가장 관심을 가지는 분석결과이다. 이전에 oj4번은 선행연구 이론에 맞지 않게 잘못 적재되어 제거하였다. 이 변수를 제거한 후, 재분석 한 결과 oj10, oj11, 0j12, 0j9번이 1번 요인(상호작용공정성), oj8, oj7, oj5, oj6번이 2번 요인(절차적공정성), oj2, oj3, oj1번이 3번 요인(분배적공정성)으로 적재되었다. oj4번을 제거하기 전에는 요인의 설명력이 상호작용공정성, 분배적공정성, 절차적공정성 순으로 높았지만, 이제는 상호작용공정성, 절차적공정성, 분배적공정성 순으로 요인분석의 설명력이 높은 것으로 나타났다.

본 요인분석은 조직공정성의 이론구조에 적합하게 적재된 것일 뿐만 아니라, 요인적재량도 모두 0.4 이상으로 나타나 최종 분석결과로 사용하면 된다.

4 논문에서 요인분석 결과 제시방법

요인분석결과를 논문에서 제시할 때는 아래의 표와 해석방법을 참고하면 된다.

– 요인분석 결과해석 방법 –

본 연구의 측정변수는 척도 순화과정을 통하여 일부항목을 제거하였다. 먼저, 타당도 검증하기 위하여 탐색적 요인분석을 실시하였다. 모든 측정변수는 구성요인을 추출하기 위해서 주성분 분석(principle component analysis)을 사용하였으며, 요인 적재치의 단순화를 위하여 직교회전방식(varimax)을 채택하였다.

요인적재치는 각 변수와 요인간의 상관관계의 정도를 나타낸다. 그러므로 각 변수들은 요인적재치가 가장 높은 요인에 속하게 된다. 또한 고유값은 특정 요인에 적재된 모든 변수의 적재량을 제곱하여 합한 값을 말하는 것으로, 특정 요인에 관련된 표준화된 분산(standardized variance)을 가리킨다. 일반적으로 사회과학 분야에서 요인과 문항의 선택기준은 고유값(eigen value)은 1.0 이상, 요인적재치는 0.40 이상이면 유의한 변수로 간주하며 0.50이 넘으면 아주 중요한 변수로 본다. 따라서 본 연구에서는 이들의 기준에 따라 고유값이 1.0 이상, 요인적재치가 0.40 이상을 기준으로 하였다.

〈표 7-2〉는 조직공정성에 대한 요인분석 결과이다. 설명된 총 분산은 73.42%로 나타났다. 전체적으로 조직공정성은 선행 연구결과의 이론구조와 동일하게 3개의 요인으로 추출되었다. 추출된 요인은 선행 연구와 동일하게 분배적 공정성, 절차적 공정성, 상호작용 공정성으로 명명하였다. 이 중 OJ4번은 이론 구조에 맞지 않게 적재되어 제거하였다. 분배적 공정성은 3개의 문항 중 최종적으로 3개 문항을 모두 채택하였으며, 절차적 공정성은 5개의 문항 중 1개의 문항을 제거하고 총 4문항, 상호작용 공정성은 4개의 문항 중 최종적으로 4개 문항 모두를 분석에 이용하였다.

〈표 7-2〉 조직공정성의 요인분석 결과

항 목	요인분석			
	상호작용	절 차	분 배	공통성
OJ10	.88			.83
OJ11	.86			.80
OJ12	.80			.71
OJ9	.75			.70
OJ8		.80		.72
OJ7		.77		.70
OJ5		.75		.70
OJ6		.66		.62

OJ2			.87	.84
OJ3			.84	.81
OJ1			.84	.79
Eigen-value	3.10	2.61	2.51	
분산설명(%)	28.17	23.75	22.81	

5 요인분석이 잘 안될 경우 이렇게 해 보자

우리는 앞에서 조직공정성을 가지고 요인분석을 실시하였다. 앞에서 사용한 조직공정성은 oj4번만이 잘못 적재되었기 때문에 이를 제거하고 재분석을 실시하였다. 그 결과 선행이론에 맞게 요인분석이 완성되었다. 그러나 실제 논문 작성을 하기 위해 요인분석을 실시하면 이렇게 쉽게 요인분석 결과물이 도출되는 경우가 흔하지 않다. 요인분석이 제대로 수행되지 않고 예상치 못하는 난관에 부딪히게 되는 것을 종종 경험하게 될 것이다.

여기에서는 요인분석이 제대로 수행되지 않을 때, 좀 더 쉽게 할 수 있는 방법에 대해서 설명할 것이다.

사용되는 file명 : 제2부-2

먼저, 예제파일 "**제2부-2**"를 불러온다. 여기에서는 **사회적지지**라는 변수를 가지고 요인분석 해볼 것이다.

본서에서 사용하는 사회적지지의 선행연구 이론을 근거로 한 구체적인 정보는 다음과 같다. 〈표 7-3〉과 같이 사회적 지지는 정서적지지(지지1~지지7), 물질적지지(지지8~지지13), 정보적 지지(지지14~지지19), 평가적 지지(지지20~지지25) 등 4가지 하위요인으로 구성되어 있으며, 리커트 5점 척도로 조사하였다.

〈표 7-3〉 제2부-2 파일에 대한 설명

변수명	항목번호	내 용
정서적 지지	지지1	나에게 사랑과 돌봄을 받고 있다고 느끼게 해주는 사람이 있다.
	지지2	함께 있을 때 친밀감을 느끼게 해주는 사람이 있다.
	지지3	나의 문제를 기꺼이 들어주는 사람이 있다.
	지지4	내가 마음놓고 의지할 만한 사람이 있다.
	지지5	항상 나의 일에 관심을 갖고 걱정해 주는 사람이 있다.
	지지6	내가 결정을 못내리고 망설일 때 결정을 내릴 수 있도록 격려해주고 용기를 주는 사람이 있다.
	지지7	내가 기분 나쁠 때 나의 기분을 이해해주고 기분을 전환시켜 주는 사람이 있다.
물질적 지지	지지8	필요로 하는 돈이나 물건을 최선을 다해 마련해 주는 사람이 있다.
	지지9	다른 사람을 보내서라도 나를 도와주려는 사람이 있다.
	지지10	나의 일에 대해 댓가를 바라지 않고 최선을 다해 도와주는 사람이 있다.
	지지11	나에게 문제가 생겼을 때 나를 위해 시간을 내어주고 상의를 해주는 사람이 있다.
	지지12	내가 필요로 할 때 자기가 가지고 있는 물건을 빌려줄 수 있는 사람이 있다.
	지지13	내가 아플 때 나의 일을 대신해 줄 수 있는 사람이 있다.
정보적 지지	지지14	주변에 배울 점이 많고 존경할 만한 사람이 있다.
	지지15	내가 어려운 상황에 처했을 때 현명하게 해결할 수 있는 방법을 제시해주는 사람이 있다.
	지지16	내가 모르거나 이해할 수 없는 사실에 관해 내가 잘 알수 있도록 설명해주는 사람이 있다.
	지지17	내가 현실을 이해하고 사회생활에 잘 적응할 수 있도록 건전한 충고를 해 주는 사람이 있다.
	지지18	나에게 생긴 문제의 원인을 찾는데 도움이 되는 정보와 지식을 제공해주는 사람이 있다.
	지지19	내가 중요한 선택을 할 때 합리적인 결정을 내릴 수 있도록 조언을 해주는 사람이 있다.

평가적 지지	지지20	내 행동의 옳고 그름을 객관적으로 평가해 주는 사람이 있다.
	지지21	나를 필요하고 가치있는 존재로 인정해주는 사람이 있다.
	지지22	내가 하고 있는 일에 자부심을 가질 수 있도록 나의 일을 인정해 주는 사람이 있다.
	지지23	내가 잘 했을 때 칭찬을 아끼지 않는 사람이 있다.
	지지24	나를 인격적으로 존중해 주는 사람이 있다.
	지지25	내 의견을 존중해 주고 긍정적으로 받아들여 주는 사람이 있다.

1) 요인분석 결과

요인분석을 실시하는 방법은 "**3. 요인분석 실시 방법**"에서 언급한 부분과 동일하다. 독자들은 앞에서 학습한 바와 같이 동일하게 실시하면 다음과 같은 분석결과가 나타날 것이다.

〔요인분석 결과 해석 1〕 기술통계량

	평 균	표준편차	분석수
지지1	3.54	1.048	126
지지2	3.63	1.040	126
지지3	3.47	1.136	126
지지4	3.52	1.144	126
지지5	3.52	1.225	126
지지6	3.45	1.177	126
지지7	3.59	1.126	126
지지8	3.10	1.394	126
지지9	3.13	1.364	126
지지10	3.24	1.394	126
지지11	3.34	1.340	126
지지12	3.25	1.418	126
지지13	3.34	1.363	126
지지14	3.94	1.178	126
지지15	3.53	1.276	126
지지16	3.54	1.300	126

지지17	3.60	1.154	126
지지18	3.48	1.164	126
지지19	3.56	1.287	126
지지20	3.57	1.347	126
지지21	3.44	1.389	126
지지22	3.55	1.275	126
지지23	3.82	1.162	126
지지24	3.87	1.117	126
지지25	3.82	1.098	126

【기술통계량 해석】

사회적 지지는 25개 문항으로 구성되어 있으며, 각각의 평균과 표준편차를 보여주고 있다. 여기에서 사용된 표본의 크기는 126부로 나타난다.

〔요인분석 결과 해석 2〕 KMO와 Bartlett의 검정

표준형성 적절성의 Kaiser-Meyer-Olkin 측도		.919
Bartlett의 구형성 검정	근사 카이제곱	4963.268
	자유도	300
	유의확률	.000

【KMO와 Bartlett의 검정해석】

KMO 측도는 0.919로 매우 높은 수치를 보여주고 있고, **Bartlett의 구형성 검정** 역시 유의확률 .000으로서 요인분석으로 사용하기에 적합한 것으로 나타나고 있다.

〔요인분석 결과 해석 3〕 공통성

	초 기	추 출
지지1	1.000	.839
지지2	1.000	.858
지지3	1.000	.785
지지4	1.000	.799
지지5	1.000	.833

지지6	1.000	.728
지지7	1.000	.789
지지8	1.000	.745
지지9	1.000	.820
지지10	1.000	.794
지지11	1.000	.811
지지12	1.000	.798
지지13	1.000	.715
지지14	1.000	.651
지지15	1.000	.780
지지16	1.000	.750
지지17	1.000	.689
지지18	1.000	.822
지지19	1.000	.873
지지20	1.000	.858
지지21	1.000	.839
지지22	1.000	.841
지지23	1.000	.739
지지24	1.000	.717
지지25	1.000	.824

추출 방법 : 주성분 분석

【공통성 해석】

지지1~지지25까지 각 변수별 초기값과 주성분 분석에 의한 공통성 추출값이 제시되어 있다. 이전에 설명한 바와 같이, 공통성(Communality)은 추출된 요인들에 의해서 설명되는 비율이라고 할 수 있으며, 공통성이 낮은 변수(일반적으로 0.4이하)는 요인분석에서 제외하는 것이 좋다. 분석결과 사회적 지지의 모든 변수는 0.4이상으로 나타나고 있다.

〔요인분석 결과 해석 4〕 설명된 총분산

성 분	초기 고유값			추출 제곱합 적재값			회전 제곱합 적재값		
	전 체	% 분산	% 누적	전 체	% 분산	% 누적	전 체	% 분산	% 누적
1	18.259	73.037	73.037	18.259	73.037	73.037	12.720	50.880	50.880
2	1.440	5.759	78.796	1.440	5.759	78.796	6.979	27.915	78.796
3	.810	3.242	82.038						
4	.772	3.088	85.125						
5	.560	2.239	87.364						
6	.516	2.063	89.427						
7	.443	1.770	91.197						
8	.331	1.324	92.522						
9	.267	1.070	93.591						
10	.256	1.023	94.615						
11	.228	.913	95.528						
12	.178	.713	96.241						
13	.147	.587	96.828						
14	.129	.516	97.344						
15	.116	.463	97.806						
16	.108	.432	98.239						
17	.100	.401	98.639						
18	7.560E-02	.302	98.942						
19	5.915E-02	.237	99.178						
20	5.012E-02	.200	99.379						
21	3.979E-02	.159	99.538						
22	3.695E-02	.148	99.686						
23	3.203E-02	.128	99.814						
24	2.898E-02	.116	99.930						
25	1.753E-02	7.013E-02	100.000						

추출 방법 : 주성분 분석

【설명된 총분산 해석】

분석결과 2개의 요인으로 묶인 것으로 나타나고 있다. 1번째 성분의 고유치와 분산설명률은 12.720, 50.88%로 나타나고 있고, 2번째 성분의 경우에는 6.979와

27.915%를 보여준다. 총 누적 분산 설명율은 78.796%로 나타난다.

〔요인분석 결과 해석 5〕 회전된 성분행렬

	성 분	
	1	2
지지20	**.879**	.293
지지19	**.859**	.368
지지21	**.843**	.357
지지23	**.827**	.236
지지22	**.816**	.418
지지25	**.814**	.402
지지24	**.807**	.256
지지9	**.792**	.439
지지12	**.791**	.416
지지10	**.782**	.428
지지11	**.780**	.450
지지8	**.776**	.379
지지16	**.763**	.411
지지18	**.747**	.514
지지15	**.743**	.478
지지13	**.700**	.474
지지17	**.696**	.451
지지7	**.685**	.566
지지6	**.641**	.564
지지14	**.619**	.517
지지2	.273	**.885**
지지1	.285	**.871**
지지4	.390	**.804**
지지3	.408	**.786**
지지5	.598	**.690**

• 요인추출 방법 : 주성분 분석
• 회전 방법 : Kaiser 정규화가 있는 베리멕스
• a : 3 반복계산에서 요인회전이 수렴되었습니다.

【회전된 성분행렬 해석】

사회적 지지는 선행이론에 근거하여 4개의 하위요인으로 구성되어 있다고 하였다. 정서적지지(지지1~지지7), 물질적지지(지지8~지지13), 정보적 지지(지지14~지지19), 평가적 지지(지지20~지지25)가 그것인데, 분석결과 선행이론과 다르게 2개의 요인으로 묶이는 것을 나타났다. 이러한 경우 선행연구의 이론에 맞게끔 4개의 하위요인과 각각 하위요인에 적합한 항목들이 적재되도록 재분석을 실시하여야 한다.

반드시 읽고 넘어 갑시다.

제2-2파일의 사회적 지지를 가지고 요인분석을 한 결과는 실제 분석에서 자주 발생하는 상황이다. 이러한 경우가 발생하면, 소위 대략난감이다. 어떻게 해서든 2개로 묶인 요인을 4개로 묶이게끔 하여야 하는데, 제일 먼저 변수를 제거해 나가면서 요인분석을 재실시 하는 등의 방법을 반복해야 한다. 그런데 위의 경우에는 요인적재량이 모든 항목이 0.4이상의 수치를 보여주고 있어 어떠한 문항부터 제거할지 막막할 것이다.

먼저, 저자의 경험에 의해서 정서적 지지의 경우 지지1~지지7번까지인데, 위에서 보면 지지1~지지5번까지가 하나의 요인으로 묶인 것을 알 수 있다. 그렇다면 지지6번과 지지7번은 잘못 적재되었다고 생각할 수 있을 것이다. 그래서 지지6, 지지7번을 제거하고 다시 요인분석을 실시해보자. 독자들도 직접 해보길 바란다. 지지6번과 지지7번을 제거하고 재 요인분석을 실시하여도 여전히 2개의 요인으로 묶이는 것으로 나타날 것이다.

그렇다면 다음 단계로 성분1에서 요인적재량이 제일 높은 항목인 지지20번을 제거하고 요인분석을 실시해보았더니 여전히 2개 요인으로 묶인다. 그리고 19번을 제거하고 요인분석을 실시해보아도 2개 요인으로 묶인다. 이런 방법으로 한 개의 항목을 제거하면서 요인분석을 반복하여 실시해도 2개 요인으로만 묶인다는 것을 알 수 있다. 어떠한 방법을 해도 도저히 선행연구 이론과 같이 4개의 요인으로 묶이지 않는다. 도대체 이럴 경우에는 어떻게 해야 할까? 이러한 경우에는 마지막 방법으로 다음의 2) **요인의 수를 강제로 지정하자**를 참고하자.

2) 요인의 수를 강제로 지정하자

(1) 실행 방법

앞의 사회적 지지 변수와 같이 아무리 문항을 제거하여도 선행이론과 같이 요인분석이 이루어지지 않을 때 다음과 같은 방법으로 요인분석을 실시해 보자.

모든 요인분석의 절차는 "**3. 요인분석 실시 방법**"에서 언급한 부분과 동일하며, 다음에서 언급하는 한 부분만 체크를 해 주면 된다. 어려운 것이 전혀 없으니 아래의 설명대로 따라해 보자. 〈그림 7-10〉에서 "요인추출"을 클릭하면 나타나는 새로운 창인 〈그림 7-11〉에서 요인의 수를 강제로 지정하면 된다.

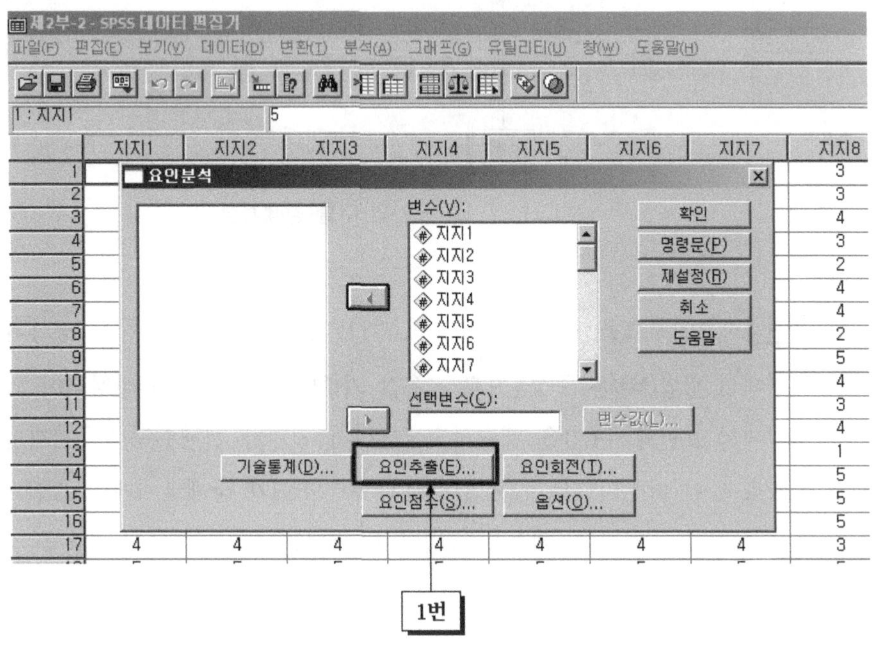

〈그림 7-10〉 요인분석의 요인추출

1번 기술통계, 요인회전, 옵션 등은 앞에서 설명한 데로 동일하게 체크를 하고, **요인추출** 에서만 다르게 체크하면 된다.

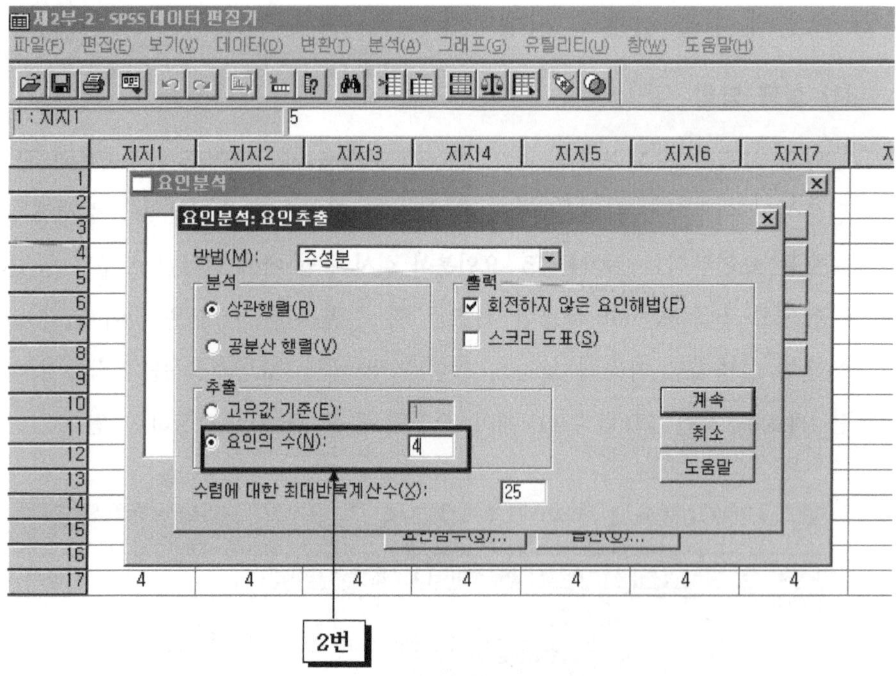

〈그림 7-11〉 요인의 수를 강제지정

2번 요인추출을 클릭하면 〈그림 7-11〉과 같이 새로운 창이 생성된다. 여기에서 **방법(M):은 주성분으로 고유값 기준(E):은 1로 초기 설정**되어 있다.

여기에서 **요인의 수(N)**을 체크하고, 사회적 지지가 선행연구에서 4개의 하위 요인으로 묶인 변수이므로 4를 입력한다. 즉, SPSS가 강제로 4개의 요인으로 묶이게끔 설정하는 것이다. **계속**을 클릭하고, 요인분석을 실시하면 다음과 같은 결과물이 출력된다.

(2) 요인분석 결과

분석결과에서 **기술통계량**, **KMO와 Bartlett의 검정**, **공통성**, **설명된 총분산**에 대한 설명은 이미 위에서 몇 차례에 걸쳐 이루어졌기 때문에 이에 대한 해석은 생략하기로 하고, "**회전된 성분행렬**"만 보기로 한다.

〔요인분석 결과 해석 1〕 회전된 성분행렬

	성 분			
	1	2	3	4
지지10	**.784**	.337	.366	.223
지지9	**.743**	.337	.370	.298
지지11	**.743**	.348	.358	.294
지지8	**.682**	.221	.240	.525
지지12	**.621**	.292	.367	.465
지지21	**.602**	.301	.598	.259
지지22	**.580**	.357	.566	.290
지지19	**.564**	.278	.551	.419
지지13	**.558**	.336	.255	.529
지지7	**.526**	.469	.353	.414
지지6	**.514**	.457	.285	.433
지지2	.190	**.840**	.156	.322
지지1	.226	**.839**	.187	.250
지지4	.252	**.791**	.342	.208
지지3	.417	**.750**	.235	.170
지지5	.560	**.603**	.268	.326
지지24	.280	.250	**.811**	.292
지지23	.320	.220	**.793**	.301
지지25	.377	.344	**.657**	.432
지지20	.601	.239	**.643**	.259
지지18	.467	.425	**.470**	.453
지지16	.366	.265	.390	**.725**
지지14	.291	.376	.270	**.708**
지지17	.210	.345	.477	**.675**
지지15	.467	.326	.312	**.668**

• 요인추출 방법 : 주성분 분석
• 회전 방법 : Kaiser 정규화가 있는 베리멕스
• a : 7 반복계산에서 요인회전이 수렴되었습니다.

【요인분석 결과해설 1】

SPSS에서 요인의 수를 4개로 강제 입력하고 분석한 결과, 4개의 요인으로 묶였다. 이제는 모든 문항이 제대로 적재 되었는지를 확인해 보아야 한다. 선행연

구 이론에서는 정서적지지(지지1~지지7번), 물질적지지(지지8~지지13번), 정보적 지지(지지14~지지19번), 평가적 지지(지지20~지지25번)로 묶였기 때문에 위와 동일하게 만들기 위해서 **잘못 적재된 변수는 제거**를 해야 한다.

먼저, 정서적 지지의 경우 성분 2에서 지지2, 지지1, 지지4, 지지3, 지지5번의 순으로 묶였다. 그런데 지지6번과 지지7번이 성분 1에 잘못 적재되어 있다.

일단 지지6과 지지7번을 제거하고 요인분석을 실시해 보자.

지지 6과 지지7번을 제거하기 위해서는 〈그림 7-12〉와 같이, 변수(V): 에 있는 지지6번과 7번을 왼쪽으로 이동 시킨 후 확인을 클릭하면 된다.

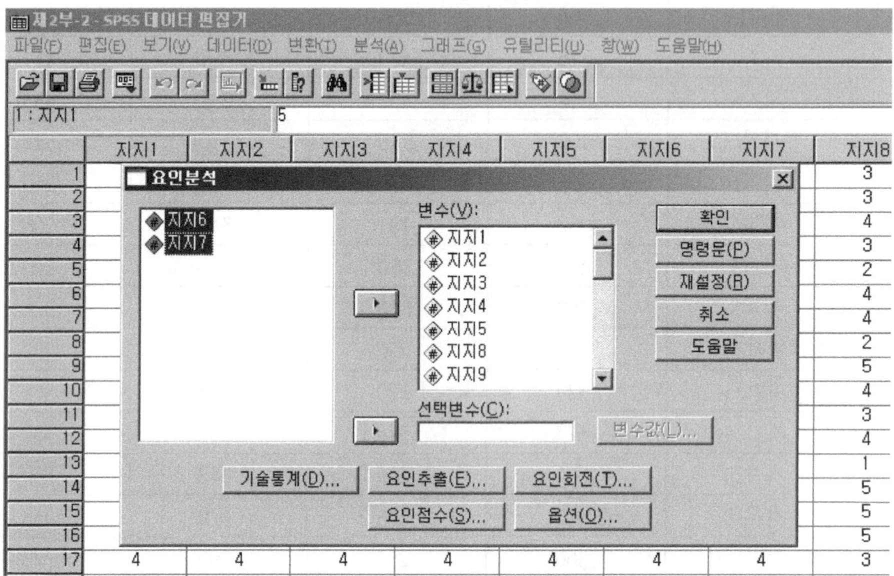

〈그림 7-12〉 요인분석의 변수제거

〔요인분석 결과 해석 2〕 회전된 성분행렬

	성분			
	1	2	3	4
지지10	.792	.352	.341	.231
지지11	.749	.344	.352	.303
지지9	.735	.375	.333	.298

지지8	**.680**	.236	.223	.532
지지12	**.614**	.375	.292	.463
지지21	**.614**	.586	.304	.263
지지22	**.582**	.568	.356	.286
지지19	**.563**	.556	.277	.415
지지13	**.562**	.246	.341	.539
지지24	.289	**.809**	.244	.286
지지23	.326	**.795**	.213	.293
지지25	.375	**.666**	.339	.424
지지20	.613	**.632**	.242	.262
지지18	.465	**.476**	.423	.450
지지2	.189	.161	**.842**	.322
지지1	.231	.182	**.842**	.255
지지4	.243	.358	**.788**	.200
지지3	.427	.218	**.755**	.182
지지5	.540	.295	**.597**	.314
지지16	.369	.387	.268	**.730**
지지14	.288	.273	.378	**.711**
지지15	.467	.313	.330	**.671**
지지17	.202	.495	.342	**.665**

【요인분석 결과해석 2】

지지6번과 7번을 제거한 후의 분석결과 표이다. 정서적지지(지지1~지지7)의 경우에는 지지6번과 7번이 제거됨으로써 성분 3에 지지2, 지지1, 지지4, 지지3, 지지5번의 순으로 하나의 요인으로 묶였다.

이제는 물질적 지지를 한번 살펴보자. 물질적 지지(지지8~지지13번)는 위의 표에서 성분 1에 해당한다고 할 수 있다. 그런데 위의 표를 보면 **지지19번**, **지지21번**, **지지22번이 잘못 적재**되어 있다. 이 또한 제거하고 다시 요인분석을 실시해 보자.

〔요인분석 결과 해석 3〕 회전된 성분행렬

	성분			
	1	2	3	4
지지10	**.795**	.349	.227	.333
지지9	**.761**	.332	.263	.388
지지11	**.756**	.355	.303	.326
지지8	**.713**	.217	.485	.255
지지12	**.632**	.291	.453	.365
지지20	**.603**	.254	.296	.584
지지13	**.584**	.331	.523	.246
지지2	.180	**.846**	.351	.123
지지1	.242	**.842**	.246	.181
지지4	.250	**.786**	.210	.351
지지3	.443	**.749**	.167	.231
지지5	.534	**.602**	.338	.257
지지14	.299	.368	**.732**	.244
지지16	.392	.263	**.723**	.376
지지15	.473	.329	**.685**	.278
지지17	.219	.341	**.674**	.475
지지18	.465	.430	**.473**	.436
지지24	.319	.244	.268	**.829**
지지23	.343	.214	.301	**.793**
지지25	.402	.339	.407	**.672**

【요인분석 결과해석 3】

위의 표는 지지19번, 지지21번, 지지22번을 제거하고 난 후의 분석결과이다. 성분 1은 물질적지지 변수인데, 좀 전에 지지19번, 지지21번, 지지22번을 제거하고 재분석을 하였더니, 이제는 **지지20번이 잘못 적재**되어 있다. 이번에는 지지 20번을 제거하고 다시 요인분석을 실시하자.

〔요인분석 결과 해석 4〕 회전된 성분행렬

	성 분			
	1	2	3	4
지지10	**.794**	.352	.232	.318
지지9	**.774**	.327	.250	.396
지지11	**.754**	.357	.311	.307
지지8	**.731**	.208	.464	.264
지지12	**.633**	.292	.462	.345
지지13	**.593**	.327	.517	.239
지지2	.182	**.846**	.360	.108
지지1	.249	**.839**	.246	.179
지지4	.254	**.785**	.218	.346
지지3	.451	**.746**	.160	.236
지지5	.535	**.602**	.348	.240
지지14	.307	.365	**.738**	.226
지지16	.407	.256	**.717**	.372
지지17	.224	.340	**.690**	.452
지지15	.486	.324	**.681**	.269
지지18	.463	.433	**.491**	.411
지지24	.329	.242	.272	**.832**
지지23	.350	.214	.310	**.789**
지지25	.412	.337	.411	**.669**

【요인분석 결과해석 4】

위의 표는 지지20번을 제거하고 난 후의 분석결과이다. 물질적 지지는 지지10, 지지9, 지지11, 지지8, 지지12, 지지13번의 순으로 제대로 적재되었다. 정서적 지지는 지지2, 지지1, 지지4, 지지3, 지지5번의 순으로 역시 제대로 적재되었다. 성분 3은 정보적지지(지지14~지지19번)로서, 지지19번이 제거되었지만 잘못 적재된 변수가 없다. 성분 4는 평가적지지(지지20~지지25번)로서, 지지20, 지지21, 지지22번이 제거되었고, 잘못 적재된 변수는 보이지 않는다. 마지막으로 모든 요인적재량은 0.4이상의 수치를 보이고 있다. 그렇다면 드디어 사회적 지지의 요인분석이 끝이 났다.

최종적으로 사회적 지지는 지지 6번, 지지7번, 지지19번, 지지20번, 지지21번, 지지22번 등 총 6개 문항을 제거하였다.

읽어 보세요

저자의 경험에 의하면, SPSS에서 실시할 수 있는 분석 중에서 요인분석이 가장 힘이 드는 것 같다. 변수에 따라 요인분석이 잘 되지 않는 경우가 다반사이기 때문이다. 그래서 요인분석을 하는데 시간이 가장 오래 걸리고 힘들다. 독자 여러분들은 저자가 예제로 제시한 제2부-2 파일의 사회적 지지 변수로 요인분석을 실시해 보았다. 여기서 사용한 사회적 지지 변수는 저자가 경험한 변수 중 요인분석이 잘되지 않는 대표적인 변수라 생각하고 예제로 사용하였다. 위의 사회적 지지를 요인분석 하는 방법을 이해했다면, 이제는 독자 여러분도 요인분석에 자신감을 가져도 될 것이다.

(3) 논문에서 결과 제시 방법

위에서 사회적 지지를 요인분석 하였다. 그 결과를 논문에서 아래와 같은 방법으로 제시해 보자.

【논문에서 해석 방법】

본 연구의 측정변수는 척도 순화과정을 통하여 일부항목을 제거하였다. 먼저, 타당도 검증하기 위하여 탐색적 요인분석을 실시하였다. 모든 측정변수는 구성요인을 추출하기 위해서 주성분 분석(principle component analysis)을 사용하였으며, 요인 적재치의 단순화를 위하여 직교회전방식(varimax)을 채택하였다.

본 연구에서의 문항의 선택기준은 고유값(eigen value)은 1.0 이상, 요인적재치는 0.40 이상을 기준으로 하였다. 사회적 지지는 선행연구와 동일하게 4개의 요인으로 구분되었으며, 총 25개 문항 중 6개 문항이 이론 구조에 맞지 않게 적재되어 제거하고 최종적으로 19개 문항을 분석에 이용하였다

개 념	요 인	변수명	요인 적재량	공통성	고유값	분산 설명력
사회적 지지	물질적 지지	S10	.794	.908	4.893	25.754
		S9	.774	.925		
		S11	.754	.887		
		S8	.731	.862		
		S12	.633	.818		
		S13	.593	.783		
	정서적 지지	S2	.846	.890	4.372	23.012
		S1	.839	.859		
		S4	.785	.848		
		S3	.746	.841		
		S5	.602	.828		
	정보적 지지	S14	.738	.823	3.871	20.374
		S16	.717	.884		
		S17	.690	.846		
		S15	.681	.876		
		S18	.491	.812		
	평가적 지지	S24	.832	.933	3.274	17.231
		S23	.789	.887		
		S25	.669	.900		

■■■ 제8강 ■■■
신뢰도 분석

1 신뢰도 분석

① 신뢰도 분석은 측정하고자 하는 개념이 설문 응답자로부터 정확하고 일관되게 측정되었는가를 확인하는 것이다. 즉, 동일한 개념에 대해 측정을 반복했을 때 동일한 측정값을 얻을 수 있는 가능성을 말한다.

② 신뢰도 분석은 측정도구의 정확성이나 정밀성을 나타내는 것이다.

③ 신뢰도 분석의 결과는 Cronbach α(알파)와 같은 신뢰도척도를 계산한 값을 가지고 판단한다. (Cronbach α값에 대한 판단기준은 신뢰도 분석 결과에서 설명할 것이다)

④ 신뢰도 분석은 일반적으로 요인분석을 실행하여 몇 가지 하위요인으로 추출한 후, 각각의 하위요인들이 동질적인 변수로 구성되어 있는가를 확인할 때 이용한다.

⑤ 신뢰도 분석은 연구 결과와 해석을 위한 필요조건 일 뿐 충분조건은 아니다.

⑥ 신뢰도 분석은 요인분석을 실시한 이후 각각의 요인들의 변수들을 가지고 신뢰도 분석을 실시한다. 예를 들면, 제7강에서 요인분석을 실시한 사회적지지의 하위요인인 정서적지지의 경우 S1, S2, S3, S4, S5의 변수(문항)로 구성되어 있으므로, 신뢰도 분석은 이 5개 변수를 가지고 실시하면 된다. 만약 5개 변수 중 신뢰도를 저해하는 항목이 있다면 이를 제거해야 한다. 즉, 요인분석과 신뢰도 분석을 통하여 변수정제 과정을 거친 후 최종적으로 남은 변수들을 가지고 변수계산(제9강)을 해주어야 한다. 변수계산 후 생성된 새로운 변수는 회귀분석, 평균 차이검정(t-test, ANOVA) 등과 같은 추후분석에 이용한다.

꼭 알아 두세요

연구자가 통계 분석을 실시할 때, 분석에 포함해야 할 중요한 요소 중 하나가 **측정도구의 신뢰성과 타당성**이다. 타당성(validity)이란 제7강에서 했던 요인분석을 말하는 것이고, 신뢰성(reliability)이란 지금 제8강에서 할 분석이다.

신뢰성이란 측정도구를 측정한 결과 오차가 들어 있지 않은 정도를 말하는 것이고, 타당성이란 측정도구가 측정하고자하는 것을 실제로 측정하고 있는 정도를 나타내는 것이다. 위와 같이 이론에 근거한 설명은 역시 어려울 것이다. 굳이 완벽하게 이해하지 않아도 좋다.

그렇지만 독자 여러분들은 이것만은 꼭 기억하자. 변수간의 인과관계 조사를 위하여 선행연구의 이론으로부터 측정도구를 선정하고 통계 분석을 실시 할 때, 측정도구의 신뢰성과 타당성 분석은 반드시 실시하고 분석결과도 제시하여야 한다는 것이다.

2 신뢰도 분석 방법

신뢰도 분석은 제7강에서 했던 요인분석처럼 그렇게 복잡하지도 어렵지도 않다. 아래의 설명대로 차분히 따라하면 모든 문제는 해결 될 것이다.

자신감을 가지고 신뢰도 분석에 도전해 보자.

신뢰도 분석은 측정도구의 타당성 분석 즉, 요인분석 후에 실시하는 것이다. 연구자가 선행연구 이론으로부터 선정한 측정도구가 선행연구와 동일하게 요인분석을 실시한 다음, 각각의 하위요인별로 신뢰도 분석을 실시하는 것이다.

따라서 여기서는 제7강에서 이미 우리가 요인분석을 실시한 바 있는 **조직공정성과 사회적지지 변수**를 가지고 신뢰도 분석을 실시할 것이다.

사용되는 file명 : 제2부-1

1) 신뢰도 분석 대화 상자 경로

신뢰도 분석을 하기 위해서는 메뉴에서 분석 ➡ 척도화분석 ➡ 신뢰도분석을 클릭하면 된다.

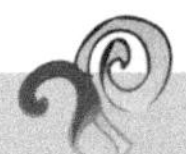

> **메뉴〉 분석(A) ➡ 척도화분석(A) ➡ 신뢰도분석(R)...**
> (Analysis ➡ Scale ➡ Reliability Analysis)

〈그림 8-1〉 신뢰도 분석 경로

2) 신뢰도 분석의 실행

〈그림 8-1〉과 같이 **신뢰도분석(R)...**을 클릭하면 〈그림 8-2〉와 같은 화면이 생성된다.

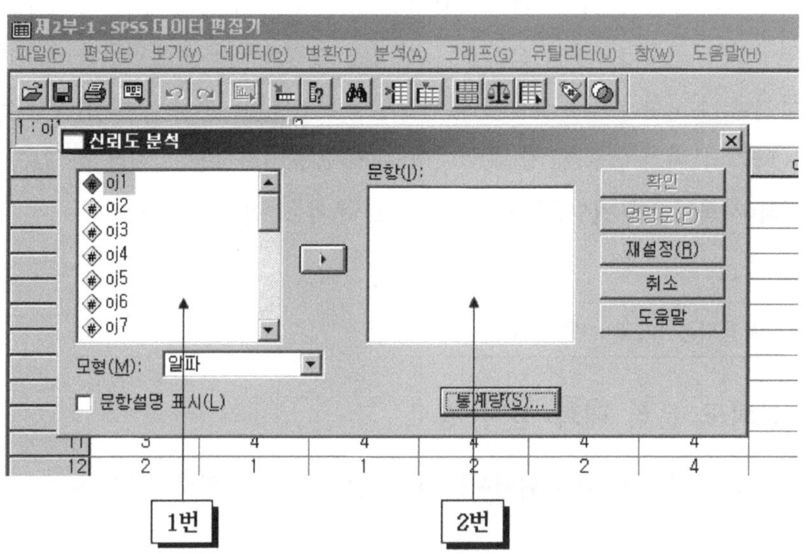

〈그림 8-2〉 신뢰도 분석의 실행 1

1번 앞의 변수들은 조직공정성(oj1~oj12)변수이다. 여기에서 신뢰도 분석을 할 대상 문항을 선택하여 **2번** 자리로 이동시킨다. 우리는 이미 조직공정성을 제7강에서 요인분석을 실시하였다. 그 결과 분배적 공정성(oj1, oj2, oj3), 절차적 공정성(oj5, oj6, oj7, oj8), 상호작용 공정성(oj9, oj10, oj11, oj12)으로 나타났다.

신뢰도 분석에서 꼭 기억해야 할 사항은 각각의 하위요인별로 문항을 선택하여 각각 분석을 실시한다는 것이다. 분배적 공정성에 해당하는 문항인 oj1, oj2, oj3번을 선택하고 신뢰도 분석을 실시하고, 그리고 절차적 공정성과 상호작용공정성도 같은 방법으로 실시한다는 것이다. 그러므로 조직 공정성의 경우에는 총 3번에 걸친 신뢰도 분석을 실시하게 된다.

여기서는 먼저, 분배적 공정성(oj1, oj2, oj3번)의 신뢰도 분석을 실시해 보자. 그러기 위해서는 **1번**에서 oj1, oj2, oj3번 선택하고, **2번**자리로 이동시킨다.

그러면 〈그림 8-3〉과 같은 화면이 구성된다.

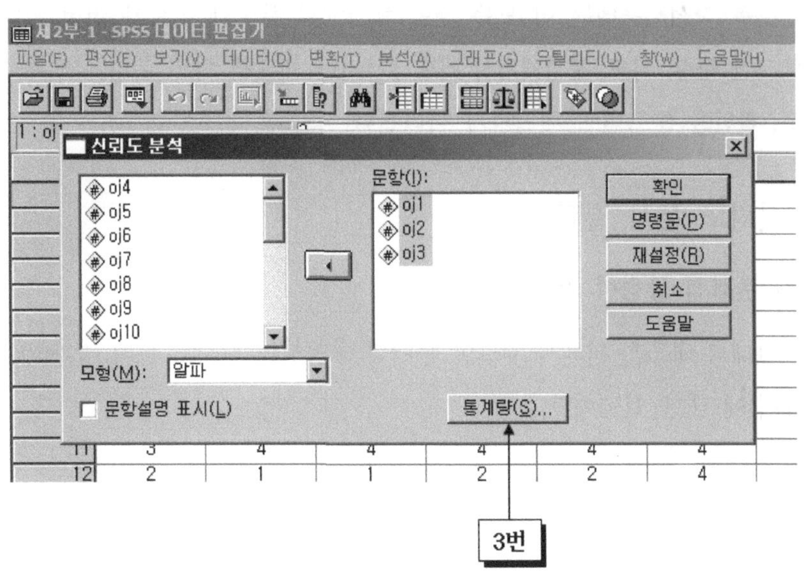

〈그림 8-3〉 신뢰도 분석의 실행 2

3번 〈그림 8-3〉은 분배적 공정성에 해당하는 oj1, oj2, oj3번을 선택하고 오른쪽으로 이동한 화면이다. 이동을 시킨 후 아래에 있는 **통계량(S)**를 클릭한다.

그러면 〈그림 8-4〉와 같은 화면이 생성될 것이다.

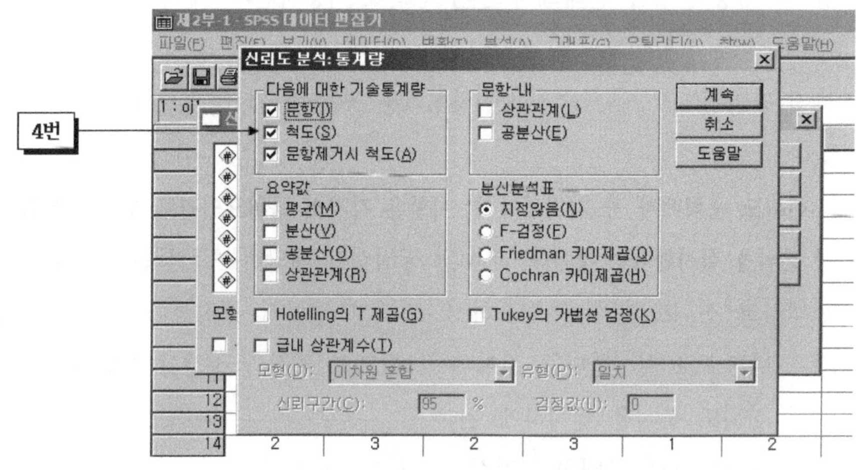

〈그림 8-4〉 신뢰도 분석의 통계량

4번 통계량을 클릭하면 여러 가지 복잡하게 이루어진 항목들이 나타난다. 논문을 작성하는데는 이 모든 것을 체크해서 분석할 필요가 전혀 없다. 위에서 체크한 **문항, 척도, 문항제거시 척도** 3가지만 체크를 하면 된다. 그 후 **계속**을 하고, **확인**을 누르면 분석결과가 나타난다.

3) 신뢰도 분석 결과 해석

(1) 분배적 공정성 결과 해석

아래의 내용은 위에서 체크한 분배적 공정성의 신뢰도 분석 결과(Output-SPSS 뷰어)에 대한 설명이다.

〔신뢰도 분석 결과 해석 1(분배적 공정성)〕

```
RELIABILITY ANALYSIS - SCALE (ALPHA)

                    Mean      Std Dev     Cases

  1.   OJ1         2.7063      .8898      395.0
```

2.	OJ2	2.6582	.8709	395.0
3.	OJ3	2.4962	.9648	395.0

Statistics for	Mean	Variance	Std Dev	N of Variables
SCALE	7.8608	6.0440	2.4585	3

Item-total Statistics

	Scale Mean if Item Deleted	Scale Variance if Item Deleted	Corrected Item-Total Correlation	**Alpha if Item Deleted**
OJ1	5.1544	2.9431	.7564	**.8520**
OJ2	5.2025	2.9030	.8027	**.8133**
OJ3	5.3646	2.6789	.7708	**.8426**

Reliability Coefficients

N of Cases = 395.0 N of Items = 3

Alpha = .8843

【신뢰도 분석 결과 해석(분배적 공정성)】

위의 화면은 신뢰도 분석결과 창에 나타나는 내용들이다. 최초에 oj1, oj2, oj3번의 평균(Mean)과 표준편차(Std. Dev)값을 나타내어주고 있다. 평균과 표준편차 값은 이미 요인분석에서도 각 항목별로 제시되어진 값이고, 신뢰도 분석에서는 중요하지 않다. 신뢰도 분석에서는 아래에 위치한 **Item-total Statistics**만을 해석하면 된다.

여기서 제일 아래쪽에 **Alpha = .8843**의 값이 있다. 즉, 조직 공정성의 하위요인인 분배적 공정성의 신뢰도 분석 결과는 Cronbach α값이 0.8843으로 나타났다는 것을 의미한다. Cronbach α값은 0.6이상이면 신뢰도가 있다고 본다.

따라서 분배적 공정성의 신뢰도는 높은 것으로 나타났다.

한 가지 반드시 알고 넘어가야 할 사항은 **Alpha if Item Deleted**의 값이다.

oj1번은 .8520, oj2번은 .8133, oj3번은 .8426으로 보이고 있다. 이 값의 의미는 매우 중요하다. 즉, oj1번을 제거했을 때, Cronbach α값은 .8520이 된다는 것이다. 분배적 공정성의 Alpha 값은 .8843이라고 했다. 그런데 oj1번을 제거하면 Cronbach α값이 .8520이 되는 것이니깐 오히려 하락하는 셈이 되는 것이다.

결국 oj1번은 제거하면 안된다는 것을 의미한다. oj2번과 oj3번 역시 제거하면 전체 Cronbach α값보다 하락하기 때문에 제거하면 안된다.

독자들이 직접 분석을 하다보면, 어떤 항목들은 제거 하면 Cronbach α값이 상승하는 것으로 나타날 경우가 있다. 이런 경우에는 해당항목을 제거하여 신뢰수준을 높이는 것이 바람직하다.

Cronbach α값의 기준

Cronbach α(알파)값을 해석하는 기준은 일반적으로 사회과학 분야에서는 0.6이상이면 신뢰도가 있다고 본다. 물론 이러한 기준은 학자들마다 해석을 달리하는 경향이 있다. 어떤 학자들은 0.7미만이면 신뢰도가 없다고 보기도 하고, 어떤 학자들은 0.6이상이면 된다고 하기도 한다. 통상적 시각에서 사회과학에서는 0.6이상이면 된다고 한다. 저자의 경우에도 0.6이상을 기준으로 그동안 논문을 작성해 왔다.

Alpha if Item Deleted 값이 전체 Cronbach α값보다 높아서 해당 항목을 제거하여 신뢰 수준을 높이는 것이 바람직하다고 위에서 설명하였다. 그런데 만약, 전체 Cronbach α값이 0.90로 나타났고, 어떤 항목을 제거하면 0.94가 된다고 가정해 보자. 그렇다면 과연 이 항목을 제거해야 할 것인가? 전체 Cronbach α값 자체가 높기 때문에 해당 항목을 제거할 때는 심사숙고하는 것이 필요하다. 여기에는 정답이 있는 것은 아니다. 연구의 상황에 따라 항목수를 줄이는 것이 좋다고 판단되면 제거하는 것이 바람직할 것이고, 항목 수를 그대로 두는 것이 좋다고 판단되면 제거하지 않아도 된다. **결론적으로 전체 Cronbach α값이 높다면, 어떤 항목을 제거하여 신뢰 수준이 높아진다고 하더라도 반드시 제거할 필요는 없다는 것이다.**

(2) 절차적 공정성 결과 해석

우리는 제7강에서 요인분석을 실시하여, 절차적 공정성은 oj5, oj6, oj7, oj8번이라는 것을 알고 있다. 여기서는 절차적 공정성의 신뢰도 분석을 실시해 볼 것이다. 실행과정은 위에서 설명한 바와 동일하다. 〈그림 8-5〉와 같이 oj5, oj6, oj7, 0j8번을 선택한 후, **통계량(S)...**을 클릭한다. 그러면 오른쪽 그림과 같이 나타나고, 여기서 문항, 척도, 문항제거시 척도를 클릭하고 계속을 누르고 마지막

으로 확인을 누른다.

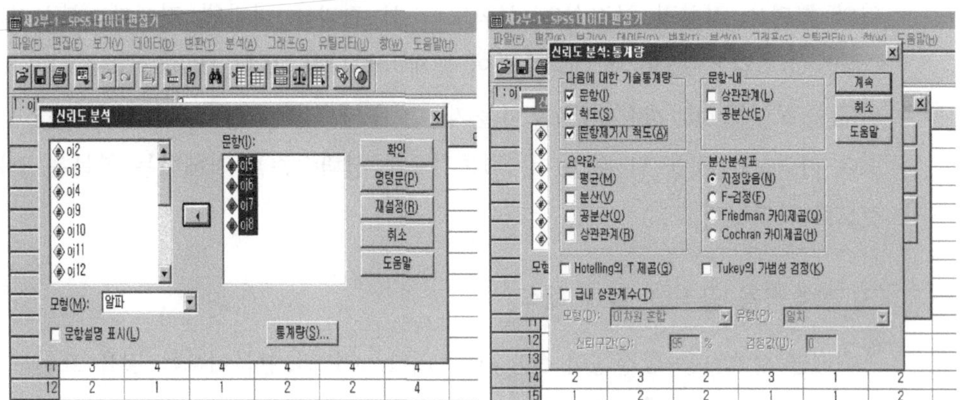

〈그림 8-5〉 신뢰도 분석(절차적공정성)

〔신뢰도 분석 결과 해석 2(절차적 공정성)〕

```
R E L I A B I L I T Y   A N A L Y S I S   -   S C A L E   (A L P H A)
                              Mean        Std Dev       Cases
  1.     OJ5                 2.5114       1.0185        395.0
  2.     OJ6                 2.7899        .9500        395.0
  3.     OJ7                 2.6076        .9427        395.0
  4.     OJ8                 2.5468        .9896        395.0
                                                    N of
Statistics for       Mean    Variance    Std Dev  Variables
      SCALE       10.4557    10.2131     3.1958        4

Item-total Statistics
                Scale          Scale       Corrected
                Mean         Variance        Item-          Alpha
               if Item        if Item        Total          if Item
               Deleted        Deleted     Correlation       Deleted

OJ5             7.9443         5.7888        .6911           .7821
OJ6             7.6658         6.3804        .6106           .8169
OJ7             7.8481         6.1292        .6845           .7856
OJ8             7.9089         5.9358        .6839           .7852

Reliability Coefficients
N of Cases =     395.0                 N of Items =  4

Alpha =      .8362
```

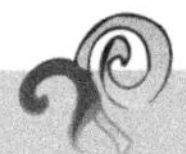

【신뢰도 분석 결과 해석(절차적 공정성)】

위의 화면은 절차적 공정성의 신뢰도 분석 결과를 나타낸 것이다. 분석결과 Cronbach α**값은** 0.8362이 신뢰수준이 높게 나타났다. 또한 **Alpha if Item Deleted**의 값을 보아도 oj5, oj6, oj7, oj8번을 제거했을 때, 전체 Cronbach α값인 0.8362보다 하락하는 것을 알 수 있다. 결론적으로 신뢰수준을 저해하는 항목은 없는 것으로 나타났다.

(3) 상호작용 공정성 결과 해석

우리는 상호작용 공정성이 oj9, oj10, oj11, oj12번 항목이라는 것을 요인분석을 통하여 이미 알고 있다. 여기서는 상호작용 공정성의 신뢰도 분석을 실시할 것이다.

신뢰도 분석 절차는 위와 동일하며 SPSS에서 구성되는 화면은 아래와 같다.

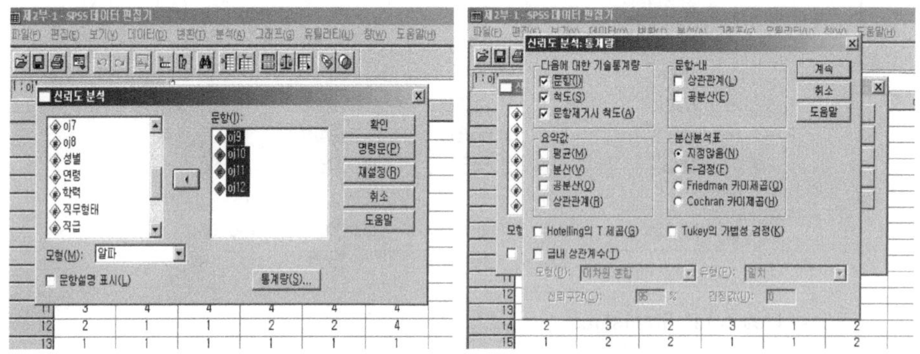

〈그림 8-6〉 신뢰도 분석(상호작용 공정성)

〔신뢰도 분석 결과 해석 3(상호작용 공정성)〕

```
RELIABILITY ANALYSIS - SCALE (ALPHA)
                         Mean      Std Dev     Cases
  1.    OJ9            3.0937       .8483      395.0
  2.    OJ10           3.1418       .8727      395.0
  3.    OJ11           3.1089       .8465      395.0
  4.    OJ12           3.0430       .9509      395.0
                                                N of
Statistics for      Mean   Variance   Std Dev  Variables
     SCALE       12.3873     9.3699    3.0610        4
```

```
Item-total Statistics

              Scale        Scale       Corrected
              Mean         Variance    Item-          Alpha
              if Item      if Item     Total          if Item
              Deleted      Deleted     Correlation    Deleted

OJ9           9.2937       5.7206      .7219          .8753
OJ10          9.2456       5.3329      .8126          .8417
OJ11          9.2785       5.4959      .7956          .8489
OJ12          9.3443       5.2923      .7253          .8771

Reliability Coefficients

N of Cases =    395.0                  N of Items =  4

Alpha =    .8919
```

【신뢰도 분석 결과 해석(상호작용 공정성)】

상호작용 공정성의 신뢰도 분석 결과 전체 **Cronbach α값은 0.8919**로 나타났다. 각 항목별 **Alpha if Item Deleted**의 값은 전체 Cronbach α값인 0.8919보다 낮게 나타나, 항목을 제거하면 신뢰수준이 낮아지는 것으로 보인다. 결론적으로 상호작용 공정성의 각 항목은 신뢰수준을 저해하는 항목이 없다.

3 논문에서 신뢰도 분석 결과 제시 방법

논문에서 신뢰도 분석 결과를 제시할 때는 일반적으로 요인분석 결과와 함께 제시하는 경우가 많다. 신뢰도 분석의 경우에는 Cronbach α값과 Alpha if Item Deleted 값 외에는 특별히 제시할 사항이 없기 때문이다.

아래에서는 **제7강 요인분석**에서 실시했던 조직공정성의 요인분석결과와 신뢰도 분석 결과를 하나의 표로 작성한 예이다.

논문에서 요인분석에 대한 결과 해석은 제7강에서 이미 하였다. 신뢰도 분석에 대한 해석은 표에 나타난 그대로 상호작용공정성, 절차적공정성, 분배적공정성의 Cronbach α값을 제시해 주면 된다.

항 목	요인분석				신뢰도	
	상호작용	절 차	분 배	공유치	Alpha if Item Deleted	Cronbach α
OJ10	.88			.83	.84	.89
OJ11	.86			.80	.85	
OJ12	.80			.71	.88	
OJ9	.75			.70	.88	
OJ8		.80		.72	.79	.84
OJ7		.77		.70	.79	
OJ5		.75		.70	.78	
OJ6		.66		.62	.82	
OJ2			.87	.84	.81	.88
OJ3			.84	.81	.84	
OJ1			.84	.79	.85	
Eigen-value	3.10	2.61	2.51			
분산설명(%)	28.17	23.75	22.81			

4 신뢰도 분석 추가

앞에서 조직공정성의 신뢰도 분석 방법과 결과에 대해서 설명하였다. 여기서는 제7강 요인분석에서 이미 분석한 사회적 지지의 신뢰도 분석을 실시할 것이다. 신뢰도 분석의 모든 절차와 방법은 이미 설명하였으므로 생략하기로 하고 결과만 제시한다.

독자 여러분 스스로가 사회적 지지를 가지고 신뢰도 분석을 실시해보고, 여기서 제시한 결과와 동일하다면 신뢰도 분석에 자신감을 가져도 될 것이다.

사회적 지지 요인분석 결과(제7강. 5번 참고)	
변수명	항 목
물질적 지지	지지10, 지지9, 지지11, 지지8, 지지12, 지지13번
정서적 지지	지지2, 지지1, 지지4, 지지3, 지지5번
정보적 지지	지지14, 지지16, 지지17, 지지15, 지지18번
평가적 지지	지지24, 지지23, 지지25번

사용되는 file명 : 제2부-2

1) 물질적지지 신뢰도 분석 결과

〔신뢰도 분석 결과 1 (물질적 지지)〕

Item-total Statistics

	Scale Mean if Item Deleted	Scale Variance if Item Deleted	Corrected Item-Total Correlation	**Alpha if Item Deleted**
지지10	16.1587	40.1026	.8975	.9549
지지9	16.2619	40.1309	.9196	.9525
지지11	16.0556	40.6929	.9012	.9546
지지8	16.3016	40.3243	.8825	.9565
지지12	16.1508	40.2091	.8713	.9578
지지13	16.0556	41.5089	.8267	.9623

Reliability Coefficients

N of Cases = 126.0　　　　N of Items = 6

Alpha = .9634

【신뢰도 분석 결과 해석(물질적 지지)】

물질적 지지의 신뢰도 분석한 결과 Cronbach α값은 0.9634로 나타났고, Alpha if Item Deleted 값은 Cronbach α 값인 0.9634보다 모두 낮게 나타나 각 항목을 제거하면 신뢰 수준이 낮아진다는 것을 알 수 있다. 따라서 물질적 지지는 문항 제거 없이 모두 사용한다.

〔신뢰도 분석 결과 2 (정서적 지지)〕

Item-total Statistics

	Scale Mean if Item Deleted	Scale Variance if Item Deleted	Corrected Item-Total Correlation	**Alpha if Item Deleted**
지지2	14.0476	17.0857	.8582	.9278
지지1	14.1429	17.0994	.8478	.9294
지지4	14.1667	16.2520	.8662	.9255
지지3	14.2143	16.4417	.8480	.9289
지지5	14.1587	16.0386	.8165	.9361

Reliability Coefficients

N of Cases = 126.0　　　N of Items = 5

Alpha = .9428

【신뢰도 분석 결과 해석(정서적 지지)】

정서적 지지의 신뢰도 분석결과, Cronbach α값은 0.9428로 매우 높게 나타났다. 또한 Alpha if Item Deleted 값 역시 0.9428보다 모두 낮게 나타났는데, 이는 각 문항을 제거했을 때 신뢰수준을 저해시킨다는 것을 의미한다. 따라서 정서적 지지의 신뢰도 분석 결과, 문항 제거없이 모두 사용한다.

〔신뢰도 분석 결과 3 (정보적 지지)〕

Item-total Statistics

	Scale Mean if Item Deleted	Scale Variance if Item Deleted	Corrected Item-Total Correlation	**Alpha if Item Deleted**

지지14	14.1429	20.6354	.8104	.9454
지지16	14.5397	18.7944	.9060	.9289
지지17	14.4841	20.5397	.8442	.9399
지지15	14.5476	19.0657	.8982	.9302
지지18	14.6032	20.4493	.8446	.9398

Reliability Coefficients

N of Cases = 126.0 N of Items = 5

Alpha = .9490

【신뢰도 분석 결과 해석(정보적 지지)】

정보적 지지의 신뢰도 분석결과 Cronbach α값은 0.9428의 수치를 보인다. 여기서도 마찬가지로 Alpha if Item Deleted 값의 결과로 볼 때, 문항 제거 없이 분석에 모두 이용한다.

〔신뢰도 분석 결과 4 (평가적 지지)〕

Item-total Statistics

	Scale Mean if Item Deleted	Scale Variance if Item Deleted	Corrected Item-Total Correlation	**Alpha if Item Deleted**
지지23	7.6905	4.5834	.8807	.9291
지지24	7.6349	4.6817	.9075	.9077
지지25	7.6905	4.8554	.8789	.9298

Reliability Coefficients

N of Cases = 126.0 N of Items = 3

Alpha = .9468

【신뢰도 분석 결과 해석(평가적 지지)】

평가적 지지의 Cronbach α값은 0.9468로 매우 높게 나타났고, Alpha if Item Deleted 값은 모두 이 보다 낮은 것으로 보인다. 따라서 신뢰수준을 저해하는 항목이 없는 것이 나타나, 모든 항목을 분석에 이용한다.

제9강
변수 계산을 하자

1 변수계산을 하는 이유

제7강과 제8강에서 설명한 요인분석, 신뢰도 분석을 통하여 변수를 제거하였다. 즉, 요인분석을 통해 잘못 적재된 항목이나 요인적재량이 0.4이하일 때 제거하고, 신뢰도 분석을 통하여 Alpha if Item Deleted 값이 전체 Cronbach α값보다 높을 때(항목을 제거했을 때 신뢰수준을 높아지는 경우) 제거해야 한다고 하였다.

이러한 절차를 통하여 논문에서 선택한 측정도구의 변수를 정화하는 과정을 최종적으로 거쳤다. 그 후에는 무엇을 해야 할 것인가? 바로 변수 계산이다.

물론 변수 계산은 논문에서 회귀분석이나 평균차이검정 등 추가 분석이 필요할 때 실시하는 작업이다.

대부분의 연구는 요인분석과 신뢰도 분석의 결과를 가지고 추가 분석을 실시해야 할 것이다. 물론 연구의 특성상 요인분석과 신뢰도 분석에서 끝나는 경우가 있겠지만, 사실 이러한 경우는 드문 상황일 것이다. 따라서 요인분석과 신뢰도 분석을 마쳤다면, 분석결과를 가지고 미리 변수계산을 해두자. 여기서는 제7강과 제8강에서 실시한 조직공정성을 가지고 변수계산을 실시해 보도록 하겠다.

우리는 선행연구 이론과 동일하게 조직공정성의 요인분석을 실시하여 최종 분석결과를 획득하였다. **그 결과 분배적 공정성은 oj1, oj2, oj3번, 절차적 공정성은 oj5, oj6, oj7, oj8번, 상호작용 공정성은 oj9, oj10, oj11, oj12번이라는 것을 이미 알고 있다. 또한 신뢰도 분석 결과 Alpha if Item Deleted 값을 통하여 신뢰도를 저해하는 항목이 없다는 것도 알고 있다.** 그렇다면 이젠 논문에서 가설검정을 위한 통계분석을 실시해야 하는데, 그 전에 반드시 해야 할 일이 있다. 그것은 변수 계산이다.

변수계산은 요인분석과 신뢰도 분석 등 변수정제과정을 통하여 최종적으로 남아 있는 변수들을 모두 더하기 하여 변수의 수 만큼 나누어주는 것이다. 예를 들어, 분배적 공정성을 가지고 변수계산을 실시해보자. 분배적공정성은 oj1, oj2, oj3이므로, (oj1+oj2+oj3)÷3의 공식을 취하면 된다. 이러한 변수계산을 과정을 마치게 되면 SPSS 데이터 창 마지막 부분에 새로운 변수가 생성된다. 이 변수를 가지고 추후 분석에 활용한다. 마찬가지로 절차적 공정성, 상호작용 공성성도 이와 같은 방식으로 하나의 변수로 만들어 주는 작업을 하는 것이다. **변수 계산은 추후 분석을 위해서 꼭 필요한 작업이라는 것을 명심해야 한다.**

SPSS는 변수계산을 지원해준다. 어렵지 않으니 그냥 보고 따라 하기만 하면 된다.

2 변수계산 대화상자 경로

변수계산을 하는 경로는 〈그림 9-1〉과 같이 메뉴에서 변환으로 가서 변수계산을 클릭하면 된다.

메뉴〉 변환(T) ➡ 변수계산(C)...
(Transform ➡ Compute)

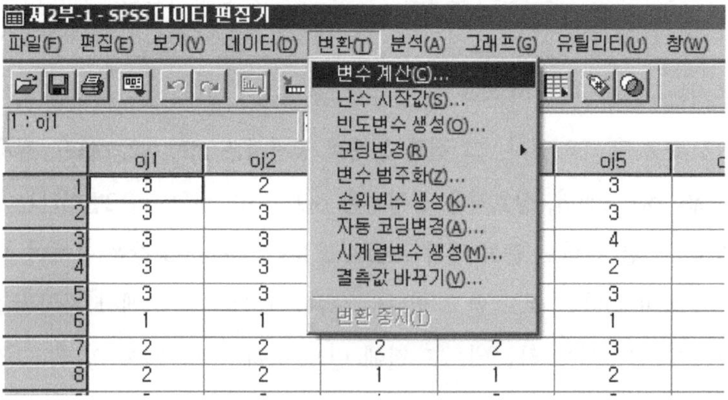

〈그림 9-1〉 변수계산 경로

3 변수계산의 실행

사용되는 file명 : 제2부-1

메뉴에서 **변환(T) ➡ 변수계산(C)...** 을 클릭하면 〈그림 9-2〉와 같은 화면이 생성된다. 여기서 변수계산을 실시하면 된다. 변수계산은 각 요인들의 **평균값**을 구하는 것이다.

요인명(새로운 변수명)	항목번호	계산식
분배적공정성(분배공정)	oj1, oj, oj3	(oj1+oj+oj3)÷3
절차적공정성(절차공정)	oj5, oj6, oj7, oj8	(oj5+oj6+oj7+oj8)÷4
상호작용공정성(상호작용)	oj9, oj10, oj11, oj12	(oj9+oj10+oj11+oj12)÷4

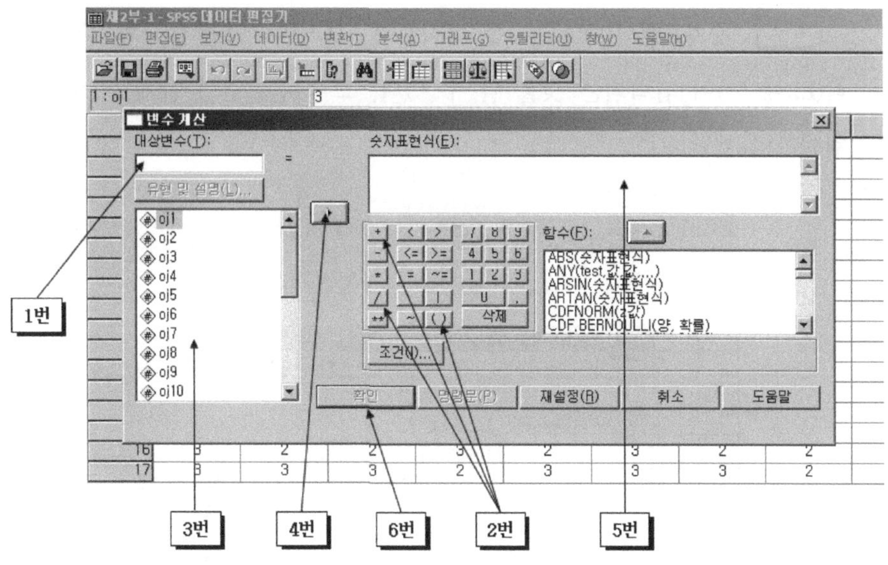

〈그림 9-2〉 변수계산의 실행

1번 **대상변수(T)**:에 변수명을 입력한다. 여기에 입력한 변수명은 작업이 완료한 후 SPSS 데이터 창에 제일 마지막 부분에 입력한 변수가 생성된다.

대상변수(T):에 입력할 수 있는 글자는 네 글자까지 가능하기 때문에 분배적

공정성을 〈그림 9-3〉과 같이 **분배공정**이라고 입력해보기로 하자.

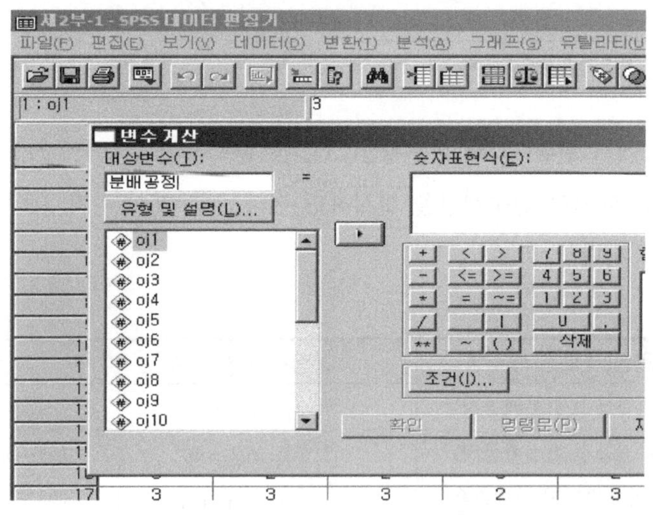

〈그림 9-3〉 변수계산의 대상변수

2번 **숫자표현식(E)**:에 ( )를 클릭한다. 그러면 〈그림 9-4〉와 같이 **숫자표현식(E)**:에 ( )이 입력되는 것을 알 수 있다. 그 다음은 ( ) 안에 oj1+oj2+oj3를 입력하면 된다.

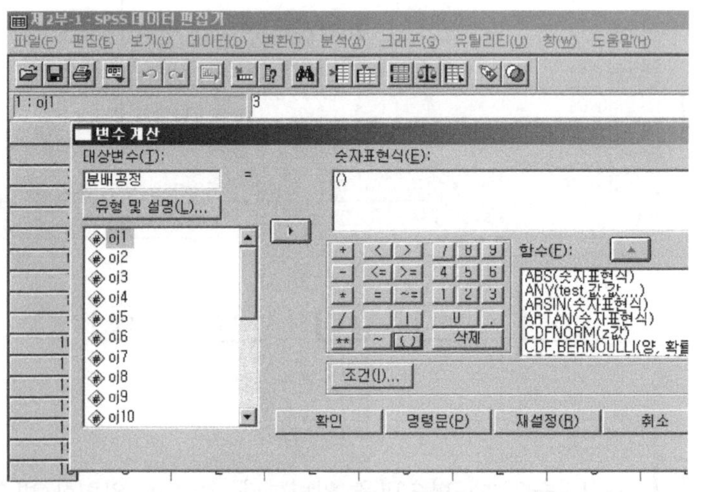

〈그림 9-4〉 변수계산의 숫자표현식

3번 여기서는 대상 항목을 선택하는 곳이다. oj1를 선택하고 **4번**을 클릭하면 oj1이 숫자표현식으로 이동되고, 그 후 [2번]에서 +를 클릭한다. 또 다시 [3번]의 oj2를 선택하고 [4번]을 클릭하면 oj2번은 숫자표현식으로 이동된다.

그 후 다시 [2번]에서 +를 선택한다. oj3번도 같은 방식으로 숫자표현식으로 이동시킨다. 마지막으로 [2번]의 /(나누기)를 클릭하고 3을 입력한다.

그러면 〈그림 9-5〉와 같이 된다.

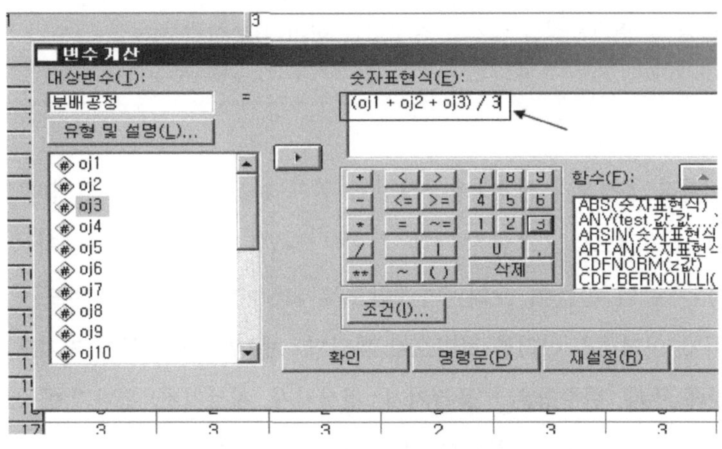

〈그림 9-5〉 변수계산의 숫자표현식 완성

[5번] 위의 과정을 마치면 〈그림 9-5〉와 같이 된다.

도움말(H)

직무형태	직급	월소득	지역	월비용	분배공정	변수
1	1	1	1	10000	2.67	
1	1	1	1	5000	3.00	
2	1	1	1	5000	3.00	
1	1	1	1	15000	3.00	
1	1	1	1	10000	2.67	
1	2	1	1	10000	1.00	
1	2	2	1	10000	2.00	
1	1	2	1	20000	1.67	
1	1	2	1	7000	1.67	
1	1	2	1	25000	3.33	
3	1	1	1	7000	3.67	
1	2	2	1	8000	1.33	
1	1	2	1	15000	1.00	
1	1	2	1	10000	2.33	

〈그림 9-6〉 변수계산 후 SPSS 데이터창 결과

6번 **확인**을 클릭한다. 그러면 〈그림 9-6〉과 같이 SPSS 데이터창 제일 마지막 부분에 **"분배공정" 이라는 새로운 변수가 생성**된 것을 확인 할 수 있다. 여기에 나타나는 값은 분배공정의 **평균값**을 의미한다.

꼭 기억합시다

여기서 반드시 기억해야 할 것은 요인분석을 마친 후 회귀분석 혹은 평균 차이 검정 등 추가분석을 실시할 경우에는 여기서 생성된 새로운 변수인 **분배공정**을 가지고 실시한다는 것이다.

절차적 공정성과 **상호작용공정성**도 위와 같은 방법으로 실시하면 SPSS 데이터창에 최종적으로 〈그림 9-7〉과 같이 나타난다. 각자 위와 같이 실시하여 〈그림 9-7〉과 같이 만들어 보자. 마지막으로 SPSS 데이터 창을 반드시 **저장**하자.

독자 여러분은 이러한 방법으로 파일명 : 제2부-2의 사회적 지지도 변수계산 하여 저장해 두자. 변수명은 "물질지지, 정서지지, 정보지지, 평가지지" 로 저장해 두자.

제10강. 상관관계 분석에서 이를 이용할 것이다.

월비용	분배공정	절차공정	상호작용	변수
10000	2.67	3.50	3.50	
5000	3.00	3.00	2.75	
5000	3.00	3.75	4.00	
15000	3.00	2.00	2.00	
10000	2.67	2.50	2.00	
10000	1.00	1.50	3.00	
10000	2.00	3.50	4.00	
20000	1.67	1.75	2.00	
7000	1.67	2.00	2.25	
25000	3.33	3.00	3.25	
7000	3.67	3.75	5.00	
8000	1.33	2.25	4.50	
15000	1.00	1.25	1.00	
10000	2.33	1.75	2.25	
7000	1.67	1.25	2.00	
30000	2.33	2.25	1.75	
30000	3.00	2.75	3.00	
10000	3.00	2.25	2.50	
30000	2.67	2.25	3.00	

〈그림 9-7〉 변수계산 후 완성된 SPSS 화면

제10강
상관관계분석

1 상관관계분석

① 상관관계란 변수들 간의 관계를 말하는 것으로서, 두 개 이상의 변수에 있어서 한 변수가 변화함에 따라 다른 변수가 어떻게 변화하는지와 같은 변화의 강도와 방향을 상관관계라고 한다.

② 상관관계의 정도는 0에서 ±1 사이로 나타나며, ±1에 가까울수록 상관관계는 높아지고 0에 가까울수록 상관관계는 낮아진다. 즉, 변화의 강도는 절대값에 1에 가까울수록 높고, 변화의 방향은 +는 정의 방향, −는 음의 방향이라고 한다.

③ 상관관계분석에서 변수들 간의 관련성의 정도를 판단하는 기준은 다음과 같다.

상관관계 계수	상관관계 강도	상관관계 계수	상관관계 강도
±0.9이상	매우 높은 상관관계	±0.2~±0.4미만	낮은 상관관계
±0.7~±0.9미만	높은 상관관계	±0.2미만	상관관계가 거의 없음
±0.4~0.7미만	다소 높은 상관관계		

④ 상관관계분석은 논문에서 사용하는 변수들 간의 관련성을 분석하기 위해서 실시하고, 만약 관련이 있다면 어느 정도 관련이 있는지를 파악하기 위해서 이용한다.

⑤ 상관관계분석은 논문에서 설정한 가설검증을 실시하기에 앞서 모든 연구가설에 사용되는 측정변수들 간의 관계의 강도를 제시함으로써 변수들 간 관련성에 대한 대체적인 윤곽을 제시해준다. 비록 연구자가 쓰고자 하는 논문이 가설을 설정하지 않았더라도, 변수들 간의 인과관계를 증명하는 논문이라면 상관관계분석결과를 제시하는 것이 바람직하다.

⑥ 상관관계분석은 변수들 간의 관련성을 나타내는 것이므로, 인과관계로 파악해서는 안된다. 변수들 간의 인과관계는 독립변수가 종속변수에 어떠한 영향을 미치는 지

를 파악하는 것인데, 상관관계분석은 독립변수와 종속변수와의 영향관계가 아니라 두 변수 간의 관련성의 정도와 방향을 보여주는 것이다.

2 상관관계분석 방법

사회과학 분야의 논문을 작성하는 가장 큰 목적 중 하나는 변수들 간의 인과관계를 파악하기 위함일 것이다. 논문에서 변수들 간의 인과관계를 파악하기 위해서는 먼저, 요인분석과 신뢰성 분석을 통하여 변수정화 작업을 거친다. 이 부분은 본 저서 제7강과 제8강에서 이미 언급을 하였다. 변수정화 작업을 거친 변수는 변수 계산을 통하여 SPSS 창에 저장해야 한다고 제9강에서 설명을 하였다. 그 후 가설 검정을 해야 하는데, **논문에서 가설 검정 전에 검정하고자 하는 변수들 간의 관련성의 정도와 방향을 파악하기 위하여 상관관계분석을 실시한다.** 일부의 인과관계 논문에서는 상관관계분석결과를 제시하지 않은 논문을 종종 볼 수 있다. 상관관계분석을 실시하지 않는다고 해서 잘못된 논문이라고 단정할 수는 없지만, 가설검정 전에 상관관계 분석결과를 제시하는 것이 바람직 할 것으로 사료된다. 따라서 본서를 읽는 독자들은 논문을 작성할 때 가급적이면 상관관계분석 결과를 제시하도록 하자.

사용되는 file명 : 제2부-1

읽고 넘어갑시다

제10강에서 예제로 사용할 변수는 이미 제7강과 8강, 9강에서 예제로 사용한 변수인 조직공정성과 사회적 지지를 가지고 상관관계분석을 실시할 것이다. 즉, 조직공정성의 하위요인인 분배적공정성, 절차적 공정성, 상호작용공정성 간의 상관관계분석을 실시하고, 사회적 지지의 하위요인인 물질적지지, 정서적지지, 정보적지지, 평가적지지 간의 상관관계분석을 실시할 것이다. 이것은 독자들에게 상관관계분석 방법과 해설의 편의를 위하여 이미 앞에서 사용한 변수를 가지고 연습하는 것이다.

상관관계분석은 인과관계를 검정하고자 하는 변수들 간에 관련성을 보기위하여 실시하는 것이다. 즉, 조직공정성과 다른 변수간의 인과관계를 증명할 수 있는 가설을 설정하고, 그들 변수간의 상관관계분석을 실시하는 것이 일반적이다.

제10강. 상관관계분석에서는 앞에서 사용한 조직공정성과 사회적지지를 가지고 상관관계분석을 연습한 후, 실제 논문에서처럼 가설을 설정하고 인과관계를 검정하고자 하는 변수들 간의 상관관계분석도 병행해서 실시할 것이다.

1) 상관관계분석 대화 상자 경로

상관관계분석을 실시하기 위해서는 〈그림 10-1〉과 같이 분석에서 상관분석으로 가서 이변량 상관계수를 클릭하면 된다.

메뉴〉 분석(A) ➡ 상관분석(C) ➡ 이변량 상관계수(B)...
(Analysis ➡ Correlation ➡ Bivariate)

〈그림 10-1〉 상관관계분석 대화상자 경로

2) 상관관계분석의 실행

이변량상관계수를 클릭하면 〈그림 10-2〉와 같은 새로운 화면이 생성된다. 여기서는 **조직공정성의 하위요인을 가지고 상관관계분석을 실시해보자.**

1번 상관관계분석을 실시할 대상 변수를 선택하여 오른쪽으로 이동한다. 여기에서 분배공정, 절차공정, 상호작용으로 명명된 변수는 제9강에서 변수계산을 하였기 때문에 생성된 변수이다. 만약 이 변수들이 없다면 독자 여러분이 변수계산을 아직 하지 않았기 때문이다. 제9강으로 가서 변수계산법을 습득하여 SPSS 창에 변수를 생성시킨 후 상관관계분석을 실시하자.

상관계수는 Pearson(N)으로 기본설정 되어 있다.

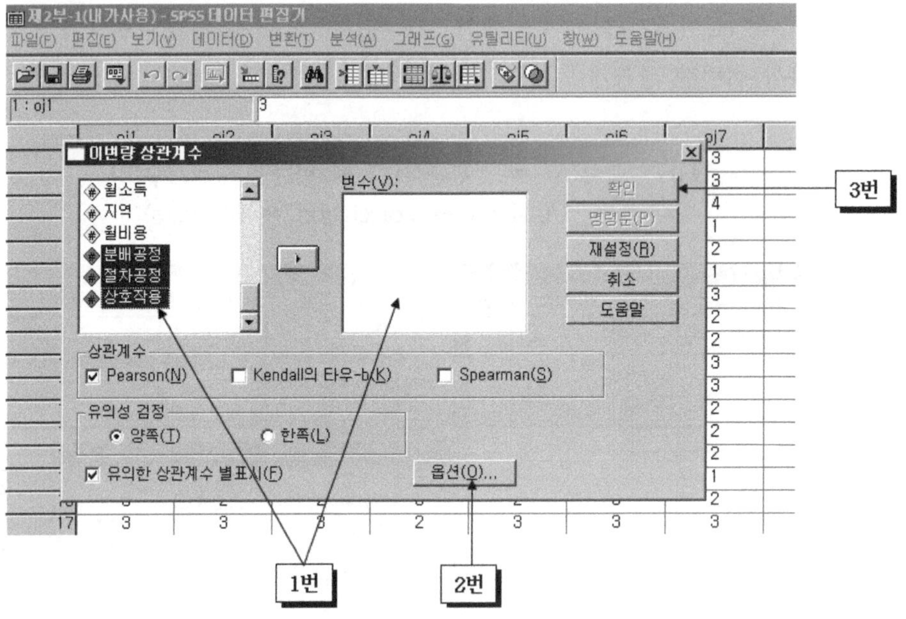

〈그림 10-2〉 상관관계분석의 실행

2번 **옵션(O)**을 클릭하면 〈그림 10-3〉과 같은 화면이 나타난다. 여기에서는 "평균과 표준편차"를 체크하고 계속을 누른다.

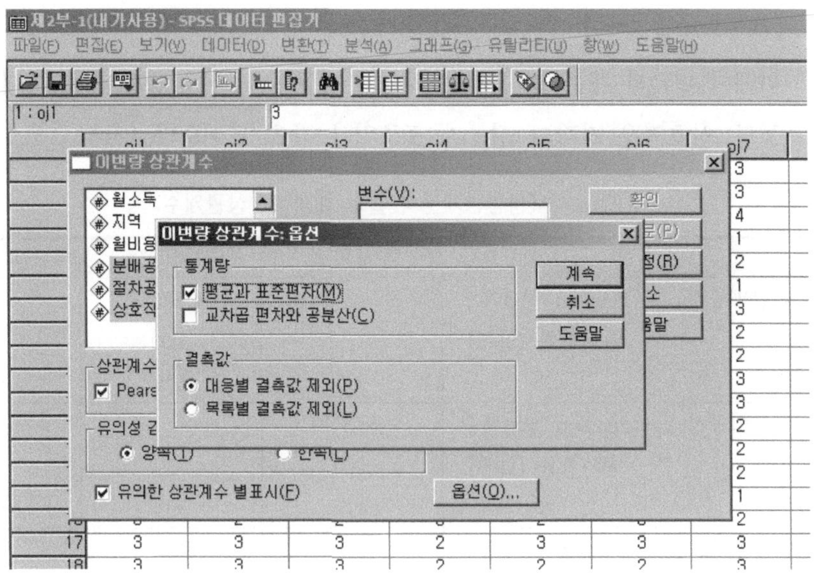

〈그림 10-3〉 상관관계분석의 옵션

3번 위의 과정을 마쳤다면, 확인을 누른다.

참 고

SPSS에서는 상관계수를 측정할 때, Pearson(N)으로 기본 설정되어 있다. 측정하고자 하는 변수가 등간척도 또는 비율척도 일 때는 Pearson으로 상관관계분석을 실시하고, 서열척도인 변수를 분석할 때는 Spearman(S)을 체크하고 분석을 실시하는 것이 유리하다.

대부분의 경우 Pearson으로 분석을 실시하지만, 좀 더 정확한 분석을 위해서 상술한 내용을 기억하고 있으면 좋을 것이다.

3) 상관관계분석 결과 해석

〔상관관계분석 결과 해석 1〕 기술통계량

	평 균	표준편차	N
분배공정	2.6203	.81949	395
절차공정	2.6139	.79895	395
상호작용	3.0968	.76526	395

【기술통계량 해석】

위에서 평균과 표준편차를 체크하였기 때문에 나타난 결과이다. 분배공정, 절차공정, 상호작용 각각의 평균과 표준편차 값을 보여준다.

〔상관관계분석 결과 해석 2〕 상관계수

		분배공정	절차공정	상호작용
분배공정	Pearson 상관계수	1	.573	.406
	유의확률 (양쪽)	.	.000	.000
	N	395	395	395
절차공정	Pearson 상관계수	.573**	1	.557
	유의확률 (양쪽)	.000	.	.000
	N	395	395	395
상호작용	Pearson 상관계수	.406**	.557**	1
	유의확률 (양쪽)	.000	.000	.
	N	395	395	395

**상관계수는 0.01 수준(양쪽)에서 유의합니다.

【상관계수 해석】

위의 표는 조직공정성의 하위요인들 간의 상관관계분석 결과를 나타낸 것이다. 결론부터 이야기 하면, 모든 변수들 간의 상관관계는 0.01 유의수준 하에서 유의한 관계가 있는 것으로 나타났다.

구체적으로 분배공정과 분배공정 간의 상관계수는 1이다. 자기변수와의 상관계수는 항상 1이며, 행렬표에서는 대각선상에 나타난다.

분배공정과 절차공정 간의 상관계수는 0.573으로 다소 높은 상관관계가 있는 것으로 나타나고 있다. 분배공정과 상호작용간의 상관계수는 0.406의 수치를 보이고 있고, 절차공정과 상호작용 간의 상관계수 값은 0.557로 나타났다.

3 논문에서 상관관계분석 결과 제시방법

논문에서는 상관관계분석 결과를 다음과 같은 표로 작성하여 제시하면 된다.

연구 단위	평 균	표준편차	구성개념간 상관관계 (Inter-Construct Correlations)		
			1	2	3
1. 분배적 공정성	2.6203	.81949	1.00		
2. 절차적 공정성	2.6139	.79895	.573**	1.00	
3. 상호작용 공정성	3.0968	.76526	.406**	.557**	1.00

**상관계수는 0.01 수준(양쪽)에서 유의합니다.

4 상관관계분석 추가 1

여기서는 사회적 지지의 하위요인인 물질적지지, 정서적지지, 정보적지지. 평가적지지 간의 상관관계 분석을 실시한다. 혹시 변수계산을 하지 않았다면, 제9강으로 가서 변수계산법을 익혀 변수계산을 실시하도록 한다.

사용되는 file명 : 제2부-2

1) 상관관계분석의 실행

〈그림 10-4〉와 같이 상관관계분석의 대상변수인 물질지지, 정서지지, 정보지지, 평가지지를 선택하여 오른쪽으로 이동시킨 후, 옵션을 클릭하여 평균과 표준편차를 체크하고, 계속을 누르고 확인을 누르면 분석결과가 나타난다.

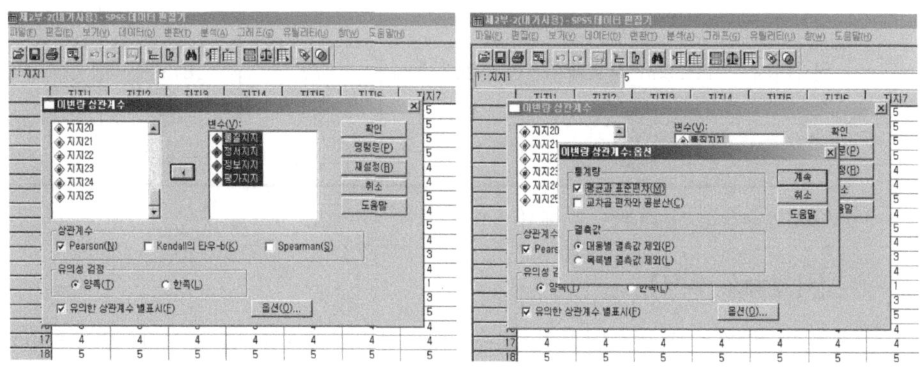

〈그림 10-4〉 상관관계분석(사회적 지지)

2) 분석 결과 해석

〔상관관계 추가분석 결과 해석 1〕 기술통계량

	평 균	표준편차	N
물질지지	3.2328	1.26808	126
정서지지	3.5365	1.01087	126
정보지지	3.6159	1.10811	126
평가지지	3.8360	1.07061	126

【기술통계량 해석】

사회적 지지의 하위요인인 물질지지, 정서지지, 정보지지, 평가지지의 평균과 표준편차 값을 보여주고 있다.

〔상관관계 추가분석 결과 해석 2〕 상관계수

		물질지지	정서지지	정보지지	평가지지
물질지지	Pearson 상관계수	1	.778	.866	.803
	유의확률 (양쪽)	.	.000	.000	.000
	N	126	126	126	126
정서지지	Pearson 상관계수	.778**	1	.778	.679
	유의확률 (양쪽)	.000	.	.000	.000
	N	126	126	126	126
정보지지	Pearson 상관계수	.866**	.778**	1	.813
	유의확률 (양쪽)	.000	.000	.	.000
	N	126	126	126	126
평가지지	Pearson 상관계수	.803**	.679**	.813**	1
	유의확률 (양쪽)	.000	.000	.000	.
	N	126	126	126	126

**상관계수는 0.01 수준(양쪽)에서 유의합니다.

【상관계수 해석】

사회적 지지 하위요인간의 상관관계분석결과를 나타낸 것이다. 변수들간의 상관계수 값은 매우 높게 나타난 것으로 해석할 수 있다. 사회적 지지라는 같은 개념의 하위요인들 간 상관관계이므로 당연한 결과일 것이다. 모든 상관계수는 0.01 유의수준 하에서 유의한 것으로 나타났다.

구체적으로 물질지지는 정서지지와 0.778, 정보지지와 0.866, 평가지지와 0.803의 매우 높은 상관계수 값을 보이고 있다. 정서지지는 정보지지와 0.778, 평가지지와 0.679의 높은 상관관계를 가지고 있는 것으로 나타났다. 마지막으로 정보지지와 평가지지 역시 0.813으로 높은 상관계수 값을 보이고 있다.

3) 논문에서 제시방법

위의 분석결과를 논문에서 제시할 때는 다음과 같다.

연구 단위	평 균	표준편차	구성개념간 상관관계 (Inter-Construct Correlations)			
			1	2	3	4
1. 물질지지	3.2328	1.26808	1.00			
2. 정서지지	3.5365	1.01087	.778**	1.00		
3. 정보지지	3.6159	1.10811	.866**	.778**	1.00	
4. 평가지지	3.8360	1.07061	.803**	.679**	.813**	1.00

**상관계수는 0.01 수준(양쪽)에서 유의합니다.

5 상관관계분석 추가 2

논문에서 상관관계분석은 가설검정에 포함된 모든 변수들 간의 관련성을 파악하는데 이용하는 것으로 일반적으로 가설검정 전에 그 결과를 제시한다. 여기서 연습할 제2부-3 파일은 본서의 회귀분석(제11강, 12강, 13강)에 사용할 예제 파일이다. 이것을 가지고 회귀분석 전에 미리 상관관계분석을 실시해보도록 하겠다.

제2부-3 파일에 있는 각 변수에 대한 설명은 제11강에 자세히 설명되어 있다.

사용되는 file명 : 제2부-3

제2부-3파일은 가설 검정할 변수들을 요인분석과 신뢰도 분석을 통하여 변수 정화과정을 거친 후, 변수계산을 이미 하였다. 변수계산 후 새롭게 탄생한 변수들을 가지고 상관관계 분석을 실시하자.

제2부-3파일의 변수명

제2부-3 파일에는 각 변수들을 변수계산한 후에 다음과 같은 이름으로 변수를 명명하였다.

리더-멤버교환관계는 **리더멤버**, 분배적공정성은 **분배공정**, 절차적공정성은 **절차공정**, 상호작용공정성은 **상호작용**, 거래심리적계약위반은 **거래심리**, 관계심리적계약위반은 **관계심리**, 조직후원인식은 **조직후원**이다.

〈그림 10-5〉와 같이 상관관계분석의 대상변수인 분배공정, 절차공정, 상호작용, 거래심리, 관계심리, 리더멤버, 조직후원을 선택하여 오른쪽으로 이동시킨 후, 옵션을 클릭하여 평균과 표준편차를 체크하고, 계속을 누르고 확인을 누르면 분석결과가 나타난다.

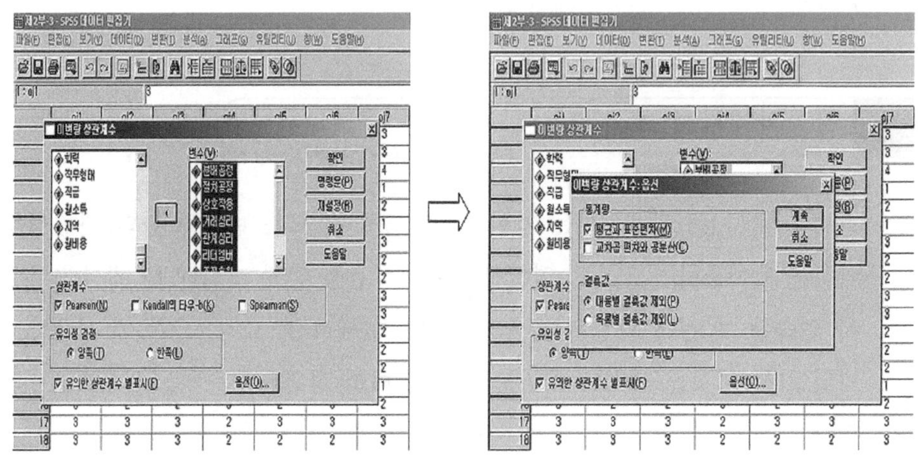

〈그림 10-5〉 상관관계분석(제2부-3 파일)

〔상관관계 추가분석 결과 해석 1〕 기술통계량

	평 균	표준편차	N
분배공정	2.6203	.81949	395
절차공정	2.6139	.79895	395
상호작용	3.0968	.76526	395
거래심리	3.5742	.81810	395
관계심리	3.5348	.82353	395
리더멤버	2.9439	.72746	395
조직후원	2.6880	.72616	395

【기술통계량 해석】

분석에 사용된 각 변수들의 평균값과 표준편차 값을 보여주고 있다. 전체 표본의 크기는 395부로 나타나고 있다.

〔상관관계 추가분석 결과 해석 2〕 상관계수

		분배공정	절차공정	상호작용	거래심리	관계심리	리더멤버	조직후원
분배공정	Pearson 상관계수	1	.573	.406	-.553	-.495	.326	.484
	유의확률 (양쪽)	.	.000	.000	.000	.000	.000	.000
	N	395	395	395	395	395	395	395
절차공정	Pearson 상관계수	.573**	1	.557	-.549	-.567	.463	.507
	유의확률 (양쪽)	.000	.	.000	.000	.000	.000	.000
	N	395	395	395	395	395	395	395
상호작용	Pearson 상관계수	.406**	.557**	1	-.407	-.379	.633	.346
	유의확률 (양쪽)	.000	.000	.	.000	.000	.000	.000
	N	395	395	395	395	395	395	395
거래심리	Pearson 상관계수	-.553**	-.549**	-.407**	1	.749	-.448	-.528
	유의확률 (양쪽)	.000	.000	.000	.	.000	.000	.000
	N	395	395	395	395	395	395	395
관계심리	Pearson 상관계수	-.495**	-.567**	-.379**	.749**	1	-.477	-.489
	유의확률 (양쪽)	.000	.000	.000	.000	.	.000	.000
	N	395	395	395	395	395	395	395

리더멤버	Pearson 상관계수	.326**	.463**	.633**	-.448**	-.477**	1	.392
	유의확률 (양쪽)	.000	.000	.000	.000	.000	.	.000
	N	395	395	395	395	395	395	395
조직후원	Pearson 상관계수	.484**	.507**	.346**	-.528**	-.489**	.392**	1
	유의확률 (양쪽)	.000	.000	.000	.000	.000	.000	.
	N	395	395	395	395	395	395	395

**상관계수는 0.01 수준(양쪽)에서 유의합니다.

【상관계수 해석】

모든 변수들 간에는 유의수준 0.01하에서 상관관계가 있는 것으로 나타나고 있다. 분배공정과 절차공정, 상호작용 간의 상관관계는 앞에서 이미 실시하였고, 결과 값도 동일하다. 분배공정, 절차공정, 상호작용, 리더멤버, 조직후원과 거래심리, 관계심리 간의 상관관계는 모두 부(-)의 관계는 보여준다. 즉, 분배공정, 절차공정, 상호작용, 리더멤버, 조직후원이 높을수록 거래심리와 관계심리는 낮아진다는 것이다.

이러한 결과는 다음에 나오는 제11강, 제12강의 회귀분석결과에서도 부(-)의 영향을 미치는 것으로 나타날 것이다. 즉, 가설 검정에 앞서 상관관계분석을 실시하여 변수들 간의 관련성의 정도와 방향을 미리 측정해보는 것이다.

■■■ 제11강 ■■■

단순 회귀분석

1 단순 회귀분석은

① 회귀분석은 사회과학분야에서 통계의 꽃이라고 불리 울 만큼 가장 강력하고 많이 사용되는 분석이다. 절대 어려운 분석기법이 아니다. 차분히 따라하면 누구나 할 수 있는 대중적 분석기법이라는 것을 명심하자.

② 회귀분석은 독립변수(영향을 주는 변수)가 종속변수(영향을 받는 변수)에 어떠한 영향을 미치는 지를 파악하기 위해 실시하는 분석이다. 즉, 두 변수간의 인과관계를 분석한다.

③ 회귀분석을 실시할 수 있는 변수는 독립변수와 종속변수가 **등간척도나 비율척도**로 구성되어야 한다. **이것은 반드시 기억하자**. 만약 변수가 명목척도일 때는 Dummy 변수를 이용하여 회귀분석을 실시할 수 있다(제14강에서 설명).

④ 회귀분석을 실시하기 전에는 먼저 검정할 변수들의 정화작업이 이루어져야 한다. 앞에서 설명한 것처럼, 선행연구를 참고하여 논문에서 사용할 변수들을 선정하고, 해당 변수들을 가지고 요인분석과 신뢰도 분석을 거쳐 변수정화작업을 한 후 마지막으로 변수계산을 실시한다. 그 후 가설 검정에 앞서 변수들 간의 관련성을 파악하기 위해 상관관계분석을 실시한다. 그 이후에 "변수계산"을 한 새로운 변수를 가지고 회귀분석을 실시하는 것이다.

⑤ 단순회귀분석은 독립변수가 1개이고 종속변수가 1개일 때 이용하는 분석이다. 다중회귀분석은 제12강에서 설명하겠지만, 두 개 이상의 독립변수와 한 개의 종속변수 일 때 이용한다.

2 가설의 설정

제11강에서는 단순회귀분석을 실시할 것이다. 단순회귀분석의 이해를 높이고, 현장감 있는 설명을 위하여 실제 논문처럼 가설을 설정하고 분석을 실시할 것이다. 아래의 연구 가설은 선행연구 이론을 근거로 하여 저자가 설정한 것이다.

제11강에서 검정할 가설 설정배경은 다음과 같다. 회사에 근무하는 모든 종사원은 입사 이후 회사생활을 줄곧 하면서 직장에 대해 심리적 계약위반을 지각할 수 있다. 선행연구에서도 입사 2년차가 되면 심리적 계약위반을 가장 높게 지각한다고 되어 있다. 그렇다면 종사원이 지각할 수 있는 심리적 계약위반을 최소화 시켜 줄 수 있는 선행변수는 무엇일까? 여기서는 리더-멤버교환관계를 독립변수로 설정하였다. 리더-멤버교환관계는 종사원이 지각하는 자신의 상사와의 교환관계를 의미한다. 상사와의 교환관계의 질이 높으면 심리적 계약위반을 충분히 최소화 시킬 수 있을 것이다. 따라서 이를 근거로 다음과 같은 가설을 설정하고, 단순 회귀분석을 통해서 그 결과를 살펴 볼 것이다.

가설1. 리더-멤버교환관계는 거래심리적계약위반에 부(-)의 영향을 미칠 것이다.
가설2. 리더-멤버교환관계는 관계심리적계약위반에 부(-)의 영향을 미칠 것이다.

주) 가설설정을 위한 연구 상황에 대한 설명은 독자들의 이해를 돕고자하는 것이지 논문에서 제시하는 가설 설정 배경과는 무관함.

반드시 읽고 넘어갑시다(제2부-3 파일에 대한 설명)

제2부-3 파일은 제11강, 제12강, 제13강, 제14강, 제15강까지 사용할 파일이다. 이 파일에 있는 변수는 요인분석과 신뢰도 분석을 거쳐 변수계산까지한 후 저장 해놓았다.

제2부-3 파일에 있는 각 변수들의 변수정화 과정에 대한 정보는 아래와 같으니 독자 여러분들도 각자 그동안 배운 데로 요인분석과 신뢰도 분석, 변수계산을 실시하여 아래와 같은 결과가 나타나는지 확인해 보길 바란다. 선행연구 이론에 위배되지만 않는다면, 저자와 다른 결과가 나타나더라도 그대로 수용해도 무방할 것이다. 왜냐하면 회귀분석 실시 후 가설채택 유무에는 크게 영향을 미치지 않을 것이기 때문이다.

1. **조직공정성** : 제7강에서 사용한 것과 동일한 변수이다. 즉, oj4번만을 제거하였으며, 하위요인으로는 분배적공정성, 절차적공정성, 상호작용공정성으로 구성되어 있다.
2. **조직후원인식** : 단일요인으로 구성된 변수이다. SPSS에서 변수명은 후원1~후원8로 명명하였고, 변수계산 후에는 "조직후원"으로 저장해 놓았다. 조직

후원 인식은 변수를 제거하지 않고 8개 항목 모두를 가지고 변수계산 하였다.

3. **심리적계약위반** : 2개의 하위요인을 가진 변수이다. SPSS에서 변수명은 pcv1~pcv9로 명명하였다. 이의 하위요인은 pcv1~pcv5까지 **거래심리적계약위반**이고, pcv6~pcv9까지는 **관계심리적계약위반**이다. 독자들도 이 변수를 가지고 요인분석을 실시하면 잘 되지 않는다는 것을 알 수 있을 것이다. 따라서 심리적계약위반 변수는 제7강에 설명한데로 요인추출에서 **요인의 수를 2로 고정**하고 요인분석을 실시하였다. 그 결과 모든 변수는 제대로 적재되었으며, 요인적재량과 신뢰도 분석도 높은 수치를 보여 변수 제거 없이 모두 사용하였다. 변수계산 후에는 "거래심리", "관계심리"로 명명하여 저장하였다.
4. **리더-멤버교환관계** : 단일요인으로 구성된 변수이다. SPSS에서 변수명은 lmx1~lmx7로 명명하였고, 변수계산 후에는 "리더멤버"로 저장하였다. 리더-멤버교환관계는 lmx6번을 제거하고 최종적으로 6개 변수를 가지고 변수계산 하였다.

3 단순 회귀분석의 실행

1) 단순 회귀분석 대화 상자 경로

단순 회귀분석을 실시하기 위해서는 〈그림 11-1〉과 같이 분석에서 회귀분석으로 가서 선형을 클릭하면 된다.

사용되는 file명 : 제2부-3

메뉴〉 분석(A) ➡ 회귀분석(R) ➡ 선형(L)...
(Analysis ➡ Regression ➡ Linear...)

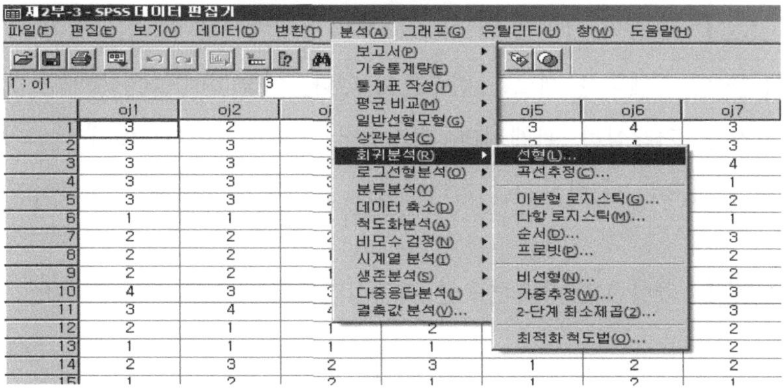

〈그림 11-1〉 단순회귀분석 대화상자 경로

2) 단순 회귀분석 실행방법

단순 회귀분석은 독립변수 1개와 종속변수 1개간의 영향관계를 입증하는 것이라고 하였다. 따라서 단순 회귀분석은 검정하고자 하는 변수가 독립변수, 종속변수 각 1개이어야만 한다. 여기서는 가설 1을 검정해보도록 하겠다.

단순 회귀분석 대화상자 경로를 따라 클릭하면 〈그림 11-2〉와 같이 생성된다.

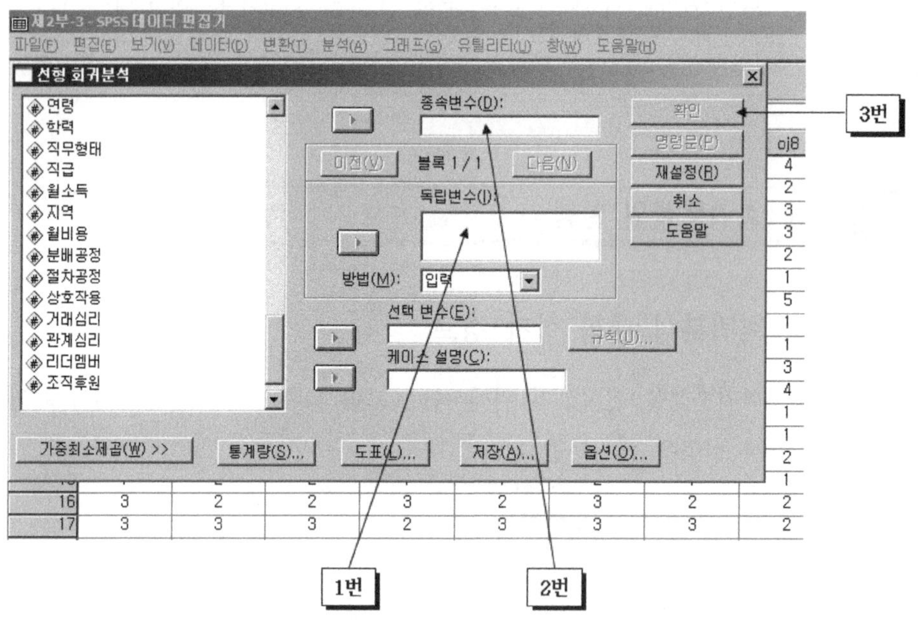

〈그림 11-2〉 단순회귀분석의 실행

1번 제2부-3 파일을 SPSS에서 열고 마지막에 보면, 변수정화 작업 후 변수계산을 이미 해놓은 새로운 변수들이 있다. 이들 변수들은 분배공정, 절차공정, 상호작용, 거래심리, 관계심리, 리더멤버, 조직후원이다. 여기서는 가설 1을 검정해야 하므로, 독립변수인 리더멤버를 선택하고 이곳으로 이동시킨다.

2번 가설 1의 종속변수인 거래심리를 선택하고 이동시킨다.

3번 확인을 누른다. 그러면 아래와 같은 분석결과 창이 생성될 것이다.

3) 단순 회귀분석 결과 해석

(1) 가설 1의 분석결과

〈그림 11-3〉은 단순 회귀분석의 결과를 보여주는 것이다.

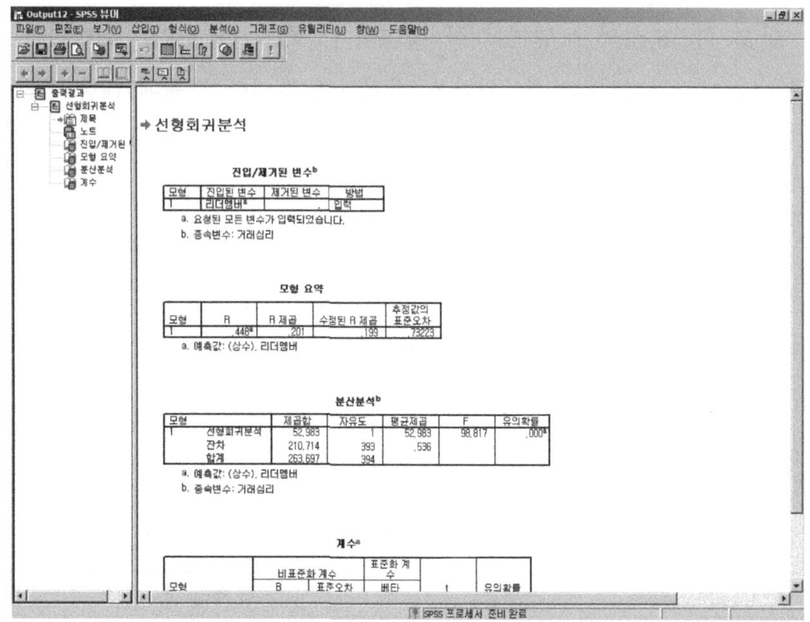

〈그림 11-3〉 단순회귀분석 결과창

〔회귀분석 결과 해석 1〕 진입/제거된 변수

모형	진입된 변수	제거된 변수	방법
1	리더멤버	.	입력

a. 요청된 모든 변수가 입력되었습니다.
b. 종속변수 : 거래심리

【진입/제거된 변수 해석】

진입된 변수(Variables Entered)는 회귀식에 투입된 독립변수를 의미한다. 즉, 리더멤버가 독립변수(Independent Variable)로 투입되었다는 것이다. 변수의 투입방식은 입력(Enter)방식이고, b. 종속변수(Dependent Variable)는 거래심리로 나타난다.

〔회귀분석 결과 해석 2〕 모형 요약

모형	R	R 제곱	수정된 R 제곱	추정값의 표준오차
1	.448	.201	.199	.73223

a. 예측값 : (상수), 리더멤버

【모형 요약 해석】

단순 회귀분석의 모델에 대한 설명이다. 즉, 독립변수로 리더-멤버교환관계, 종속변수로 거래심리적계약위반을 회귀식에 투입한 모델에 대한 설명이다.

먼저, R = .448로 나타났다. 이는 독립변수와 종속변수간의 상관관계를 나타내는 것으로 두 변수 간에는 상관관계가 다소 높게 나타났다.

R^2(R Square) = .201의 수치를 보인다. R제곱은 설명력 혹은 결정계수라고 하는데, 독립변수에 의해 설명되는 종속변수의 비율을 의미한다. 즉, 종속변수가 독립변수에 의해 얼마만큼 설명되었는가를 나타내는 것이다. 여기서는 리더-멤버교환관계가 거래심리적계약위반을 20.1% 설명하고 있는 것으로 나타나고 있다.

〔회귀분석 결과 해석 3〕 분산분석

모 형		제곱합	자유도	평균제곱	F	유의확률
1	선형회귀분석	52.983	1	52.983	98.817	.000
	잔 차	210.714	393	.536		
	합 계	263.697	394			

a. 예측값 : (상수), 리더멤버
b. 종속변수 : 거래심리

【분산분석 해석】

F값은 98.817로 나타나고, **유의확률은 .000**으로서 회귀선의 모델이 적합하다는 것을 알려준다. 만약 유의확률이 .05 이상으로 나타났을 때는 회귀선이 모델에 부적합하다는 것을 말한다.

〔회귀분석 결과 해석 4〕 계수

모 형		비표준화 계수		표준화 계수	t	유의확률
		B	표준오차	베타		
1	(상수)	5.058	.154		32.896	.000
	리더멤버	-.504	.051	-.448	**-9.941**	**.000**

a. 종속변수 : 거래심리

【계수 해석】

이 부분이 회귀분석 결과를 해석하는데 가장 중요한 부분이다. 기울기에 대한 추정치는 −.504, 기울기 표준오차는 .051로 나타나고 있다. 독자 여러분들은 이런 해석이 어렵게만 느껴질 것이다. 사실 논문에서는 이러한 부분까지 해석을 요하지는 않는다.

논문에서 요하는 회귀분석 결과는 t값과 유의확률이다. 여기서는 t값이 -9.941로서 ±1.96보다 크고, 유의확률(p)은 .000으로서 p〈 .05이므로 가설은 채택되었다. 즉, 리더-멤버교환관계는 거래심리적계약위반과 부(-)의 관계가 있는 것으로 나타났다. 이 말은 리더-멤버교환관계를 높게 지각하는 종사원은 거래심리적계약위반을 낮게 지각한다는 의미이다. 따라서 거래심리적계약위반을 최소화 시키는 선행변수로서 리더-멤버교환관계가 긍정적인 역할을 한다고 할 수 있다.

꼭 알아 둡시다 (*t*값 ±1.96=p값 0.05)

t값이 1.96일 때, p값은 0.05이다. 일반적으로 사회과학 분야에서는 유의확률의 기준을 p〈.05로 한다. 이를 기준으로 하였을 때, t값은 ±1.96이상 일 때 가설은 채택되고, p값은 0.05 이하 일 때 가설은 채택된다.(제1강 참고)

(2) 가설 2의 분석결과

여기서는 리더-멤버교환관계는 관계심리적계약위반에 부(-)의 영향을 미칠 것이라는 가설을 검정한다. 단순 회귀분석 실행방법은 위와 동일하며, **독립변수는 리더멤버이고 종속변수는 관계심리**이다. 분석결과는 아래와 같다.

〔회귀분석 결과 해석 1〕 모형 요약

모 형	R	R 제곱	수정된 R 제곱	추정값의 표준오차
1	**.477**	**.227**	.225	.72485

a. 예측값 : (상수), 리더멤버

【모형 요약 해석】

위의 모형은 독립변수로 리더-멤버교환관계, 종속변수로 관계심리적계약위반을 회귀식에 투입한 모델에 대한 설명이다. 먼저, R=.477로 나타나 독립변수와 종속변수 간의 상관관계가 다소 높은 것으로 보인다. R^2(R Square)=.227로서 독립변수가 종속변수를 22.7% 설명하고 있는 것으로 나타났다.

〔회귀분석 결과 해석 2〕 분산분석

모 형		제곱합	자유도	평균제곱	F	유의확률
1	선형회귀분석	60.721	1	60.721	**115.569**	**.000**
잔 차		206.488	393	.525		
합 계		267.209	394			

a. 예측값 : (상수), 리더멤버
b. 종속변수 : 관계심리

【분산분석 해석】

F값은 115.569, 유의확률은 .000으로 회귀선의 모델이 적합한 것으로 나타났다.

〔회귀분석 결과 해석 3〕 계수

모 형		비표준화 계수		표준화 계수	t	유의확률
		B	표준오차	베타		
1	(상수)	5.123	.152		33.660	.000
	리더멤버	-.540	.050	-.477	**-10.750**	**.000**

a. 종속변수 : 관계심리

【계수 해석】

t값이 -10.750으로 ±1.96보다 크고, 유의확률 또한 .000으로 가설 2가 채택되

었음을 보여준다. 즉, 리더-멤버교환관계는 관계심리적계약위반에 부(-)의 영향을 미치는 것으로 나타났다. 이 말은 관계심리적계약위반을 최소화시키는데 리더-멤버교환관계가 긍정적인 역할을 한다는 것이다.

4 논문에서 단순 회귀분석 결과 제시 방법

단순 회귀분석 결과를 논문에 제시할 때는 아래의 표와 같이 하면 된다. 먼저, **계수**에서 언급한 상수의 표준오차와 t값, 유의확률을 적는다. 그 다음은 리더-멤버교환관계의 표준오차와 베타(β)값, t값, 유의확률을 아래와 같이 기입한다.

결국 **계수**에서 비표준화계수를 제외하고 그대로 기입한다. 마지막으로 **모형요약**에서 언급한 R값, R제곱값 등을 기입하고, **분산분석**에서 F값과 F값의 유의확률을 적으면 된다.

<논문에서 제시한 표 해석 방법>

종사원의 지각하는 리더-멤버교환관계는 거래심리적계약위반에 부(-)의 영향을 미칠 것이라는 가설 1의 검정결과, t값은 -9.941(p = .000)로 통계적 유의수준 하에서 영향을 미치는 것으로 나타나 가설 1은 채택되었다. 즉, 종사원의 리더-멤버교환관계의 질이 높으면 거래심리적계약위반은 낮아진다는 것을 알 수 있다. 회귀모형은 F값이 p = .000에서 98.817의 수치를 보이고 있으며, 회귀식에 대한 R^2 = .201로 20.1%의 설명력을 보이고 있다.

종사원이 지각하는 리더-멤버교환관계는 관계심리적계약위반에 부(-)의 영향을 미칠 것이라는 가설 2의 검정결과, t값이 -10.750(p=.000)으로 나타나 가설 1과 마찬가지로 채택되었다. 이 역시 종사원의 리더-멤버교환관계의 질이 높으면 관계심리적계약위반은 낮아진다 것을 말한다. 가설 2의 회귀모형은 F값이 p = .000에서 115.569이 수치로 나타났고, 회귀식에 대한 R^2 = .227로 22.7%의 설명력을 보이고 있다.

독립변수	종속변수	표준오차	β	t값	유의확률	통계량
리더-멤버 교환관계	상수	.154	-	32.896	.000	R = .448, R^2 = .201, 수정된 R^2 = .199, F = 98.817, p = .000
	거래심리적계약 위반 (가설 1)	.051	-.448	-9.941	.000**	
	상수	.152	-	33.660	.000	R = .477, R^2 = .227, 수정된 R^2 = .225, F = 115.569, p = .000
	관계심리적계약 위반 (가설 2)	.050	-.477	-10.750	.000**	

**.$p<0.01$

논문에서 회귀분석 결과를 제시할 때 반드시 유념해야 할 사항

회귀분석을 실시하여 그 결과를 논문에 제시하려고 한다. 그러면 무엇을 제시해야 할까? 회귀분석 결과만 제시하면 될 것인가? 학회 논문에 게재된 논문들 중 분석을 실시하고 그 결과를 제시하는데 있어 정보공개가 매우 폐쇄적인 것들이 많이 있다. 무슨 말인가 하면, 회귀분석결과를 제시하면서도 사용한 변수의 정화과정에 대한 설명이 전혀 없다는 것이다. 있다 해도 충분한 정보공개가 이루어지지 않은 논문도 많이 있다.

우리는 회귀분석을 실시하면서 많은 것을 배웠다. 회귀분석을 실시하기 위해서는, 선정한 측정도구를 요인분석과 신뢰도 분석을 실시하여 변수정화를 시켜야 하고, 그 후에 변수계산을 통하여 새로운 변수를 생성시켜, 이를 가지고 상관관계분석도 실시하고, 회귀분석을 실시해야 한다고 배웠다. 결론적으로 회귀분석을 하기 위해서는 사전에 실시해야 할 분석들이 많이 있다. 이 모든 분석결과를 논문에서 제시하여야 한다.

논문에서 단순회귀분석 결과를 제시할 때는 변수정화 과정에 대한 설명이 첨부되어야 한다. 따라서 요인분석결과, 신뢰도 분석결과, 상관관계분석결과 등을 제시한 후, 단순회귀분석 결과를 제시하는 것이다. 이는 앞으로 배울 다중회귀분석, 위계적 회귀분석, 더미변수를 이용한 회귀분석, 조절효과 분석, t-test, ANOVA 분석 결과를 제시할 때도 동일하게 적용 된다.

5 단순 회귀분석 추가

1) 가설의 설정

여기서는 단순 회귀분석을 한 번 더 실시해 볼 것이다. **독립변수는 리더-멤버교환관계, 종속변수는 조직후원인식**으로 설정하였다.

가설을 설정한 연구 상황은 다음과 같다. 조직후원인식이란 조직이 종사원들의 공헌에 가치를 부여하고, 그들의 복지에 대하여 관심을 가지고 있는 정도와 관련된 종사원들의 광범위한 믿음으로 정의될 수 있다. 즉, 종사원들이 조직후원인식에 대해 높게 지각하면 이직 혹은 전직 등을 방지하고 조직사회에 충성을 다할 수 있도록 만들 수 있을 것이다. 그렇다면 기업에서는 무엇으로 종사원들의 조직후원인식을 높일 수 있을까? 본서에서는 리더-멤버교환관계로 보았다. 앞에서 언급하였지만, 리더-멤버교환관계는 종사원이 지각하는 자신의 상사와의 교환관계를 의미한다. 교환관계의 질이 높다는 것은 상사와의 관계가 원만하고, 종사원의 고충이나 건의사항과 관련해서도 상사와 커뮤니케이션이 잘될 것이다.
이는 곧 조직후원인식의 상승을 기대할 수 있을 것으로 추론된다. 따라서 이를 입증하기 위하여 다음과 같은 가설을 설정하고 단순회귀분석을 통해서 리더-멤버교환관계와 조직후원인식 간의 인과관계를 파악할 것이다.

가설 3. 리더-멤버교환관계는 조직후원인식에 정(+)의 영향을 미칠 것이다.

주) 가설설정을 위한 연구 상황에 대한 설명은 독자들의 이해를 돕고자하는 것이지 논문에서 제시하는 가설 설정 배경과는 무관함.

2) 단순 회귀분석 결과

사용되는 file명 : 제2부-3

메뉴〉 분석(A) ➡ 회귀분석(R) ➡ 선형(L)...
(Analysis ➡ Regression ➡ Linear...)

〈그림 11-4〉와 같이 독립변수로 리더멤버, 종속변수로 조직후원을 투입하고 확인을 누른다.

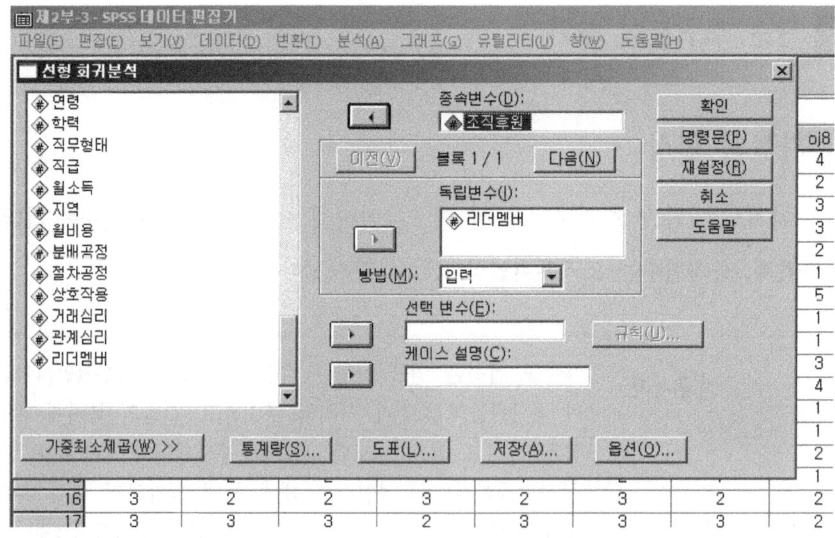

〈그림 11-4〉 단순회귀분석의 실행

〔회귀분석 결과 해석 1〕 모형 요약

모 형	R	R 제곱	수정된 R 제곱	추정값의 표준오차
1	.392	.154	.151	.66890

a. 예측값 : (상수), 리더멤버

【모형요약 해석】

R = .392로 나타난다. 이는 독립변수인 리더-멤버교환관계와 종속변수인 조직후원인식 간의 상관관계 정도를 보여주는 것이다. R^2(R Square) = .154로 독립변수가 종속변수를 15.4% 설명하고 있는 것으로 나타났다.

〔회귀분석 결과 해석 2〕 분산분석

모 형		제곱합	자유도	평균제곱	F	유의확률
1	선형회귀분석	31.922	1	31.922	71.344	.000
잔 차		175.840	393	.447		
합 계		207.762	394			

a. 예측값 : (상수), 리더멤버
b. 종속변수 : 조직후원

【분산분석 해석】

F값은 71.344, 유의확률은 .000(p < .05)으로 나타났으므로, 회귀선의 모델이 적합한 것으로 나타났다.

〔회귀분석 결과 해석 3〕 계수

모 형		비표준화 계수		표준화 계수	t	유의확률
		B	표준오차	베 타		
1	(상수)	1.536	.140		10.936	.000
	리더멤버	.391	.046	.392	**8.447**	**.000**

a. 종속변수 : 조직후원

【계수 해석】

t값이 8.447로 ±1.96보다 크고, 유의확률은 .000(p < 0.05)으로 통계적 유의수준 하에서 가설은 채택되었다. 즉, 리더-멤버교환관계는 조직후원인식에 정(+)의 영향을 미치는 것으로 입증되었다.

3) 논문에서 분석결과 제시 방법

<논문에서 제시한 표 해석 방법>

종사원의 지각하는 리더-멤버교환관계는 조직후원인식에 정(+)의 영향을 미칠 것이라는 가설 3의 검정결과, t값은 8.447(p = .000)로 통계적 유의수준하에서 영향을 미치는 것으로 나타나 가설 3은 채택되었다. 즉, 종사원의 리더-멤버교환관계의 질이 높으면 조직후원인식도 높아진다는 것을 알 수 있다. 회귀모형은 F값이 p = .000에서 71.344의 수치를 보이고 있으며, 회귀식에 대한 R^2 = .154로 15.4%의 설명력을 보이고 있다.

독립변수	종속변수	표준오차	β	t값	유의확률	통계량
리더-멤버 교환관계	상수	.140		10.936	.000	R = .392, R2 = .154, 수정된 R^2 = .151, F = 71.344, p = .000
	조직후원인식 (가설 3)	.046	.392	8.447	.000**	

**.p < 0.01

■■■ 제12강 ■■■

다중 회귀분석

1 다중 회귀분석은

① 다중 회귀분석에 대한 기본적인 설명은 단순 회귀분석에서 설명한 분석방법과 거의 동일하다. 그러나 아래의 두 가지 경우에는 단순 회귀분석과 차이가 있으니 꼭 기억해야 한다.

② 단순 회귀분석은 독립변수 1개와 종속변수 1개간의 인과관계를 검정하는 것이고, 다중 회귀분석은 독립변수 2개 이상과 종속변수 1개간의 인과관계를 검정하는 것이다.

③ 다중 회귀분석은 독립변수가 2개 이상이기 때문에 **다중공선성**이 발생할 수 있다. 따라서 단순 회귀분석에서 검정하지 않았던 다중공선성을 분석 결과에서 해석해야 한다.

다중공선성

다중공선성은 다중 회귀분석을 실시할 때, 고려해야 할 중요한 사항이다. 다중 회귀분석은 독립변수가 2개 이상일 때 사용하는 기법이다. 여기에서 독립변수의 수가 2개 이상이다 보니 독립변수들 간에 상당히 높은 상관관계가 발생할 가능성이 있다. 이를 다중공선성이라 한다. 회귀모델의 기본 가정은 독립변수들 간에는 상관관계가 없다는 것인데, 다중공선성의 발생은 회귀모델의 기본 가정을 무시한 것이 되어 버린다. 따라서 다중공선성이 발생했을 때는 그 분석결과 역시 무의미하게 된다. 단순 회귀분석이야 독립변수가 1개이기 때문에 다중공선성과는 무관하지만, 다중 회귀분석의 경우에는 다중공선성을 반드시 체크해 보아야 한다.

만약, 독자들이 분석을 실시하다 다중 공선성이 발생했다면, 다중공선성이 발생한 독립변수 하나를 제거하던지, 아니면 설문지를 추가로 더 수집하여 표본의 수를 늘여 다중공선성을 희석시키던지 어떠한 조치를 취해야 한다.

2 가설의 설정

제12강에서는 다중회귀분석을 실시할 것이다. 여기서는 단순회귀분석과 마찬가지로 독자의 이해를 높이고, 현장감 있는 설명을 위하여 실제 논문처럼 가설을 설정하고 분석을 실시할 것이다. 아래의 내용은 제12강에서 분석할 내용에 대한 가설로서, 선행연구 이론을 근거로 하여 저자가 임의로 설정한 것이다. 가설에 나타나는 변수에 대한 구체적인 설명은 제11강에서 하였다. 참고하길 바란다.

가설의 설정
가설1. 분배적 공정성은 거래심리적계약위반에 부(-)의 영향을 미칠 것이다.
가설2. 절차적 공정성은 거래심리적계약위반에 부(-)의 영향을 미칠 것이다.
가설3. 상호작용 공정성은 거래심리적계약위반에 부(-)의 영향을 미칠 것이다.
가설4. 분배적 공정성은 관계심리적계약위반에 부(-)의 영향을 미칠 것이다.
가설5. 절차적 공정성은 관계심리적계약위반에 부(-)의 영향을 미칠 것이다.
가설6. 상호작용 공정성은 관계심리적계약위반에 부(-)의 영향을 미칠 것이다.

3 다중 회귀분석의 실행

1) 다중 회귀분석 대화 상자 경로

다중 회귀분석을 실시하기 위해서는 〈그림 12-1〉과 같이 분석에서 회귀분석으로 가서 선형을 클릭하면 된다. 이는 단순 회귀분석 대화 상자 경로와 동일하다.

사용되는 file명 : 제2부-3

메뉴〉 분석(A) ➡ 회귀분석(R) ➡ 선형(L)...
(Analysis ➡ Regression ➡ Linear...)

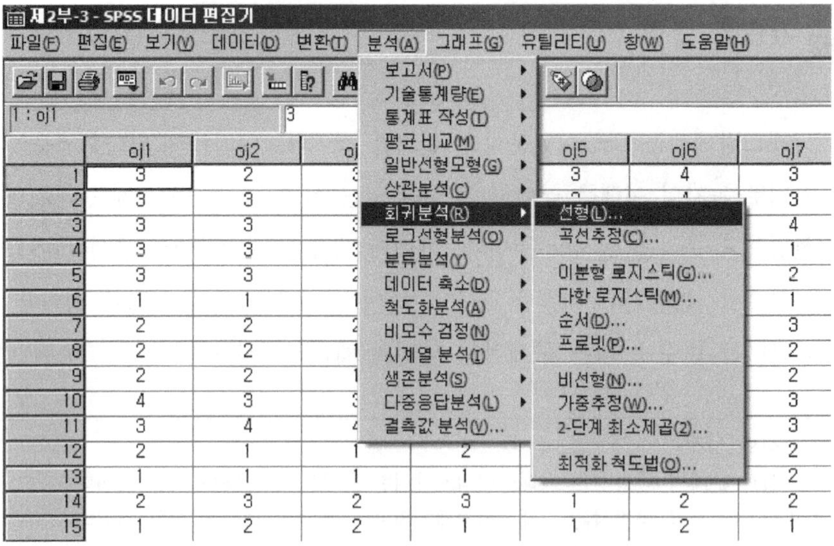

〈그림 12-1〉 다중회귀분석 대화상자 경로

2) 다중 회귀분석 실행방법

위의 **선형(L)...**을 클릭하면 〈그림12-2〉와 같은 화면이 생성된다. 다중 회귀분석의 실행방법 역시 단순 회귀분석과 거의 동일하니 큰 어려움이 없을 것이다. 차분히 아래에서 설명한데로 따라 해보자. 먼저, 가설1, 가설2, 가설3을 검정할 것이다.

1번 가설 1, 가설2, 가설3에서의 독립변수를 오른쪽으로 이동한다. 즉, 조직공정성의 하위요인인 분배적공정성, 절차적공정성, 상호작용공정성을 선택하여 오른쪽으로 이동한다. 단순 회귀분석에서는 독립변수를 한 개 투입시켰지만, 다중 회귀분석에서는 독립변수를 3개 투입한 것을 알 수 있다.

2번 종속변수인 거래심리적계약위반인 "거래심리"를 종속변수(D):로 이동시킨다.

3번 통계량을 클릭하면, 〈그림 12-3〉과 같은 화면이 생성된다. 여기에서 추정값(Estimates)과 모형적합(Model fit)은 초기 설정되어 있다. 다중공선성을 진단하기 위하여 **공선성진단(Collinearity diagnostics)과** Durbin-Watson를 체크하고 계속을 누른다.

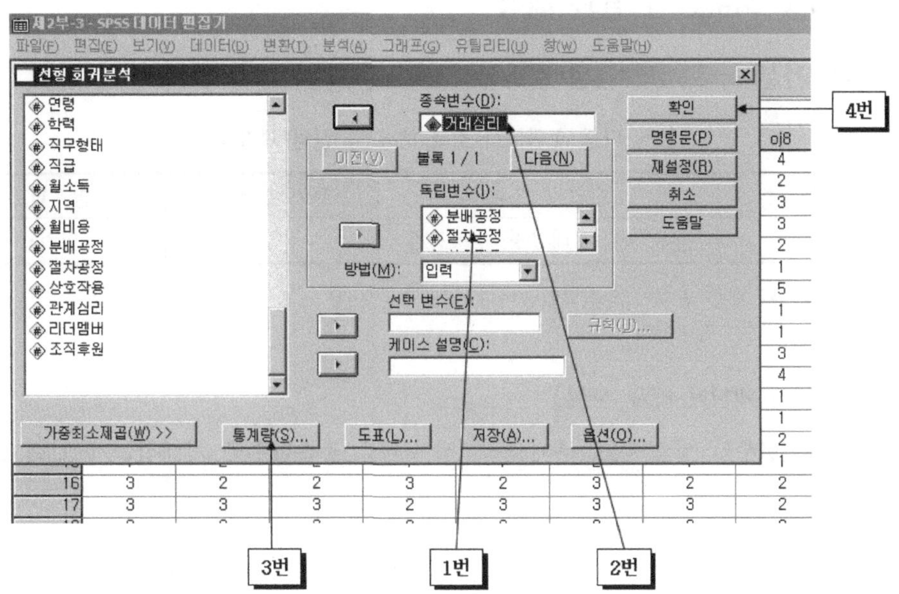

〈그림 12-2〉 다중회귀분석 실행경로

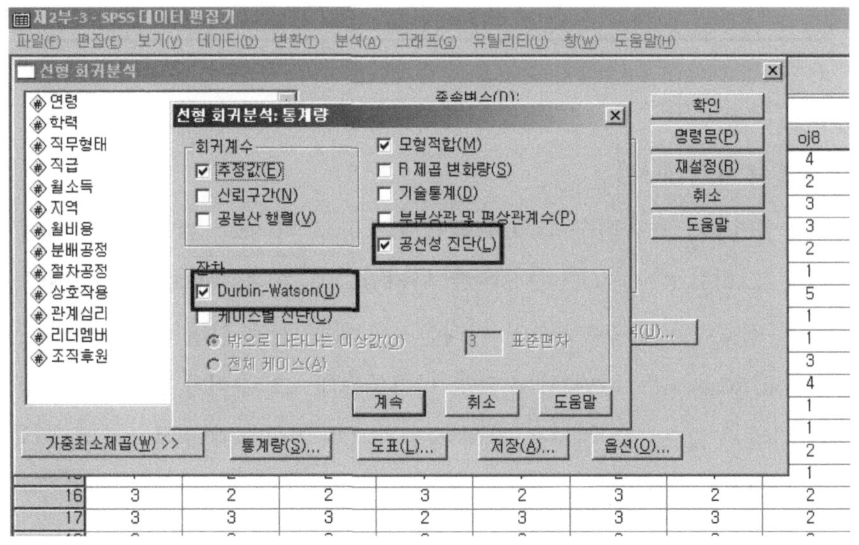

〈그림 12-3〉 다중회귀분석 통계량

4번 위의 과정을 마쳤다면 확인을 누른다. 그러면 분석결과창이 생성된다.

3) 다중 회귀분석 결과 해석

(1) 가설 1, 2, 3의 검정 결과해석

〔다중 회귀분석 결과 해석 1〕 진입/제거된 변수

모 형	진입된 변수	제거된 변수	방 법
1	상호작용, 분배공정, 절차공정	.	입력

a. 요청된 모든 변수가 입력되었습니다.
b. 종속변수 : 거래심리

【진입/제거된 변수 해석】

독립변수로 상호작용, 분배공정, 절차공정, **종속변수**로 거래심리가 입력되었음을 알 수 있다.

〔다중 회귀분석 결과 해석 2〕 모형 요약

모 형	R	R 제곱	수정된 R 제곱	추정값의 표준오차	Durbin-Watson
1	.627	.393	.388	.63986	1.769

a. 예측값 : (상수), 상호작용, 분배공정, 절차공정
b. 종속변수 : 거래심리

【모형 요약 해석】

독립변수와 종속변수 간의 상관관계는 0.627의 다소 높은 상관관계를 보이고 있다. 그리고 R^2 = .393(39.3%)으로 나타났는데, 이는 독립변수인 분배공정, 절차공정, 상호작용이 종속변수인 거래심리에 대한 전체 설명력을 나타내는 것이다. Durbin-Watson는 1.769의 수치로 나타났는데, 그 수치가 2에 가깝고 0 또는 4와 가깝지 않으므로 잔차들 간에 상관관계가 없어 회귀모형이 적합하다고 해석할 수 있다.

Durbin-Watson

더빈 왓슨의 통계량은 잔차에 대한 상관관계(잔차의 독립성)를 알아보기 위해 실시하는 것이다. 더빈 왓슨을 판단하는 기준은 다음과 같다. **더빈 왓슨 통계량의 기준 값은 정상분포곡선을 나타내는 2가 되며, 그 의미는 잔차에 대한 상관관계가 없다는 것을 말한다.** 또한 그 수치가 0에 가까울수록 양의 상관관계가 있고, 4에 가까울수록 음의 상관관계 있음을 의미한다. **더빈 왓슨의 분석결과 그 수치가 0 또는 4에 가까울 경우 잔차들 간에 상관관계가 있어 회귀모형이 부적합함을 나타내는 것이다.**

위의 내용이 좀 어려운 내용일 것으로 생각된다. 그러나 더빈 왓슨을 논문 결과에 제시하고자 할 때는 그 수치를 판단하는 기준만 기억하고 있어도 논문을 작성하는 데는 지장이 없을 것이다. 더빈 왓슨 값은 다중 회귀분석 결과에 반드시 제시해야 할 사항은 아니다. 다중회귀분석을 이용하였음에도 더빈 왓슨 값을 제시하고 있지 않은 논문은 너무나 많이 있다. 따라서 독자 여러분들의 각자 판단 기준에 따르면 된다.

〔다중 회귀분석 결과 해석 3〕 분산분석

모 형		제곱합	자유도	평균제곱	F	유의확률
1	선형회귀분석	103.612	3	34.537	**84.356**	**.000**
잔차		160.085	391	.409		
합계		263.697	394			

a. 예측값 : (상수), 상호작용, 분배공정, 절차공정
b. 종속변수 : 거래심리

【분산분석 해석】

F값은 84.356, 유의확률은 .000($p < .05$)으로 나타났으므로, 회귀선이 모델에 적합한 것으로 나타났다.

〔다중 회귀분석 결과 해석 4〕 계수

모 형		비표준화 계수		표준화 계수	t	유의확률	공선성 통계량	
		B	표준오차	베타			공차한계	VIF
1	(상수)	5.602	.146		38.361	.000		
	분배공정	-.340	.048	-.341	**-7.033**	**.000**	**.661**	1.513
	절차공정	-.302	.055	-.295	**-5.534**	**.000**	**.545**	1.834
	상호작용	-.112	.051	-.104	**-2.181**	**.030**	**.678**	1.474

a. 종속변수 : 거래심리

【계수 해석】

가설1, 가설2, 가설3의 검정결과를 최종적으로 보여준다. 분배공정이 거래심리에 미치는 영향관계는 t값이 -7.033으로 ±1.96이상이고, 유의확률(p값)이 .000으로 p〈 .05이므로 가설1은 채택되었다. 절차공정은 t값은 -5.534로 가설2가 채택되었으며, 상호작용 역시 t값이 -2.181로 가설 3도 채택되었다. 즉, 분배적공정성, 절차적공정성, 상호작용공정성은 통계적 유의수준 하에서 거래심리적계약위반에 부(-)의 영향을 미치는 것으로 나타났다.

여기서 한 가지 중요한 결과는 공선성 통계량이다. 앞에서 언급하였지만, 다중 회귀분석에서는 독립변수 간에 상관관계가 존재하는지 아닌지가 매우 중요한 사항이다. 이는 공차한계(Tolerance)값을 기준으로 판단한다.

공차한계(Tolerance) 값이 0.1이하일 때는 다중공선성에 문제가 있다고 해석한다. 위의 결과 공차한계 값은 분배공정, 절차공정, 상호작용 각 0.661, 0.545, 0.678로 나타나 다중공선성에는 문제가 없다고 해석한다.

다중공선성 판단 기준

다중 회귀분석에서 독립변수끼리 높은 상관관계가 존재한다면, 다중공선성이 발생할 가능성이 높다. 그래서 다중 회귀분석을 실시할 때는 반드시 다중공선성을 체크해보아야 한다. 본서에서는 다중공선성을 공차한계(Tolerance)값을 기준으로 판단하였다. 이외에도 일부 다른 저서를 보게 되면, 상관관계분석의 결과로 판단하기도 한다. 즉, 상관관계분석 결과, 독립변수 간 상관계수 값이 0.9이상이 되지 않으면 다중공선성이 없다고 해석하기도 한다. 그러나 좀 더 정확한 해석을 위해서 공차한계(Tolerance)값이 조사할 필요가 있다.

(2) 가설 4, 5, 6의 검정 결과해석

가설 4, 5, 6의 **독립변수**는 분배적 공정성, 절차적 공정성, 상호작용 공정성이고 **종속변수**는 관계심리적계약위반이다. 위에서 설명한데로 독립변수와 종속변수를 입력시킨다.

〔다중 회귀분석 결과 해석 1〕 진입/제거된 변수

모형	진입된 변수	제거된 변수	방법
1	상호작용, 분배공정, 절차공정	.	입력

a. 요청된 모든 변수가 입력되었습니다.
b. 종속변수 : 관계심리

【진입/제거된 변수 해석】

독립변수로 상호작용, 분배공정, 절차공정, **종속변수**로 관계심리가 입력되었음을 보여준다.

〔다중 회귀분석 결과 해석 2〕 모형 요약

모 형	R	R 제곱	수정된 R 제곱	추정값의 표준오차	Durbin-Watson
1	.606	.367	.362	.65776	1.759

a. 예측값 : (상수), 상호작용, 분배공정, 절차공정
b. 종속변수 : 관계심리

【모형 요약 해석】

독립변수와 종속변수 간의 상관관계는 0.606의 다소 높은 상관관계를 보이고 있다. 그리고 R^2 = .367로 나타났는데, 이는 독립변수인 분배공정, 절차공정, 상호작용이 종속변수인 관계심리를 36.7% 설명하고 있다는 것이다.

Durbin-Watson는 1.759의 수치로 나타났는데, 이는 2에 가까운 수치이고 0 또는 4에 가깝지 않기 때문에 잔차들 간에 상관관계가 없어 회귀모형이 적합하다고 해석할 수 있다.

〔다중 회귀분석 결과 해석 3〕 분산분석

모 형		제곱합	자유도	평균제곱	F	유의확률
1	선형회귀분석	98.041	3	32.680	75.535	.000
잔 차		169.168	391	.433		
합 계		267.209	394			

a. 예측값 : (상수), 상호작용, 분배공정, 절차공정
b. 종속변수 : 관계심리

【분산분석 해석】

F값은 75.535, 유의확률은 .000(p〈 .05)으로 나타났으므로, 회귀선이 모델에 적합한 것으로 나타났다.

〔다중 회귀분석 결과 해석 4〕 계수

모 형		비표준화 계수		표준화 계수	t	유의확률	공선성 통계량	
		B	표준오차	베타			공차한계	VIF
1	(상수)	5.441	.150		36.246	.000		
	분배공정	-.247	.050	-.245	**-4.959**	**.000**	**.661**	1.513
	절차공정	-.404	.056	-.392	**-7.197**	**.000**	**.545**	1.834
	상호작용	-6.557E-02	.053	-.061	**-1.247**	**.213**	**.678**	1.474

a. 종속변수 : 관계심리

【계수 해석】

가설 4, 5, 6의 최종 검정결과를 나타내준다. 분석결과 분배적공정성은 관계심리적계약위반에 부(-)의 영향을 미치는 것으로 나타났다. t값은 -4.959, p값은 .000으로 가설 4는 채택되었다. 절차적공정성은 t값이 -7.197의 수치를 보여 가설 5 역시 채택되었다. 그러나 상호작용공정성은 t값이 -1.247(p = .213)으로 나타나 가설 6는 기각되었다.

공차한계(Tolerance)는 모두 0.1이상의 수치를 보이기 때문에 독립변수 간 다중공선성에는 문제가 없다.

4 논문에서 다중 회귀분석 결과 제시 방법

다중 회귀분석 결과를 논문에 제시할 때는 163쪽의 표와 같이 하면 된다.

단순 회귀분석 결과제시 방법과 동일하게 작성하고, 공차한계 값과 Durbin-Watson 값을 추가로 제시하면 된다.

<논문에서 제시한 표 해석 방법>

종사원의 지각하는 조직공정성이 거래심리적계약위반에 부(-)의 영향을 미칠 것이라는 가설 1, 2, 3의 검정결과 다음과 같이 나타났다. 분배적공정성이 거래심리적계약위반에 미치는 영향은 t값이 -7.033로 나타나 가설1은 채택되었다.

절차적공정성은 t값은 -5.534로 가설2가 채택되었으며, 상호작용 역시 t값이 -2.181로 가설 3도 채택되었다. 즉, 분배적공정성, 절차적공정성, 상호작용공정성 모두 통계적 유의수준 하에서 거래심리적계약위반에 부(-)의 영향을 미치는 것으로 나타났다. 회귀모형은 F값이 p=.000에서 84.356의 수치를 보이고 있으며, 회귀식에 대한 R^2=.393으로 39.3%의 설명력을 보이고 있다.

Durbin- Watson는 1.769로 잔차들 간에 상관관계가 없어 회귀모형이 적합한 것으로 나타나고 있다.

조직공정성과 관계심리적계약위반과의 영향관계를 검정한 결과 다음과 같이 나타났다. 먼저, 분배적공정성은 관계심리적계약위반에 대해 t값이 -4.959로 나타나 가설 4는 채택되었다. 절차적공정성은 t값이 -7.197의 수치를 보여 가설 5 역시 채택되었다. 그러나 상호작용공정성은 t값이 -1.247(p=.213)로 나타나 가설 6은 기각되었다.

종속변수	독립변수	표준오차	β	t값	유의확률	공차한계
거래 심리적계약 위반	상수	.146	-	38.361	.000	
	분배적 공정성(가설1)	.048	-.341	-7.033	.000**	.661
	절차적 공정성(가설2)	.055	-.295	-5.534	.000**	.545
	상호작용 공정성(가설3)	.051	-.104	-2.181	.030*	.678
	R=.627, R^2=.393, 수정된 R^2=.388, F=84.356, p=.000, Durbin-Watson=1.769					
관계 심리적계약 위반	상수	.150	-	36.246	.000	
	분배적 공정성(가설4)	.050	-.245	-4.959	.000**	.661
	절차적 공정성(가설5)	.056	-.392	-7.197	.000**	.545
	상호작용 공정성(가설6)	.053	-.061	-1.247	.213	.678
	R=.606, R^2=.367, 수정된 R^2=.362, F=75.535, p=.000, Durbin-Watson=1.759					

*.p<0.05 **.p<0.01

5 다중 회귀분석 추가

여기서는 다중 회귀분석을 추가로 다시 한번 실시한다. 가설 검정에 이용될 변수들은 조직공정성과 조직후원인식 간의 영향관계와 거래·관계 심리적계약 위반과 조직후원인식 간의 영향관계이다. 이들 변수들 간의 영향관계를 분석하는 이유는 **제13강. 위계적 회귀분석의 이해를 높이는데 목적**이 있다. 독자 여러분들도 각자 아래의 가설을 검정하여 제시된 분석결과와 동일한지 확인해보자.

다중 회귀분석 절차는 앞에서 설명한 것과 동일하므로, 분석결과만 제시한다.

가설 설정
가설 1. 분배적공정성은 조직후원인식에 정(+)의 영향을 미칠 것이다.
가설 2. 절차적공정성은 조직후원인식에 정(+)의 영향을 미칠 것이다.
가설 3. 상호작용적공정성은 조직후원인식에 정(+)의 영향을 미칠 것이다.
가설 4. 거래심리적계약위반은 조직후원인식에 부(-)의 영향을 미칠 것이다.
가설 5. 관계심리적계약위반은 조직후원인식에 부(-)의 영향을 미칠 것이다.

1) 가설 1, 2, 3 검정 결과

〔다중 회귀분석 결과 해석 1〕 모형 요약

모 형	R	R 제곱	수정된 R 제곱	추정값의 표준오차	Durbin-Watson
1	.561	.315	.310	.60330	1.954

a. 예측값 : (상수), 상호작용, 분배공정, 절차공정
b. 종속변수 : 조직후원

【모형요약 해석】

독립변수와 종속변수의 상관계수는 0.561로 나타나고, 독립변수는 종속변수를 31.5%(R^2 = 0.315) 설명하고 있다. Durbin-Watson는 1.954로 기준값인 2에 매우 근접하고 0 또는 4에 가깝지 않기 때문에 잔차들 간에 상관관계가 없는 것이 판단된다. 즉, 회귀모형에 적합하다는 것을 알 수 있다.

〔다중 회귀분석 결과 해석 2〕 분산분석

모 형		제곱합	자유도	평균제곱	F	유의확률
1	선형회귀분석	65.450	3	21.817	**59.941**	**.000**
	잔 차	142.312	391	.364		
	합 계	207.762	394			

a. 예측값 : (상수), 상호작용, 분배공정, 절차공정
b. 종속변수 : 조직후원

【분산분석 해석】

F값은 59.941, 유의확률은 .000(p < .05)으로 나타났으므로, 회귀선이 모델에 적합한 것으로 나타났다.

〔다중 회귀분석 결과 해석 3〕 계수

모 형		비표준화 계수		표준화 계수	t	유의확률	공선성 통계량	
		B	표준오차	베타			공차한계	VIF
1	(상수)	1.122	.138		8.150	.000		
	분배공정	.248	.046	.280	**5.437**	**.000**	**.661**	1.513
	절차공정	.287	.052	.315	**5.563**	**.000**	**.545**	1.834
	상호작용	5.385E-02	.048	.057	**1.117**	**.265**	**.678**	1.474

a. 종속변수 : 조직후원

【계수 해석】

분배적공정성과 조직후원인식 간의 영향관계를 파악한 결과, t값은 5.437, p값은 .000으로 가설 1은 채택되었다. 절차적공정성은 t값이 5.563으로 역시 통계적 유의수준 하에서 가설 2는 채택되었다. 그러나 상호작용공정성은 t값이 1.117로 ±1.96보다 작고, p값은 0.265로 0.05보다 크기 때문에 가설 3은 기각되었다.

공차한계는 모두 0.1보다 크기 때문에 다중공선성에는 문제가 없는 것으로 보인다.

2) 가설 4, 5 검정 결과

〔다중 회귀분석 결과 해석 1〕 모형 요약

모 형	R	R 제곱	수정된 R 제곱	추정값의 표준오차	Durbin-Watson
1	.547	.299	.295	.60965	1.879

a. 예측값 : (상수), 관계심리, 거래심리
b. 종속변수 : 조직후원

【모형요약 해석】

독립변수와 종속변수의 상관계수는 0.547로 나타나고, 독립변수는 종속변수를 29.9%(R^2 = 0.299) 설명하고 있다. Durbin-Watson는 1.879로 기준값인 2에 근접하여 잔차들 간에 상관관계가 없는 것으로 판단된다. 이에 회귀모형이 적합하다고 해석할 수 있다.

〔다중 회귀분석 결과 해석 2〕 분산분석

모 형		제곱합	자유도	평균제곱	F	유의확률
1	선형회귀분석	62.065	2	31.033	83.494	.000
잔 차		145.696	392	.372		
합 계		207.762	394			

a. 예측값 : (상수), 관계심리, 거래심리
b. 종속변수 : 조직후원

【분산분석 해석】

F값은 83.494, 유의확률은 .000($p < .05$)으로 나타났으므로, 회귀선이 모델에 적합한 것으로 나타났다.

〔다중 회귀분석 결과 해석 3〕 계수

모 형		비표준화 계수		표준화 계수	t	유의확률	공선성 통계량	
		B	표준오차	베타			공차한계	VIF
1	(상수)	4.521	.146		31.062	.000		
	거래심리	-.328	.057	-.370	-5.793	.000	.439	2.279
	관계심리	-.186	.056	-.211	-3.312	.001	.439	2.279

a. 종속변수 : 조직후원

【계수 해석】

거래심리적계약위반과 조직후원인식 간의 영향관계를 파악한 결과, t값은 -5.793, p값은 .000으로 나타나 가설 4는 채택되었다. 즉, 거래심리적계약위반을 높게 지각하면 조직후원인식이 낮아진다는 것을 의미한다. 관계심리적계약위반은 t값이 -3.312로 역시 가설 5는 채택되었다. 마찬가지로 관계심리적계약위반을 높게 지각하면 조직후원인식이 낮아진다는 것을 의미한다.

공차한계는 거래심리적계약위반이 0.439, 관계심리적계약위반이 0.439로 0.1보다 모두 높게 나타나 다중공선성에는 문제가 없다고 할 수 있다.

■■■ 제13강 ■■■
위계적 회귀분석

1 위계적 회귀분석은

위계적 회귀분석은 다중 회귀분석의 일종이다. 그렇다면 위계적 회귀분석은 어떠한 상황에서 이용하는 분석방법일까? 여러 개의 독립변수가 종속변수에 영향을 미치는데 어떠한 독립변수가 가장 큰 영향력을 미치며 그 다음 영향력을 미치는 독립변수는 무엇인가를 파악한다는 것은 매우 가치있는 일이다. 예를 들어, 노인의 우울증을 감소시켜주는데 긍정적인 영향을 미치는 독립변수로 스포츠활동, 사교활동, 관광활동이 있다고 가정하자. 여기서 관광활동이 노인의 우울증 감소에 가장 큰 영향력을 미치고, 그 다음으로 사교활동, 스포츠활동의 순으로 나타났다면, 당연히 노인의 우울증을 치료하기 위해서는 관광활동을 가장 우선순위에 두어야 할 것이다. 이렇듯 여러 개의 독립변수들이 종속변수에 영향을 미치는데 있어서, **종속변수에 가장 큰 영향력을 미치는 독립변수와 두 번째로 영향력을 미치는 독립변수 등 독립변수의 상대적 영향력의 크기를 순서대로 파악하는 것이 위계적 회귀분석이다.**

상술한 내용이 잘 이해가 잘 가지 않는다면, 제13강에서 분석할 아래의 연구상황을 숙지해 보자. 이해가 쉽게 갈 것이다.

저자는 개인적으로 단순/다중 회귀분석보다 위계적 회귀분석의 결과를 더욱 의미 있는 결과로 생각한다. 그래서 위계적 회귀분석을 연구에 즐겨 사용한다. 저자는 평소에 수많은 분석방법을 이용하여 작성한 사회과학 논문을 자주 접하는데, 위계적 회귀분석을 이용하여 분석한 연구는 흔히 보이질 않는다. 그 이유는 아마도 위계적 회귀분석을 실시하는 절차를 자세하게 설명한 통계 관련 책이 없어서 일 것이다. 이 책의 독자들은 이제부터 위계적 회귀분석을 이해해보자. 여러분의 연구 논문이 한층 업그레이드 될 것이다.

위계적 회귀분석의 연구 상황

연구상황

우리는 단순 회귀분석과 다중 회귀분석을 제11강과 제12강에서 반복하여 분석을 실시하였다. 분석결과에 따른 해석 역시 독자들이 최대한 이해하기 쉽도록 거품을 제거하고 논문에서 필요한 부분만 선택하여 자세하게 설명하였다. 여기서는 위계적 회귀분석에 대한 설명을 할 것이다. 이를 이해하기 위해서는 아래의 연구상황을 이해해야 한다.

제11강. 단순 회귀분석

앞의 제11강. 5번 "단순 회귀분석 추가"에서 리더-멤버교환관계가 조직후원인식에 어떠한 영향을 미치는 지를 살펴보았다. 그 결과 t값은 8.447(p = .000)로 통계적 유의수준 하에서 영향을 미치는 것으로 나타났다.

제12강. 다중 회귀분석

앞의 제12강. 5번("다중회귀분석 추가"에서 분배적공정성, 절차적공정성, 상호작용공정성이 조직후원인식에 어떠한 영향을 미치는 지를 조사하였다. 분석결과 분배적공정성(t = 5.437), 절차적공정성(t = 5.563), 상호작용공정성(t = 1.117)으로 나타나, 분배적공정성과 절차적공정성은 통계적 유의수준 하에서 영향을 미치는 것으로 밝혀졌다.
또한 거래심리적계약위반(t = −5.793), 관계심리적계약위반(t = −3.312)이 조직후원인식에 어떠한 영향을 미칠 것인가를 조사한 결과, 모두 유의수준 하에서 영향을 미치는 것으로 나타났다.

연구상황

제11강과 제12강에서 추가로 분석을 실시한 것들은, 종속변수가 조직후원인식이고 독립변수는 리더-멤버교환관계, 분배적공정성, 절차적공정성, 상호작용공정성, 거래심리적계약위반, 관계심리적 계약위반이다. 6개의 독립변수 중 상호작용공정성을 제외한 나머지 5개의 독립변수들은 종속변수에 유의한 영향을 미치는 것으로 나타났다. 그렇다면 이러한 독립변수들 중 종속변수인 조직후원인식에 상대적으로 가장 큰 영향력을 미치는 변수는 무엇이고, 두 번째로 큰 영향력을 미치는 변수가 어떤 것인지를 파악하는 것은 매우 의미가 있을 것이다. 이때 사용하는 분석방법이 위계적 회귀분석이다. 즉, 종속변수에 대한 독립변수의 상대적 영향력의 크기순으로 위계질서를 세우는 것이다.
결론적으로 위계적 회귀분석은 종속변수에 대한 독립변수의 상대적 영향력의 크기를 파악할 때 사용하는 분석방법이다.

2 위계적 회귀분석 방법

위계적 회귀분석의 실시는 회귀분석 창에서 실행한다. 아래의 설명대로 따라 해보자.

1) 위계적 회귀분석 대화상자 경로

회귀분석과 동일하게 분석에서 회귀분석으로 가서 선형을 클릭하면, 〈그림 13-1〉과 같은 새로운 창이 생성된다.

사용되는 file명 : 제2부-3

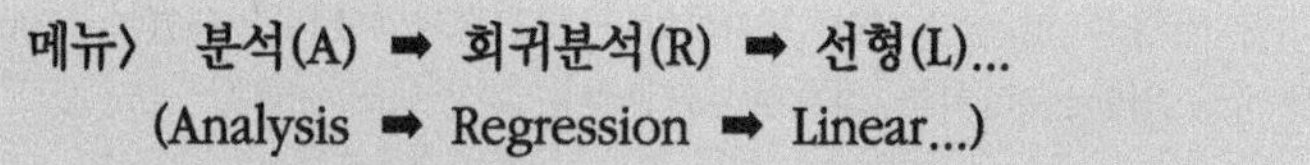
메뉴〉 분석(A) ➡ 회귀분석(R) ➡ 선형(L)...
(Analysis ➡ Regression ➡ Linear...)

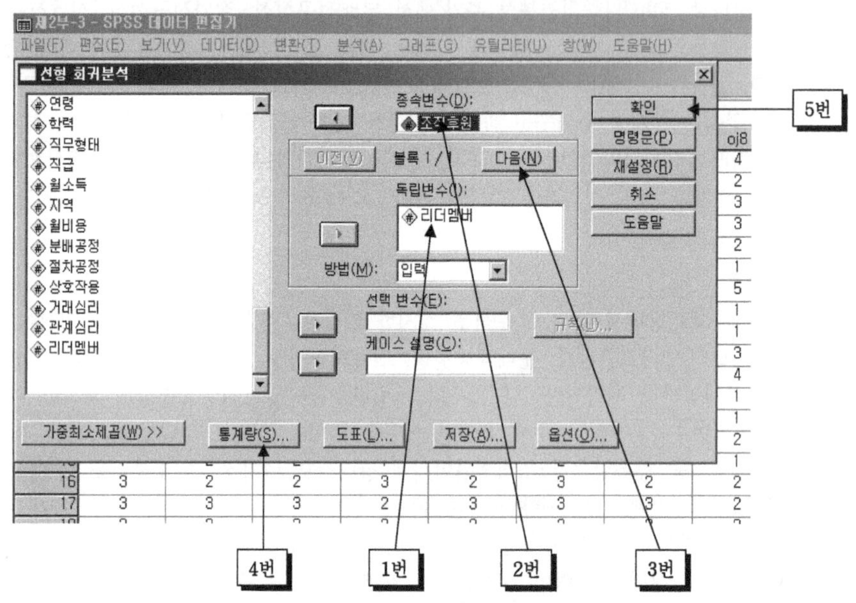

〈그림 13-1〉 위계적 회귀분석 대화상자

1번 여기서 분석할 위계적 회귀분석의 독립변수는 리더-멤버교환관계, 분배적공정성, 절차적공정성, 상호작용공정성, 거래심리적계약위반, 관계심리적계약위반이다. 앞에서도 언급을 하였지만, 회귀분석에 사용하는 변수들은 요인분석과 신뢰도분석을 실시하여 변수정화과정을 거친 후 변수계산을 하여 새로이 생성된 변수들을 이용한다는 것을 기억하자. 먼저, 리더-멤버교환관계를 독립변수에 투입시킨다(독립변수를 입력하는 순서는 관계없다).

2번 본 분석에서 사용할 종속변수는 조직후원인식이다. 이를 종속변수에 입력시킨다.

3번 위의 1번과 2번의 절차는 단순/다중 회귀분석과 동일하다. 하지만 여기서부터 위계적 회귀분석의 절차가 있다. 먼저, 〈그림 13-2〉의 첫 번째 그림처럼 다음(N)을 누른다. 그러면 "리더멤버"는 없어지게 된다. 그 후 두 번째 그림처럼 분석할 새로운 독립변수인 조직공정성을 입력시킨다. 조직공정성의 하위요인인 분배적공정성, 절차적공정성, 상호작용공정성을 한꺼번 독립변수로 입력시킨다. 그 후 또 한번 다음(N)을 누른 후, 마지막 독립변수인 심리적계약위반을 입력시킨다. 심리적계약위반의 하위요인인 거래심리적계약위반과 관계심리적계약위반을 한꺼번에 독립변수에 입력시킨다. 최종적으로 블록3/3으로 나타나는데, 이는 독립변수가 3번 투입되었다는 의미이다.

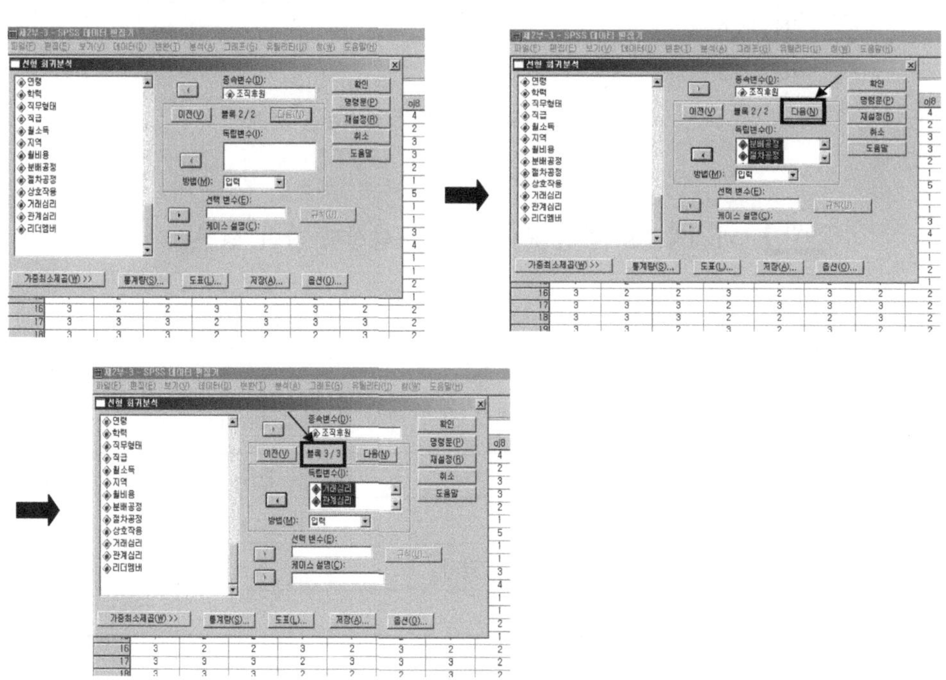

〈그림 13-2〉 위계적 회귀분석 절차

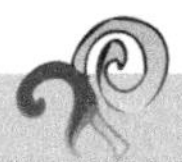

4번 〈그림 13-3〉과 같이 통계량을 클릭하여, 다중회귀분석과 동일하게 공선성진단과 Durbin-Watson을 다음과 같이 체크하고 계속을 누른다.

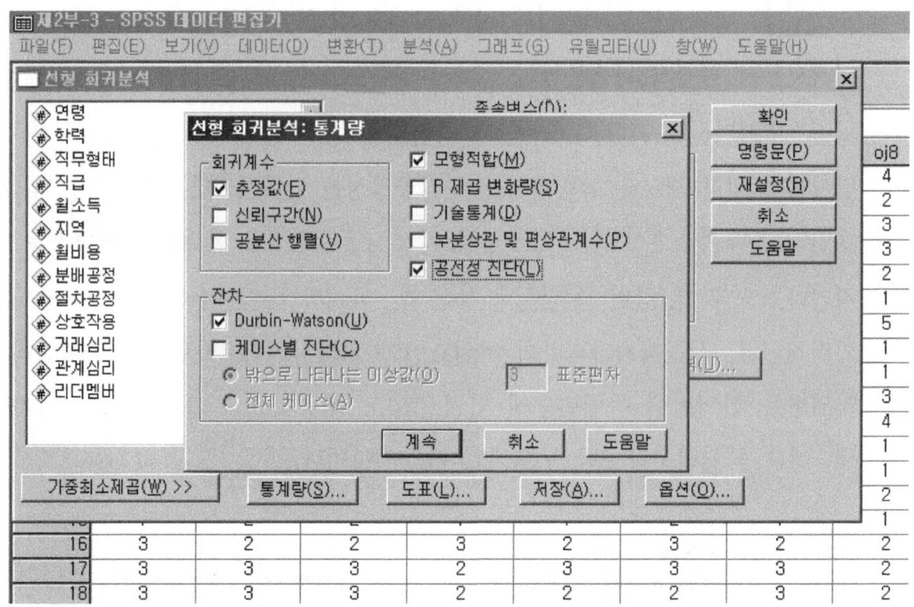

〈그림 13-3〉 위계적 회귀분석 통계량

5번 마지막으로 **확인**을 누르면, 분석결과 창이 생성된다.

2) 위계적 회귀분석 결과

〔위계적 회귀분석 결과 해석 1〕 진입/제거된 변수

모 형	진입된 변수	제거된 변수	방 법
1	리더멤버	.	입력
2	분배공정, 절차공정, 상호작용	.	입력
3	관계심리, 거래심리	.	입력

a. 요청된 모든 변수가 입력되었습니다.
b. 종속변수 : 조직후원

【진입/제거된 변수 해석】

독립변수와 종속변수로 입력된 변수들에 대한 정보를 알려준다. 회귀모형은 총 3개로 나타난다. 이것은 제일 처음 독립변수로 리더-멤버교환관계를 입력했는 것이 **모형1**이고, 그 다음 독립변수로 분배적공정성, 절차적공정성, 상호작용공정성을 입력한 것이 **모형2**가 된다. 마지막으로 입력한 독립변수인 거래심리적계약위반과 관계심리적계약위반을 입력한 것이 **모형3**이된다.

〔위계적 회귀분석 결과 해석 2〕 모형 요약

모 형	R	R 제곱	수정된 R 제곱	추정값의 표준오차	Durbin-Watson
1	.392	.154	.151	.66890	
2	.583	.339	.333	.59327	
3	.617	.380	.371	.57606	1.961

a. 예측값 : (상수), 리더멤버
b. 예측값 : (상수), 리더멤버, 분배공정, 절차공정, 상호작용
c. 예측값 : (상수), 리더멤버, 분배공정, 절차공정, 상호작용, 관계심리, 거래심리
d. 종속변수 : 조직후원

【모형 요약 해석】

R값은 독립변수와 종속변수 간의 상관관계를 나타내는 것이다. R^2은 독립변수가 종속변수를 얼마만큼 설명하고 있는가를 보여주는 것이다.

모형 1(독립변수 : 리더-멤버교환관계)의 R = 0.392로 낮은 상관관계가 있는 것으로 나타나고, 독립변수가 종속변수를 15.4%(R^2 = 0.154) 설명하는 것으로 나타났다.

모형 2(독립변수 : 리더-멤버교환관계, 분배적공정성, 절차적공정성, 상호작용공정성)는 모형 1에서 독립변수로 분배적공정성, 절차적공정성, 상호작용공정성을 추가로 회귀시킨 결과이다. R = 0.583으로 다소 높은 상관관계를 보이고 있고, 독립변수가 33.9% 설명하고 있는 것으로 나타났다. 이것은 모형 1과 비교하여 볼 때, 18.5% 더 설명하고있다.

모형3(독립변수 : 리더-멤버교환관계, 분배적공정성, 절차적공정성, 상호작용공정성, 거래심리적계약위반, 관계심리적계약위반)은 모형 2에서 독립변수로 거래심리적계약위반, 관계심리적계약위반을 추가로 회귀시킨 결과이다. R = 0.617로

독립변수와 종속변수 간에 다소 높은 상관관계가 있고, 독립변수가 종속변수를 38.0% 설명하고 있는 것으로 나타났다. 이것은 모형 2와 비교했을 때, 4.1% 더 설명하고 있는 것이다.

마지막으로 Durbin-Watson은 1.961로 기준값인 2에 매우 근접하고 0 또는 4에 가깝지 않기 때문에 잔차들 간에 상관관계는 없는 것으로 판단된다. 따라서 회귀모형이 적합하다고 해석할 수 있다.

〔위계적 회귀분석 결과 해석 3〕 분산분석

모 형		제곱합	자유도	평균제곱	F	유의확률
1	선형회귀분석	31.922	1	31.922	71.344	.000
	잔 차	175.840	393	.447		
	합 계	207.762	394			
2	선형회귀분석	70.496	4	17.624	50.073	.000
	잔 차	137.266	390	.352		
	합 계	207.762	394			
3	선형회귀분석	79.005	6	13.167	39.679	.000
	잔 차	128.757	388	.332		
	합 계	207.762	394			

a. 예측값 : (상수), 리더멤버
b. 예측값 : (상수), 리더멤버, 분배공정, 절차공정, 상호작용
c. 예측값 : (상수), 리더멤버, 분배공정, 절차공정, 상호작용, 관계심리, 거래심리
d. 종속변수 : 조직후원

【분산분석 해석】

모형 1, 2, 3의 F값과 유의확률을 보여준다. 모형 1은 F값이 71,344, 유의확률 .000이고, 모형 2는 F값 50.073, 유의확률 .000, 모형 3은 F값 39.679, 유의확률 .000으로 p값이 모두 통계적 유의수준 하에 있는 것으로 나타나, 회귀선이 모델에 적합하다고 할 수 있다.

〔위계적 회귀분석 결과 해석 4〕 계수

모 형		비표준화 계수		표준화 계수	t	유의확률	공선성 통계량	
		B	표준오차	베타			공차한계	VIF
1	(상수)	1.536	.140		10.936	.000		
	리더멤버	.391	.046	.392	8.447	.000	1.000	1.000
2	(상수)	.929	.145		6.421	.000		
	리더멤버	.204	.054	.204	3.786	.000	.581	1.721
	분배공정	.244	.045	.276	5.448	.000	.660	1.514
	절차공정	.259	.051	.285	5.052	.000	.534	1.873
	상호작용	-5.120E-02	.055	-.054	-.932	.352	.505	1.979
3	(상수)	2.427	.335		7.237	.000		
	리더멤버	.132	.055	.132	2.410	.016	.529	1.889
	분배공정	.164	.046	.185	3.537	.000	.583	1.716
	절차공정	.185	.053	.203	3.514	.000	.478	2.090
	상호작용	-3.998E-02	.054	-.042	-.745	.457	.500	2.001
	거래심리	-.195	.057	-.220	-3.417	.001	.385	2.597
	관계심리	-6.159E-02	.057	-.070	-1.088	.277	.387	2.581

a. 종속변수 : 조직후원

【계수 해석】

위계적 회귀분석 결과 나타나는 t값과 유의확률을 제시하고 있다.

모형 1은 t값이 8.447로 리더-멤버교환관계가 조직후원인식에 유의수준 하에서 영향을 미치고 있는 것으로 나타났다. 이 결과는 제11강 단순회귀분석 추가에서와 동일한 결과값이다.

모형 2는 모형 1에서 조직공정성 하위요인들을 추가로 회귀식에 투입한 결과이다. 종속변수에 대해 리더-멤버교환관계는 t값이 3.786으로 영향을 여전히 미치는 것으로 나타났다. 또한 분배적공정성의 t값은 5.448, 절차적공정성의 t값은 5.052로 유의수준 하에서 종속변수에 영향을 미치는 것으로 밝혀졌다. 반면, 상호작용공정성은 -.932로 통계적 유의수준 하에서 영향을 미치지 않는 것으로 나타났다.

모형 3은 모형 2에서 거래/관계심리적계약위반을 추가로 회귀식에 투입한 결과이다. 리더-멤버교환관계는 t값이 2.410으로 모형 1과 모형 2에서 같이 유의수준 하에서 영향을 미치는 것으로 나타났다. 분배적공정성(t = 3.537)과 절차적공정성(t = 3.514)도 유의수준 하에서 영향을 미치는 것으로 나타났고, 상호작용공정성(t = -.745)은 여전히 영향을 미치지 않는 것으로 밝혀졌다. 마지막으로 거래심리적계약위반의 경우에는 t값이 -3.417로 조직후원인식에 부(-)의 영향을 미치는 것으로 나타난 반면, 관계심리적계약위반의 t값은 -1.088로 영향을 미치지 않는 것으로 밝혀졌다.

공차한계는 모두 0.1이상의 수치를 보여 다중공선성에 문제가 없다고 할 수 있다.

위계적 회귀분석에서 검정할 수 있는 가장 중요한 요소인 상대적 영향력의 평가는 다음과 같이 한다. 상대적 영향력은 최종 모형인 모형 3을 기준으로 하며, 모형 3에서 **표준화 계수인 베타(β)값의 절대치**를 보고 판단한다. 여기서 통계적 유의수준 하에서 영향을 미치는 변수들만 상대적 영향력을 평가하면 된다. 절대치를 기준하여 보았을 때, 거래심리적계약위반의 베타 값이 -.220으로 가장 높은 수치를 보이고 있다. 이는 종속변수인 조직후원인식에 대해 거래심리적계약위반이 다른 독립변수와 비교하여 상대적으로 가장 많은 영향을 미치고 있다는 것이다. 두 번째로 절차적공정성의 베타 값이 .203의 수치를 보이고 있고, 세 번째로 분배적 공정성(β = .185), 네 번째로 리더-멤버교환관계(β = .132)의 순으로 나타난다.

이러한 결과는 실제 연구에서 풍부한 시사점을 제시할 수 있다. 예를 들어, 모기업의 종사원을 대상으로 조사한 결과 위와 같은 결론을 도출하였다면, 모기업에서는 종사원들이 조직후원인식을 최대한 높게 지각시키기 위해서 최우선적으로 거래심리적계약위반을 최소화 시킬 수 있는 인사정책을 수립하여야 할 것이다.

3 논문에서 위계적 회귀분석 결과 제시 방법

아래의 표는 논문에서 위계적 회귀분석 결과를 제시한 것이다. 다소 복잡하게 여겨질 수 있으므로, 아래와 같이 구체적인 설명을 덧붙인다.

<논문에서 표 해석방법>

아래의 표는 조직후원인식에 영향을 미치는 변수들의 위계적 회귀모델이다. 먼저 모델 1을 살펴보면, 리더-멤버교환관계는 조직후원인식의 변량을 15.4% 설명하고 있으며, 리더-멤버교환관계를 높게 지각할수록 조직후원인식도 높아지는 것으로 나타나고 있다(t = 8.447, p = .000).

모델 2는 모델 1에서 조직공정성의 하위요인인 분배적공정성, 절차적공정성, 상호작용공정성을 추가로 회귀시킨 것으로, 모델 1에 비해 18.5% 더 설명하고 있다. 또한 리더-멤버교환관계(t = 3.786, p = .000)와 분배적공정성(t = 5.448, p = .000), 절차적공정성(t = 5.052, p = .000)은 조직후원인식에 긍정적인 영향을 미치는 것으로 나타났고, 상호작용공정성(t = -.932, p = .352)은 통계적 유의수준 하에서 영향을 미치지 않는 것으로 나타났다.

모델 3은 모델 2에서 거래/관계 심리적계약위반을 추가로 회귀시킨 결과이다. 모델 3은 조직후원인식의 변량을 38.0% 설명하고 있으며, 이는 모델 2에 비해 4.1% 더 설명하고 있는 결과이다. 리더-멤버교환관계(t = 2.410, p = .016)와 분배적공정성(t = 3.537, p = .000), 절차적공정성(t = 3.514, p = .000), 거래심리적계약위반(t = -3.417, p = .001)은 종속변수에 긍정적인 영향을 미치는 것으로 밝혀졌다.

조직후원인식을 향상 시킬 수 있는 변수들간의 상대적 영향력을 평가하면, 거래심리적 계약위반(β = -.220)이 조직후원인식에 가장 큰 영향력을 보이는 변수로 나타나고 있으며, 다음은 절차적공정성(β = .203)이 두 번째로 큰 영향력을 보이는 변수이다. 세 번째로는 분배적 공정성(β = .185), 네 번째로는 리더-멤버교환관계(β = .132)의 순으로 나타난다.

공차한계는 모두 0.1 이상의 수치를 보여 다중공선성에는 문제가 없는 것으로 판단 할 수 있고, Durbin-Watson은 1.961로 기준값인 2에 매우 근접하고 0 또는 4에 가깝지 않기 때문에 잔차들 간에 상관관계가 없는 것으로 판단된다.

이에 회귀모형이 적합하다고 해석할 수 있다.

〈조직후원인식에 영향을 미치는 위계적 회귀분석 검정 결과〉

독립변수	모델 1			모델 2			모델 3			
	SE	β	t값(유의도)	SE	β	t값(유의도)	SE	β	t값(유의도)	공차한계
상 수	.140	-	10.936(.000)	.145	-	6.421(.000)	.335	-	7.237(,000)	
리더-멤버 교환관계	.046	.392	8.447(.000**)	.054	.204	3.786(.000**)	.055	.132	2.410(.016*)	.529
분배적공정성				.045	.276	5.448(.000**)	.046	.185	3.537(.000**)	.583
절차적공정성				.051	.285	5.052(.000**)	.053	.203	3.514(.000**)	.478
상호작용공정성				.055	-.054	-.932(.352)	.054	-.042	-.745(.457)	.500
거래심리적 계약위반							.057	-.220	-3.417(.001**)	.385
관계심리적 계약위반							.057	-.070	-1.088(.277)	.387
통계량	R^2=.154, 수정된 R^2=.151, F=71.344, p=.000			R^2=.339, 수정된 R^2=.333, F=50.073, p=.000			R^2=.380, 수정된 R^2=.371, F=39.679, p=.000, Durbin-Watson=1.961			

*p<0.05, **p<0.01

■■■ 제14강 ■■■

더미변수를 이용한 회귀분석

제14강에서는 더미변수를 이용하여 회귀분석을 실시할 것이다. 우리는 앞에서 단순 회귀분석, 다중 회귀분석, 위계적 회귀분석을 실시하였다. 단순/다중 회귀분석은 사회과학 조사에서 많이 사용하는 분석이고, 위계적 회귀분석의 경우에는 분석 결과가 의미하는 가치에 비해 논문에서 대중적으로 잘 알려지지 않은 분석방법이다. 이 세 가지 분석방법에는 공통점이 있다. 제11강 1번에서 언급을 하였듯이, **회귀분석은 독립변수와 종속변수가 등간척도 혹은 비율척도 일 때만 가능**하다고 하였다. 그렇다면 독립변수나 종속변수가 명목척도 일 때는 회귀분석이 불가능한가? 아니다. 명목척도 된 변수를 더미변수로 만들어 회귀분석을 실시하면 된다.

더미변수를 이용하여 회귀분석을 실시하는 경우는 일반적으로 논문에서 흔히 볼 수 없을 것이다. 그만큼 대중적으로 사용하는 분석방법이 아니라는 것이다. 그러나 독자 여러분의 각자 연구 상황에서 더미변수를 이용하여 회귀분석을 실시했을 때, 의미 있는 연구결과를 도출할 수도 있을 것이다. 또한 다각적인 분석방법을 동원하여 연구를 실시함으로써 좀 더 폭 넓은 연구결과를 얻을 수 있다는 큰 장점도 있다. 더미변수를 이용한 회귀분석의 경우에는 분석방법과 결과해석은 앞에서 배운 회귀분석과 거의 동일하다. 제14강의 관건은 명목척도를 더미변수로 전환시키는 작업이다. 지금부터 차근차근 따라 해보자. 한 번에 이해가 되질 않으면 반복해서 연습해보자.

더미 변수

회귀분석을 할 수 있는 조건 중 하나로 분석대상 변수가 등간척도 혹은 비율척도로 구성되어야 한다는 것이다. 만약 독립 변수가 명목척도 일 때는 평균차이검정(t-test 혹은 ANOVA)을 실시하면 되지만, 이는 집단 간의 평균의 차이를 규명하는 분석방법이지 변수 간의 관련성을 보거나 회귀계수를 산출할 수는 없는 것이다.

이러한 문제를 해결하는 방법은 독립변수인 명목척도를 더미변수로 전환시키면 된다. 더미변수는 모두 0과 1로 구성된다. 여기서 **"0은 없다, 1은 있다"**로 해석한다. 예를 들어, 성별은 명목척도 구성된 변수인데, 일반적으로 남자=1, 여자=2로 사용한다. 이를 더미변수로 전환하면, 남자이다=1, 남자가 아니다=0으로 변경시킨다. 이것이 더미변수로 전환시키는 것이다.

학력을 더미변수로 전환시켜보자. 먼저, 학력이 중졸, 고졸, 대졸, 대학원졸 이라고 가정하고 더미변수화 하면 다음과 같다. 먼저, **중졸인 경우와 아닌 경우**(1,0) **고졸인 경우와 아닌 경우(1, 0), 대졸인 경우와 아닌 경우(1, 0)로 3개를 만들면 된다. 대학원졸은 모두가 0의 값을 가질 때, 즉 중졸**도 고졸도 대졸도 아닌 경우라면 당연히 대학원졸이 되므로 별도로 만들 필요가 없다.

더미변수는 (변수의 개수 −1)의 공식이다. 성별은 변수가 두 개이므로 한 개를 만들고, 학력은 네 개의 범주이므로 세 개를 만들면 된다.

1 명목척도를 더미변수로 만들어 보자

1) 더미변수 실행 경로

성별을 가지고 더미변수를 만들어 보겠다. 실행 경로는 〈그림 14-1〉과 같이 **변환**에서 **코딩변경**으로 들어가서 **새로운 변수로** 클릭하면 〈그림 14-2〉와 같은 화면이 생성된다.

사용되는 file명 : 제2부-3

〈더미변수 대화상자 경로〉

메뉴〉 변환(T) ➡ 코딩변경(R) ➡ 새로운 변수로(D)...

(Transform ➡ Recode ➡ Into Different Variables)

제2부-3(내가사용) - SPSS 데이터 편집기

파일(F) 편집(E) 보기(V) 데이터(D) 변환(T) 분석(A) 그래프(G) 유틸리티(U) 창(W) 도움말(H)

변수 계산(C)...
난수 시작값(S)...
빈도변수 생성(O)...
코딩변경(R) ▸ 같은 변수로(S)... / 새로운 변수로(D)...
변수 범주화(Z)...
순위변수 생성(K)...
자동 코딩변경(A)...
시계열변수 생성(M)...
결측값 바꾸기(V)...
변환 중지(T)

1 : oj1

	oj1	oj2				
1	3	2				
2	3	3			3	4
3	3	3			4	4
4	3	3			2	2
5	3	3			3	3
6	1	1			1	3
7	2	2	2	2	3	3
8	2	2	1	1	2	2
9	2	2	1	3	3	2
10	4	3	3	4	3	3
11	3	4	4	4	4	4
12	2	1	1	2	2	4
13	1	1	1	1	1	1

〈그림 14-1〉 더미변수 대화상자 경로

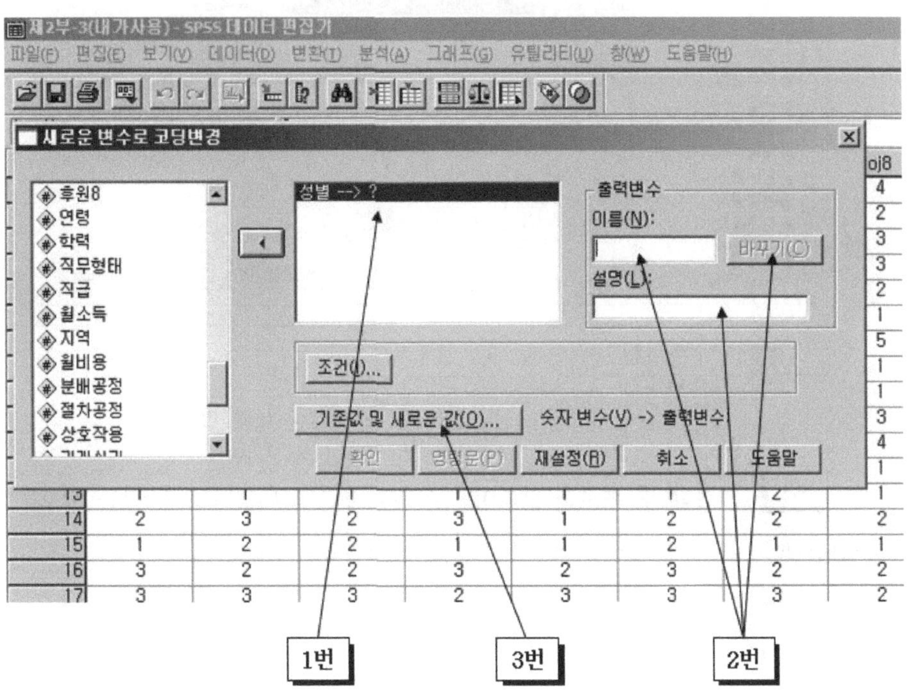

〈그림 14-2〉 더미변수 실행 경로

1번 더미변수로 전환할 변수를 선택하여 이동한다. 여기서는 성별을 선택하여 이동한다. 그러면 "**성별 --> ?**" 이 표시가 나타난다. 이 표시는 성별을 새로운 변수인 더미변수로 변경할려면 새로운 이름을 지정하라는 의미이다.

2번 성별의 새로운 이름을 지정하는 곳이다. 여기서는 **이름(N):**에 "**더미성별**"을 입력한다. 그 후 **설명(L):**에 "**더미변수 남여**"를 입력하고, **바꾸기(C)**를 클릭한다. 이 작업을 수행하면 〈그림 14-3〉과 같이 된다.

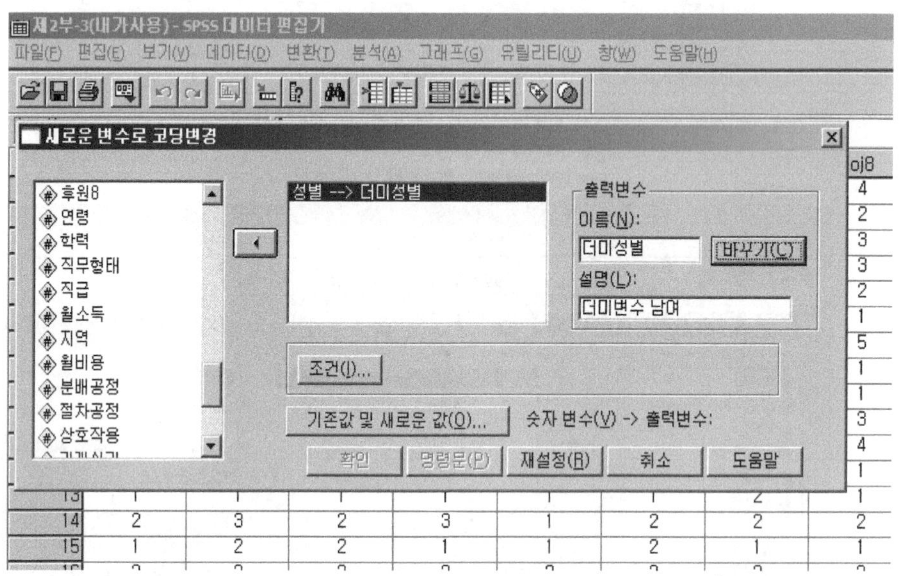

〈그림 14-3〉 더미변수의 새로운 이름 입력

3번 **기존값 및 새로운 값(O)...** 을 클릭하면 〈그림 14-4〉와 같은 새로운 창이 생성된다.

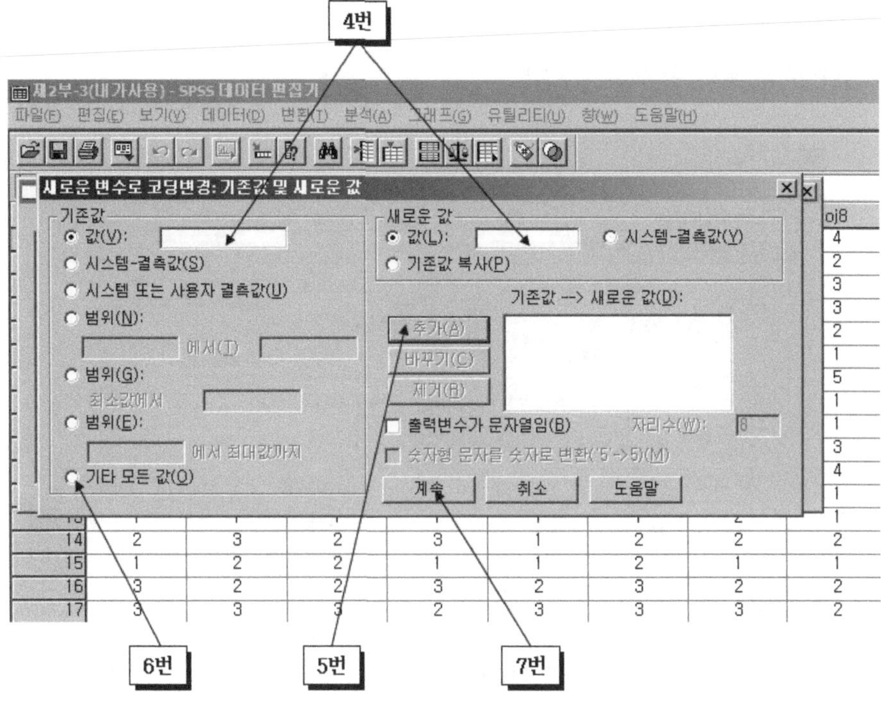

〈그림 14-4〉 더미변수의 기존값 및 새로운 값

4번 기존에 성별은 남자=1, 여자=2로 입력되어 있다. 이 변수를 더미변수(0, 1)로 바꾸어 줘야 한다. 더미변수는 0과 1로 구성된 변수이므로, 여기서는 남자=1로 입력하고, 여자=0으로 입력하기로 하자.

먼저 남자부터 입력하면, 기존값의 **값(V):**에 **1**을 입력하자. 그리고 오른쪽에 있는 새로운 값의 **값(L):**에 **1**을 입력하자. 이것은 기존의 남자=1인 것을 그대로 1로 사용하겠다는 의미이다.

5번 **추가(A)**를 클릭하자. 그러면 **기존값 --〉 새로운 값(D):에 1 --〉 1** 이 나타난다.

6번 **기타 모든 값(O)**을 체크하자. 위에서 남자를 1로 입력하였고, 이제는 나머지 모든 값을 입력해야 하는 곳이다. 더미변수는 0과 1로 구성된다고 하였다. 여자=2이니까 나머지 모든 값은 2를 0으로 바꾸어 줘야 한다. 새로운 값의

값(L):에 0을 입력하고, 다시 **추가(A)**를 클릭하자. 이 작업을 수행하면 〈그림 14-5〉와 같은 화면으로 된다.

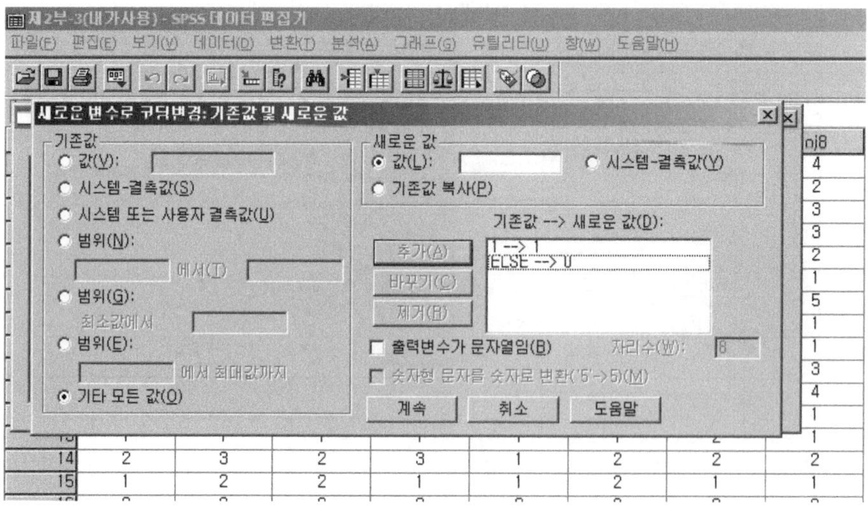

〈그림 14-5〉 더미변수의 기존값 및 새로운 값의 완성

7번 **계속**을 선택하고 **확인**을 누른다. 그 후에 SPSS 창 마지막 부분을 보면, 〈그림 14-6〉과 같이 **더미성별**이라는 새로운 변수가 생성된 것을 확인할 수 있다. 모두 0과 1로 구성되어 있다. 저장하는 것도 잊지 말자.

제2부-3(내가사용) - SPSS 데이터 편집기

파일(F) 편집(E) 보기(V) 데이터(D) 변환(T) 분석(A) 그래프(G) 유틸리티(U) 창(W) 도움말(H

1 : 더미성별 1

	관계심리	리더멤버	조직후원	더미성별	변수	변수
1	2.75	3.50	3.00	1.00		
2	2.50	3.33	2.63	.00		
3	2.50	3.83	3.38	1.00		
4	3.50	2.67	3.88	.00		
5	3.50	2.17	3.38	.00		
6	5.00	2.33	1.00	1.00		
7	3.00	3.17	3.00	.00		
8	3.50	2.33	2.00	.00		
9	4.00	2.17	1.00	.00		
10	3.75	2.50	3.50	.00		
11	2.50	3.83	3.00	.00		
12	4.25	2.83	2.38	1.00		

〈그림 14-6〉 더미변수의 생성

2) 더미변수를 이용한 회귀분석 결과

위에서 성별을 더미변수로 변경하여 새로운 변수인 **더미성별**을 탄생시켰다. 이제는 회귀분석을 실시할 차례이다. 여기서 연구 상황은 "**성별은 리더-멤버교환관계에 유의한 영향을 미칠 것이다**"로 설정한다. 이를 회귀분석 하기 위해서는 〈그림 14-7〉과 같이 독립변수는 성별(더미변수로 전환한 새로운 변수를 입력), 종속변수는 리더-멤버교환관계를 입력시키면 된다.

회귀분석 대화경로 상자로 가서 아래와 같이 입력시켜 보자. 제11강, 제12강, 제13강을 충실히 따라 했다면 쉽게 회귀분석을 실시할 수 있을 것이다. 만약, 회귀분석 하는 방법을 아직 모르겠다면 제11강부터 다시 연습해보자. **반복은 이해를 높이는 유일한 수단이다.**

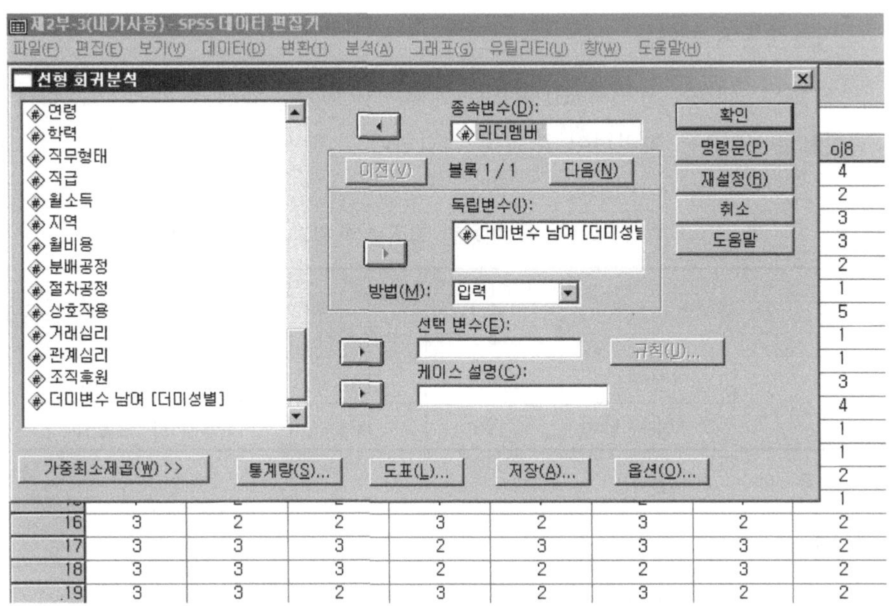

〈그림 14-7〉 더미변수를 이용한 회귀분석

〔더미변수를 이용한 회귀분석 결과 해석 1〕 모형 요약

모 형	R	R 제곱	수정된 R 제곱	추정값의 표준오차
1	.133	.018	.015	.72196

a. 예측값 : (상수), 더미변수 남여

【모형요약 해석】

독립변수인 더미성별과 종속변수인 리더-멤버교환관계와의 상관관계는 거의 없다고 할 수 있다(R = 0.133). 또한 독립변수는 종속변수를 1.8%(R^2 = 0.018) 설명하고 있다. 설명력이 매우 낮은 것으로 나타난다.

〔더미변수를 이용한 회귀분석 결과 해석 2〕 분산분석

모 형		제곱합	자유도	평균제곱	F	유의확률
1	선형회귀분석	3.662	1	3.662	7.026	.008
	잔 차	204.844	393	.521		
	합 계	208.506	394			

a. 예측값 : (상수), 더미변수 남여
b. 종속변수 : 리더멤버

【분산분석 해석】

F값이 7.026, 유의확률(p값)이 .008(p < 0.05)로 통계적 유의수준 하에 있는 것으로 나타나, 회귀선이 모델에 적합하다고 할 수 있다.

〔더미변수를 이용한 회귀분석 결과 해석 3〕 계수

모 형		비표준화 계수		표준화 계수	t	유의확률
		B	표준오차	베타		
1	(상수)	2.861	.048		59.566	.000
	더미변수 남여	.195	.073	.133	2.651	.008

a. 종속변수 : 리더멤버

【계수 해석】

독립변수인 더미성별이 종속변수인 리더-멤버교환관계에 통계적 유의수준 하에서 유의한 영향을 미치고 있는 것으로 나타났다(t값 = 2.651).

여기서 한 가지 명심해야 할 것이 있다. 최초 더미변수로 변경할 때, 남자 = 1, 여자 = 0으로 입력하였다. 여기서 t값이 +2.651로 나타났다는 것은 남자일수록 리더-멤버교환관계를 더 높게 지각한다는 것이다. 만약 더미변수를 남자 = 0, 여자 = 1로 입력하였다면, t값은 -2.651로 나타난다. 여자 = 1인데 남자 = 0이므로 숫

자가 작은 남자가 더 높게 지각하기 때문에 마이너스(-)값이 나타나는 것이다. 혼동하지 말기 바란다. 더미변수를 이용한 회귀분석에서 t값의 방향이 정(+)이나 부(-)이냐 하는 것은 별 의미가 없다.

참 고

앞에서 종속변수를 리더-멤버교환관계로 설정하고 분석하였다. 독자들은 연습 삼아 종속변수로 조직후원인식을 입력하고 분석을 실시해 보자. 분석결과를 보면, 성별은 조직후원인식에 유의한 영향을 미치지 않는 다는 것을 알 수 있다. 즉, 성별은 리더-멤버교환관계에 유의한 영향을 미치지만, 조직후원인식에는 영향을 미치지 않는다는 것이다. 특히, 성별에서 남성이 리더-멤버교환관계를 더 높게 지각하는 것으로 나타났다. 조직에서 남성과 여성이 조직후원인식을 지각하는데에는 아무런 영향관계가 없는 반면, 남성의 경우에는 리더-멤버교환관계를 여성보다 더 높게 지각한다는 것에는 많은 시사점을 제공할 수 있을 것이다.

이처럼 더미변수를 이용하여 회귀분석을 실시하면 다양한 연구 결과를 도출할 수 있기 때문에 연구의 다각화 측면에서 매우 유용하다.

■■■ 제15강 ■■■

조절효과 분석 방법

1 조절변수란

SPSS을 이용하여 독립변수와 종속변수 간의 인과관계를 규명하는 연구는 보편적인 연구방법이다. 그런데 사회현상을 설명하는데 있어 독립변수와 종속변수 간의 관계 외에 다른 독립변수를 고려해야 하는 경우가 많다. 예를 들면, 종사원이 지각하는 조직공정성은 조직후원인식에 영향을 미친다는 연구상황에서, 연구자는 리더-멤버교환관계의 질의 정도에 따라 조직후원인식에 미치는 영향은 달라질 것이라고 가정하였다. 이 경우 리더멤버교환관계는 조절변수가 된다.

이것을 가설로 나타내면 다음과 같다.

가설 : 종사원이 지각하는 조직공정성과 조직후원인식의 영향관계에 있어서 리더-멤버교환관계가 조절작용을 할 것이다.

결론적으로 조절변수란 독립변수와 종속변수 사이의 관계를 체계적으로 변화시키는 일종의 독립변수이다.

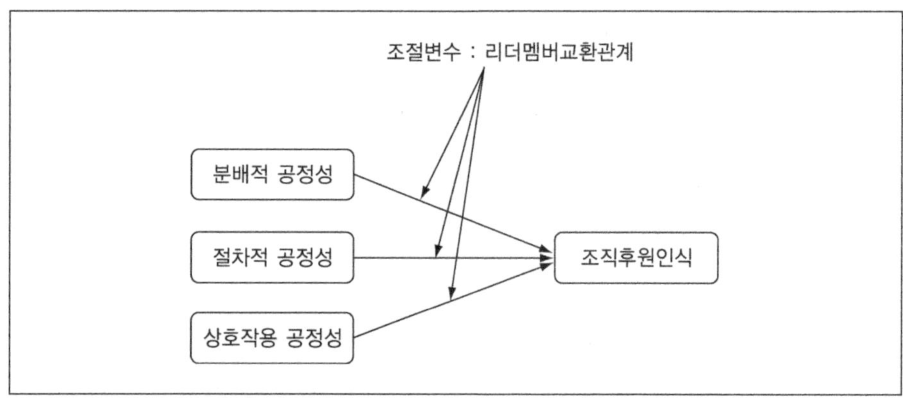

본서에서 제시한 가설로 예를 들어 자세히 설명해보겠다. 기업에서 종사원들이 조직공정성을 높게 지각할수록 조직후원인식을 높게 지각하게 될 것이다. 여기서 조직공정성과 조직후원인식간에는 〈그림 15-1〉과 같은 회귀방정식이 만들어진다. 조직공정성이 조직후원인식을 29.7%(R^2=0.297) 설명하고 있는 것으로 나타난다.

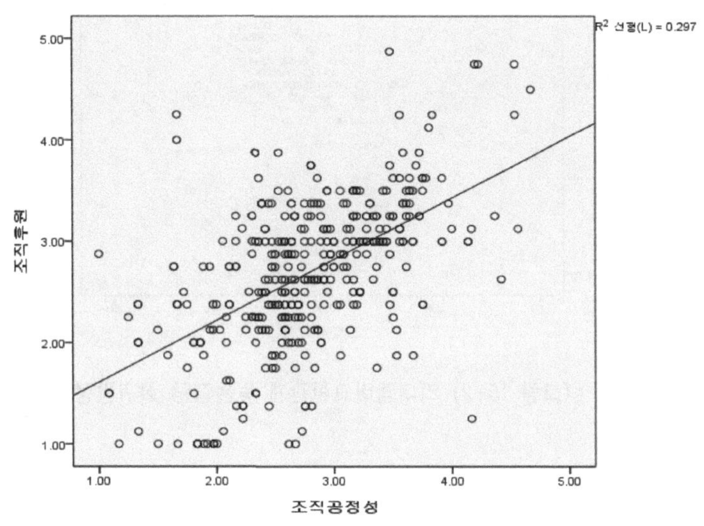

〈그림 15-1〉 조직공정성이 조직후원에 미치는 영향

이런 상황에서 조직공정성과 조직후원 사이에 종사원들에게 조직후원인식을 더욱 지각하게끔 만드는 변수로 리더멤버교환관계라는 리더십 변수를 추가로 고려해보자. 종사원 중 리더멤버교환관계를 높게 지각하는 사람과 낮게 지각하는 사람 사이에는 조직후원인식을 지각하는데에는 어떠한 다른 차이가 있을 것이다. 위 〈그림 15-1〉은 리더멤버교환관계를 고려하지 않은 데이터를 가지고 나온 회귀방정식이다. 이를 리더멤버교환관계를 높게 인식하는 집단(높은 집단)과 낮게 인식하는 집단(낮은 집단)으로 구분하여 회귀방정식을 도출하면 〈그림 15-2〉, 〈그림 15-3〉과 같다.

먼저 높은 집단을 보면 설명력이 45.6%(R^2=0.456)인 반면, 낮은 집단의 경우에는 5%(R^2=0.05)에 불과하다. 리더멤버교환관계의 수준에 따라 조직후원인식이 많이 달라진다는 것을 분명하게 알 수 있다. 또한 회귀선의 기울기 정도 역시 육안으로 보아도 알 수 있을 정도로 높은집단의 강도가 훨씬 강하다는 것을 알 수 있다.

즉, 기울기를 다르게 하는 변수 리더멤버교환관계를 조절변수라 한다.

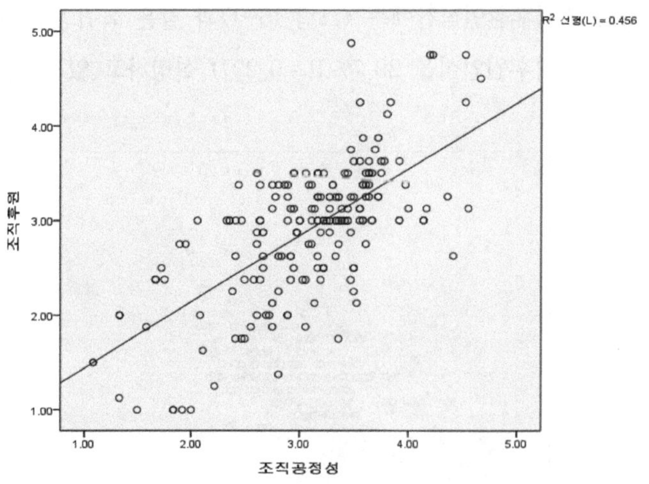

〈그림 15-2〉 리더멤버교환관계 높은집단 회귀방정식

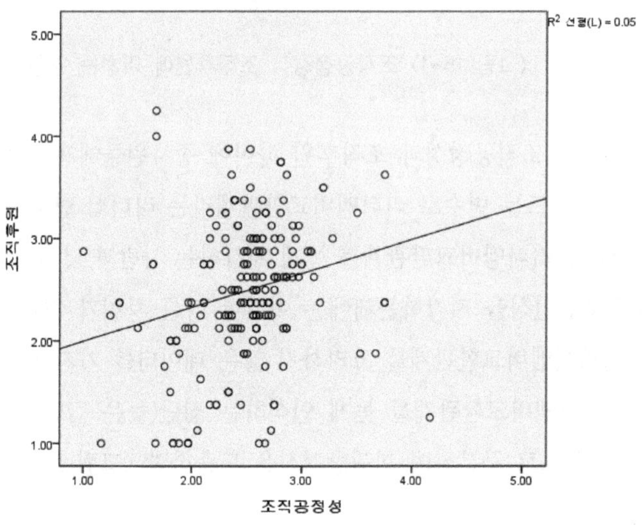

〈그림 15-3〉 리더멤버교환관계 낮은집단 회귀방정식

2 조절효과 분석 방법

1) 연구 상황

먼저, 제15강에서 설명할 조절효과 분석의 연구 상황은 다음과 같다. 우리는 앞에서(제12강. 5번) 분배적 공정성, 절차적 공정성, 상호작용공정성이 조직후원 인식에 어떠한 영향을 미치는 지를 분석하였다. 그 결과 통계적 유의수준 하에서 상호작용공정성만 영향을 미치지 않는 것으로 나타났다. 이런 상황에서 우리는 리더-멤버교환관계가 분배적 공정성, 절차적 공정성, 상호작용공정성과 조직후원인식 간에 조절작용을 할 것이라고 가정하고 분석을 실시해 보자.

가설. 종사원이 지각하는 분배적공정성, 절차적공정성, 상호작용공정성과 조직후원인식의 영향관계에 있어서 리더-멤버교환관계는 조절작용을 할 것이다.

2) 조절효과 분석 방법

독립변수와 종속변수 간의 관계에서 조절변수가 조절효과를 갖는가에 대한 검정은 다음과 같은 3단계로 이루어지며, 분석방법은 **제13강. 위계적 회귀분석**과 동일하다.

조절효과 분석절차[1]

제1단계 : 독립변수와 종속변수 간의 회귀분석

$Y=\beta_{10}+\beta_{11}X$

제2단계 : 독립변수, 조절변수와 종속변수 간의 회귀분석

$Y=\beta_{20}+\beta_{21}X+\beta_{22}M$

제3단계 : 독립변수, 조절변수, 상호작용항(독립변수×조절변수)과 종속변수 간의 회귀분석

$Y=\beta_{30}+\beta_{31}X+\beta_{32}M+\beta_{33}XM$

---

1) Sharma, S., Durand, R. M., & Gur-Arie, O.(1981). Identification and analysis of moderator variables. Journal of Marketing Research, Vol. 18(August), 291-300.

조절효과 분석의 1단계, 2단계, 3단계 과정에서 마지막 제3단계에서 상호작용항(독립변수×조절변수)를 회귀식에 추가로 투입하였을 때, 상호작용항이 통계적 유의수준하에서 유의한 결과가 나타났다면 조절효과가 있다고 해석한다.

이것을 앞의 가설을 가지고 부연 설명하면 다음과 같다.

- 제1단계 : 분배적공정성, 절차적공정싱, 상호작용공정성과 조직후원인식 간의 회귀분석
- 제2단계 : 분배적공정성, 절차적공정성, 상호작용공정성, 리더-멤버교환관계와 조직후원인식 간의 회귀분석
- 제3단계 : 분배적공정성, 절차적공정성, 상호작용공정성, 리더-멤버교환관계, 상호작용항과 조직후원인식 간의 회귀분석

(여기서 상호작용항은 ①분배적공정성×리더-멤버 교환관계 ②절차적공정성×리더-멤버 교환관계 ③상호작용공정성×리더-멤버 교환관계 등 3개의 변수를 투입한다)

3 조절효과 분석의 실시

사용되는 file명 : 제2부-3

읽고 넘어 갑시다.

조절효과 분석을 실시하기 위해서 상호작용항을 만들어야 한다. 우리는 이미 앞에서 회귀분석을 하기 위하여 조직공정성의 하위 변수인 분배적 공정성, 절차적 공정성, 상호작용공정성과 리더-멤버교환관계, 조직후원인식을 요인분석과 신뢰도 분석을 통하여 문항을 제거하고 변수계산을 하여 제2부-3파일에 저장해 두었다. 상호작용항을 만들고 또한 조절효과 분석을 할 때도 변수계산를 해둔 변수를 사용한다.

1) 상호작용항을 만들자

조절효과 분석을 실시하기 전에 제일 먼저 해야 할 것은 제3단계에 투입할 상호작용항(독립변수×조절변수)을 만드는 것이다. 만드는 방법은 〈그림 15-4〉과 같이 **메뉴〉 변환 ➡ 변수계산**에서 하면 된다. 너무나 간단하다.

메뉴〉 변환(T) ➡ 변수계산(C)...
(Transform ➡ Compute)

〈그림 15-4〉 조절효과의 상호작용항 생성 경로

변수계산(C)...를 클릭하면 〈그림 15-5〉와 같은 화면이 나타난다.

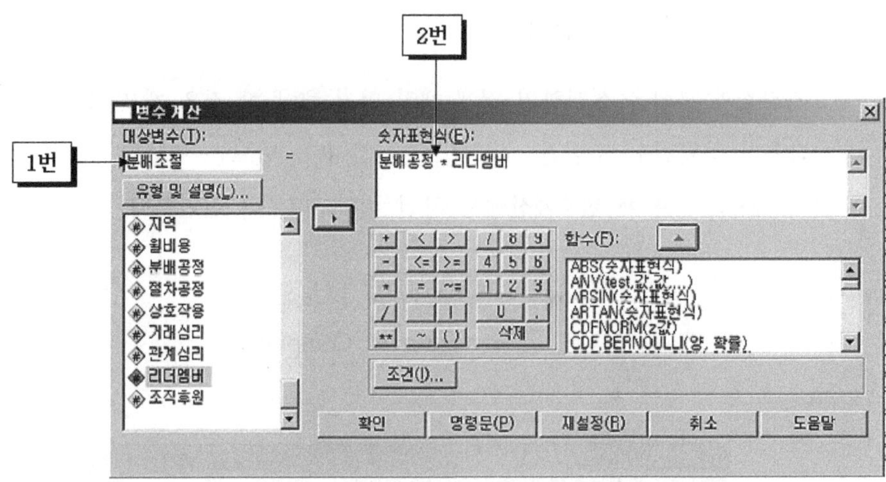

〈그림 15-5〉 조절효과의 상호작용항 생성 방법

1번 먼저, 가설 1에 사용하는 상호작용항을 만들어 보자. 독립변수인 분배적공정성과 조절변수인 리더-멤버교환관계 간의 상호작용항을 만들기 위해서 **대상변수(T):**에 변수명을 입력한다. 여기서는 임의적으로 "분배조절"로 입력하자.

2번 **숫자표현식(E):**에 다음과 같이 입력한다. 먼저, 왼쪽에서 변수계산을 하여 새로이 생성된 변수인 "분배공정"을 오른쪽으로 이동시킨다. 그리고 [*]를 선택한다. 이는 "곱하기(×)"를 의미한다. 마지막으로 왼쪽에서 "리더멤버"를 선택하여 오른쪽으로 이동시킨다. 확인을 누른다. SPSS창 마지막 부분에 "분배조절"이라는 새로운 변수가 생성되었음을 알 수 있다.

조직후원	분배조절	절차조절	상호조절	변수
3.00	9.33	12.25	12.25	
2.63	10.00	10.00	9.17	
3.38	11.50	14.38	15.33	
3.88	8.00	5.33	5.33	
3.38	5.78	5.42	4.33	
1.00	2.33	3.50	7.00	
3.00	6.33	11.08	12.67	
2.00	3.89	4.08	4.67	
1.00	3.61	4.33	4.88	
3.50	8.33	7.50	8.13	
3.00	14.06	14.38	19.17	
2.38	3.78	6.38	12.75	
1.50	3.00	3.75	3.00	

〈그림 15-6〉 조절효과의 상호작용항 완성

이와 동일한 방법으로 절차조절(절차공정*리더멤버), 상호조절(상호작용*리더

멤버) 변수를 생성시키자. 그러면 〈그림 15-6〉과 같이 나타난다.

2) 조절효과 분석의 실시

조절효과 분석은 제13강에서 설명한 위계적 회귀분석의 절차와 동일하다. 회귀식에 투입하는 순서는 앞에서 설명한 조절효과 분석절차 1단계, 2단계, 3단계의 순서대로 하면 된다.

가설인 "종사원이 지각하는 조직공정성과 조직후원인식의 영향관계에 있어서 리더-멤버교환관계가 조절작용을 할 것이다."을 검정해 보자.

(1) 제1단계

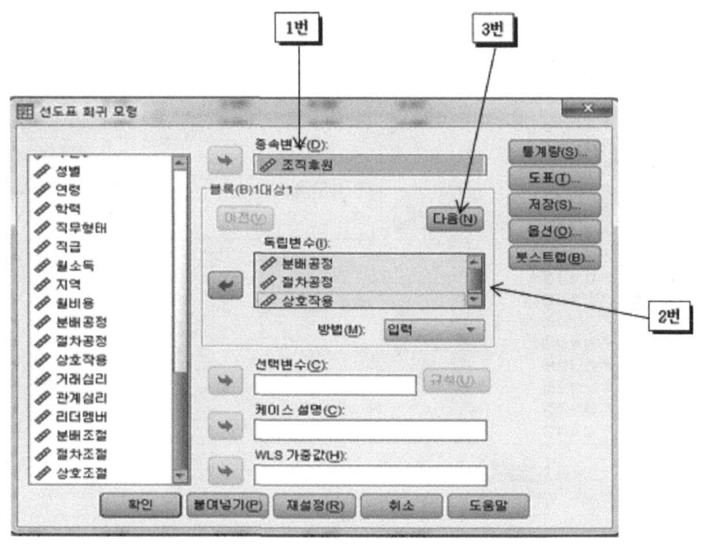

〈그림 15-7〉 조절효과의 1단계 화면

1번 **종속변수(D):**에 조직후원인식을 입력시킨다. 왼쪽에서 조직후원을 선택하여 이동시키면 된다.

2번 독립변수인 분배적공정성, 절차적공정성, 상호작용공정성을 입력시킨다.

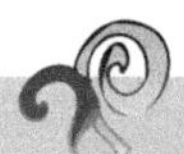

3번 다음(N)을 클릭한다.

(2) 제2단계

4번 조절효과 분석 2단계에 해당하는 독립변수인 분배적공정성, 절차적공정성, 상호작용공정성과 조절변수인 리더-멤버교환관계를 왼쪽에서 선택하여 오른쪽으로 이동시킨다. 리더-멤버교환관계만 독립변수에 투입 시켜도 된다.

5번 다음(N)을 클릭한다.

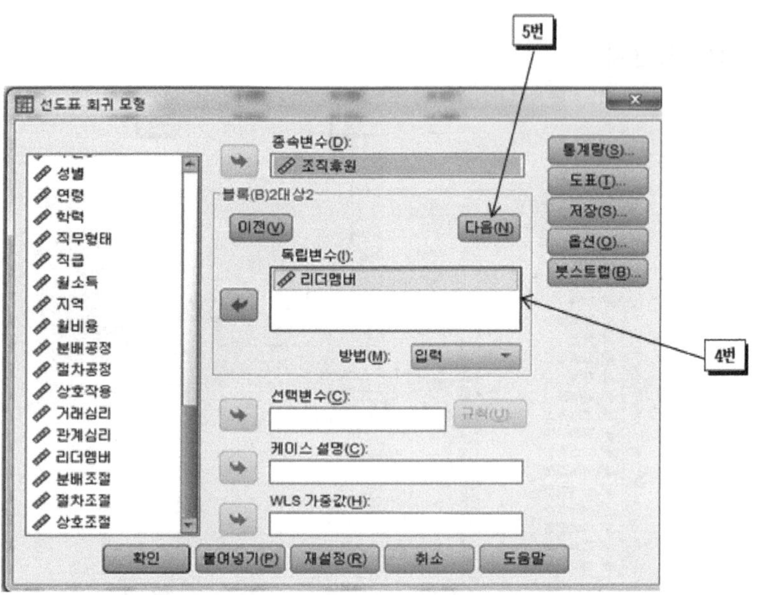

〈그림 15-8〉 조절효과의 2단계 화면

(3) 제3단계

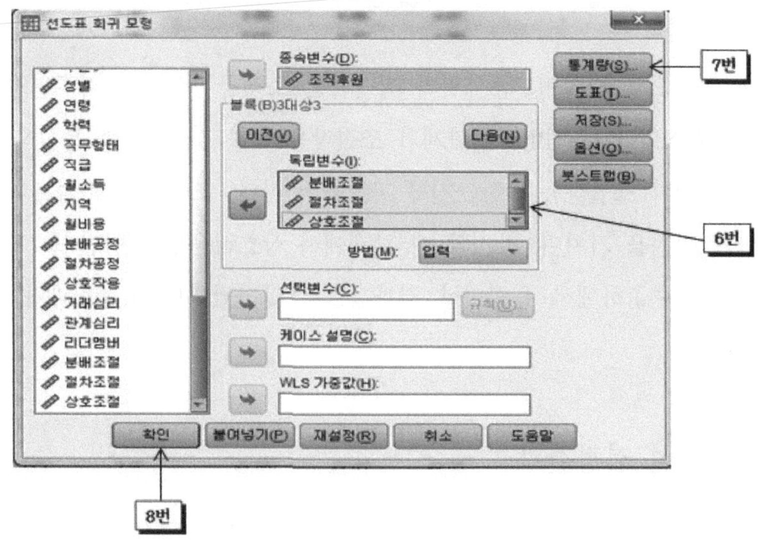

〈그림 15-9〉 조절효과 3단계 화면

6번 조절효과 분석 3단계에 해당하는 독립변수를 입력시킨다. 즉, 상호작용항인 분배조절, 절차조절, 상호조절 변수를 투입시킨다.

7번 **통계량(S)...**을 클릭한다. 그러면 〈그림 15-10〉과 같은 새로운 창이 생성되는데, 여기서 **R제곱 변화량**를 선택하고 **계속**을 누른다.

8번 **확인**을 누른다. 그러면 분석결과가 나타난다.

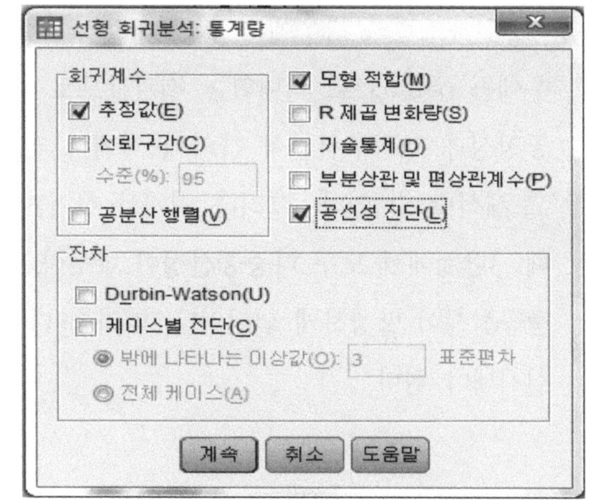

〈그림 15-10〉 조절효과의 통계량

4 조절효과 분석결과의 해석

최종적으로 가설인 "종사원이 지각하는 조직공정성과 조직후원인식의 영향관계에 있어서 리더-멤버교환관계가 조절작용을 할 것이다."를 분석하여 리더-멤버교환관계가 조절작용을 하는지를 파악해야 한다. 조절효과 분석은 1단계, 2단계, 3단계 과정을 거치며, 마지막 제3단계에서 상호작용항(독립변수×조절변수)이 통계적유의수준하에서 유의미한 결과값으로 나타났다면 조절효과가 있다고 해석한다.

1) 가설 검정결과

분석결과 창에서 **계수**를 보면 아래의 표와 같다. 여기서 모형 1, 2, 3은 조절효과 분석 절차인 제1단계, 제2단계, 제3단계를 의미한다. 여기서 제3단계인 상호작용항을 투입했을 때, 이 값이 통계적 유의수준하에서 유의미한 결과값으로 나타나야 한다. 분석결과 분배조절(분배적공정성×리더멤버교환관계)의 경우 유의확률이 p=0.003으로 통계적 유의수준하에서 유의미한 결과값으로 나타났으며, 절차조절의 경우에는 p=0.061로 의미있는 결과값이 아니며, 상호조절의 경우에는 p=0.032로 의미있는 결과값으로 나타났다. 즉, 분배적공정성, 상호작용공정성과 조직후원인식 간의 관계에서 리더멤버교환관계는 조절작용을 하였다고 해석할 수 있다. 그러나 여기서 한가지 중요한 사실은 공차한계값을 보았을 때, 3단계에서 모두 **다중공선성**이 발생하였다. 조절효과 검정시 3단계에서는 다중공선성이 발생하게 되어있다. 따라서 다중공선성의 문제를 해결하고 재분석을 실시해야 한다.

〈 계수[a] 〉

모형		비표준화 계수		표준화 계수	t	유의확률	공선성 통계량	
		B	표준오차	베타			공차	VIF
1	(상수)	1.122	.138		8.150	.000		
	분배공정	.248	.046	.280	5.437	.000	.661	1.513
	절차공정	.287	.052	.315	5.563	.000	.545	1.834
	상호작용	.054	.048	.057	1.117	.265	.678	1.474
2	(상수)	.929	.145		6.421	.000		
	분배공정	.244	.045	.276	5.448	.000	.660	1.514
	절차공정	.259	.051	.285	5.052	.000	.534	1.873
	상호작용	-.051	.055	-.054	-.932	.352	.505	1.979
	리더멤버	.204	.054	.204	3.786	.000	.581	1.721
3	(상수)	2.526	.518		4.877	.000		
	분배공정	-.309	.189	-.349	-1.633	.103	**.036**	28.073
	절차공정	.614	.211	.675	2.905	.004	**.030**	33.298
	상호작용	-.431	.183	-.454	-2.361	.019	**.044**	22.811
	리더멤버	-.316	.172	-.317	-1.836	.067	**.055**	18.334
	분배조절	.190	.063	.960	3.002	.003	**.016**	63.007
	절차조절	-.135	.072	-.707	-1.883	.061	**.011**	86.958
	상호조절	.128	.059	.737	2.149	.032	**.014**	72.554

a. 종속변수: 조직후원

2) 독립변수의 평균중심화(Mean Centering)값 생성

앞에서 다중공선성이 발생하였으므로, 반드시 이를 해결하고 재분석을 실시해야 한다. 여기서 평균중심화값을 계산하여 새로운 변수를 생성시키고, 이를 가지고 재분석을 실시해보자.

독립변수인 분배적공정성, 절차적공정성, 상호작용공정성, 리더멤버교환관계의 평균중심화값을 생성시키기 위해서 아래의 같이 계산을 하면 된다.

평균중심화값=원점수-평균

〈그림 15-11〉 평균중심화 계산식

먼저, 빈도분석을 통하여 각 변수들의 평균값과 표준편차를 메모한 후, 변수계산(그림 15-5 참고)를 이용하여 새로운 평균중심화 값을 생성시켜보자.

대상변수에서 변수들의 이름은 각자 알기 쉽게 입력하면 된다. 여기서는 분배적공정성의 평균중심화값을 분배센터링, 절차적공정성을 절차센터링, 상호작용공정성을 상호센터링, 리더멤버교환관계를 리더센터링으로 입력하고 변수계산을 해보자. 그리고 조절효과의 상호작용항을 만들기 위해서는 변수계산하여 새롭게 생성된 분배센터링, 절차센터링, 상호센터링, 리더센터링을 가지고 상호작용항을 만들면 된다. 이 역시 변수이름은 알기 쉽게 입력하면 되지만, 여기서 분배리더센터링(분배적공정성×리더멤버교환관계), 절차리더센터링(절차적공정성×리더멤버교환관계), 상호리더센터링(상호작용공정성×리더멤버교환관계)으로 명명하고 변수계산을 해보자.

변수계산이 마무리 되었다면, 조절효과 검정 1, 2, 3단계를 새롭게 생성된 변수를 가지고 앞에서와 동일한 방법으로 실시해보자.

3) 최종 결과

평균중심화 계산식을 이용하여 새롭게 생성된 변수들을 가지고 조절효과 검정을 처음부터 다시 실시해보자. 아래와 같은 결과값이 생성될 것이다. 공차한계값을 보면 다중공선성이 발생하지 않았음을 알 수 있다. 따라서 이 결과값을 가지고 조절효과검정을 해석하면 된다. 아래의 표와 같이 상호작용항인 분배리더센터링(p=0.003)과 상호리더센터링(p=0.032)에서 유의확률이 통계적 유의수준하에서 의미있는 결과값으로 나타났다. 따라서 분배적공정성, 상호작용공정성과 조직후원인식 간의 관계에서 리더멤버교환관계는 조절효과가 있다고 해석하면 된다.

〈 계수[a] 〉

모형		비표준화 계수		표준화 계수	t	유의확률	공선성 통계량	
		B	표준오차	베타			공차	VIF
1	(상수)	2.686	.030		88.495	.000		
	분배센터링	.248	.046	.280	5.437	.000	.661	1.513
	절차센터링	.287	.052	.315	5.563	.000	.545	1.834
	상호센터링	.054	.048	.057	1.117	.265	.678	1.474
2	(상수)	2.686	.030		89.993	.000		
	분배센터링	.244	.045	.276	5.448	.000	.660	1.514
	절차센터링	.259	.051	.285	5.052	.000	.534	1.873
	상호센터링	-.051	.055	-.054	-.932	.352	.505	1.979
	리더센터링	.204	.054	.204	3.786	.000	.581	1.721
3	(상수)	2.641	.034		76.913	.000		
	분배센터링	.249	.045	.280	5.571	.000	**.640**	1.561
	절차센터링	.217	.051	.239	4.251	.000	**.515**	1.944
	상호센터링	-.056	.054	-.059	-1.035	.301	**.502**	1.991
	리더센터링	.223	.053	.223	4.191	.000	**.573**	1.745
	분배리더센터링	.190	.063	.168	3.002	.003	**.517**	1.935
	절차리더센터링	-.135	.072	-.109	-1.883	.061	**.486**	2.057
	상호리더센터링	.128	.059	.109	2.149	.032	**.635**	1.576

a. 종속변수: 조직후원

조절효과 분석절차

제1단계 : $Y=2.686+.248X_1+.287X_2+.054X_3$

제2단계 : $Y=2.686+.244X_1+.259X_2+(-.051)X_3+.204M$

제3단계 :

$Y=2.641+.249X_1+.217X_2+(-.056)X_3+.223M+.190X_1M+(-.135)X_2M+.128X_3M$

■■■ 제16강 ■■■

t-test

1 t-test

① t-test는 **두 집단 간의 평균을 비교**하는 분석방법이다. 예를 들어, "남성과 여성에 따라 조직공정성을 지각 하는 데는 차이가 있을 것이다" 혹은 "정규직과 비정규직에 따라 조직공정성을 지각 하는 데는 차이가 있을 것이다" 등과 같이 두 집단 간 평균의 차이를 검정할 때 사용한다.

참 고

회귀분석은 "리더-멤버교환관계는 조직후원인식에 정(+)의 영향을 미칠 것이다."와 같이 영향을 미치는지, 영향을 미치지 않는지 등 변수들 간의 영향관계 또는 인과관계를 검정하는 분석이다.

반면, t-test와 ANOVA(제17강)는 "성별에 따라 조직공정성을 지각하는 데는 차이가 있을 것이다"와 같이 평균의 차이를 검정하는 분석 방법이다. 회귀분석과 평균차이검정은 연구의 상황에 따라 인과관계를 조사할 것인가, 평균차이를 조사할 것인가를 결정하고 분석방법을 선택하면 된다. 이 부분 혼동하지 말자.

② t-test에서 입력되는 독립변수 즉, **두 집단은 명목척도**로 구성되어야 하고, **종속변수는 등간척도나 비율척도**로 구성되어야 한다.

③ t-test는 크게 **독립표본 t-test**, **대응표본 t-test**가 있다. 독립표본 t-test는 두 집단의 평균의 차이를 검정할 때 사용하고, 대응표본 t-test는 동일표본에서 측정된 두 변수 값의 평균차이를 검정하기 위하여 사용되는 방법이다.

④ t-test와 ANOVA 분석을 실시할 때는 변수 정화과정을 거쳐야 한다. 즉, 논문에서 사용할 측정도구를 선행연구 이론에서 선택하고, 이것을 요인분석, 신뢰도분석을 거쳐 변수정화 과정을 거친 후, 변수계산을 실시하여 새롭게 생성되는 변수를 가지고 분석을 실시하는 것이다. 회귀분석에서도 이와 동일한 과정을 거쳤다.

2 독립표본 t-test

독립표본 t-test를 검정하기 위하여 다음과 같은 연구 상황을 설정하였다.

- **가설1. 성별에 따라 분배적공정성을 지각하는 데는 차이가 있을 것이다.**
- **가설2. 성별에 따라 절차적공정성을 지각하는 데는 차이가 있을 것이다.**
- **가설3. 성별에 따라 상호작용공정성을 지각하는 데는 차이가 있을 것이다.**

이를 검정하기 위한 절차는 아래와 같다.

1) 독립표본 t-test 실행 경로

사용되는 file명 : 제2부-3

〈독립표본 t-test 분석 대화상자 경로〉

메뉴〉 분석(A) ➡ 평균비교(M) ➡ 독립표본 T 검정(T)...
(Analysis ➡ Compare Means ➡ Independent-Samples T-Test)

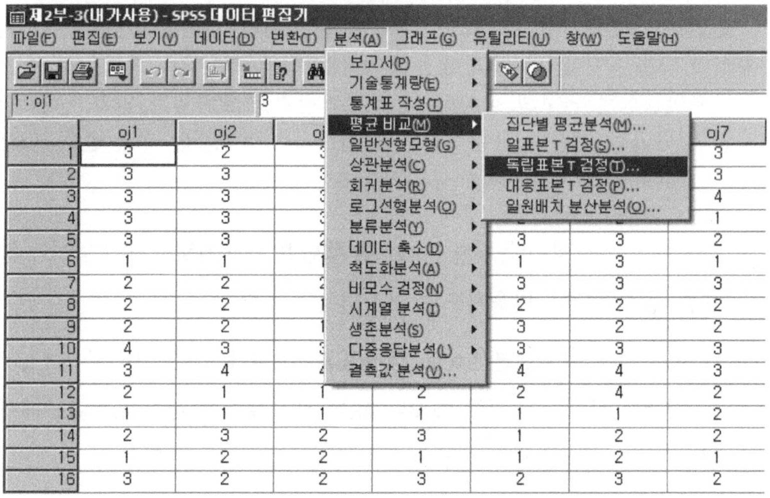

〈그림 16-1〉 독립표본 t-test 대화상자 경로

위에서 **독립표본 T 검정(T)...**을 선택하면 〈그림 16-2〉와 같은 화면이 생성된다.

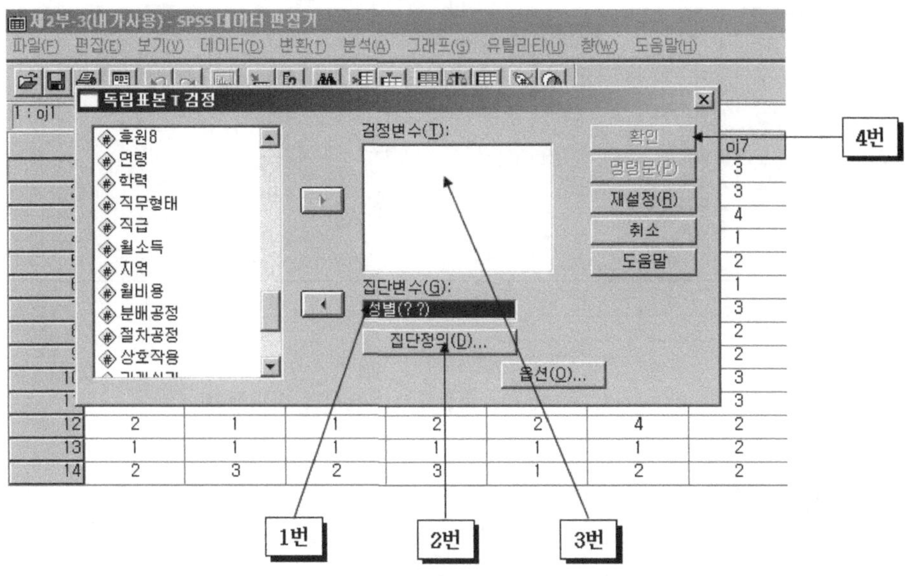

〈그림 16-2〉 독립표본 t-test의 실행

1번 **집단변수(G):**에는 독립변수를 입력시킨다. 여기서는 성별에 따른 조직공정성의 차이를 보는 것이 목적이니 집단변수로는 당연히 성별을 입력시키면 된다. 성별을 선택하여 왼쪽으로 이동시키자.

2번 **집단정의(D)...**를 클릭한다. 이 부분은 기존에 성별이 남자=1, 여자=2로 입력되어 있다. 따라서 여기에는 〈그림 16-3〉과 같이 "**집단 1 : 1, 집단 2 : 2**"를 입력하고 계속을 선택한다.

3번 **검정변수(T):**에는 〈그림 16-4〉와 같이 종속변수를 입력시킨다. 즉, 분배적공정성, 절차적공정성, 상호작용공정성을 입력시킨다.

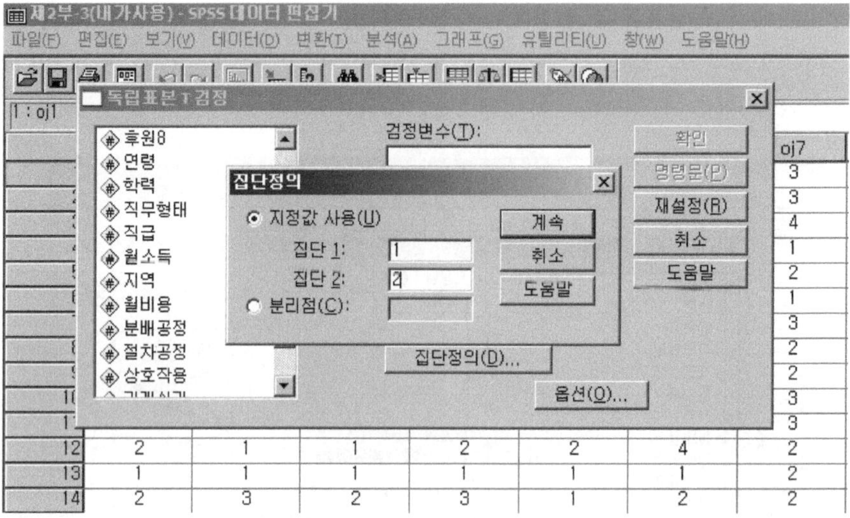

〈그림 16-3〉 독립표본 t-test의 집단정의

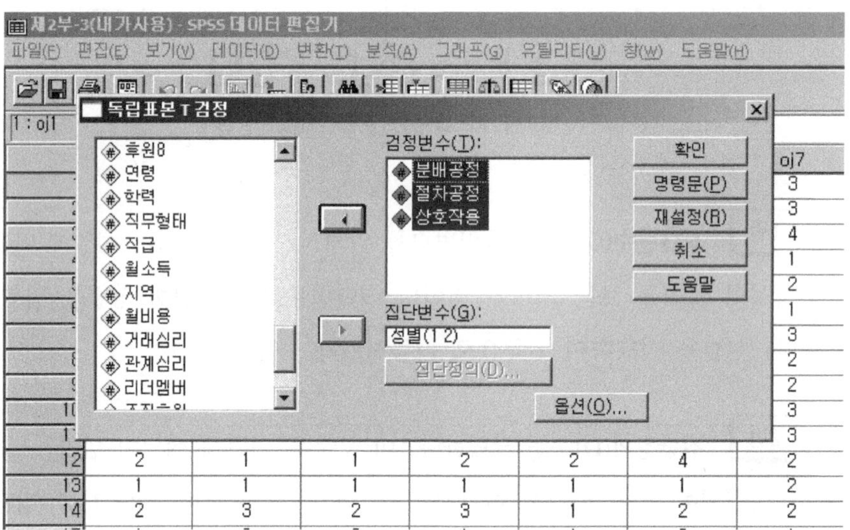

〈그림 16-4〉 독립표본 t-test의 검정변수

4번 **확인**을 누르면, 분석결과가 나타난다.

2) 독립표본 t-test 분석 결과

〔독립표본 t-test 분석 결과 해석 1〕 집단통계량

	성 별	N	평 균	표준편차	평균의 표준오차
분배공정	남자	169	2.5404	.81559	.06274
	여자	226	2.6799	.81911	.05449
절차공정	남자	169	2.6731	.83095	.06392
	여자	226	2.5697	.77306	.05142
상호작용	남자	169	3.2027	.75048	.05773
	여자	226	3.0177	.76827	.05110

【집단통계량 해석】

종속변수로 입력된 분배공정, 절차공정, 상호작용 각 변수별 성별의 빈도수와 평균 점수, 표준편차를 보여준다. 분배공정은 남자가 169명, 평균 2.54, 표준편차는 .815의 수치로 나타나고, 여자의 빈도수는 226명, 평균 2.67, 표준편차 .819의 수치를 보이고 있다. 절차공정, 상호작용의 결과는 위와 같다.

〔독립표본 t-test 분석 결과 해석 2〕 독립표본 검정

		Levene의 등분산 검정		평균의 동일성에 대한 t-검정						
		F	(F값의) 유의확률	t	자유도	(t값의) 유의확률 (양쪽)	평균차	차이의 표준오차	차이의 95% 신뢰구간 하한	차이의 95% 신뢰구간 상한
분배공정	등분산이 가정됨	.693	.406	-1.678	393	.094	-.1395	.08315	-.30297	.02396
	등분산이 가정되지 않음			-1.679	362.866	.094	-.1395	.08309	-.30292	.02390
절차공정	등분산이 가정됨	2.118	.146	1.273	393	.204	.1034	.08119	-.05623	.26300
	등분산이 가정되지 않음			1.260	347.235	.208	.1034	.08204	-.05796	.26474

상호작용	등분산이 가정됨	.002	.967	2.391	393	.017	.1850	.07736	.03287	.33706
	등분산이 가정되지 않음			2.399	366.449	.017	.1850	.07710	.03335	.33658

【독립표본검정 해석】

위의 표는 성별에 따른 분배적공정성, 절차적공정성, 상호작용공정성의 분석결과이다. 복잡한 것이 같이 보인다. 사실 결과해석이 약간 복잡하다. 그러니 아래의 설명을 반복해서 읽고 이해하도록 하자. 알고 나면 정말 쉽다고 느낄 것이다.

먼저, 회귀분석과 마찬가지로 통계적 유의수준 하에서 평균의 차이가 있는지 없는지를 파악하는 것은 t값 혹은 t값의 유의확률의 수치로 판단한다. 그런데 위의 표를 보면 **등분산이 가정됨**에서 t값과 유의확률(t값의 유의확률)이 제시되어 있고, **등분산이 가정되지 않음**에서도 t값과 유의확률이 제시되어 있다. 어느 것을 보고 결과를 해석해야 할지 혼동 될 것이다. 따라서 **t-test 실시 후 결과를 해석할 때는 제일 먼저 등분산이 가정되었는지 아닌지부터 판단해야 한다.**

분석결과 F값의 유의수준으로 판단하건데, 분배공정, 절차공정, 상호작용 모두 등분산이 가정되었다는 것을 알 수 있다(**아래에서 등분산이 가정됨과 등분산이 가정되지 않음**에서 자세하게 설명하였다. 반드시 숙지하자).

성별에 따라 분배적공정성의 평균차이는 t값이 -1.678로 통계적 유의수준인 0.05하에서 차이가 없는 것으로 나타났다. 절차적공정성의 경우에도, t값이 1.273으로 유의수준 하에서 차이가 없는 것으로 나타났다. 그러나 상호작용의 경우에는 t값이 2.391로 ±1.96보다 크고, 유의확률은 0.017로 0.05보다 작은 수치를 보인다. 즉, 성별에 따라 상호작용공정성은 다르게 지각한다는 것이다.

이는 **집단통계량**에서 상호작용공정성의 남자와 여자의 평균을 보면, 각 3.20, 3.01로 남자의 평균이 높다는 것을 알 수 있다. 결과적으로 상호작용공정성은 통계적 유의수준 하에서 여성보다 남성이 더 높게 지각하고 있는 것으로 나타났다.

꼭 알아둡시다 - 등분산이 가정됨과 등분산이 가정되지 않음

등분산 가정은 Levene의 등분산 검정 결과로 파악하는데, Levene의 F검정은 분산의 동일성을 검정하는 것으로 독립집단 즉, 남자와 여자의 분산이 동일한지를 검사해주는 것이다.

[독립표본 t-test 분석 결과 해석 2]의 독립표본 검정에서 분배공정의 **등분산이가정됨**을 먼저 보자. F값은 .693, F값의 유의확률은 .406이다. 여기서는 유의확률을 보고 등분산 가정 여부를 판단하면 된다. 꼭 기억해야 할 것은 t-test에서 등분산 가정여부의 귀무가설이 무엇인가이다.

귀무가설은 **H0 = 집단의 분산이 같다**이고, 연구가설은 **H1 = 집단의 분산이 다르다**이다. 그렇다면 F값의 유의확률이 .406으로서 유의확률 기준인 0.05보다 크다. 이 말은 귀무가설을 채택한다는 의미이다.(이 말이 이해가 가지 않는다면 제1강을 다시 보자) 귀무가설은 집단의 분산이 같다이고, 이것은 등분산이 가정되었다는 것을 의미한다. 따라서 분배공정은 **등분산이 가정됨에서 나타나는 t값과 유의확률(t값에 대한 유의도)로 가설을 검정**하면 된다. 만약, 등분산이 가정됨에서 F값의 유의확률이 0.05보다 작은 수치(연구가설 채택)를 보였다면, 등분산 가정되지 않았으므로 여기에 나타나는 결과물로 해석을 해야 한다.

절차공정과 상호작용 역시 F값의 유의확률이 0.146, 0.967로 0.05보다 모두 큰 수치를 보이고 있다. 즉, 귀무가설이 채택되어 등분산이 가정됨에서 나타나는 t값과 유의확률(t값에 대한 유의도)로 평균차이를 판단하면 된다.

혼동하지 말자!

등분산 가정에서 F값의 유의확률이 0.05보다 크면 등분산이 가정되므로, 결과물에서 **등분산 가정됨**에 나타나는 t값과 t값의 유의확률을 기준으로 가설을 검정해야 한다고 하였다.

그런데 가설의 채택과 기각을 판단하는 기준인 t값의 유의확률은 0.05보다 작아야 가설이 채택된다. 이것은 등분산검정의 유의확률과는 반대로 해석되어서 독자들이 많이 헷갈려 하는 부분일 것이다. 어쩔 수 없다. 이것은 원리를 알아야 한다. 제1강에서도 설명하였지만, 재설명을 하겠다.

논문에서 가설검정을 위하여 최초 가설은 다음과 같이 설정되었다.

귀무가설 H0 = 집단 간 평균의 차이가 없다이고, **연구가설 H1 = 집단 간 평균의 차이가 있다**. 이때 유의확률이 0.05보다 크면 귀무가설이 채택되고, 0.05보다 작으면 연구가설이 채택 된다. 위의 상호작용공정성에서 t값의 유의확률이 0.05보다 작으니깐, 연구가설인 집단 간 평균의 차이가 있는 것이고 논문에서 설정한 가설은 채택되는 것이다.

통계를 자주 접하지 않는 사람들은 많이 혼동 될 것이다. 가장 쉬운 방법은 논문에서 설정한 가설의 채택과 기각의 기준은 유의확률이 0.05보다 작으면 가설은 채택된다고 암기해도 좋을 것이다. 등분산 가정의 유의확률은 반대로 해석해야 한다는 것도 기억하자. **제1강을 재 참고할 것.**

3) 독립표본 t-test 분석결과 논문에서 제시 방법

독립표본 t-test 분석결과는 아래와 같은 표로 논문에서 제시하면 된다.

<논문에서 결과 해석 방법>

성별에 따라 분배적공정성, 절차적공정성, 상호작용공정성을 지각하는 데는 차이가 있을 것이다. 라는 연구 문제를 분석한 결과 아래의 표와 같이 나타났다.

분배적공정성은 t값이 -1.678, 절차적공정성은 t값이 1.273으로 성별에 차이가 없는 것으로 밝혀져, 가설 1과 2는 기각되었다. 그러나 상호작용공정성은 t값이 2.391로 성별에 따라 상호작용공정성을 다르게 지각하는 것으로 나타나 가설 3은 채택되었다. 구체적으로 남성과 여성 각 상호작용공정성의 평균값이 3.20, 3.01의 수치를 보여, 남성이 통계적 유의수준 하에서 더 높게 지각하는 것으로 밝혀졌다.

구 분	평균		표준편차		t값	p값
	남성 (n=169)	여성 (n=226)	남성	여성		
분배적공정성(가설1)	2.54	2.67	.81	.81	-1.678	.094
절차적공정성(가설2)	2.67	2.56	.83	.77	1.273	.204
상호작용공정성(가설3)	3.20	3.01	.75	.76	2.391	.017*

*. $p<0.05$

3 독립표본 t-test 추가 분석

사용되는 file명 : 제2부-3

추가 분석의 연구 상황은 다음과 같다.

- **가설 1. 정규직과 비정규직에 따라 거래심리적계약위반을 지각하는데는 차이가 있을 것이다.**
- **가설 2. 정규직과 비정규직에 따라 관계심리적계약위반을 지각하는데는 차이가 있을 것이다.**

위의 가설을 검정하기 위한 t-test의 대화상자 경로와 분석 방법은 앞과 동일하기 때문에 이에 대한 설명은 생략하고, 분석결과만 제시할 것이다.

제2부-3 파일에서 독립변수의 변수명은 "직무형태" 이고, 종속변수는 "거래심리, 관계심리" 이다.

〔독립표본 t-test 추가 분석 결과 해석 1〕 집단통계량

	직무형태	N	평 균	표준편차	평균의 표준오차
거래심리	정규직	286	3.5993	.80742	.04774
	계약직	109	3.5083	.84570	.08100
관계심리	정규직	286	3.6049	.84884	.05019
	계약직	109	3.3509	.72498	.06944

【집단통계량 해석】

정규직과 비정규직의 빈도수는 각 286명과 109명으로 나타난다. 거래심리와 관계심리에서 정규직과 계약직의 평균과 표준편차 값을 보여주고 있다.

〔독립표본 t-test 추가 분석 결과 해석 2〕 독립표본 검정

		Levene의 등분산 검정		평균의 동일성에 대한 t-검정						
		F	유의확률	t	자유도	유의확률(양쪽)	평균차	차이의 표준오차	차이의 95% 신뢰구간	
									하한	상한
거래심리	등분산이 가정됨	**.089**	**.765**	**.989**	393	**.323**	.0910	.09209	-.09001	.27210
	등분산이 가정되지 않음			.968	187.497	.334	.0910	.09403	-.09444	.27653
관계심리	등분산이 가정됨	5.686	.018	2.763	393	.006	.2540	.09193	.07324	.43471
	등분산이 가정되지 않음			**2.964**	226.867	**.003**	.2540	.08568	.08514	.42281

【독립표본검정 해석】

먼저, Levene의 등분산 검정부터 실시한다. 거래심리적계약위반의 경우에는 F값의 유의확률이 0.765로 등분산이 가정되었지만, t값이 .989로 가설 1은 기각되었다.

관계심리적계약위반은 F값이 0.018로 등분산이 가정되지 않았다. 따라서 **등분산이 가정되지 않음**에서 나타나는 t값과 t값의 유의확률로 가설 검정을 실시한다. t값은 2.964, p값은 0.003으로 가설 2는 채택되었다. 즉, 정규직과 비정규직에 따라 관계심리적 계약위반을 지각하는데는 차이가 있는 것으로 나타났다. 구체적으로 정규직의 평균이 3.60이고 비정규직의 평균이 3.35로 나타나, 관계심리적 계약위반은 정규직이 더 지각하고 있는 것으로 밝혀졌다.

참 고

일반적인 상식을 기준으로 판단하건데, 심리적계약위반에 대한 지각은 정규직보다 비정규직이 더 높아야 할 것이다. 그러나 위의 데이터를 보면, 거래심리적계약위반의 경우에는 정규직과 비정규직의 차이가 거의 없지만, 관계심리적계약위반은 정규직이 비정규직보다 통계적 유의수준 하에서 더 높은 것으로 나타났다.

연구를 하다보면, 기존의 선행 이론과 정반대의 결과가 나타나거나 일반적인 상식을 벗어나는 연구결과가 나타나는 경우가 종종 있다. 왜 이러한 결과가 도출되었을까? 이 부분에 대해서는 연구자가 당연히 의문을 가져야 만 한다.

데이터를 수집하는 과정에서 표본대상 선정이 잘못되었을 수도 있고, 설문조사를 할 당시 해당 기업의 특수상황(정규직 노조파업 등)으로 인해 이러한 결과가 나타날 수도 있을 것이다. 아니면 설문조사를 한 기업은 타기업에 비해 정규직 대우는 열악하고, 비정규직 대우는 상대적으로 잘 되어 있을 수도 있다. 또한 위의 데이터는 정규직이 286명, 비정규직이 109명이다. 이전에 설문조사를 실시한 동일한 기업의 비정규직을 대상으로 동일한 설문지를 추가로 더 조사하여 정규직과 조사대상 수를 비슷하게 만들어 놓고 분석을 재실시하는 것도 한 가지 방법이 될 수도 있을 것이다.

어쨌든 위와 같은 방법을 실시하여 재분석하는 것도 중요하지만, 가장 중요한 것은 왜 이러한 결과가 나타났는가에 대한 논리적인 근거를 규명하는 것이 가장 올바른 방법일 것이다.

4 대응표본 t-test

대응표본 t-test는 독립표본 t-test와 연구 상황이 다르다. 독립표본 t-test는 두 집단의 평균의 차이를 검정할 때 사용하고, 대응표본 t-test는 동일표본에서 측정된 두 변수 값의 평균차이를 검정하기 위하여 사용되는 방법이다. 이해가 잘 가지 않을 것이다. 예를 들어 설명을 하겠다.

집중력을 향상시키면 성적을 높일 수 있다. 그렇기 때문에 대부분의 학부모들은 자녀들의 집중력을 향상시킬 수 있는 방법에 많은 관심이 있을 것이다. 이때 어떤 기업에서 집중력을 향상시킬 수 있다는 제품을 발명하였다. 그렇다면 이 제품이 학생들의 집중력을 향상시킬 수 있다는 것을 과학적으로 증명해야 한다. 그래서 그 기업에서는 실험에 참여한 학생들이 해당 제품을 사용하기 전의 집중력과 관련된 뇌파 수준과 사용한 후의 뇌파 수준을 데이터로 수집하였다. 이런 상황에서는 사용하는 분석기법이 대응표본 t-test이다. 동일표본 즉, 실험에 참여한 학생들의 **실험 전 데이터와 실험 후 데이터를 평균 비교**하는 것이다. 좀 더 쉽게 말하자면, **동일표본의 사전검사와 사후검사 결과의 평균비교**로 기억하면 될 것이다.

1) 대응표본 t-test 대화 상자 경로

여기서 설명할 대응표본 t-test의 연구 상황은 다음과 같다. 학생들의 집중력 향상을 위해 어떠한 제품을 사용하기 전과 사용한 후의 뇌파의 변화를 수치로 나타낸 것이다.

제2부-4파일을 열어보면, **실험전**과 **실험후**의 변수명이 나타난다. 실험전은 제품을 사용하기 전이고, 실험후는 제품을 사용한 후를 말한다. 분석 경로는 분석에서 평균 비교로 가서 대응표본 T 검정을 클릭한다.

사용되는 file명 : 제2부-4

〈대응표본 t-test 분석의 대화상자 경로〉

메뉴〉 분석(A) ➡ 평균 비교(M) ➡ 대응표본 T 검정(P)...
(Analysis ➡ Compare Means ➡ Paired-Samples T-Test)

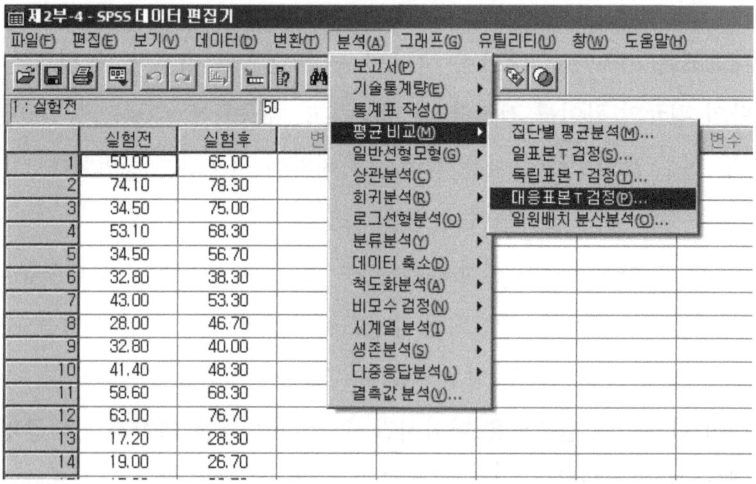
제2부-4 - SPSS 데이터 편집기
파일(F) 편집(E) 보기(V) 데이터(D) 변환(T) 분석(A) 그래프(G) 유틸리티(U) 창(W) 도움말(H)
1 : 실험전
50
실험전
실험후
보고서(P)
기술통계량(E)
통계표 작성(T)
평균 비교(M)
일반선형모형(G)
상관분석(C)
회귀분석(R)
로그선형분석(O)
분류분석(Y)
데이터 축소(D)
척도화분석(A)
비모수 검정(N)
시계열 분석(I)
생존분석(S)
다중응답분석(L)
결측값 분석(V)...
집단별 평균분석(M)...
일표본 T 검정(S)...
독립표본 T 검정(T)...
대응표본 T 검정(P)...
일원배치 분산분석(O)...
변수
1 50.00 65.00
2 74.10 78.30
3 34.50 75.00
4 53.10 68.30
5 34.50 56.70
6 32.80 38.30
7 43.00 53.30
8 28.00 46.70
9 32.80 40.00
10 41.40 48.30
11 58.60 68.30
12 63.00 76.70
13 17.20 28.30
14 19.00 26.70

〈그림 16-5〉 대응표본 t-test의 대화상자 경로

대응표본 T검정(P)...을 클릭하면 〈그림 16-6〉과 같은 화면이 생성된다.

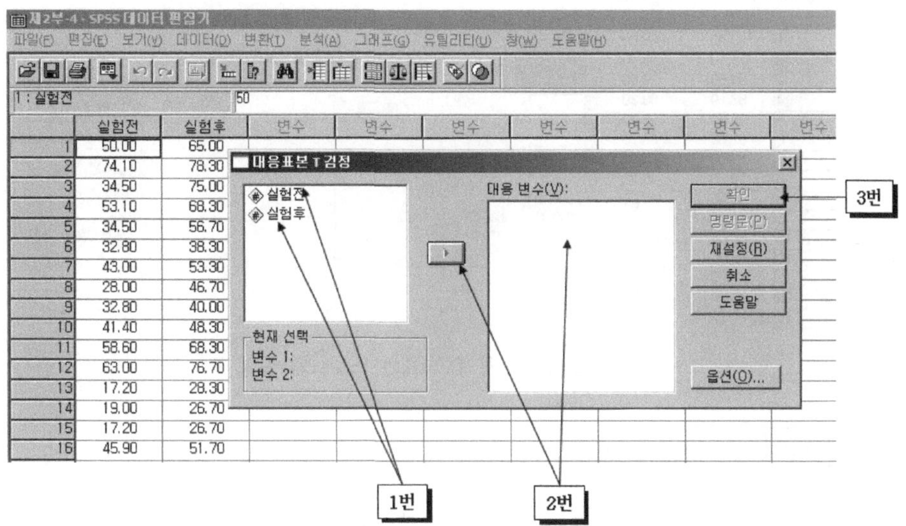

〈그림 16-6〉 대응표본 t-test의 실행 1

1번 "실험전"을 마우스로 클릭하자. 그러면 〈그림 16-7〉의 왼쪽 아래에 있는 "**현재 선택**"에서 **변수 1 : 실험전**이 나타난다. 그리고 "실험후"를 클릭하면 **변수 2 : 실험후**가 입력된다.

한 가지 주의할 사항은 〈그림 16-7〉과 같이 "실험전"을 클릭하고, "실험후"를 클릭하여야 두 변수 모두가 파란색으로 선택되어지고 아래쪽에 있는 현재선택에 변수가 제대로 입력된다.

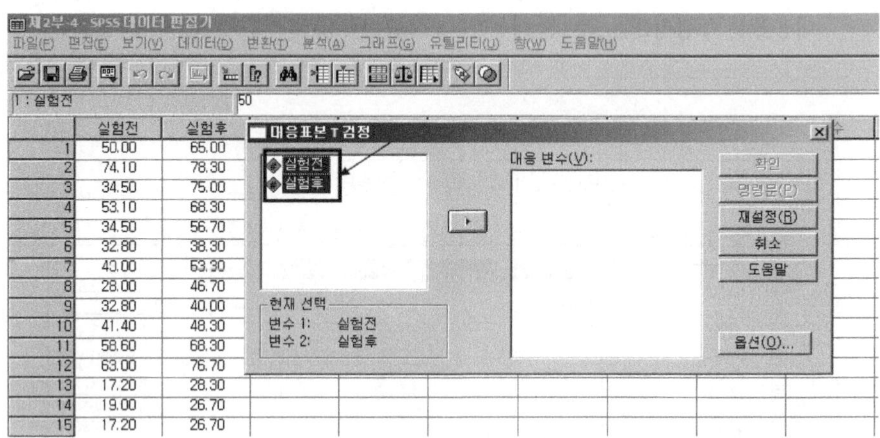

〈그림 16-7〉 대응표본 t-test의 실행 2

2번 실험전과 실험후 변수를 오른쪽에 있는 **대응변수(V)**:로 이동시킨다. 그러면 〈그림 16-8〉과 같은 화면으로 된다.

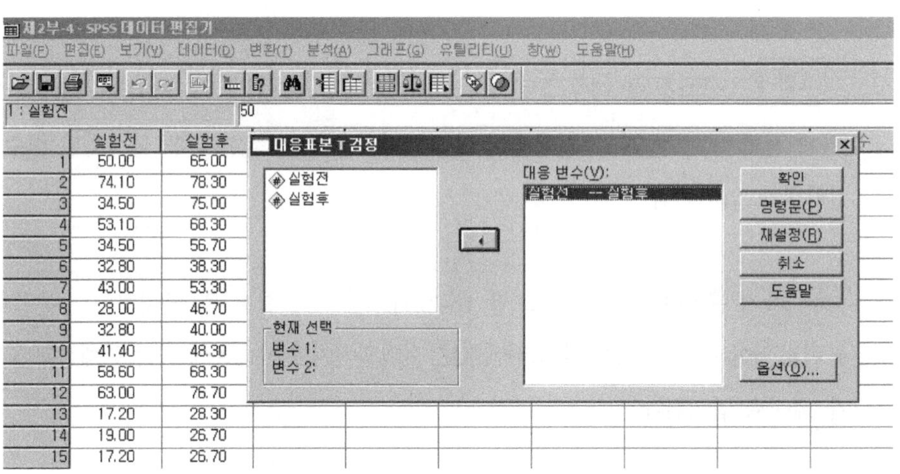

〈그림 16-8〉 대응표본 t-test의 실행 3

3번 **확인**을 선택하면 아래와 같은 분석결과가 나타날 것이다.

2) 대응표본 t-test 분석 결과 해석

〔대응표본 t-test 분석결과 해석 1〕 대응표본 통계량

		평 균	N	표준편차	평균의 표준오차
대응 1	실험전	46.8544	68	16.27109	1.97316
	실험후	53.5794	68	16.63905	2.01778

【대응표본 통계량 해석】

실험전과 실험후의 평균값과 표준편차를 보여준다. 실험전의 평균은 46.85이고, 실험후의 평균은 53.57로 실험후의 평균이 더 높다는 것을 알 수 있다.

〔대응표본 t-test 분석결과 해석 2〕 대응표본 상관계수

		N	상관계수	유의확률
대응 1	실험전 & 실험후	68	.722	.000

【대응표본 상관계수 해석】

여기서는 두 변수(실험전과 실험후)의 상관관계가 얼마인지를 보여준다. 상관계수는 0.722로 두 변수 간에는 매우 높은 상관관계가 있다는 것을 알 수 있다.

〔대응표본 t-test 분석결과 해석 3〕 대응표본 검정

		대응차					t	자유도	유의확률(양쪽)
		평 균	표준편차	평균의 표준오차	차이의 95% 신뢰구간				
					하한	상한			
대응 1	실험전 –실험후	-6.7250	12.26705	1.48760	-9.6943	-3.7557	-4.521	67	.000

【대응표본 검정 해석】

대응표본 t-test 검정결과이다. t값은 -4.521로 ±1.96보다 크고, 유의확률은 0.000으로 0.05보다 작으므로 실험전과 실험후의 평균은 통계적 유의수준 하에서 차이가 있는 것으로 나타났다. 결국 실험에 사용한 제품은 학생들의 집중력 향상을 시킨다고 해석할 수 있을 것이다.

3) 대응표본 t-test 분석 결과 논문에서 제시 방법

ㅇㅇ제품이 학생들의 집중력 향상에 도움을 주는 가를 확인하기 위하여, 실험전과 실험후의 집중력과 관련된 뇌파 변화를 조사하였다. 그 결과 t값이 -4.521로 실험전과 실험후의 평균은 통계적 유의수준 하에서 차이가 있는 것으로 나타났다. 결국 실험에 사용한 00제품은 학생들의 집중력 향상에 도움을 준다고 해석할 수 있을 것이다.

〈표〉 집중력 향상을 위한 ㅇㅇ제품의 실험전과 후의 비교 분석결과

변수명	평균	표준편차	t값	p값
실험전	46.85	16.27	-4.521	.000**
실험후	53.57	16.63		

*.p<0.01

■■■ 제17강 ■■■

One Way ANOVA 분석(일원배치분산분석)

1 One Way ANOVA 분석

① One Way ANOVA 분석은 두 집단 이상이 한 변수(종속변수)에 대한 평균의 차이를 검정할 때 사용한다. t-test는 종속변수에 대해 두 집단 간의 평균 차이 검정이라고 하였다. ANOVA 분석이 t-test와 다른 것은 독립변수가 두 집단이 아니라 두 집단 이상이라는 것이다.

성별(남성, 여성), 직무형태(정규직, 비정규직) 등은 두 집단이므로 t-test를 이용하고, 연령(20대, 30대, 40대, 50대 이상), 학력(중졸, 고졸, 대졸, 대학원졸) 등은 두 집단이상이므로 ANOVA 분석을 이용한다.

② One Way ANOVA 분석에서 사용하는 독립변수는 **명목척도**로 구성되어야 하고, **종속변수는 등간척도나 비율척도**로 측정된 변수이어야 한다.

2 One Way ANOVA 분석의 실행

One Way ANOVA 분석을 실시하기 위한 연구 상황은 다음과 같다.

- **가설 1. 종사원의 월소득에 따라 거래심리적계약위반의 지각정도에는 차이가 있을 것이다.**
- **가설 2. 종사원의 월소득에 따라 관계심리적계약위반의 지각정도에는 차이가 있을 것이다.**

여기서 월소득은 100만원미만, 100~199만원, 200~299만원, 300~399만원으로 총 4집단으로 구성되어 있다(최초 설문 조사시에는 400만원이상도 포함되어 있었지만 해당 응답자가 존재하지 않았다).

1) One Way ANOVA 분석의 실행 경로

위의 가설을 검정하기 위해서는 다음과 같은 절차를 수행해야 한다. 분석에서 평균비교에 가서 일원배치 분산분석을 선택한다.

사용되는 file명 : 제2부-3

〈One Way ANOVA 분석 대화상자 경로〉

메뉴〉 분석(A) ➡ 평균비교(M) ➡ 일원배치 분산분석(O)...
(Analysis ➡ Compare Means ➡ One-Way ANOVA)

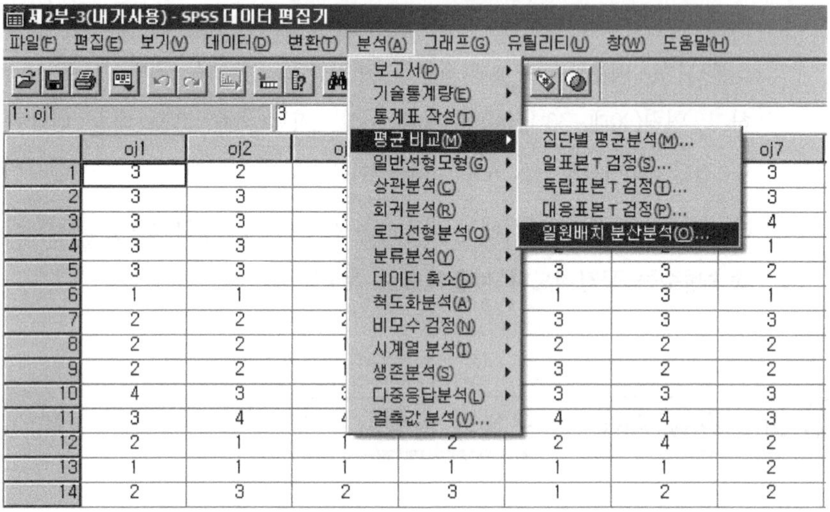

〈그림 17-1〉 일원배치분산분석의 대화상자 경로

일원배치 분산분석을 선택하면 〈그림 17-2〉와 같은 화면이 생성된다.

1번 One Way ANOVA 분석을 실시하기 위한 독립변수와 종속변수를 입력한다. 여기서는 가설을 검정하기 위하여 독립변수로 월소득, 종속변수로 거래심리적계약위반과 관계심리적계약위반을 이동시킨다.

2번 **옵션(O)...**을 클릭하면 〈그림 17-3〉과 같은 화면이 생성된다. 여기서는

기술통계(D)와 **분산의 동질성**(Homogeneity of variance test)을 체크하고 계속을 누른다.

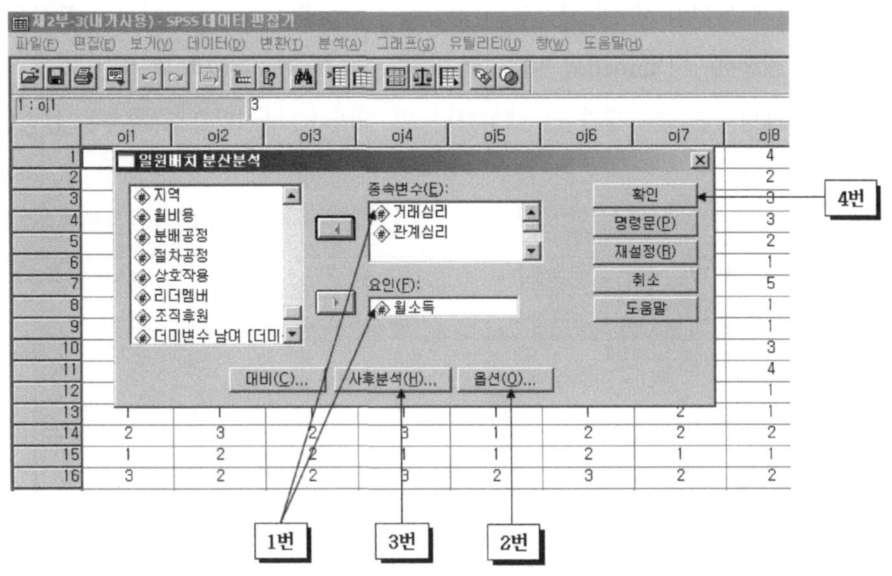

〈그림 17-2〉 일원배치분산분석의 실행

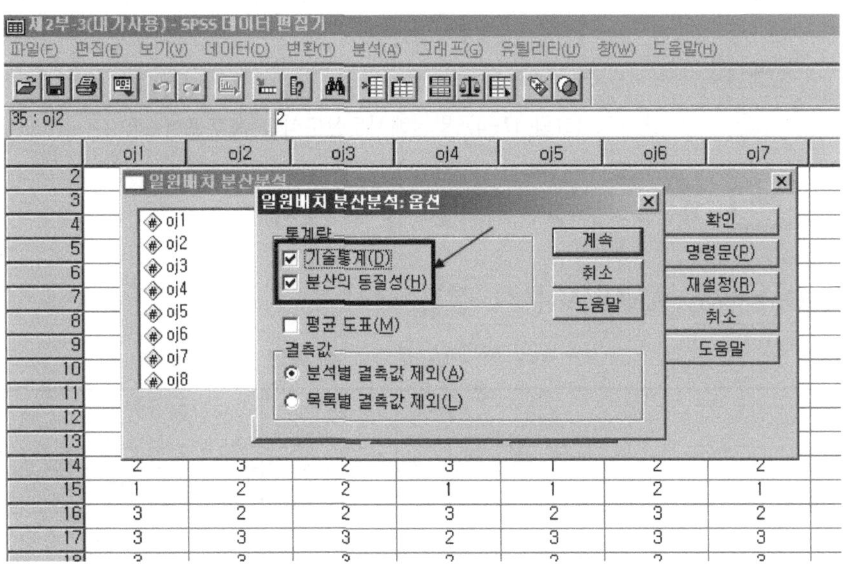

〈그림 17-3〉 일원배치분산분석의 옵션

3번 **사후분석**(H)...을 클릭한다. 그러면 〈그림 17-4〉와 같은 화면이 생성될 것이다. 여기서는 두 가지 경우가 있다. **등분산을 가정함**(Equal Variances

Assumed)과 등분산을 가정하지 않음(Equal Variances Not Assumed)이다. 아직까지 우리가 분석할 변수가 등분산을 가정하는지 가정하지 않는지를 모르는 상태이다. 그래서 여기서는 등분산을 가정함에는 **Scheffe(C)**을 체크하고 등분산을 가정하지 않음에는 **Dunnett의 T3**를 체크한다. 향후 분석결과의 등분산 가정 여부에 따라 해당하는 분석결과 만 해석하면 될 것이다. 마지막으로 계속을 클릭한다.

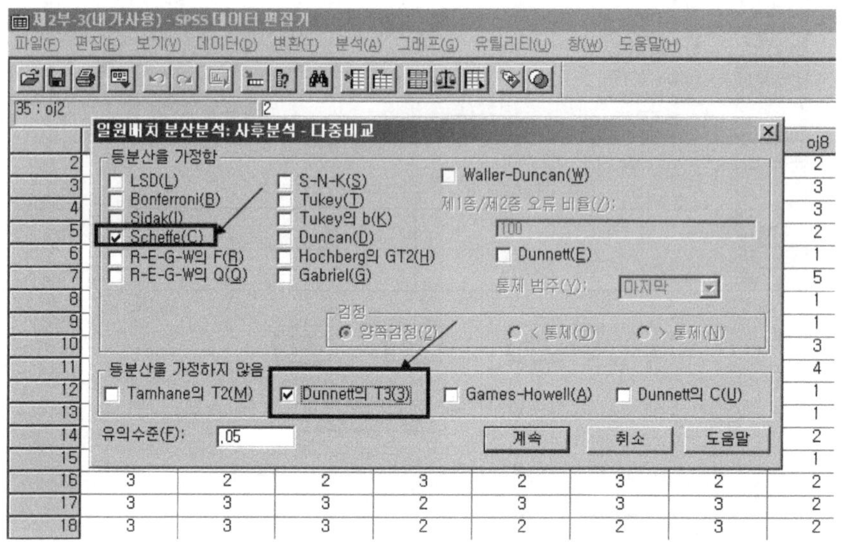

〈그림 17-4〉 일원배치분산분석의 사후분석

4번 **확인**을 선택하면 분석결과가 도출된다.

2) One Way ANOVA 분석 결과 해석

〔One Way ANOVA 분석 결과 해석 1〕 기술통계

		N	평 균	표준편차	표준오차	평균에 대한 95% 신뢰구간		최소값	최대값
						하한값	상한값		
거래심리	100만원미만	91	3.8110	.78676	.08247	3.6471	3.9748	2.20	5.00
	100-199만원	248	3.5613	.81947	.05204	3.4588	3.6638	1.20	5.00
	200-299만원	48	3.3042	.73570	.10619	3.0905	3.5178	1.80	4.60
	300-399만원	8	2.9000	.79282	.28031	2.2372	3.5628	1.60	4.00

합 계		395	**3.5742**	.81810	.04116	3.4933	3.6551	1.20	5.00
관계심리	100만원미만	91	**3.7527**	.84533	.08861	3.5767	3.9288	1.25	5.00
	100-199만원	248	**3.4950**	.81993	.05207	3.3924	3.5975	1.50	5.00
	200-299만원	48	**3.3542**	.74704	.10783	3.1372	3.5711	1.75	5.00
	300-399만원	8	**3.3750**	.76765	.27141	2.7332	4.0168	2.25	4.25
합 계		395	**3.5348**	.82353	.04144	3.4533	3.6163	1.25	5.00

【기술통계 해석】

One Way ANOVA 분석의 기술통계 결과을 보여준다. 종속변수는 거래심리와 관계심리이고, 독립변수는 월소득 즉, 100만원미만, 100~199만원, 200~299만원, 300~399만원으로 총 4집단이라는 것을 보여준다. 또한 독립변수의 각 집단별 빈도수로 나타난다. 여기서 거래심리적계약위반의 월비용 별 평균점수는 100만원미만은 3.81, 100~199만원은 3.56, 200~299만원은 3.30, 300~399만원은 2.90으로 월소득이 낮을수록 거래심리적계약위반을 높게 지각한다는 것을 알 수 있다.

〔One Way ANOVA 분석 결과 해석 2〕 분산의 동질성에 대한 검정

	Levene 통계량	자유도1	자유도2	유의확률
거래심리	.184	3	391	**.908**
관계심리	.127	3	391	**.944**

【분산의 동질성에 대한 검정 해석】

등분산 가정은 Levene의 등분산 검정 결과로 파악한다. Levene의 F검정은 분산의 동일성을 검정하는 것으로 독립집단인 월소득 즉, 100만원미만, 100~199만원, 200~299만원, 300~399만원의 4집단의 분산이 동일한지를 검사해주는 것이다. 이에 대한 자세한 설명은 t-test에서 이미 언급하였다.

거래심리와 관계심리의 유의확률은 각 0.908, 0.944의 수치를 보여주고 있다. 이는 분산의 동질성에 대한 귀무가설인 "**H0 = 집단의 분산이 같다**"와 연구가설은 "**H1 = 집단의 분산이 다르다**"를 검정하는 것이다. 유의확률이 0.05보다 큰 수치를 보이므로, 귀무가설이 채택된다. 따라서 독립변수는 집단 간 분산이 동질하다는 것을 알 수 있다.

이러한 결과는 뒤에 설명할 사후검정에서 **Scheffe 검정 결과**를 분석결과로 해석해야함을 의미한다.

〔One Way ANOVA 분석 결과 해석 3〕 분산분석

		제곱합	자유도	평균제곱	F	유의확률
거래심리	집단-산	12.280	3	4.093	**6.366**	**.000**
	집단-내	251.417	391	.643		
	합 계	263.697	394			
관계심리	집단-간	6.487	3	2.162	**3.243**	**.022**
	집단-내	260.722	391	.667		
	합 계	267.209	394			

【분산분석 해석】

One Way ANOVA 분석의 최종결과이다. 거래심리적계약위반과 관계심리적계약위반의 유의확률은 각 0.000, 0.022로 0.05보다 낮은 수치로 나타났다. 즉, 종사원의 월소득에 따라 거래심리적계약위반과 관계심리적계약위반에는 차이가 있는 것으로 밝혀져 가설 1과 가설 2는 채택되었다.

〔One Way ANOVA 분석 결과 해석 4〕 다중 비교

종속변수		(I) 월소득	(J) 월소득	평균차 (I-J)	표준오차	유의확률	95% 신뢰구간	
							하한값	상한값
거래심리	Scheffe	100만원미만	100-199만원	.2497	.09828	.093	-.0262	.5256
			200-299만원	**.5068***	.14305	**.006**	.1052	.9085
			300-399만원	**.9110***	.29571	**.025**	.0807	1.7412
		100-199만원	100만원미만	-.2497	.09828	.093	-.5256	.0262
			200-299만원	.2571	.12645	.249	-.0979	.6121
			300-399만원	.6613	.28804	.155	-.1474	1.4700
		200-299만원	100만원미만	**-.5068***	.14305	**.006**	-.9085	-.1052
			100-199만원	-.2571	.12645	.249	-.6121	.0979
			300-399만원	.4042	.30622	.628	-.4556	1.2639
		300-399만원	100만원미만	**-.9110***	.29571	**.025**	-1.7412	-.0807
			100-199만원	-.6613	.28804	.155	-1.4700	.1474

			200-299만원	-.4042	.30622	.628	-1.2639	.4556
	Dunnett T3	100만원미만	100-199만원	.2497	.09828	.066	-.0098	.5092
			200-299만원	.5068*	.14305	.002	.1464	.8673
			300-399만원	.9110	.29571	.069	-.0644	1.8863
		100-199만원	100만원미만	-.2497	.09828	.066	-.5092	.0098
			200-299만원	.2571	.12645	.179	-.0624	.5767
			300-399만원	.6613	.28804	.227	-.3147	1.6373
		200-299만원	100만원미만	-.5068*	.14305	.002	-.8673	-.1464
			100-199만원	-.2571	.12645	.179	-.5767	.0624
			300-399만원	.4042	.30622	.696	-.5735	1.3818
		300-399만원	100만원미만	-.9110	.29571	.069	-1.8863	.0644
			100-199만원	-.6613	.28804	.227	-1.6373	.3147
			200-299만원	-.4042	.30622	.696	-1.3818	.5735
관계 심리	Scheffe	100만원미만	100-199만원	.2578	.10008	.086	-.0232	.5388
			200-299만원	.3986	.14567	.060	-.0104	.8076
			300-399만원	.3777	.30113	.666	-.4677	1.2232
		100-199만원	100만원미만	-.2578	.10008	.086	-.5388	.0232
			200-299만원	.1408	.12877	.754	-.2207	.5023
			300-399만원	.1200	.29333	.983	-.7036	.9435
		200-299만원	100만원미만	-.3986	.14567	.060	-.8076	.0104
			100-199만원	-.1408	.12877	.754	-.5023	.2207
			300-399만원	-.0208	.31184	1.000	-.8964	.8547
		300-399만원	100만원미만	-.3777	.30113	.666	-1.2232	.4677
			100-199만원	-.1200	.29333	.983	-.9435	.7036
			200-299만원	.0208	.31184	1.000	-.8547	.8964
	Dunnett T3	100만원미만	100-199만원	.2578	.10008	.076	-.0159	.5315
			200-299만원	.3986*	.14567	.030	.0248	.7724
			300-399만원	.3777	.30113	.711	-.5670	1.3225
		100-199만원	100만원미만	-.2578	.10008	.076	-.5315	.0159
			200-299만원	.1408	.12877	.805	-.1829	.4644
			300-399만원	.1200	.29333	.998	-.8250	1.0649

		200-299만원	100만원미만	-.3986*	.14567	.030	-.7724	-.0248
			100-199만원	-.1408	.12877	.805	-.4644	.1829
			300-399만원	-.0208	.31184	1.000	-.9683	.9266
		300-399만원	100만원미만	-.3777	.30113	.711	-1.3225	.5670
			100-199만원	-.1200	.29333	.998	-1.0649	.8250
			200-299만원	.0208	.31184	1.000	-.9266	.9683

*0.05 수준에서 평균차가 큽니다.

【다중 비교 해석】

독립변수의 각 집단별 평균의 차이를 검정하는 사후검정 결과를 제시한 표이다. 위 표에서 Scheffe 검정과 Dunnett T3 검정 결과를 나타내고 있다. 이는 최초 분석실행을 할 때, 두 개 값을 지정했기 때문에 나타난 값이다. 앞에서도 언급하였지만, 처음에는 분석할 변수가 등분산을 가정하는지 가정하지 않는지를 모르는 상태이었기 때문에, 등분산을 가정했을 때는 Scheffe 검정결과를 해석하고, 등분산을 가정하지 않았을 때는 Dunnett의 T3 검정결과를 해석하기 위해서 두 개 모두 체크하였다. 여기서는 등분산이 가정된 것으로 분석결과 나타났으므로 **Scheffe 검정결과**를 해석하면 된다.

먼저, **평균차(I-J)**에는 거래심리적계약위반에 대하여 월소득의 평균의 차이가 큰 집단들을 보여준다. 여기서 평균차(I-J)는 두 집단의 평균차이를 말하는 것인데, I는 좌측에 있는 집단((I)월소득)을 J는 우측에 있는 집단((J)월소득)을 의미한다. 평균의 차이가 큰 집단은 별표로 표시되어 있다. 그리고 그것의 유의확률도 오른쪽에 제시되어 있다. **100만원미만과 200~299만원 집단 간의 평균차는 0.5068(p=0.006)로 두 집단 간 평균의 차이가 크다는 것을 보여준다. 또한 100만원미만과 300~399만원 집단 간에도 평균차가 0.9110(p=0.025)으로 유의수준 하에서 큰 차이가 있는 것으로 나타났다.** 아래에 나타나는 별표의 또 다른 수치는 -0.5068, -0.9110으로 위에서 나타난 값과 동일하며 단지 부(-)값을 보여준다. 이는 평균차가 (I-J)의 값이기 때문에 동일한 계산을 반대로 하여 나타난 결과이다. 따라서 +의 수치를 보여주는 집단을 기준으로 해석하면 된다.

즉, 100만원미만의 집단과 200~299만원, 300~399만원 집단 간에는 평균의 차이가 크다고 해석할 수 있다. [**One Way ANOVA 분석 결과 해석 1**]의 결과를 보면 쉽게 이해가 갈 것이다. 100만원미만은 평균 3.81, 200~299만원은 평균 3.30, 300~399만원은 평균 2.90의 수치를 보이고 있다.

관계심리적계약위반에 대해서는 독립변수인 월소득간 평균의 차이가 나타나지 않는다. 이것은 사후검증을 최초 Scheffe 검증결과로 체크하고 분석을 하였는데, Scheffe로는 분석이 되지 않았다는 것을 의미하므로, 사후검증을**"Tukey 방법"**을 체크하고 분석을 해보자. 그러면 100만원미만과 200~299만원 간에 평균의 차이가 발생한다는 것을 알 수 있을 것이다.

만약, 등분산이 가정되지 않아 Dunnett T3 검정 결과로 해석할 때도 방법은 위와 동일하다.

3 One Way ANOVA 분석 결과를 논문에서 제시하는 방법

<논문에서 결과 해석 방법>

종사원의 월소득에 따라 거래심리적계약위반과 관계심리적계약위반을 지각하는 데는 유의한 차이가 있는 것으로 나타났다. 분석결과 거래심리적계약위반과 관계심리적계약위반의 유의확률은 각 0.000, 0.022의 수치를 보여 가설1과 2는 채택되었다. 세부적으로 살펴보면, 거래심리적계약위반과 관계심리적계약위반 모두 100만원미만에서 가장 높은 평균점수를 보이며, 월소득이 높을수록 낮은 평균점수로 나타났다. 특히, 집단 간의 유의한 차이를 확인하기 위하여 사후검정인 Scheffe 분석을 실시한 결과, 거래심리적계약위반에서 100만원미만의 집단과 200~299만원, 300~399만원 집단 간에 유의한 차이가 있었다. 관계심리적계약위반의 경우에는 Tukey 검증을 실시하였으며, 100만원미만과 200~299만원 간에 유의한 차이가 있는 것으로 나타났다.

종속변수	월소득	평 균	표준편차	F값/유의확률	사후검증결과
거래심리적 계약위반	100만원미만(a)	3.8110	.78676	6.366/0.000**	a>c,d (Scheffe검증)
	100~199만원(b)	3.5613	.81947		
	200~299만원(c)	3.3042	.73570		
	300~399만원(d)	2.9000	.79282		
관계심리적 계약위반	100만원미만(a)	3.7527	.84533	3.243/0.022*	a>c (Tukey검증)
	100~199만원(b)	3.4950	.81993		
	200~299만원(c)	3.3542	.74704		
	300~399만원(d)	3.3750	.76765		

*p<0.05, **p<0.01

■■■ 제18강 ■■■

카이제곱 분석

1 카이제곱 분석

① 카이제곱 분석은 검정하고자 하는 변수들 간의 **독립성과 관련성**을 분석하는데 이용한다.

② 카이제곱 분석에서는 변수들 간의 빈도를 교차분류 하는 교차표를 작성해준다. 논문에서 교차표만 제시할 경우에는 교차분석이라고 하고, 카이제곱(Chi-Square)의 유의확률로 변수들 간의 독립성과 관련성을 검정했다면 카이제곱 검정이라고 한다. 이 말이 이해가 가지 않는다면 뒤에 나오는 분석결과를 보면 이해가 갈 것이다.

③ 카이제곱 분석은 변수들이 **명목척도 및 서열척도**로 측정되어야 한다.

④ 카이제곱 분석에서 기억해야 할 유의사항은 분석결과의 해석이다. 예를 들어, 성별과 학력 간에는 유의적인 관련성이 있다는 가설을 설정하고, 성별에 따라 학력 분포를 검정하였다. 그 결과 남자들은 고학력, 여자들이 저학력으로 많이 분포가 이루어졌고, 카이제곱 분석 결과 가설도 채택되었다고 하자. 그렇다면 이러한 분석결과를 **남자일수록 학력이 높다**고 해석을 하면 오류를 범할 수 있다. 남자와 학력은 정(+)의 관계가 아니기 때문이다. 카이제곱 분석은 변수들 간의 상관관계를 충분히 반영하지 않는다. 단지, 변수들 간의 분포의 차이에 중심을 두어 변수 간의 독립성을 검정한다. 그래서 위의 경우 해석방법은 **성별에 따라 학력의 분포가 차이가 있다**고 하는 것이 가장 정확할 것이다. 다시 언급하건데, 카이제곱 분석에서 말하는 관련성이란 변수들 간의 상관관계를 말하는 것이 아니다.

2 카이제곱 분석 방법

카이제곱 검정은 일반적으로 논문에서 흔히 사용되는 분석은 아닌 것으로 보인다. 왜냐하면, 변수의 척도가 폐쇄적인 명목척도나 서열척도에서 사용되는 분석방법이기 때문이다. 제3강에서 언급하였지만, 설문지를 작성할 때 다양한 분석이 이루어질 수 있도록 변수의 척도를 개방형인 등간척도 이상으로 하는 것이 유리하다. 그러나 연구의 상황에 따라 설문지를 명목척도로 작성해야 하는 경우도 발생할 수 있기 때문에 카이제곱 검정 방법을 이해하자.

<연구 상황>

- **가설 : 종사원의 성별과 월소득 간에는 유의적인 관련성이 있을 것이다.**

1) 카이제곱 분석의 실행 방법

사용되는 file명 : 제2부-3

〈카이제곱 분석 대화상자 경로〉

메뉴〉 분석(A) ➡ 기술통계량(E) ➡ 교차분석(C)...
(Analysis ➡ Descriptive Statistics ➡ Crosstabs)

〈그림 18-1〉 카이제곱분석 대화상자 경로

분석에서 기술통계량으로 가서 교차분석을 선택하면 〈그림 18-2〉와 같은 화면이 생성된다.

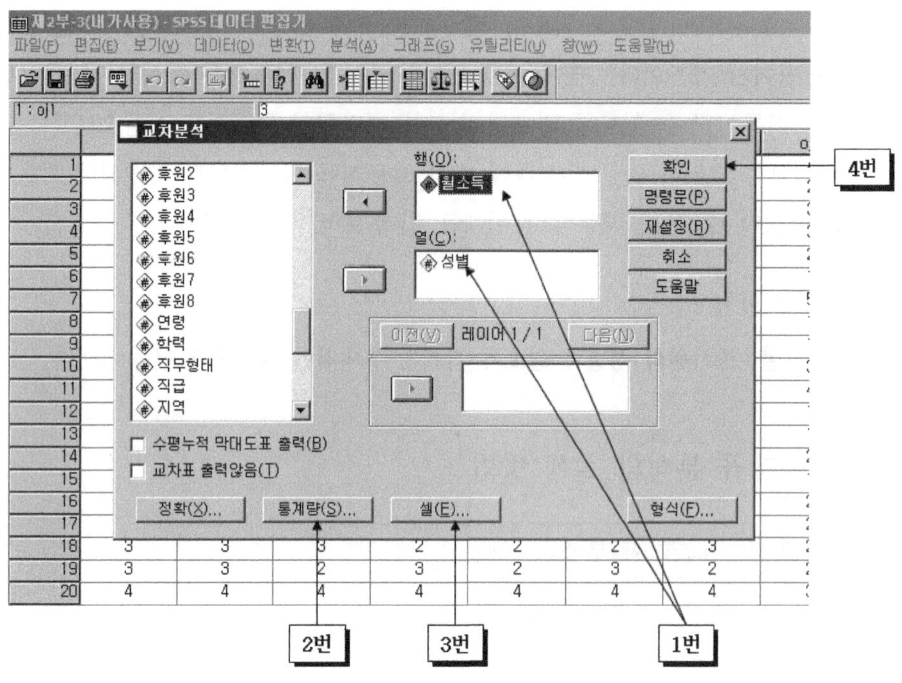

〈그림 18-2〉 카이제곱분석의 실행

1번 **가설은 "종사원의 성별과 월소득에는 유의적인 관련성이 있을 것이다"** 이다. 여기서 독립변수는 성별, 종속변수는 월소득이다. 일반적으로 독립변수는 **열(C):**에 종속변수는 **행(O):**에 입력한다. 〈그림 18-2〉와 같이 왼쪽에서 선택하여 열과 행으로 이동하자.

2번 **통계량(S)...**을 클릭하자. 그러면 〈그림 18-3〉과 같은 화면이 나타날 것이다. 여기서는 **카이제곱(H)**을 체크하고 계속을 선택한다.

3번 **셀(E)...**을 클릭하면, 〈그림 18-4〉와 같은 화면이 생성된다. 여기서 관측빈도(O)는 초기설정되어 있다. **기대빈도(E)**와 퍼센트에서 **행(R)**, **열(C)**, **전체(T)**를 체크하고 계속을 누른다.

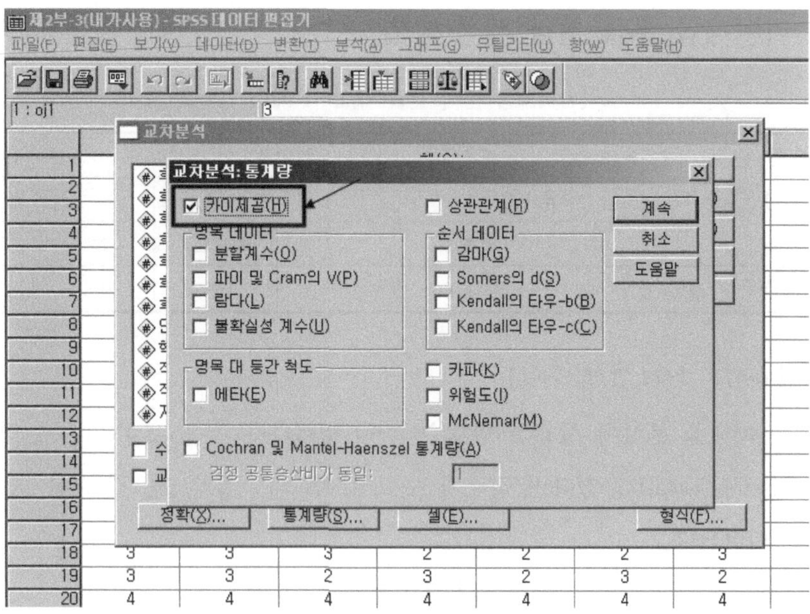

〈그림 18-3〉 카이제곱분석의 통계량

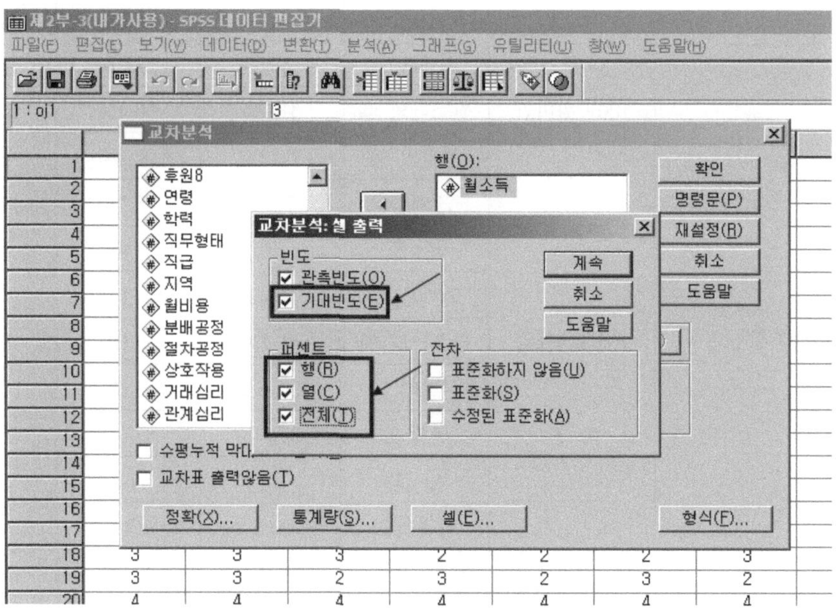

〈그림 18-4〉 카이제곱분석의 셀

4번 **확인**을 누르면 아래와 같이 분석결과가 나타난다.

2) 카이제곱 분석 결과 해석 방법

〔카이제곱 분석 결과 해석 1〕 케이스 처리 요약

	케이스					
	유 효		결 측		전 체	
	N	퍼센트	N	퍼센트	N	퍼센트
월소득 * 성별	395	100.0%	0	.0%	395	100.0%

【케이스 처리 요약 해석】

카이제곱 분석에 사용된 빈도수가 395명이라는 것을 보여준다. 만약 결측치(Missing Total)가 있다면 결측치 수도 보여준다. 여기서는 결측치는 없는 것으로 나타난다.

〔카이제곱 분석 결과 해석 2〕 월소득 * 성별 교차표

			성 별		전 체
			남 자	여 자	
월소득	100만원미만	빈 도	29	62	91
		기대빈도	38.9	52.1	91.0
		월소득의 %	31.9%	68.1%	100.0%
		성별의 %	17.2%	27.4%	23.0%
		전체 %	7.3%	15.7%	23.0%
	100-199만원	빈 도	102	146	248
		기대빈도	106.1	141.9	248.0
		월소득의 %	41.1%	58.9%	100.0%
		성별의 %	60.4%	64.6%	62.8%
		전체 %	25.8%	37.0%	62.8%
	200-299만원	빈 도	34	14	48
		기대빈도	20.5	27.5	48.0
		월소득의 %	70.8%	29.2%	100.0%
		성별의 %	20.1%	6.2%	12.2%
		전체 %	8.6%	3.5%	12.2%

	300-399만원	빈 도	4	4	8
		기대빈도	3.4	4.6	8.0
		월소득의 %	50.0%	50.0%	100.0%
		성별의 %	2.4%	1.8%	2.0%
		전체 %	1.0%	1.0%	2.0%
전 체		빈 도	169	226	395
		기대빈도	169.0	226.0	395.0
		월소득의 %	42.8%	57.2%	100.0%
		성별의 %	100.0%	100.0%	100.0%
		전체 %	42.8%	57.2%	100.0%

【월소득*성별 교차표 해석】

월소득과 성별의 교차분석표이다. 여기서는 변수들 간의 빈도분석을 교차표로 제시해준다. 위의 표는 교차분석의 결과이고, 카이제곱 분석의 결과는 아래에서 제시된다.

표를 보는 방법은 다음과 같다. 100만원미만에서 남자 29명, 여자는 62명으로 총 91명의 빈도수로 나타났다. 이러한 수치는 100만원미만에서 남자가 31.9%, 여자가 68.1%의 비율로 나타난다(월소득의 %). 남자에서 100만원미만이 차지하는 비율은 17.2%, 여자에서 100만원미만이 차지하는 비율은 27.4%의 수치이다(성별의 %). 남자와 여자 전체에서 100만원미만의 남자 비율은 7.3%, 여자 비율은 15.7%로 나타났다(전체 %). 즉, 100만원미만의 월소득을 받는 사람들은 여자가 남자보다 많다는 것을 알 수 있다.

〔카이제곱 분석 결과 해석 3〕 카이제곱 검정

	값	자유도	점근 유의확률(양쪽검정)
Pearson 카이제곱	20.304	3	.000
우도비	20.431	3	.000
선형 대 선형결합	14.521	1	.000
유효 케이스 수	395		

a. 2 셀 (25.0%)은(는) 5보다 작은 기대 빈도를 가지는 셀입니다.
최소 기대빈도는 3.42입니다.

【카이제곱 검정 해석】

성별에 따른 월소득의 분포에 대한 카이제곱 검정은 유의확률이 0.000(p〈0.05)으로 성별과 월소득 간에는 분포의 차이가 있는 것으로 나타났다.

그렇지만 전체의 셀에서 5보다 작은 기대빈도를 가지는 셀이 2개 이며, 이것은 25.0%에 해당한다고 표 아래에 제시되었다. **[카이제곱 분석 결과 해석 2]**를 보면, 각 셀의 기대빈도의 수치를 보여준다. 300~399만원의 빈도수는 남자, 여자 각 4명으로 낮은 빈도수를 보여주고, 기대빈도 역시 3.4, 4.6으로 5이하의 기대빈도를 가진다.

즉, 5 이하의 기대빈도 수를 가진 셀이 2개라는 것이다. 이것이 차지하는 비율은 25%이다. 이 결과를 판단하는 기준은 **기대빈도 5보다 작은 셀의 비율이 20%이상인 경우에는 변수 값의 코딩 변경을 통하여 재 코딩한 후 분석을 다시 실시해야 한다.**

다시 말해 300~399만원의 월소득을 가진 사람이 남녀 전체 8명밖에 되지 않아 카이제곱 분석 결과를 신뢰할 수 없다는 것이다. 위의 300~399만원에 포함되는 8명의 사람을 **200~399만원**으로 재 코딩하여 카이제곱 분석을 다시 해보자.

3) 재 코딩 후 카이제곱 분석 결과

(1) 재 코딩 방법

재 코딩하는 방법은 **제14강. 더미변수를 이용한 회귀분석**에서 명목척도를 더미변수로 전환시키는 방법과 동일하다. 제14강에서 설명 한 적이 있으니, 아마 여기서는 쉽게 이해되리라 생각된다.

〈그림 18-5〉 카이제곱분석을 위한 재코딩 경로

재 코딩 대화 상자 경로는 〈그림 18-5〉와 같이 **변환**에서 **코딩변경(R)**으로 가서 **새로운 변수(D)...**를 선택한다. 그러면 〈그림 18-6〉과 같은 화면이 나타날 것이다.

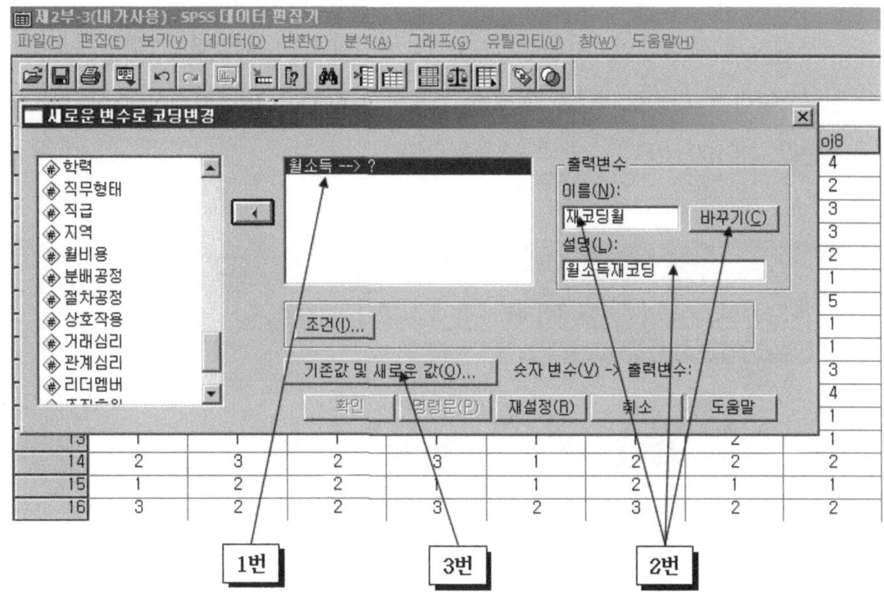

〈그림 18-6〉 카이제곱분석을 위한 재코딩 방법 1

1번 재 코딩할 대상 변수인 월소득을 왼쪽에서 선택하여 이동시킨다.

2번 새로운 변수명을 **이름(N):**에 입력시킨다. 네 글자만 입력이 되므로 **재코딩월**이라 입력시켜보자. 그리고 "재코딩월"에 대한 설명으로 **월소득재코딩**이라고 입력하자. 그 후 **바꾸기(C)**를 선택한다. 그러면 **1번**이 **월소득 --> 재코딩월**로 변경될 것이다.

3번 **기존값 및 새로운 값(O)...**을 선택하면, 〈그림 18-7〉과 같은 화면이 나타난다.

4번 여기서는 월소득을 재 코딩하는 곳이다. **기존의 월소득은 1 = 100만원미만, 2 = 100~199만원, 3 = 200~299만원, 4 = 300~399만원으로 코딩되어 있다(이것을**

확인하려면 SPSS창에서 "변수보기"를 클릭하여 "값"을 선택하면 된다. 제5강 코딩방법을 참고하자). 여기서 재 코딩할 대상은 4번 300~399만원이다. 3번인 200~299만원을 200~399만원으로 하고 재 코딩할 것이므로, **4번을 3번으로 재 코딩**하면 된다.

자세하게 설명하면, 기존값 1 = 100만원미만으로, 이것은 그대로 1의 값을 가진다. 따라서 기존값에 1를 입력하고 새로운 값에도 1을 입력하고 추가를 누른다. 기존값 2 = 100~199

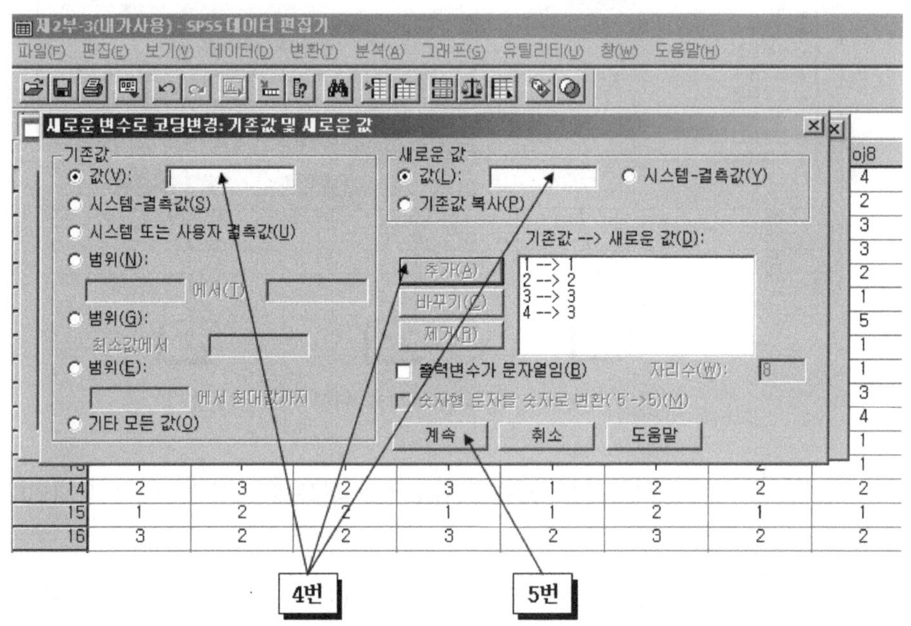

〈그림 18-7〉 카이제곱분석을 위한 재코딩 방법 2

만원으로 이 역시 그대로 2의 값을 가진다. 기존값에 2를 입력하고 새로운 값에 2를 입력하고 추가를 누른다. 기존값 3 = 200~299만원이지만, 이것을 200~399만원으로 할 것이다. 그렇지만 3으로 부여된 숫자는 그대로 유지되고 있다. 따라서 기존값에 3을 입력하고 새로운 값에도 3을 입력하고 추가를 누른다. 기존값 4 = 300~399만원으로 이는 재 코딩할 대상이다. 따라서 기존값에 4를 입력하고 새로운 값에 3을 입력하고 추가를 누른다. 그러면 〈그림 18-7〉과 같이 될 것이다.

제2부-3(내가사용) - SPSS 데이터 편집기
파일(F) 편집(E) 보기(V) 데이터(D) 변환(T) 분석(A) 그래프(G) 유틸리티(U) 창(W) 도움말(H)
1 : 재코딩월 1

	거래심리	관계심리	리더멤버	조직후원	더미성별	재코딩월	변수
1	2.60	2.75	3.50	3.00	1.00	1.00	
2	2.80	2.50	3.33	2.63	.00	1.00	
3	3.00	2.50	3.83	3.38	1.00	1.00	
4	3.60	3.50	2.67	3.88	.00	1.00	
5	3.60	3.50	2.17	3.38	.00	1.00	
6	5.00	5.00	2.33	1.00	1.00	1.00	
7	4.00	3.00	3.17	3.00	.00	2.00	
8	3.80	3.50	2.33	2.00	.00	2.00	
9	4.40	4.00	2.17	1.00	.00	2.00	
10	3.40	3.75	2.50	3.50	.00	2.00	
11	2.60	2.50	3.83	3.00	.00	1.00	
12	4.00	4.25	2.83	2.38	1.00	2.00	
13	3.80	4.00	3.00	1.50	.00	2.00	

〈그림 18-8〉 카이제곱분석을 위한 재코딩 결과

5번 계속을 선택하고 확인을 누른다. 그 후 〈그림 18-8〉과 같이 SPSS 창 마지막 부분을 보면, **재코딩월**이라는 새로운 변수가 생성되었다는 것을 알 수 있다.

(2) 재 코딩 후 분석 결과 해석

카이제곱 분석 방법은 위에서 설명한 것과 동일하다. 재 코딩을 한 변수를 가지고 다시 분석을 실시해보자. 혼동되지 말아야 할 것은 열에 성별을 입력하고, 행에는 재 코딩하여 생성된 새로운 변수인 **재코딩월**을 입력해야 한다는 것이다.

〔카이제곱 재 분석 결과 해석 1〕 월소득재코딩 * 성별 교차표

			성 별		전 체
			남 자	여 자	
월소득재코딩	100만원미만	빈 도	29	62	91
		기대빈도	38.9	52.1	91.0
		월소득재코딩의 %	31.9%	68.1%	100.0%
		성별의 %	17.2%	27.4%	23.0%
		전체 %	7.3%	15.7%	23.0%

	100~199만원	빈 도	102	146	248
		기대빈도	106.1	141.9	248.0
		월소득재코딩의 %	41.1%	58.9%	100.0%
		성별의 %	60.4%	64.6%	62.8%
		전체 %	25.8%	37.0%	62.8%
	200~399만원	빈 도	38	18	56
		기대빈도	24.0	32.0	56.0
		월소득재코딩의 %	67.9%	32.1%	100.0%
		성별의 %	22.5%	8.0%	14.2%
		전체 %	9.6%	4.6%	14.2%
전 체		빈 도	169	226	395
		기대빈도	169.0	226.0	395.0
		월소득재코딩의 %	42.8%	57.2%	100.0%
		성별의 %	100.0%	100.0%	100.0%
		전체 %	42.8%	57.2%	100.0%

【월소득재코딩*성별 교차표 해석】

위 표는 재 코딩 후 SPSS 창에서 변수보기 "값"에서 새로운 값에 대한 설명을 입력한 것이다(이에 대한 방법은 제5강을 참고).

200~299만원이었던 것이 200~399만원으로 변경되었다. 위의 표 해석방법은 이전에 설명한 것과 동일하다.

〔카이제곱 재 분석 결과 해석 2〕 카이제곱 검정

	값	자유도	점근 유의확률(양쪽검정)
Pearson 카이제곱	19.089	2	**.000**
우도비	19.141	2	.000
선형 대 선형결합	16.276	1	.000
유효 케이스 수	395		

a. 0 셀 (.0%)은(는) 5보다 작은 기대 빈도를 가지는 셀입니다.
최소 기대빈도는 23.96입니다.

【카이제곱 검정 해석】

성별에 따른 월소득의 분포에 대한 카이제곱 검정은 유의확률이 0.000(p〈0.0

5)으로 성별과 월소득 간에는 분포의 차이가 있는 것으로 나타났다. 즉, 재 코딩 한 이후에도 이전과 같이 성별과 월소득 간에는 분포의 차이가 있는 것으로 나타났다. 그렇지만 기대빈도 5보다 작은 셀은 0셀(0%) 즉, 하나도 없는 것으로 나타났으므로 이 결과를 신뢰할 수 있다.

3 논문에서 카이제곱 분석 결과 제시 방법

<논문에서 결과 해석 방법>

"종사원의 성별과 월소득 간에는 유의적인 관련성이 있을 것이다"라는 가설을 검정하기 위하여 카이제곱 분석을 실시한 결과, 유의확률이 0.00으로 나타나 성별과 월소득 간에는 분포의 차이가 있는 것으로 밝혀졌다. 따라서 가설은 채택되었다.

구체적으로 카이제곱 값은 19.089이고, 기대빈도가 5보다 작은 셀은 하나도 없는 것으로 나타났다.

구 분			성 별		x^2/p
			남 자	여 자	
월소득	100만원미만	빈도(%)	29(7.3%)	62(15.7%)	19.089/ 0.000**
		기대빈도	38.9	52.1	
	100~199만원	빈도(%)	102(25.8%)	146(37.0%)	
		기대빈도	106.1	141.9	
	200~399만원	빈도(%)	38(9.6%)	18(4.6%)	
		기대빈도	24.0	32.0	
계			42.8%	57.2%	

**p<0.01

0 셀 (.0%)은(는) 5보다 작은 기대 빈도를 가지는 셀입니다.

제19강
매개변수의 효과 분석방법

1 매개변수란

매개변수는 독립변수와 동일하게 종속변수에 영향을 미치는 변수이지만, 순서적인 측면에서 독립변수와 종속변수의 사이에 있는 변수이다. 다시 말해, 독립변수에 영향을 받으면서 종속변수에 영향을 미치는 변수이다.

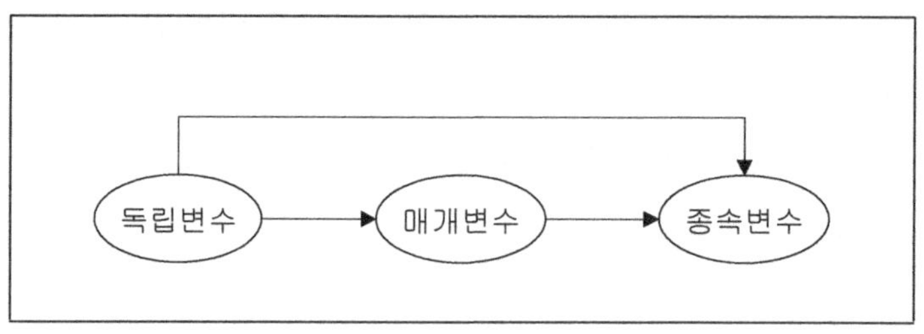

〈그림 19-1〉 매개변수

예를 들면, 구성원이 지각하는 조직공정성이 리더-멤버교환관계와 심리적 계약위반에 어떠한 영향을 미치는 지를 파악하기 위한 연구가 있다고 하자. 이를 연구모형화 하면 〈그림 19-2〉와 같다. 이를 기초로 분석을 실시한다면, ① 조직공정성이 리더-멤버교환관계에 미치는 영향, ② 리더-멤버교환관계가 심리적 계약위반에 미치는 영향, ③ 조직공정성이 심리적 계약위반에 미치는 영향관계를 분석할 수 있을 것이다. 그런데 여기서 리더-멤버교환관계가 조직공정성과 심리적 계약위반과의 관계에 있어 매개변수로서 역할을 하는지를 분석하는 것은 흥미로운 작업일 것이다.

본서에서는 매개효과를 입증하는 방법에 대해서 〈그림 19-2〉를 가지고 설명할 것이다.

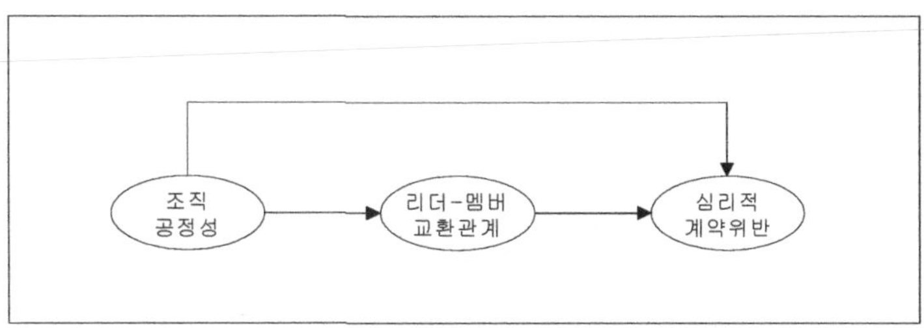

〈그림 19-2〉 연구모형

2 매개효과 분석방법

1) 연구 상황

19강에서 설명할 매개변수의 효과를 입증하는 분석방법에 대한 연구 상황은 위의 〈그림 19-2〉와 같이 조직공정성이 리더-멤버교환관계와 심리적 계약위반에 미치는 영향관계에서, 리더-멤버교환관계가 매개변수로서 역할을 하는지를 규명하는 것이 19강의 목표이다.

구체적인 연구 상황은 다음과 같다. 먼저, 조직공정성은 요인분석(제 7강)에서 이미 3가지 하위요인으로 묶이는 것으로 분석하였고, 심리적 계약위반 역시 거래 심리적계약위반과 관계 심리적계약위반으로 구분된다고 이미 앞에서 설명하였다. 또한 다중회귀분석(제 12강)에서는 조직공정성의 3개 하위요인과 심리적 계약위반의 2개 하위요인을 가지고 다중회귀분석을 이미 실시하였다. 여기서는 조직공정성과 심리적 계약위반의 하위요인들 간의 영향관계에 있어 리더-멤버교환관계가 매개역할을 하는지를 규명하는 것이다.

가설. 종사원이 지각하는 조직 공정성과 거래 심리적계약위반과의 영향관계에서 리더-멤버교환관계는 매개역할을 할 것이다.

2) 매개효과 분석 방법

매개효과 검정은 다음과 같은 3단계 방법을 통하여 검정이 이루어진다[2].

매개효과 분석방법	
제 1단계 :	**독립변수가 매개변수에 미치는 유의한 영향관계.** 회귀분석을 통하여 두 변수 간에 미치는 영향관계를 분석하고, 통계적 유의수준 하에서 유의한 영향관계가 있어야 힌다. $M=\beta_{10}+\beta_{11}X$ (β_{11}이 통계적 유의수준하에서 유의해야 한다)
제 2단계 :	**독립변수가 종속변수에 미치는 유의한 영향관계.** 회귀분석을 통하여 두 변수 간에 미치는 영향관계를 분석하고, 통계적 유의수준 하에서 유의한 영향관계가 있어야 한다. $Y=\beta_{20}+\beta_{21}X$ (β_{21}이 통계적 유의수준하에서 유의해야 한다)
제 3단계 :	**독립변수와 매개변수가 종속변수에 미치는 유의한 영향관계.** 회귀분을 통하여 매개변수가 종속변수에 통계적 유의수준 하에서 유의한 영향관계가 있어야 한다. $Y=\beta_{30}+\beta_{31}X+\beta_{32}M$ (β_{32}가 통계적 유의수준하에서 유의해야 하고, β_{31}이 β_{21} 보다 작아야 한다.)
최종판단 :	**제 2단계 회귀분석 결과 도출된 독립변수의 회귀계수값은 제 3단계에서 도출된 독립변수의 회귀계수값보다 커야만 한다.** 이러한 결과가 도출되었다면, 매개효과가 있다고 한다. 또한 3단계에서 독립변수가 종속변수에 영향을 미치면 부분매개효과, 영향을 미치지 않으면 완전매개효과이다.

이러한 매개효과 검정방법으로 앞에서 제시한 가설을 가지고 좀 더 구체적으로 적용해 보도록 하겠다.

---

2) 제 19강에서 소개하는 매개효과 검정방법은 다음의 연구에서 제시한 3단계 매개 회귀분석(Three-step mediated regression analysis)기법을 이용하여 설명하였다.
Baron, R. M., & Kenny, D. A.(1986). The moderate-mediator variable distinction in social psychological research: Conceptual, strategic and statistical considerations. Journal of Personality and Social Psychology, 51, 1173-1182.
Van Dyne L. V., Graham, J. W., & Dienesch, R. M.(1994). Organizational citizenship behavior: Construct redefinition, measurement and validation. Academy of Management Journal, 37, 765-802.

〔제 1단계〕 : 회귀분석을 이용하여 분배적공정성, 절차적공정성, 상호작용공정성이 리더-멤버교환관계에 미치는 영향을 파악한다. 여기서 모든 변수들 간에는 유의한 영향관계가 있어야만 한다.

〔제 2단계〕 : 회귀분석을 이용하여 분배적공정성, 절차적공정성, 상호작용공정성이 거래 심리적계약위반에 미치는 영향을 파악한다. 여기서 변수들 간에는 유의한 영향관계가 있어야만 한다.

〔제 3단계〕 : 회귀분석을 이용하여 분배적공정성, 절차적공정성, 상호작용공정성과 리더-멤버교환관계가 거래 심리적계약위반에 미치는 영향을 파악한다. 여기서 리더-멤버교환관계는 거래심리적계약위반에 유의한 영향관계가 있어야 한다.

〔제 4단계〕 : 2단계에서 도출된 표준화된 베타값이 3단계에서 분배적 공정성이 거래심리적계약위반에 미치는 영향관계에서 도출된 표준화된 베타값보다 커야만 한다. 또한 3단계 독립변수가 거래심리적계약위반에 영향을 미치면 부분매개효과, 영향을 미치지 않으면 완전매개효과이다.

3 매개효과 분석의 실시

사용되는 file명 : 제 2부-3

읽고 넘어 갑시다.

매개 효과를 분석하기 전에 해당 변수들을 가지고 변수정제과정을 거친 후, 변수계산을 통하여 새로운 변수를 생성시켜야 한다. 즉, 조직공정성, 심리적계약위반, 리더-멤버교환관계를 가지고 요인분석과 신뢰도 분석을 통하여 변수정제과정을 거친 후 변수계산을 통하여 새로운 변수를 생성시키고, 이것을 가지고 분석을 실시해야 한다. 여기서 사용할 "제 2부-3파일"에는 이러한 과정을 거친 새로운 변수를 미리 저장해 두었다.

1) 가설의 검정

앞의 〈가설〉에서의 독립변수는 분배적공정성, 절차적공정성, 상호작용공정성, 종속변수는 거래 심리적계약위반, 매개변수는 리더-멤버교환관계이다.

〈가설〉를 분석하기 위한 절차는 다음과 같다.

> **메뉴〉 분석(A) ➡ 회귀분석(R) ➡ 선형(L)...**
> **(Analysis ➡ Regression ➡ Linear...)**

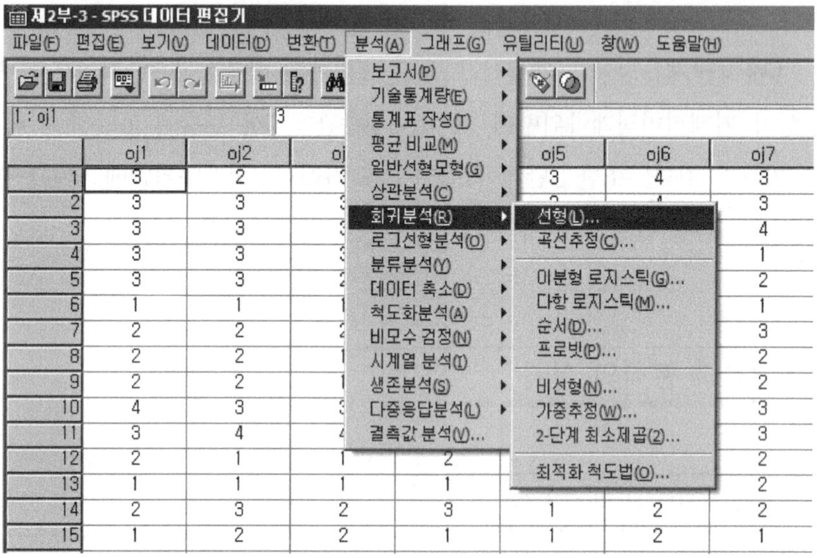

〈그림 19-3〉 회귀분석 대화상자 경로

(1) 제 1단계

매개효과를 검증하기 위하여 제일 먼저 〈그림 19-3〉과 같이 회귀분석 대화상자를 열고, 독립변수로 분배적공정성, 절차적공정성, 상호작용공정성을 투입하고, 종속변수로 리더-멤버교환관계를 투입하여 회귀분석을 실시한다.

그 결과 아래와 같은 결과가 나타난다.

분배공정은 리더-멤버교환관계에 통계적 유의수준하에서 영향을 미치지 않는 것으로 나타났다(t=.415, p=.678). 절차공정은 유의한 영향을 미치는 것으로 나타났고(t=2.878, p=.004), 상호작용 역시 유의한 영향을 미치는 것으로 나타났다(t=11.568, p=.000)

따라서 매개효과 분석절차 제 1단계는 분배공정은 조건에 만족하지 않았지만, 절차공정과 상호작용공정성은 조건에 만족하는 것으로 나타났다.

계수a

모형		비표준화계수		표준화계수	t	유의확률
		B	표준오차	베타		
1	(상수)	.946	.127		7.449	.000
	분배공정	.017	.042	.020	.415	.678
	절차공정	.137	.048	.150	2.878	.004
	상호작용	.515	.044	.542	11.568	.000

a. 종속변수: 리더멤버

(2) 제 2단계

제 2단계에서도 회귀분석을 실시하면 된다. 독립변수에 분배적공정성, 절차적공정성, 상호작용공정성을 투입하고, 종속변수로 거래심리적계약위반을 투입하여 회귀분석을 실시한다. 그 결과 아래와 같은 결과가 나타난다.

분배공정은 통계적 유의수준하에서 유의한 영향을 미치는 것으로 나타났지만(t=-7.033, p=.000), 이는 이미 1단계의 조건을 만족하지 못했기 때문에 매개효과 검정이 더 이상 의미가 없는 변수가 되었다. 절차공정은 거래심리적계약위반에 통계적 유의수준하에서 유의한 영향을 미치는 것으로 나타났고(t=-5.534, p=.000), 상호작용공정성 역시 유의한 영향을 미치는 것으로 나타났다(t=-2.181, p=.030).

따라서 조직공정성과 거래심리적계약위반간의 영향관계에서 리더멤버교환관계의 매개효과 검정 2단계 결과, 절차공정성과 상호작용공정성이 조건을 만족하는 것으로 나타났다.

계수a

모형		비표준화계수		표준화계수	t	유의확률
		B	표준오차	베타		
1	(상수)	5.602	.146		38.361	.000
	분배공정	-.340	.048	-.341	-7.033	.000
	절차공정	-.302	.055	-.295	-5.534	.000
	상호작용	-.112	.051	-.104	-2.181	.030

a. 종속변수: 거래심리

(3) 제 3단계

제 3단계에서도 역시 회귀분석을 이용하면 된다. 독립변수에 분배적공정성, 절차적공정성, 상호작용공정성, 리더-멤버교환관계를 투입하고, 종속변수로 거래심리적계약위반을 투입하여 회귀분석을 실시한다. 그 결과 아래와 같은 결과가 나타난다.

먼저, 리더-멤버교환관계가 거래심리적계약위반에 유의한 영향을 미쳐야만 3단계의 조건을 만족하게 된다. 분석결과, 리더-멤버교환관계는 거래심리적계약위반에 통계적 유의수준하에서 유의한 영향을 미치는 것으로 나타나(t=-4.586, p=.000), 3단계의 조건을 만족하였다.

또한 여기서 독립변수 중 1단계, 2단계를 만족한 절차공정과 상호작용의 경우 모두 2단계의 표준화된베타값보다 작아졌다. 따라서 매개효과는 있는 것으로 나타났다. 좀 더 구체적으로 절차공정의 경우 거래심리저계약위반에 부(-)의 영향을 미치는 것으로 나타나(t=-4.954, p= .000), 부분매개효과가 있는 것으로 밝혀졌다. 상호작용공정성의 경우에는 (t=.386, p=.700)으로 나타나 완전매개효과 있는 것으로 밝혀졌다.

계수a

모형		비표준화계수		표준화계수	t	유의확률	공선성통계량	
		B	표준오차	베타			공차	VIF
1	(상수)	5.848	.152		38.423	.000		
	분배공정	-.336	.047	-.336	-7.113	.000	.660	1.514
	절차공정	-.267	.054	-.261	-4.954	.000	.534	1.873
	상호작용	.022	.058	.021	.386	.700	.505	1.979
	리더멤버	-.260	.057	-.231	-4.586	.000	.581	1.721

a. 종속변수: 거래심리

(4) 최종판단

1단계에서 분배적 공정성은 매개효과가 없는 독립변수로 나타났으며, 절차적 공정성과 상호작용공정성은 거래심리적계약위반과의 영향관계에서 리더멤버교환관계는 매개역할을 하는 것으로 밝혀졌다. 또한 절차적공정성은 부분매개효과, 상호작용공정성은 완전매개효과로 나타났다.

4 논문에서 매개효과 분석결과의 제시 방법

아래의 표는 매개효과를 검정한 후, 논문에서 제시할 수 있는 형태의 양식이다. 꼭 이렇게 해야 하는 것은 아니다. 독자 여러분들은 그냥 참고만 하면 된다.

- 논문에서 결과 해석방법 -

조직의 구성원이 지각하는 공정성이 거래 심리적계약위반에 미치는 영향관계에서 리더-멤버교환관계는 매개역할을 할 것이라는 가설을 검증하기 위하여 매개회귀분석을 실시하였다. 분석의 결과는 아래의 표에서 제시된 것과 같다.

구체적으로 1단계에서는 분배적공정성은 리더멤버교환관계에 영향을 미치지 않는 것으로 나타났고(β=.020), 절차적공정성(β=.150)과 상호작용공정성(β

=.542)은 통계적 유의수준하에서 유의한 영향을 미치는 것으로 나타났다. 2단계에서는 절차적공정성(β=-.295)과 상호작용공정성(β=-.104)은 거래심리적계약위반에 통계적 유의수준하에서 부(-)의 영향을 미치는 것으로 나타났다. 마지막 3단계에서는 매개변수인 리더멤버교환관계가 거래심리적계약위반에 99% 신뢰수준에서 유의한 영향을 미치는 것으로 나타나(β=-.231) 3단계의 조건을 만족하는 것으로 나타났다. 여기서 3단계의 독립변수인 절차적공정성(β=-.261)과 상호작용공정성(β=.021)의 표준화된회귀계수값은 2단계의 절차적공정성(β=-.295)과 상호작용공정성(β=-.104)보다 작은 값으로 나타나 매개효과가 있다고 판단 할 수 있다. 좀 더 구체적으로는 3단계에서 절차적공정성이 거래심리적계약위반에 통계적 유의수준하에서 유의한 영향을 미치는 것으로 나타났으므로(β=-.261) 부분매개효과가 있는 것으로 밝혀졌고, 상호작용공정성의 경우에는 거래심리적계약위반에 유의한 영향을 미치지 않는 것으로 나타나(β=.021) 완전매개효과가 있는 것으로 밝혀졌다.

설명력을 나타내는 R^2값은 1단계에서 41.9%의 설명력을 나타내고 있고, 2단계에서는 39.3%, 그리고 3단계에서는 42.4%의 설명력을 제시하고 있다. 모든 단계별로 F값을 보았을 때, 회귀선은 의미가 있는 것으로 나타나고 있다.

마지막을 공차한계 값을 보았을 때, 모든 독립변수들에서는 다중공선성이 발생하지 않은 것으로 나타났다.

구분	1단계 리더멤버 교환관계	2단계 거래심리적 계약위반	3단계 거래심리적 계약위반	공차 한계
상수	.946	5.602	5.848	
분배적공정성	.017(.020)	-.340(-.341)**	-.336(-.336)**	.660
절차적공정성	.137(.150)**	-.302(-.295)**	-.267(-.261)**	.534
상호작용공정성	.515(.542)**	-.112(-.104)*	.022(.021)	.505
리더멤버 교환관계			-.260(-.231)**	.581
R^2	.419	.393	.424	
수정된 R^2	.414	.388	.418	
F값	93.972**	84.356**	71.767**	

**p<.01, *p<.05, ( )는 표준화회귀계수값임.

■■■ 제20강 ■■■

군집분석을 통한 시장세분화 방법

1 군집분석이란?

1) 군집분석은 동일집단에 속해있는 대상물의 유사한 특성에 기초해서 집단을 몇 개의 군집으로 분류하는 분석기법이다.

2) 요인분석도 군집분석과 마찬가지로 자료의 유사성을 기준으로 몇 개의 요인으로 분류하는 분석방법이지만, 군집분석과는 집단의 분류방법이 다르다.

요인분석은 자료의 상관관계를 이용하여 유사한 집단으로 분류하고, 군집분석은 각 대상들이 갖고 있는 값을 거리로 환산하여 가까운 거리에 있는 대상들을 하나의 집단으로 묶는다는 점이 서로 다르다.

3) 군집분석에서 중요한 과제는 각 대상들을 몇 개의 군집으로 분류할 것인가 인데, 여기서 군집 수의 결정은 연구자의 주관적 개입이 가능하다. 연구자가 군집의 수를 2개로 했을 때와 군집의 수를 3개로 하였을 때 혹은 4개로 하였을 때 시장세분화 결과가 달라질 수 있다. 즉, 연구자의 주관적 판단에 따라 결과가 달라질 수 있기 때문에 불완전한 통계분석기법에 속한다고도 볼 수 있다.

4) 군집분석이 가장 유용하게 사용되는 상황은 마케팅을 위한 시장세분화 할 때 필요한 분석기법이다.

5) 시장세분화위한 일반적인 통계분석방법의 절차는 다음과 같다. 먼저, 해당 변수들을 요인분석과 신뢰도 분석 등 변수정제과정을 거친 후, 변수계산을 통하여 새로운 변수를 생성시킨다. 이 새로운 변수를 가지고 군집분석을 실시한다. 도출된 군집들과 인구통계적 변수(성별, 나이, 연령, 학력, 소득 등)와의 연관성을 보기 위하여 카이스퀘어 검정을 실시한 후 시장세분화를 실시한다. 또한 마

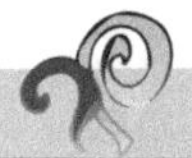

지막으로 차이검정이 필요하다면 군집별로 차이검정을 실시하면 된다. 이 말이 이해가지 않아도 좋다. 제20강에서는 아주 자세하게 설명할 것이다.

2 연구 상황

제 20강에서 분석하게 될 연구 상황은 다음과 같다. 모든 소비자들의 구매형태는 다를 것이다. 계획적으로 구매하는 사람들과 충동적으로 구매하는 사람, 신용카드로만 구매하는 사람 혹은 광고에 노출된 상품만을 구매하는 사람, 유명 상품만을 구매하는 명품족이나 저렴한 상품만 구매하는 사람 등 여러 가지 소비자 구매형태들이 존재할 것이다. 이를 기초로 보았을 때, 소비자의 구매형태에 따라서 관광지에서 기념품 및 식사비용 지출에는 차이가 있을 것이라고 가정해 볼 수 있다. 즉, 어떠한 구매형태를 가진 소비자가 관광지에서 기념품과 식사비용을 많이 지출하는지 시장세분화 한다면 관련 마케팅 담당자에게 상당히 유익한 정보를 제공할 수 있을 것이다. 이러한 20강의 목적을 달성하기 위하여 다음과 같은 분석을 실시할 것이다.

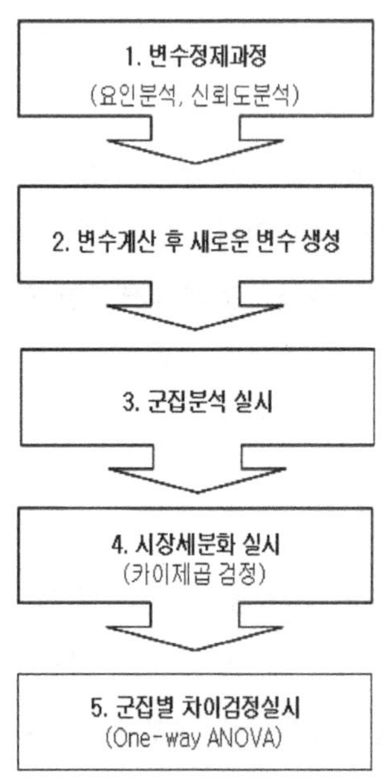

〈그림 20-1〉 제 20강 분석절차

참 고

〈그림 20-1〉은 제 20강에서 설명하게 될 분석절차이다. 이것은 단지 본 교재에서 저자가 설정한 연구 상황을 분석하기 위한 방법이다. 독자 여러분들이 맞이하게 될 실제 연구 상황이 이와 다르다면 해당 분석만 실시하면 된다. 즉, 군집분석 만을 할 상황이라면 "3.군집분석의 실시"를 참고하면 된다. 그러나 시장세분화와 관련된 연구를 할 때는 이와 같은 방법이 가장 유용하기 때문에 저자가 소개했다는 걸 기억하자.

3 새로운 변수의 생성

사용되는 file명 : 제 2부-5

새로운 변수를 생성시키기 위해서는 〈그림 20-1〉에서 "1. 변수정제과정"과 "2. 변수계산 후 새로운 변수 생성"의 과정을 거쳐야 한다.

제 20강에서 사용하게 될 파일은 "제 2부-5"이다. 여기에서 이용할 변수는 "구매형태" 변수이다. 이는 총 21개 문항(변수명: 구매1~구매21)으로 구성되어 있다. 이 변수를 가지고 요인분석(제 7강)과 신뢰도 분석(제 8강)을 실시하여 변수정제과정을 실시하였고, 최종적으로 변수계산(제 9강)을 통하여 새로운 변수도 생성시켰다. 이것을 **"계획구매"**, **"광고의존"**, **"충동구매"**, **"유명상품"**, **"신용카드"**, **"알뜰구매"**로 명명하고, "제 2부-5"파일에 저장해 두었다.

4 군집분석의 실시

1) 군집분석 대화상자 경로

군집분석을 실행하기 위해서는 〈그림 20-2〉와 같이 메뉴➡분석에서 분류분석(Y)으로 이동한 후 K-평균 군집분석을 클릭하면 된다. 여기서 K-평균 군집분석을 선택한 이유는 다음에 나오는 **"꼭 읽고 넘어 갑시다"** 를 참고하길 바란다.

메뉴〉 분석(A) ➡ 분류분석(Y) ➡ K-평균 군집분석(K)...

(Analysis ➡ Classify ➡ K-Means cluster...)

제2부-5 - SPSS 데이터 편집기

파일(F) 편집(E) 보기(V) 데이터(D) 변환(T) 분석(A) 그래프(G) 유틸리티(U) 창(W) 도움말(H)

보고서(P)
기술통계량(E)
통계표 작성(T)
평균 비교(M)
일반선형모형(G)
상관분석(C)
회귀분석(R)
로그선형분석(O)
분류분석(Y)
데이터 축소(D)
척도화분석(A)
비모수 검정(N)
시계열 분석(I)
생존분석(S)
다중응답분석(L)
결측값 분석(V)...

K-평균 군집분석(K)...
계층적 군집분석(H)...
판별분석(D)...

1 : 구매1 3

	구매1	구매2	구[		구매5	구매6	구매7
1	3	2			2	3	4
2	4	2			2	4	4
3	4	2			4	3	2
4	2	2					3
5	3	3					2
6	3	2					2
7	2	3					2
8	2	2			4	4	4
9	1	1			4	4	4
10	3	3			3	3	3
11	4	4			3	3	4
12	4	3	3	4	4	4	4
13	4	2	2	4	3	5	4
14	4	2	2	3	4	3	3

〈그림 20-2〉 군집분석 대화상자 경로

 꼭 읽고 넘어갑시다.

군집분석에는 크게 두 가지로 나눌 수 있는데, 계층적 군집분석과 비계층적 군집분석이 그것이다.

비계층적 군집분석(K-평균 군집분석) : 비계층적 군집분석에서 가장 많이 이용되는 것은 K-평균 군집분석이다. 이에 SPSS 메뉴에도 비계층적 군집분석으로 나타나지 않고 K-평균 군집분석으로 나타난다. 이는 군집의 수를 연구자가 지정해야 하는 점에서 계층적 군집분석과는 다르고, 여기서 K는 연구자가 정하는 군집의 수를 의미한다. 또한 이는 변수를 군집화하기 보다는 대상이나 응답자를 군집화 하는데 많이 이용된다. 따라서 본 교재 제 20강에서 설명하는 군집분석을 통한 시장세분화에서는 요인분석과 신뢰도 분석 등을 거친 새로운 변수를 가지고 군집분석을 실시하므로 K-평균 군집분석이 적당하다고 할 수 있다. 사회과학 분야에 군집분석을 이용할 경우에는 일반적으로 케이스로 분석을 하기 보다는 요인분석 한 결과를 가지고 하는 경우가 보편적이다. 따라서 K-평균 군집분석이 많이

사용되며, 본 저서에서도 이 부분만 설명할 것이다.

계층적 군집분석 : 계층적 군집분석은 비계층적 군집분석과는 달리 연구자가 군집의 수를 지정하는 것이 아니라 SPSS 분석결과에서 2개의 군집일 때는 어떠한 변수들끼리 묶여 두 개의 군집이 되고, 3개의 군집일 때는 어떠한 변수들끼리 묶여 세 개의 군집이 된다는 정보를 제공해 준다. 계층적 군집분석에서는 가까운 대상끼리 순차적으로 묶어가는 Agglomerative Hirarchical Method(AHM) 방식이 주로 이용된다.

2) 군집분석의 실행

〈그림 20-2〉에서 K-평균 군집분석(K)을 실행하면, 〈그림 20-3〉과 같은 화면이 나타난다.

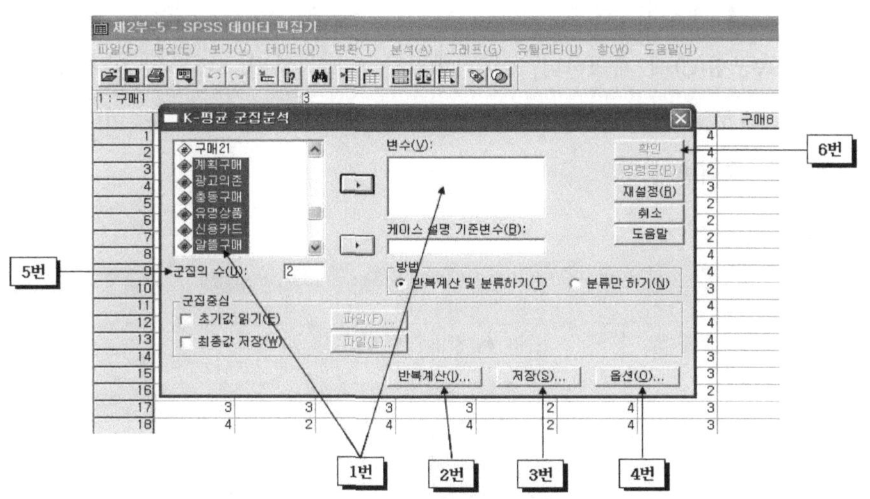

〈그림 20-3〉 K-평균 군집분석의 실행

1번 K-평균 군집분석을 실행하기 위하여 필요한 변수를 왼쪽에서 선택하여 오른쪽 **변수(V):**에 이동시킨다.

2번 **반복계산(I)...**을 클릭하면 〈그림 20-4〉와 같은 화면이 생성된다. 여기서는 SPSS가 반복계산을 10회로 기본설정 되어 있으므로 계속을 클릭하고 넘어가면 된다.

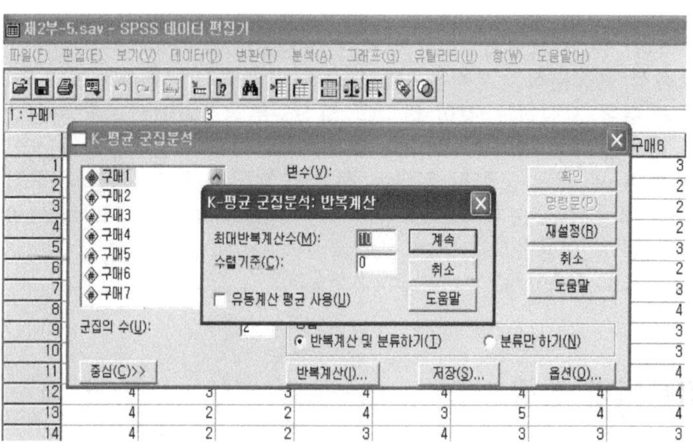

〈그림 20-4〉 K-평균 군집분석의 반복계산

3번 **저장(S)...**을 클릭하면, 〈그림 20-5〉와 같은 그림이 나타난다. 여기서는 **소속군집(C)**에 체크한다. 이를 체크하고 분석하면, SPSS 창 마지막 부분에 각 케이스별로 소속된 군집을 알려주는 새로운 변수가 생성될 것이다. 마지막으로 계속을 클릭한다.

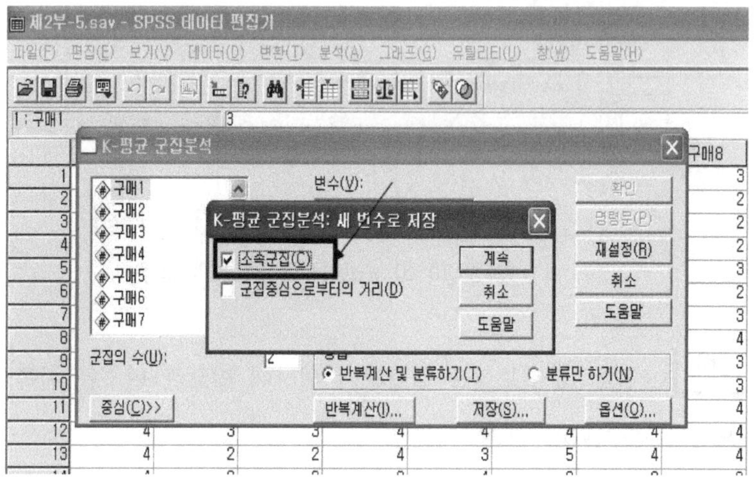

〈그림 20-5〉 K-평균 군집분석의 저장

4번 **옵션(O)...**을 클릭하면, 〈그림 20-6〉과 같은 화면이 생성된다. 여기서는 최초 SPSS에서 기본설정으로 군집중심초기값(I)에 체크되어 있으므로 분산분석표(A)에 체크하고 계속을 클릭하면 된다.

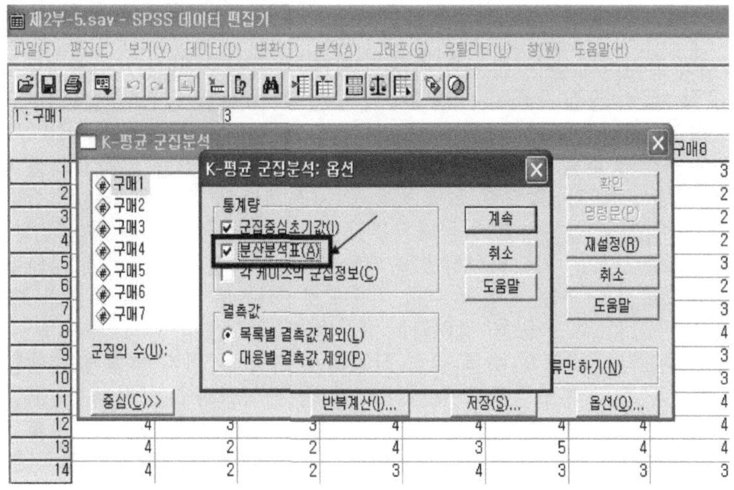

〈그림 20-6〉 K-평균 군집분석의 옵션

 SPSS에서 **군집의 수(U):**는 2로 기본 설정되어 있다. 즉, 군집을 둘로 나눈다는 것이다. 여기서 **연구자가 군집의 수를 임의로 입력하여 조정할 수 있다.** 일단 여기서는 4를 입력하고 6번 확인을 클릭한다. 군집의 수를 4로 지정한 이유는 다음에 나오는 "반드시 읽고 넘어 갑시다"를 참고하길 바란다.

꼭 읽고 넘어갑시다.

최초 군집의 수는 2로 설정되어 있다. 여기서는 저자가 군집의 수를 2도 입력해보고, 3도 입력해보고 4도 입력해 보고 5도 입력해 보는 등의 과정을 거친 후, 최종적으로 가장 최적의 군집의 수를 4로 판단하고 결정한 것이다. 그렇다면 군집의 수를 어떻게 결정해야 하는가에 문제에 봉착하게 된다. 이 부분에 대한 정답은 없다. 그렇기 때문에 혹자들은 군집분석을 연구자의 주관이 개입된 비과학적 분석방법이라고 한다. 그렇다고 해서 군집분석을 무시할 수는 없다. 왜냐하면 군집분석은 시장세분화 연구에서 가장 적합한 분석기법으로 알아두면 관련한 연구에서 유용하기 때문이다.

여기서는 어떻게 군집의 수를 4로 정하였는가를 설명할 것이다. 먼저, 군집의 분포 정도를 기준으로 군집 수를 정할 수 있다. 즉, 군집의 분포 정도가 일정한 군집의 수로 결정한다는 것이다. 구체적으로 설명하면 다음과 같다. K-평균 군집분석을 클릭한 후, 최초 화면에서 기본 설정된 군집의 수를 2로 하고 분석하면, 군집 1=108, 군집 2=166으로 군집 2가 월등히 많은 분포를 보이고 있다. 다음으로 군집의 수를 3으로 입력하면, 군집 1= 56, 군집 2=82, 군집 3=136으로 군집 3이 확연하게 높은 분포를 이루고 있다. 다음으로 군집의 수를 4로 입력하면, 군집 1=74, 군집 2=56, 군집 3=77, 군집 4=67로 일정한 군집의 분포가 이루고 있다. 결과적으로 군집 4가 가장 적합한 것으로 판단해 볼 수 있다.

또한 군집의 수를 결정하는 또 다른 대안책으로서, 최종 분석결과를 파악한 후 결정하는 것이다. 앞으로 설명하게 될 시장세분화 조사 절차는 군집분석 후 카이제곱 검정을 실시하고 일원배치분산분석을 실시할 것이다. 즉, 군집의 2로 하였을 때와 3 혹은 4로 입력하였을 때의 최종 분석결과는 다르게 나타날 것이다. 그러므로 연구자는 군집의 수를 기준으로 최종 분석결과를 도출한 후, 군집의 수를 결정할 수도 있을 것이다.

저자는 여기서 군집의 수를 결정 하는데는 위의 두 가지 방법을 병행할 것을 권유한다. 군집의 분포정도도 확인하고, 최종 분석결과도 살펴본 후 군집의 수를 결정하는 것이 가장 적합할 것으로 생각한다. 왜냐하면, 군집의 수를 5로 입력하고 분석하면 군집의 분포는 일정하지만 최종분석결과는 만족할 만한 성과를 얻지 못할 것이기 때문이다.

이렇듯 군집분석은 여타 분석과는 달리 연구자의 주관 개입이 가능하기 때문에 어떻게 보면 비과학적 분석방법인 것 같이 보일 수도 있다. 하지만 시장세분화를 하고자 한다면 군집분석을 피할 수는 없을 것이다.

3) 군집분석 결과 해석

군집분석의 Output창에는 〈그림 20-7〉과 같은 화면이 나타날 것이다.

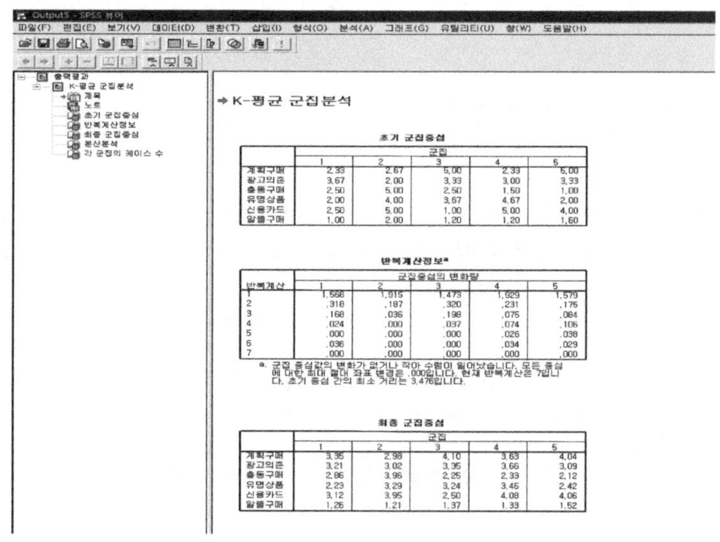

초기 군집중심

	군집				
	1	2	3	4	5
계획구매	2.33	2.67	5.00	2.33	5.00
광고의존	3.67	2.00	3.33	3.00	3.33
충동구매	2.50	5.00	2.50	1.50	1.00
유명상품	2.00	4.00	3.67	4.67	2.00
신용카드	2.50	5.00	1.00	5.00	4.00
알뜰구매	1.00	2.00	1.20	1.20	1.60

반복계산정보[a]

반복계산	군집중심의 변화량				
	1	2	3	4	5
1	1.568	1.915	1.473	1.929	1.579
2	.318	.187	.320	.231	.175
3	.168	.036	.198	.075	.084
4	.024	.000	.037	.074	.106
5	.000	.000	.000	.026	.038
6	.036	.000	.000	.034	.029
7	.000	.000	.000	.000	.000

a. 군집 중심값의 변화가 없거나 작아 수렴이 일어났습니다. 모든 중심에 대한 최대 절대 좌표 변경은 .000입니다. 현재 반복계산은 7입니다. 초기 중심 간의 최소 거리는 3.476입니다.

최종 군집중심

	군집				
	1	2	3	4	5
계획구매	3.35	2.98	4.10	3.63	4.04
광고의존	3.21	3.02	3.35	3.66	3.09
충동구매	2.86	3.96	2.25	2.33	2.12
유명상품	2.23	3.29	3.24	3.46	2.42
신용카드	3.12	3.95	2.50	4.08	4.06
알뜰구매	1.26	1.21	1.37	1.33	1.52

〈그림 20-7〉 군집분석의 결과창

〔군집분석 결과 해석 1〕

초기 군집중심

	군집			
	1	2	3	4
계획구매	2.67	5.00	2.33	4.00
광고의존	3.67	3.33	3.00	3.67
충동구매	5.00	2.50	1.50	2.00
유명상품	3.67	3.67	4.67	1.33
신용카드	3.00	1.00	5.00	4.50
알뜰구매	1.40	1.20	1.20	1.60

【초기 군집중심 해석】

반복계산 전에 각 군집별 중심값을 보여준다. 여기서는 최종 군집중심이 중요하므로 뒤에서 다시 설명할 것이다.

〔군집분석 결과 해석 2〕

반복계산정보[a]

	군집중심의 변화량			
반복계산	1	2	3	4
1	1.608	1.813	1.683	1.536
2	.171	.378	.307	.194
3	.029	.132	.132	.092
4	.052	.000	.178	.104
5	.048	.000	.109	.073
6	.045	.000	.083	.092
7	.020	.000	.018	.000
8	.000	.000	.000	.000

a. 군집 중심값의 변화가 없거나 작아 수렴이 일어났습니다. 모든 중심에 대한 최대 절대 좌표 변경은 .000입니다. 현재 반복계산은 8입니다. 초기 중심 간의 최소 거리는 3.872입니다.

【반복계산정보 해석】

이는 〈그림 20-4〉 K-평균 군집분석의 반복계산을 선택하였기 때문에 나타난 화면이다. 이는 최대 반복계산수를 10회로 지정되어 있으며 여기서는 총 8회가 실시된 결과물을 보여준다.

〔군집분석 결과 해석 3〕

최종 군집중심

	군집			
	1	2	3	4
계획구매	3.05	3.77	3.62	3.98
광고의존	3.11	3.24	3.70	3.11
충동구매	3.84	2.29	2.29	2.25
유명상품	3.06	2.79	3.49	2.41
신용카드	3.88	2.50	4.08	4.01
알뜰구매	1.18	1.36	1.32	1.49

【최종 군집중심 해석】

반복계산 후의 각 군집별 중심값을 보여준다. 군집 1에서 신용카드가 3.88로 가장 중심값이 높게 나타났고, 그 다음으로는 충동구매가 3.84로 높게 나타났다. 즉, 군집 1의 구매형태는 신용카드를 즐겨 쓰며 충동구매 유형이 가장 높은 집단이라고 할 수 있을 것이다. 군집의 2의 경우에는 계획구매가 3.77로 가장 높은 값을 보이고 그 다음으로는 광고의존이 3.24의 값을 보이고 있다. 즉, 군집 2의 구매형태는 계획적 구매를 하며 광고에서 본 물품을 주로 구입하는 유형을 가진 집단이라고 할 수 있다. 군집 3의 경우에는 신용카드, 광고의존, 계획구매의 순으로 높은 값을 가지고 있는 것으로 나타났다. 즉, 신용카드를 주로 사용하며 광고에 노출된 상품을 계획적으로 구매하는 집단으로 분류할 수 있을 것이다. 마지막 군집 4는 신용카드, 계획구매의 순으로 높은 값을 보인다. 이는 신용카드를 주로 사용하는 유형의 집단이며 주로 계획적으로 구매를 하는 유형을 가진 집단으로 분류할 수 있을 것이다.

〔군집분석 결과 해석 4〕

각 군집의 케이스 수

군집	1	74.000
	2	56.000
	3	77.000
	4	67.000
유효		274.000
결측		.000

【각 군집의 케이스 수 해석】

각 군집별 분포수를 보여준다. 군집 1은 74명, 군집 2는 56명, 군집 3은 77명, 군집 4는 67명으로 나타났다. 비교적 각 군집별 분포수가 일정하다는 것을 알 수 있다.

3) 논문에서 군집분석 결과 제시방법

요인분석을 통하여 소비자들의 구매형태를 6가지로 분류하고, 이를 가지고 군집분석을 실시하여 4가지 세부 집단으로 분류하였다. 그 결과는 아래의 표에서 제시된 것과 같다. 군집 1은 74명으로 구성되었으며, 주로 신용카드/충동구매의 유형의 집단으로 구분되었다. 군집 2는 56명으로 구성되었고, 주로 광고의존/계획구매 유형의 집단으로 분류되었다. 군집 3의 경우에는 77명으로 신용카드/광고의존/계획구매의 유형을 주로 보이는 집단이며, 마지막 군집 4는 67명으로 신용카드/계획구매의 유형을 가진 집단으로 분류되었다.

요인명	군집분류				F값	P-value
	군집1 (n=74)	군집2 (n=56)	군집3 (n=77)	군집4 (n=67)		
계획구매	3.05	**3.77**	**3.62**	**3.98**	35.124	.000
광고의존	3.11	**3.24**	**3.70**	3.11	20.218	.000
충동구매	**3.84**	2.29	2.29	2.25	135.692	.000
유명상품	3.06	2.79	3.49	2.41	50.470	.000
신용카드	**3.88**	2.50	**4.08**	**4.01**	156.585	.000
알뜰구매	1.18	1.36	1.32	1.49	15.944	.000
	신용카드/충동구매 유형의 집단	계획구매/광고의존 유형의 집단	신용카드/광고의존/계획구매 유형의 집단	신용카드/계획구매 유형의 집단		

5 시장세분화 실시(카이제곱 검정)

군집분석은 시장세분화 연구에 가장 유용한 통계분석기법이라고 언급하였다. 그런데 앞에서 설명한 구매형태를 요인분석한 후, 이를 다시 군집분석 한 결과

는 군집별 이름을 명명하는 정도에 그치기 때문에 시장세분화 연구에서 매우 부족함이 남는다. 좀 더 구체적으로 시장세분화를 위해서는 각 군집별 특성을 도출해야만 하는데, 가장 보편적으로 사용하는 방법이 군집별 인구통계적 특성을 파악하는 것이다. 이를 위해서는 제 18강에서 설명한 카이제곱 분석을 하면 된다.

파일 "제 2부-5"에서 인구통계적 특성에 해당하는 변수로는 성별, 결혼유무, 연령, 소득 등이 있고, 또한 군집을 구분한 qcl_1 변수도 있다. 이 둘을 가지고 카이제곱 분석을 하면 인구통계적 특성별 4개로 분류된 군집의 특성을 파악할 수 있다.

카이제곱검정과 관련된 구체적인 통계분석방법은 제 18강을 참고하길 바란다.

1) 카이제곱 검정의 실시

카이제곱 검정을 실시하기 위한 구체적인 방법은 제 18강을 참고하고, 여기서는 간략하게 설명할 것이다. 〈그림 20-8〉에서 행과 열에 검정할 변수인 인구통계적 변수와 군집분석 후 새로운 생성된 변수인 qcl_1 변수를 투입시킨다. 또한 **통계량(S)...**을 클릭하여 **카이제곱(H)**에 체크하고, **셀(E)...**을 클릭한 후 **기대빈도(E)**와 퍼센트의 **행(R), 열(C), 전체(T)**를 클릭하고 마지막으로 **확인**을 선택하면 된다.

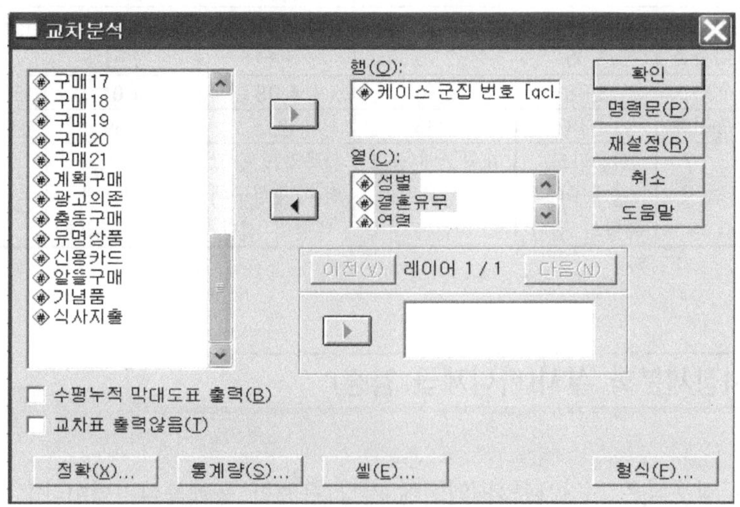

〈그림 20-8〉 카이제곱 검정의 실행

2) 카이제곱 검정 분석결과

〔카이제곱 검정 결과 해석 1〕 케이스 처리 요약

	케이스					
	유효		결측		전체	
	N	퍼센트	N	퍼센트	N	퍼센트
케이스 군집 번호 * 성별	274	100.0%	0	.0%	274	100.0%
케이스 군집 번호 * 결혼유무	274	100.0%	0	.0%	274	100.0%
케이스 군집 번호 * 연령	274	100.0%	0	.0%	274	100.0%
케이스 군집 번호 * 소득	274	100.0%	0	.0%	274	100.0%

【케이스 처리 요약 해석】

카이제곱 분석에 사용된 빈도수가 274명이라는 것을 보여주고 있다. 또한 결측치도 없는 것으로 나타나고 있다.

〔카이제곱 검정 결과 해석 2〕 케이스군집번호*성별 교차표

			성별		전체
			남자	여자	
케이스 군집 번호	1	빈도	30	44	74
		기대빈도	32.4	41.6	74.0
		케이스 군집 번호의 %	40.5%	59.5%	100.0%
		성별의 %	25.0%	28.6%	27.0%
		전체 %	10.9%	16.1%	27.0%
	2	빈도	19	37	56
		기대빈도	24.5	31.5	56.0
		케이스 군집 번호의 %	33.9%	66.1%	100.0%
		성별의 %	15.8%	24.0%	20.4%
		전체 %	6.9%	13.5%	20.4%
		빈도	49	28	77
		기대빈도	33.7	43.3	77.0
	3	케이스 군집 번호의 %	63.6%	36.4%	100.0%

		성별의 %	40.8%	18.2%	28.1%
		전체 %	17.9%	10.2%	28.1%
	4	빈도	22	45	67
		기대빈도	29.3	37.7	67.0
		케이스 군집 번호의 %	32.8%	67.2%	100.0%
		성별의 %	18.3%	29.2%	24.5%
		전체 %	8.0%	16.4%	24.5%
전 체		빈도	120	154	274
		기대빈도	120.0	154.0	274.0
		케이스 군집 번호의 %	43.8%	56.2%	100.0%
		성별의 %	100.0%	100.0%	100.0%
		전체 %	43.8%	56.2%	100.0%

【케이스군집번호*성별 교차표 해석】

4개의 군집과 성별의 교차분석표이다. 군집1은 남자30명 여자 44명으로 전체에서 각 10.9%, 16.1%의 분포를 보이고 있다. 군집2의 경우에도 남자 19명, 여자 37명으로 군집1과 같이 여자가 더 많은 분포를 보이고 있다. 이는 전체에서 각 6.9%, 13.5%의 분포로 나타나고 있다. 군집3은 남자 49명 여자 28명으로 군집1과 군집2와 다르게 남자의 비율이 더 높게 나타난 것이 특이한 사항이다.

이는 전체의 각 17.9%, 10.2%의 분포를 보이고 있다. 군집4는 남자 22명 여자 45명의 분포를 보이고 있고, 이는 전체의 각 8.0%, 16.4%의 수치로 나타나고 있다.

4개의 군집과 성별과의 교차분석 결과, 군집1, 군집2, 군집4는 남자보다 여자의 분포가 더 많이 구성되었고, 군집3은 여자보다 남자의 분포가 더 높게 이루어진 것으로 나타났다.

〔카이제곱 검정 결과 해석 3〕 케이스군집번호*성별 카이제곱 검정결과

	값	자유도	점근 유의확률 (양쪽검정)
Pearson 카이제곱	18.117a	3	.000
우도비	18.183	3	.000
선형 대 선형결합	.104	1	.747
유효 케이스 수	274		

a. 0 셀 (.0%)은(는) 5보다 작은 기대 빈도를 가지는 셀입니다.
최소 기대빈도는 24.53입니다.

【케이스군집번호*성별 카이제곱 검정 해석】

앞에서 언급한 교차분석은 단순히 변수들 간의 빈도분석의 결과를 제시한 것이고, 이에 대한 카이제곱 검정 결과는 본 결과를 참고해야 한다. 4개의 군집과 성별 간의 분포에 대한 카이제곱 검정 결과, 유의확률이 .000(p<0.05)으로 나타났다. 이 결과의 해석은 "4개의 군집과 성별 간에는 분포의 차이가 있다"라고 하면 된다.

또한 기대빈도가 5보다 작은 셀의 비율이 20% 이상인 경우에는 변수 값을 코딩 변경을 한 후, 재분석을 실시해야 한다. 그러나 본 검정 결과 5보다 작은 기대빈도는 0%로 나타났기 때문에 분석결과를 그대로 수용하면 된다. 좀 더 상세한 내용은 제 18강 카이제곱 분석을 참고하길 바란다.

〔카이제곱 검정 결과 해석 4〕 케이스군집번호*결혼유무 교차표

			결혼유무		전체
			기혼	미혼	
케이스 군집 번호	1	빈도	33	41	74
		기대빈도	41.9	32.1	74.0
		케이스 군집 번호의 %	44.6%	55.4%	100.0%
		결혼유무의 %	21.3%	34.5%	27.0%
		전체 %	12.0%	15.0%	27.0%
	2	빈도	18	38	56
		기대빈도	31.7	24.3	56.0
		케이스 군집 번호의 %	32.1%	67.9%	100.0%
		결혼유무의 %	11.6%	31.9%	20.4%
		전체 %	6.6%	13.9%	20.4%
	3	빈도	58	19	77
		기대빈도	43.6	33.4	77.0
		케이스 군집 번호의 %	75.3%	24.7%	100.0%
		결혼유무의 %	37.4%	16.0%	28.1%
		전체 %	21.2%	6.9%	28.1%

	4	빈도	46	21	67
		기대빈도	37.9	29.1	67.0
		케이스 군집 번호의 %	68.7%	31.3%	100.0%
		결혼유무의 %	29.7%	17.6%	24.5%
		전체 %	16.8%	7.7%	24.5%
전체		빈도	155	119	274
		기대빈도	155.0	119.0	274.0
		케이스 군집 번호의 %	56.6%	43.4%	100.0%
		결혼유무의 %	100.0%	100.0%	100.0%
		전체 %	56.6%	43.4%	100.0%

【케이스군집번호*결혼유무 교차표 해석】

4개의 군집과 결혼유무의 교차분석표이다. 군집1은 미혼(41명)이 기혼(33명)보다 좀 더 많이 구성되어 있고, 전체에서 27%의 비율을 보이고 있다. 군집2 역시 미혼(38명)이 기혼(18명)보다 더 많은 분포를 이루고 있는 것으로 나타났고, 이는 전체의 20.4%의 수치를 보이고 있다. 군집3의 경우에는 기혼(58명)이 미혼(19명)보다 더 많이 구성되어 있으며 전체의 28.1%를 차지하고 있는 것으로 나타났다. 군집4역시 기혼(46명)이 미혼(21명)보다 더 많으며, 전체에서 24.5%의 비율을 보이고 있다.

4개의 군집과 결혼유무와의 교차분석 결과, 군집1, 군집2는 기혼보다 미혼이 더 많으며, 군집3과 군집4는 미혼보다 기혼이 더 많이 구성되어 있는 것으로 나타났다.

〔카이제곱 검정 결과 해석 5〕 케이스군집번호*결혼유무 카이제곱 검정결과

	값	자유도	점근 유의확률 (양쪽검정)
Pearson 카이제곱	32.928a	3	.000
우도비	33.683	3	.000
선형 대 선형결합	18.053	1	.000
유효 케이스 수	274		

a. 0 셀 (.0%)은(는) 5보다 작은 기대 빈도를 가지는 셀입니다.
최소 기대빈도는 24.32입니다.

【케이스군집번호*결혼유무 카이제곱 검정 해석】

4개의 군집과 결혼유무 간의 분포에 대한 카이제곱 검정결과, 유의확률이 .000으로 나타났다. 즉, 4개의 군집과 결혼유무 간에는 분포의 차이가 있는 것으로 나타났다. 또한 기대빈도가 5보다 작은 비율이 0%로 나타났기 때문에 분석결과를 그대로 수용하면 된다.

〔카이제곱 검정 결과 해석 6〕 케이스군집번호*연령 교차표

			연령				전체
			20대	30대	40대	50대	
케이스 군집 번호	1	빈도	25	26	4	19	74
		기대빈도	18.6	28.4	11.1	15.9	74.0
		케이스 군집 번호의 %	33.8%	35.1%	5.4%	25.7%	100.0%
		연령의 %	36.2%	24.8%	9.8%	32.2%	27.0%
		전체 %	9.1%	9.5%	1.5%	6.9%	27.0%
	2	빈도	24	18	3	11	56
		기대빈도	14.1	21.5	8.4	12.1	56.0
		케이스 군집 번호의 %	42.9%	32.1%	5.4%	19.6%	100.0%
		연령의 %	34.8%	17.1%	7.3%	18.6%	20.4%
		전체 %	8.8%	6.6%	1.1%	4.0%	20.4%
	3	빈도	10	36	18	13	77
		기대빈도	19.4	29.5	11.5	16.6	77.0
		케이스 군집 번호의 %	13.0%	46.8%	23.4%	16.9%	100.0%
		연령의 %	14.5%	34.3%	43.9%	22.0%	28.1%
		전체 %	3.6%	13.1%	6.6%	4.7%	28.1%
	4	빈도	10	25	16	16	67
		기대빈도	16.9	25.7	10.0	14.4	67.0
		케이스 군집 번호의 %	14.9%	37.3%	23.9%	23.9%	100.0%
		연령의 %	14.5%	23.8%	39.0%	27.1%	24.5%
		전체 %	3.6%	9.1%	5.8%	5.8%	24.5%
전체		빈도	69	105	41	59	274
		기대빈도	69.0	105.0	41.0	59.0	274.0
		케이스 군집 번호의 %	25.2%	38.3%	15.0%	21.5%	100.0%
		연령의 %	100.0%	100.%	100.0%	100.0%	100.0%
		전체 %	25.2%	38.3%	15.0%	21.5%	100.0%

【케이스군집번호*연령 교차표 해석】

4개의 군집과 연령간의 교차분석이다. 군집1은 30대(26명), 20대(25명), 50대(19명), 40대(4명)의 순으로 높은 분포를 이루고 있고, 군집2는 20대(24명), 30대(18명), 50대(11명), 40대(3명)의 순으로 높은 분포를 이루고 있는 것으로 나타났다. 군집3은 30대(36명), 40대(18명), 50대(13명), 20대(10명)의 순으로 높은 분포를 이루고 있었고, 군집4의 경우에는 30대는 25명으로 가장 많은 분포를 이루고 있었으며, 40대와 50대는 16명으로 동일한 인원수를 보였고, 마지막으로 20대가 10명의 순으로 나타났다.

〔카이제곱 검정 결과 해석 7〕 케이스군집번호*연령 카이제곱 검정결과

	값	자유도	점근 유의확률 (양쪽검정)
Pearson 카이제곱	35.469a	9	.000
우도비	37.015	9	.000
선형 대 선형결합	5.671	1	.017
유효 케이스 수	274		

a. 0 셀 (.0%)은(는) 5보다 작은 기대 빈도를 가지는 셀입니다.
최소 기대빈도는 8.38입니다.

【케이스군집번호*연령 카이제곱 검정 해석】

4개의 군집과 연령 간의 분포에 대한 카이제곱 검정결과, 유의확률이 .000으로 나타났다. 즉, 4개의 군집과 연령 간에는 분포의 차이가 있는 것으로 나타났다. 또한 기대빈도가 5보다 작은 비율이 0%로 나타났기 때문에 분석결과를 그대로 수용하면 된다.

〔카이제곱 검정 결과 해석 8〕 케이스군집번호*소득 교차표

			소득			전체
			100-300	300-500	500이상	
케이스 군집 번호	1	빈도	28	26	20	74
		기대빈도	21.9	22.4	29.7	74.0
		케이스 군집 번호의 %	37.8%	35.1%	27.0%	100.0%
		소득의 %	34.6%	31.3%	18.2%	27.0%

		전체 %	10.2%	9.5%	7.3%	27.0%
	2	빈도	25	13	18	56
		기대빈도	16.6	17.0	22.5	56.0
		케이스 군집 번호의 %	44.6%	23.2%	32.1%	100.0%
		소득의 %	30.9%	15.7%	16.4%	20.4%
		전체 %	9.1%	4.7%	6.6%	20.4%
	3	빈도	19	29	29	77
		기대빈도	22.8	23.3	30.9	77.0
		케이스 군집 번호의 %	24.7%	37.7%	37.7%	100.0%
		소득의 %	23.5%	34.9%	26.4%	28.1%
		전체 %	6.9%	10.6%	10.6%	28.1%
	4	빈도	9	15	43	67
		기대빈도	19.8	20.3	26.9	67.0
		케이스 군집 번호의 %	13.4%	22.4%	64.2%	100.0%
		소득의 %	11.1%	18.1%	39.1%	24.5%
		전체 %	3.3%	5.5%	15.7%	24.5%
전체		빈도	81	83	110	274
		기대빈도	81.0	83.0	110.0	274.0
		케이스 군집 번호의 %	29.6%	30.3%	40.1%	100.0%
		소득의 %	100.0%	100.0%	100.0%	100.0%
		전체 %	29.6%	30.3%	40.1%	100.0%

【케이스군집번호*소득 교차표 해석】

4개의 군집과 소득 간의 교차분석표의 결과는 다음과 같다. 군집1은 100~300만원(28명), 300~500만원(26명), 500만원이상(20명)의 순으로 나타났고, 군집2는 100~300만원(25명), 500만원이상(18명), 300~500만원(13명)의 순으로 분포를 이루었다. 군집3의 경우에는 300~500만원, 500만원이상이 동일한 인원수인 29명으로 나타났고, 100~300만원이 19명으로 분포를 이루었다. 마지막 군집4는 500만원이상이 43명으로 가장 많은 분포를 이루었고, 300~500만원이 15명, 100~300만원이 9명의 순으로 나타났다.

〔카이제곱 검정 결과 해석 9〕 케이스군집번호*소득 카이제곱 검정결과

	값	자유도	점근 유의확률 (양쪽검정)
Pearson 카이제곱	30.626a	6	.000
우도비	30.534	6	.000
선형 대 선형결합	20.840	1	.000
유효 케이스 수	274		

a. 0 셀 (.0%)은(는) 5보다 작은 기대 빈도를 가지는 셀입니다.
최소 기대빈도는 16.55입니다.

【케이스군집번호*소득 카이제곱 검정 해석】

4개의 군집과 소득 간의 분포에 대한 카이제곱 검정결과, 유의확률이 .000으로 나타났다. 즉, 4개의 군집과 소득 간에는 분포의 차이가 있는 것으로 나타났다. 또한 기대빈도가 5보다 작은 비율이 0%로 나타났기 때문에 분석결과를 그대로 수용하면 된다.

3) 논문에서 군집별 시장세분화 결과 제시방법

4개의 군집과 인구통계적특성 간 카이제곱 검정 결과를 앞에서 살펴보았다. 이와 관련된 결과를 논문에서는 표로서 제시할 수 있다. 독자 여러분들이 논문을 작성할 때는 〈표 1〉과 〈표 2〉를 참고하면 된다.

논문에서 해석방법

시장세분화를 구체적이고 정확하게 하기 위해서 각 군집별 특성을 도출할 필요가 있다. 이를 위해서 〈표 1〉과 같이 군집별 인구통계적 특성에 대한 카이제곱 검정을 실시하였다.

군집별 특성을 구체적으로 살펴보면 다음과 같다.

군집 1의 경우, 성별은 남자30명 여자 44명으로 전체에서 각 10.9%, 16.1%의 분포를 보이고 있고, 결혼유무는 미혼(41명)이 기혼(33명)보다 좀 더 많이 구성되어 있고, 연령별로는 30대(26명), 20대(25명), 50대 (19명), 40대(4명)의 순으로 높은 분포를 이루고 있고, 소득별로는 100~300만원(28명), 300~500만원(26명), 500만원이상(20명)의 순으로 나타났다.

군집 2의 경우에는 남자 19명, 여자 37명으로 군집1과 같이 여자가 더 많은 분포를 보이고 있다. 이는 전체에서 각 6.9%, 13.5%의 분포로 나타나고 있고, 미혼(38명)이 기혼(18명)보다 더 많은 분포를 이루고 있는 것으로 나타났고, 연령별로는 20대(24명), 30대 (18명), 50대(11명), 40대(3명)의 순으로 높은 분포를 이루고 있는 것으로 나타났다. 소득별로는 100~300만원(25명), 500만원이상(18명), 300~500만원(13명)의 순으로 분포를 이루었다.

군집 3은 남자 49명 여자 28명으로 군집1과 군집2와 다르게 남자의 비율이 더 높게 나타났고, 기혼(58명)이 미혼(19명)보다 더 많이 구성되어 있으며, 연령별로는 30대(36명), 40대(18명), 50대(13명), 20대(10명)의 순으로 높은 분포를 이루고 있었고, 소득별로는 300~500만원, 500만원이상이 동일한 인원수인 29명, 100~300만원이 19명으로 분포를 이루었다

군집 4는 남자 22명 여자 45명의 분포를 보이고 있고, 이는 전체의 각 8.0%, 16.4%의 수치로 나타났고, 기혼(46명)이 미혼(21명)보다 더 많으며, 30대는 25명으로 가장 많은 분포를 이루고 있었으며, 40대와 50대는 16명으로 동일한 인원수를 보였고, 마지막으로 20대가 10명의 순으로 나타났으며, 소득별로는 500만원 이상이 43명으로 가장 많은 분포를 이루었고, 300~500만원이 15명, 100~300만원이 9명의 순으로 나타났다.

이러한 결과를 기초로 군집별 시장세분화를 실시하였다. 그 결과는 〈표 2〉와 같다.

〈표 1〉 군집별 인구통계적 특성

구분		군집1 n(%)	군집2 n(%)	군집3 n(%)	군집4 n(%)	전체 n(%)	유의확률 Pearson
성별	남자	30(10.9)	19(6.9)	49(17.9)	22(8.0)	120(43.8)	.000*
	여자	44(16.1)	37(13.5)	28(10.2)	45(16.4)	154(56.2)	
결혼유무	기혼	33(12.0)	18(6.6)	58(21.2)	46(16.8)	155(56.6)	.000*
	미혼	41(15.0)	38(13.9)	19(6.9)	21(7.7)	119(43.4)	
연령	20대	25(9.1)	24(8.8)	10(3.6)	10(3.6)	69(25.2)	.000*
	30대	26(9.5)	18(6.6)	36(13.1)	25(9.1)	105(38.3)	
	40대	4(1.5)	3(1.1)	18(6.6)	16(5.8)	41(15.0)	
	50대	19(6.9)	11(4.0)	13(4.7)	16(5.8)	59(21.5)	

소득	100~300만원	28(10.2)	25(9.1)	19(6.9)	9(3.3)	81(29.6)	.000*
	300~500만원	26(9.5)	13(4.7)	29(10.6)	15(5.5)	83(30.3)	
	500만원이상	20(7.3)	18(6.6)	29(10.6)	43(15.7)	110(40.1)	

〈표 2〉 군집별 시장세분화

구분	군집1(n=74) 신용카드/충동구매형	군집2(n=56) 계획구매/광고의존형	군집3(n=77) 신용카드/광고의존/계획구매형	군집4(n=67) 신용카드/계획구매형
소비생활유형	현금보다 카드로 지불하는 경우가 많고, 신용카드는 반드시 필요한 것이라고 생각. 예정에 없이 충동적으로 물건을 구입하는 경우가 많고, 계획에 없던 물건을 구매하는 경우가 많음.	물건을 구입할 때 제품의 가격과 품질을 꼼꼼히 살피고, 구입 시 계획을 세우며, 싼 물건을 구매하기 위해 가격을 비교. 광고에서 본 물건을 선호하며, 광고를 많이 한 상표에 대해 신뢰를 가지고, 광고의 정보에 의존.	현금보다 카드로 지불하는 경우가 많고, 신용카드는 반드시 필요한 것이라고 생각. 광고에서 본 물건을 선호하며, 광고를 많이 한 상표에 대해 신뢰를 가지고, 광고의 정보에 의존. 물건을 구입할 때 제품의 가격과 품질을 꼼꼼히 살피고, 구입 시 계획을 세우며, 싼 물건을 구매하기 위해 가격을 비교.	현금보다 카드로 지불하는 경우가 많고, 신용카드는 반드시 필요한 것이라고 생각. 물건을 구입할 때 제품의 가격과 품질을 꼼꼼히 살피고, 구입 시 계획을 세우며, 싼 물건을 구매하기 위해 가격을 비교.
인구통계적특성	여성이 남성보다 약간 많으며 기혼보다는 미혼이 약간 더 분포되어있고, 연령은 주로 20~30대 젊은층이며 소득은 월 100~300만원사이로 나타남	여성이 남성보다 2배정도 더 많으며, 기혼보다는 미혼이 월등히 높은 수치를 보인다. 연령층은 주로 20-30대층이며 소득수준은 100-300만원 정도가 가장 많이 분포됨	남성이 여성보다 월등히 많으며, 기혼자가 미혼자보다 3배정도 더 많으며, 30대가 주로 분포됨. 소득수준은 300만원 이상의 고소득층임.	여성이 남성보다 월등히 많으며, 기혼자가 미혼자의 2배정도 많고, 연령은 주로 30대 이상이며 500만원이상의 고소득층으로 분포가 이루어짐.

6 군집별 차이검정

앞에서 구매형태를 요인분석하여 6개 요인으로 묶었으며, 이를 다시 군집분석

하여 4개의 군집으로 분류하였다. 4개의 군집과 인구통계적특성 간의 카이제곱 검정을 통하여 시장세분화를 실시하여 각 군집별 특성도 도출하였다. 그렇다면 각 군집별로 기념품 구매와 식사비용 지출에는 어떠한 차이가 있는가를 알아본다면 어떠한 군집이 가장 많은 비용을 지출했는지를 파악할 수 있어 향후 관광지 마케팅 전략 수립에 유익한 정보를 제공할 수 있을 것이다. 따라서 여기서는 제 20강의 목표를 달성하기 위한 마지막 단계인 군집별 차이검정을 실시할 것이다. 군집별 차이검정은 제 17강에 설명한 일원배치분산분석(One-way ANOVA)을 실시한다. 이와 관련한 **구체적인 분석방법과 해석은 제 17강을 참고하길 바라며 여기서는 간략히 분석결과만을 제시할 것이다.**

1) 일원배치분산분석의 실시

일원배치분산분석의 대화창을 연 후, **요인(F)**:에는 군집분석 후 새로이 생성된 변수인 qcl_1을 투입시키고 **종속변수(E)**:에는 검정할 변수인 **기념품**과 **식사지출**을 투입 시킨다. **사후분석(H)...**클릭 후 등분산 가정함에서는 **Scheffe(C)**을 선택하고, 등분산을 가정하지 않음에는 **Dunnett의 T3(3)**를 선택하고, **옵션(O)...** 클릭 후 **기술통계(D)**와 **분산의 동질성(H)**을 선택한다. 마지막으로 확인을 클릭한다.

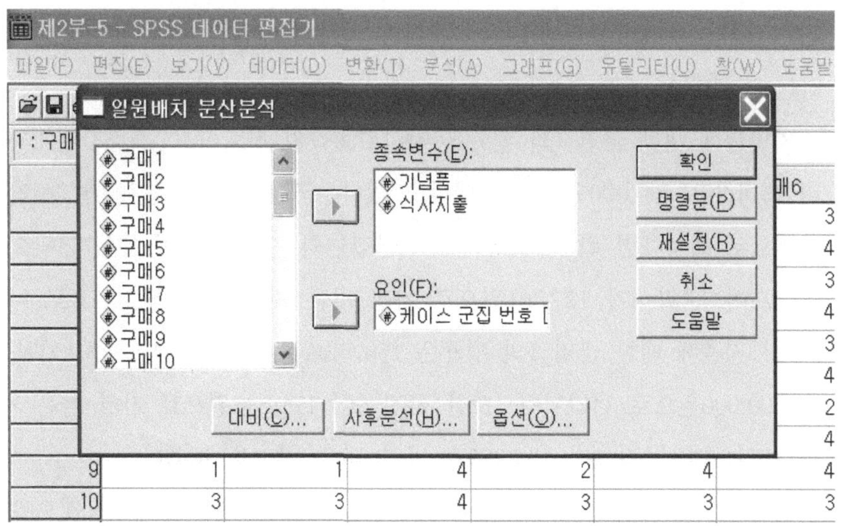

〈20-9〉 일원배치분산분석의 실시

2) 일원배치분산분석의 결과

〔일원배치분산분석 결과 해석 1〕 기술통계

		N	평균	표준편차	표준오차	평균에 대한 95% 신뢰구간		최소값	최대값
						하한값	상한값		
기념품	1	74	147837.84	105489.989	12262.962	123397.79	172277.89	25000	450000
	2	56	145714.29	94731.336	12659.007	120345.07	171083.50	40000	600000
	3	77	176753.25	102356.338	11664.587	153521.21	199985.29	50000	450000
	4	67	127761.19	63623.440	7772.840	112242.22	143280.17	10000	300000
	합계	274	150620.44	94903.933	5733.356	139333.23	161907.65	10000	600000
식사지출	1	74	150540.54	64167.843	7459.360	135674.06	165407.02	40000	300000
	2	56	139285.71	65466.359	8748.310	121753.71	156817.72	15000	300000
	3	77	171688.31	62605.755	7134.588	157478.55	185898.07	30000	300000
	4	67	141492.54	61132.091	7468.474	126581.25	156403.83	50000	300000
	합계	274	151970.80	64259.255	3882.044	144328.26	159613.35	15000	300000

【기술통계 해석】

One Way ANOVA 분석의 기술통계 결과이다. 독립변수는 군집 1, 군집 2, 군집 3, 군집 4이고, 종속변수는 기념품과 식사지출이다. N은 군집별 빈도수를 말하는 것이다.

기념품에 대한 군집 1의 평균은 약 147,837원 정도이고, 최소값은 25,000원이며 최대값은 450,000원으로 나타나고 있다. 군집 2, 군집 3. 군집 4 역시 같은 방식으로 해석하면 된다. 결과적으로 군집 3의 지출 비용이 176,753원으로 가장 높았으며, 군집 4가 127,761원으로 가장 낮은 지출을 보이는 것으로 나타났다.

식사지출에 대한 군집 1의 평균은 150,540원이고, 최소값은 40,000원, 최대값은 300,000원으로 나타났다. 또한 군집 3이 171,688원으로 가장 높은 지출분포를 보였으며, 군집 2가 139,285로 가장 낮은 지출을 보였다.

결과적으로 군집 3이 기념품과 식사비용 지출을 가장 많이 한 것으로 밝혀졌다.

〔일원배치분산분석 결과 해석 2〕 분산의 동질성에 대한 검정

	Levene 통계량	자유도1	자유도2	유의확률
기념품	2.819	3	270	.039
식사지출	.141	3	270	.935

【분산의 동질성에 대한 검정 해석】

분산의 동질성에 대한 검정해석이다. 분산의 동질성에 대한 **귀무가설은 "H0=집단의 분산이 같다" 이고, 연구가설은 "H1=집단의 분산이 다르다"** 이다. 기념품은 유의확률이 0.039로 연구가설이 채택되므로 분산이 동질하지 않다는 것을 말하고, 식사지출의 유의확률은 0.935로 분산이 같다는 것을 나타내고 있다. 이를 기초로 뒤에 나올 다중비교해석에서 등분산을 가정했을 때는 Scheffe 검정결과를 해석하고, 등분산을 가정하지 않았을 때는 Dunnett의 T3 검정결과를 선택하여 해석하면 된다. 따라서 기념품의 경우에는 Dunnett의 T3 검정결과를 해석하고, 식사지출은 Scheffe 검정결과를 해석하면 된다.

〔일원배치분산분석 결과 해석 3〕 분산분석

		제곱합	자유도	평균제곱	F	유의확률
기념품	집단-간	89516552129.173	3	29838850709.724	3.400	.018
	집단-내	2369327973418.272	270	8775288790.438		
	합계	2458844525547.446	273			
식사지출	집단-간	46454693724.375	3	15484897908.125	3.868	.010
	집단-내	1080831072698.983	270	4003078047.033		
	합계	1127285766423.358	273			

【분산분석 해석】

One Way ANOVA 분석의 최종결과이다. 기념품과 식사지출의 유의확률은 각 0.018과 0.010으로 나타났다. 즉, 군집별 기념품과 식사지출비용에는 차이가 있다는 것을 말한다. 다음에는 어떠한 군집 간 차이가 있는 지를 조사해야 하는데, 이는 다음에 나오는 사후검정결과를 참고하면 된다.

[일원배치분산분석 결과 해석 3] 다중 비교

종속변수		(I) 케이스 군집 번호	(J) 케이스 군집 번호	평균차 (I-J)	표준오차	유의확률	95% 신뢰구간	
							하한값	상한값
기념품	Scheffe	1	2	2123.55	16591.762	.999	-44552.44	48799.54
			3	-28915.41	15249.583	.311	-71815.58	13984.76
			4	20076.64	15797.451	.656	-24364.79	64518.07
		2	1	-2123.55	16591.762	.999	-48799.54	44552.44
			3	-31038.96	16451.941	.315	-77321.61	15243.68
			4	17953.09	16961.015	.772	-29761.68	65667.87
		3	1	28915.41	15249.583	.311	-13984.76	71815.58
			2	31038.96	16451.941	.315	-15243.68	77321.61
			4	**48992.05**	15650.535	**.022***	4963.93	93020.18
		4	1	-20076.64	15797.451	.656	-64518.07	24364.79
			2	-17953.09	16961.015	.772	-65667.87	29761.68
			3	**-48992.05**	15650.535	**.022***	-93020.18	-4963.93
	Dunnett T3	1	2	2123.55	16591.762	1.000	-44963.59	49210.69
			3	-28915.41	15249.583	.427	-74019.70	16188.89
			4	20076.64	15797.451	.666	-18725.07	58878.36
		2	1	-2123.55	16591.762	1.000	-49210.69	44963.59
			3	-31038.96	16451.941	.365	-77031.88	14953.96
			4	17953.09	16961.015	.785	-21937.34	57843.52
		3	1	28915.41	15249.583	.427	-16188.89	74019.70
			2	31038.96	16451.941	.365	-14953.96	77031.88
			4	**48992.05**	15650.535	**.004***	11565.08	86419.02
		4	1	-20076.64	15797.451	.666	-58878.36	18725.07
			2	-17953.09	16961.015	.785	-57843.52	21937.34
			3	**-48992.05**	15650.535	**.004***	-86419.02	-11565.08
식사지출	Scheffe	1	2	11254.83	11206.212	.799	-20270.52	42780.17
			3	-21147.77	10299.693	.242	-50122.90	7827.35
			4	9048.00	10669.727	.869	-20968.10	39064.11
		2	1	-11254.83	11206.212	.799	-42780.17	20270.52
			3	**-32402.60**	11111.776	**.039***	-63662.28	-1142.92
			4	-2206.82	11455.609	.998	-34433.77	30020.13
		3	1	21147.77	10299.693	.242	-7827.35	50122.90
			2	**32402.60**	11111.776	**.039***	1142.92	63662.28
			4	**30195.77**	10570.500	**.045***	458.82	59932.73
		4	1	-9048.00	10669.727	.869	-39064.11	20968.10
			2	2206.82	11455.609	.998	-30020.13	34433.77
			3	**-30195.77**	10570.500	**.045***	-59932.73	-458.82
	Dunnett T3	1	2	11254.83	11206.212	.906	-19488.29	41997.94
			3	-21147.77	10299.693	.226	-48655.84	6360.30
			4	9048.00	10669.727	.948	-19107.89	37203.89
		2	1	-11254.83	11206.212	.906	-41997.94	19488.29
			3	**-32402.60**	11111.776	**.029***	-62597.16	-2208.03
			4	-2206.82	11455.609	1.000	-32980.59	28566.94

		3	1	21147.77	10299.693	.226	-6360.30	48655.84
			2	32402.60	11111.776	.029*	2208.03	62597.16
			4	30195.77	10570.500	.024*	2649.23	57742.31
		4	1	-9048.00	10669.727	.948	-37203.89	19107.89
			2	2206.82	11455.609	1.000	-28566.94	32980.59
			3	-30195.77	10570.500	.024*	-57742.31	-2649.23

* .05 수준에서 평균차가 큽니다.

【다중 비교 해석】

4개의 군집 간 평균의 차이를 검정하는 사후검정 결과를 제시한 표이다. 이미 앞에서 기념품의 경우에는 Dunnett의 T3 검정결과를 해석하고, 식사지출은 Scheffe 검정결과를 해석하면 된다고 언급하였다. 기념품의 경우에는 군집 3과 군집 4가 차이를 보이고 있으며, 유의확률은 0.004로 나타나고 있다. 식사지출의 경우에는 군집 2와 군집3, 군집 3과 군집 4에서 유의확률이 각 0.039, 0.045로 유위수준하에서 평균의 차이가 있는 것으로 나타났다.

3) 논문에서 일원배치분산분석의 결과 제시방법

다음의 표는 각 군집별 기념품과 식사지출에 차이가 있는 지를 파악한 결과이다. 분석결과 기념품과 식사지출의 유의확률은 각 0.018, 0.010으로 유의수준하에서 각 군집별 차이가 있는 것으로 나타났다. 구체적으로 살펴보면, 군집 3이 기념품, 식사지출 모두 가장 많은 지출을 하는 것으로 나타났고, 또한 기념품은 군집 4가 식사지출은 군집 2가 가장 낮은 지출을 하는 것으로 밝혀졌다.

마지막으로 사후 검정결과 기념품은 군집 3과 군집 4가 유의한 차이가 나타났고, 식사지출은 군집 2와 군집 3, 군집 3과 군집 4가 유의한 차이를 보였다.

종속변수	군집	평균	표준편차	F값/유의확률	사후검정
기념품	군집1	147837.84	105489.989	3.400/ 0.018*	군집3*군집4 (군집3〉군집4)
	군집2	145714.29	94731.336		
	군집3	176753.25	102356.338		
	군집4	127761.19	63623.440		

식사지출	군집1	150540.54	64167.843	3.868/ 0.010**	군집2*군집3 군집3*군집4 (군집3)군집4) 군집2)
	군집2	139285.71	65466.359		
	군집3	171688.31	62605.755		
	군집4	141492.54	61132.091		

7 논문에서 시장세분화 분석 결과 재시방법

지금까지 실시한 시장세분화 결과를 논문에서 체계적으로 정리하여 제시하여야 하는데, 여기서 저자가 제안하는 방법은 일반적으로 통용되는 수준이라고 생각하면 될 것이다. 물론 독자 여러분의 생각에 추가할 사항이 있다고 판단되면 논리에 어긋나지만 않는다면 추가하는 것이 가능할 것이다.

여기서 제시되는 "구매형태"의 변수를 요인분석과 신뢰도 분석과 같이 변수정제 과정을 거친 후, 6개 하위요인으로 설정하였는데 요인분석과 신뢰도 분석 결과는 여기서는 제시되지 않는다. 단지 논문의 내용 중 실증분석결과에서 시장세분화와 관련된 분석결과만을 정리하였다는 것을 참고하길 바란다.

1. 구매 형태에 대한 군집분석 결과

요인분석을 통하여 소비자들의 구매형태를 6가지로 분류하고, 이를 가지고 군집분석을 실시하여 4가지 세부 집단으로 분류하였다. 군집분석은 시장세분화에 가장 보편적으로 사용하는 분석방법으로 본 연구의 목적을 달성하는데 가장 적합한 통계분석방법이다. 군집분류의 기준으로 유클디리안 거리측정을 사용하였다. 또한 본 연구의 군집분석은 앞서 실시한 요인분석에 의해 도출된 요인 수에 근거하므로 비 계층적 군집분석이라 할 수 있으며, 비 계층적 군집분석에서 가장 널리 사용하는 K-평균법에 의해 분석을 실시하였다. 군집 수는 군집분석을 여러 번 실시하면서, 분류된 집단 내에 어느 정도의 수치가 있도록 조정하였다. 그 결과 〈표 1〉와 같이 최종적으로 4개의 집단으로 분류 선정하였다.

군집 1은 74명으로 구성되었으며, 주로 신용카드/충동구매의 유형의 집단으로 구분되었다. 군집 2는 56명으로 구성되었고, 주로 광고의존/계획구매 유형의 집단으로 분류되었다. 군집 3의 경우에는 77명으로 신용카드/광고의존/계획구매의 유형을 주로 보이는 집단이며, 마지막 군집 4는 67명으로 신용카드/계획구매의 유형을 가진 집단으로 분류되었다.

〈표 1〉 요인수에 의한 군집분석 요약표

요인명	군집분류				F값	P-value
	군집1 (n=74)	군집2 (n=56)	군집3 (n=77)	군집4 (n=67)		
계획구매	3.05	**3.77**	**3.62**	**3.98**	35.124	.000
광고의존	3.11	**3.24**	**3.70**	3.11	20.218	.000
충동구매	**3.84**	2.29	2.29	2.25	135.692	.000
유명상품	3.06	2.79	3.49	2.41	50.470	.000
신용카드	**3.88**	2.50	**4.08**	**4.01**	156.585	.000
알뜰구매	1.18	1.36	1.32	1.49	15.944	.000
	신용카드/ 충동구매 유형의 집단	계획구매/ 광고의존 유형의 집단	신용카드/ 광고의존/계획구매유형의 집단	신용카드/ 계획구매 유형의 집단		

2. 군집별 인구통계적 특성 및 시장세분화

시장세분화를 구체적이고 정확하게 하기 위해서 각 군집별 특성을 도출할 필요가 있다. 이를 위해서 〈표 2〉과 같이 군집별 인구통계적 특성에 대한 카이제곱 검정을 실시하였다.

군집별 특성을 구체적으로 살펴보면 다음과 같다. 군집 1의 경우, 성별은 남자30명 여자 44명으로 전체에서 각 10.9%, 16.1%의 분포를 보이고 있고, 결혼유무는 미혼(41명)이 기혼(33명)보다 좀 더 많이 구성되어 있고, 연령별로는 30대(26명), 20대(25명), 50대 (19명), 40대(4명)의 순으로 높은 분포를 이루고 있고, 소득별로는 100~300만원(28명), 300~500만원(26명), 500만원이상(20명)의 순으로 나타났다. 군집 1의 특성을 요약하면, 여성이 남성보다 약간 많으며 기혼보다는 미혼이 약간 더 분포되어있고, 연령은 주로 20~30대 젊은층이며 소득

은 월 100~300만원사이 인 것으로 나타났다.

군집 2의 경우에는 남자 19명, 여자 37명으로 군집1과 같이 여자가 더 많은 분포를 보이고 있다. 이는 전체에서 각 6.9%, 13.5%의 분포로 나타나고 있고, 미혼(38명)이 기혼(18명)보다 더 많은 분포를 이루고 있는 것으로 나타났고, 연령별로는 20대(24명), 30대 (18명), 50대(11명), 40대(3명)의 순으로 높은 분포를 이루고 있는 것으로 나타났다. 소득별로는 100~300만원(25명), 500만원이상(18명), 300~500만원(13명)의 순으로 분포를 이루었다. 군집 2의 특성을 요약하면, 여성이 남성보다 2배정도 더 많으며, 기혼보다는 미혼이 월등히 높은 수치를 보인다. 연령층은 주로 20-30대층이며 소득수준은 100-300만원정도가 가장 많이 분포된 것으로 나타났다.

군집 3은 남자 49명 여자 28명으로 군집1과 군집2와 다르게 남자의 비율이 더 높게 나타났고, 기혼(58명)이 미혼(19명)보다 더 많이 구성되어 있으며, 연령별로는 30대(36명), 40대(18명), 50대(13명), 20대(10명)의 순으로 높은 분포를 이루고 있었고, 소득별로는 300~500만원, 500만원이상이 동일한 인원수인 29명, 100~300만원이 19명으로 분포를 이루었다. 군집 3의 특성을 요약하면, 남성이 여성보다 월등히 많으며, 기혼자가 미혼자보다 3배정도 더 많으며, 30대가 주로 분포됨. 소득수준은 300만원이상의 고소득층인 것으로 나타났다.

군집 4는 남자 22명 여자 45명의 분포를 보이고 있고, 이는 전체의 각 8.0%, 16.4%의 수치로 나타났고, 기혼(46명)이 미혼(21명)보다 더 많으며, 30대는 25명으로 가장 많은 분포를 이루고 있었으며, 40대와 50대는 16명으로 동일한 인원수를 보였고, 마지막으로 20대가 10명의 순으로 나타났으며, 소득별로는 500만원이상이 43명으로 가장 많은 분포를 이루었고, 300~500만원이 15명, 100~300만원이 9명의 순으로 나타났다. 군집 4의 특성을 요약하면, 여성이 남성보다 월등히 많으며, 기혼자가 미혼자의 2배정도 많고, 연령은 주로 30대 이상이며 500만원이상의 고소득층인 것으로 나타났다.

〈표 2〉 군집별 인구통계적 특성

구분		군집1 n(%)	군집2 n(%)	군집3 n(%)	군집4 n(%)	전체 n(%)	유의확률 Pearson
성별	남자	30(10.9)	19(6.9)	49(17.9)	22(8.0)	120(43.8)	.000*
	여자	44(16.1)	37(13.5)	28(10.2)	45(16.4)	154(56.2)	
결혼유무	기혼	33(12.0)	18(6.6)	58(21.2)	46(16.8)	155(56.6)	.000*
	미혼	41(15.0)	38(13.9)	19(6.9)	21(7.7)	119(43.4)	
연령	20대	25(9.1)	24(8.8)	10(3.6)	10(3.6)	69(25.2)	.000*
	30대	26(9.5)	18(6.6)	36(13.1)	25(9.1)	105(38.3)	
	40대	4(1.5)	3(1.1)	18(6.6)	16(5.8)	41(15.0)	
	50대	19(6.9)	11(4.0)	13(4.7)	16(5.8)	59(21.5)	
소득	100~300만원	28(10.2)	25(9.1)	19(6.9)	9(3.3)	81(29.6)	.000*
	300~500만원	26(9.5)	13(4.7)	29(10.6)	15(5.5)	83(30.3)	
	500만원이상	20(7.3)	18(6.6)	29(10.6)	43(15.7)	110(40.1)	

〈표 3〉 군집별 시장세분화

구분	군집1(n=74) 신용카드/충동구매형	군집2(n=56) 계획구매/광고의존형	군집3(n=77) 신용카드/광고의존/계획구매형	군집4(n=67) 신용카드/계획구매형
소비생활유형	현금보다 카드로 지불하는 경우가 많고, 신용카드는 반드시 필요한 것이라고 생각. 예정에 없이 충동적으로 물건을 구입하는 경우가 많고, 계획에 없던 물건을 구매하는 경우가 많음.	물건을 구입할 때 제품의 가격과 품질을 꼼꼼히 살피고, 구입 시 계획을 세우며, 싼 물건을 구매하기 위해 가격을 비교. 광고에서 본 물건을 선호하며, 광고를 많이 한 상표에 대해 신뢰를 가지고, 광고의 정보에 의존.	현금보다 카드로 지불하는 경우가 많고, 신용카드는 반드시 필요한 것이라고 생각. 광고에서 본 물건을 선호하며, 광고를 많이 한 상표에 대해 신뢰를 가지고, 광고의 정보에 의존. 물건을 구입할 때 제품의 가격과 품질을 꼼꼼히 살피고, 구입 시 계획을 세우며, 싼 물건을 구매하기 위해 가격을 비교.	현금보다 카드로 지불하는 경우가 많고, 신용카드는 반드시 필요한 것이라고 생각. 물건을 구입할 때 제품의 가격과 품질을 꼼꼼히 살피고, 구입 시 계획을 세우며, 싼 물건을 구매하기 위해 가격을 비교.

인구 통계적 특성	여성이 남성보다 약간 많으며 기혼보다는 미혼이 약간 더 분포되어 있고, 연령은 주로 20~30대 젊은층이며 소득은 월 100~300만원 사이로 나타남	여성이 남성보다 2배정도 더 많으며, 기혼보다는 미혼이 월등히 높은 수치를 보인다. 연령층은 주로 20-30대층이며 소득수준은 100-300만원정도가 가장 많이 분포됨	남성이 여성보다 월등히 많으며, 기혼자가 미혼자보다 3배정도 더 많으며, 30대가 주로 분포됨. 소득수준은 300만원이상의 고소득층임.	여성이 남성보다 월등히 많으며, 기혼자가 미혼자의 2배정도 많고, 연령은 주로 30대 이상이며 500만원이상의 고소득층으로 분포가 이루어짐.

3. 군집 간 여행경비지출 차이검정

〈표 4〉는 각 군집별 기념품과 식사지출에 차이가 있는 지를 파악한 결과이다. 분석결과 기념품과 식사지출의 유의확률은 각 0.018, 0.010으로 유의수준 하에서 각 군집별 차이가 있는 것으로 나타났다. 구체적으로 살펴보면, 군집 3이 기념품, 식사지출 모두 가장 많은 지출을 하는 것으로 나타났고, 또한 기념품은 군집 4가 식사지출은 군집 2가 가장 낮은 지출을 하는 것으로 밝혀졌다. 마지막으로 사후 검정결과 기념품은 군집 3과 군집 4가 유의한 차이가 나타났고, 식사지출은 군집 2와 군집 3, 군집 3과 군집 4가 유의한 차이를 보였다.

〈표 4〉 군집별 관광지 지출 차이검정

종속변수	군집	평균	표준편차	F값/유의확률	사후검정
기념품	군집1	147837.84	105489.989	3.400/ 0.018*	군집3*군집4 (군집3>군집4)
	군집2	145714.29	94731.336		
	군집3	176753.25	102356.338		
	군집4	127761.19	63623.440		
식사지출	군집1	150540.54	64167.843	3.868/ 0.010**	군집2*군집3 군집3*군집4 (군집3>군집4>군집2)
	군집2	139285.71	65466.359		
	군집3	171688.31	62605.755		
	군집4	141492.54	61132.091		

*.p<0.05, **.p<0.01

제3부

AMOS를 이용하여 논문을 작성하자

PART

3

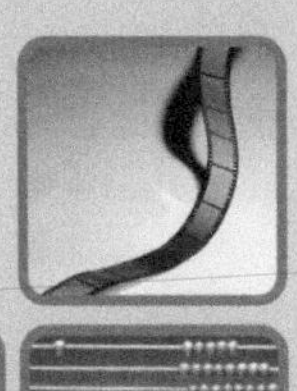

AMOS를 이용하여 논문을 작성하자

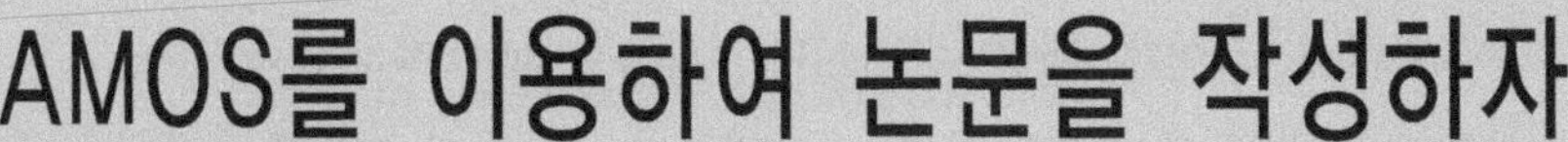

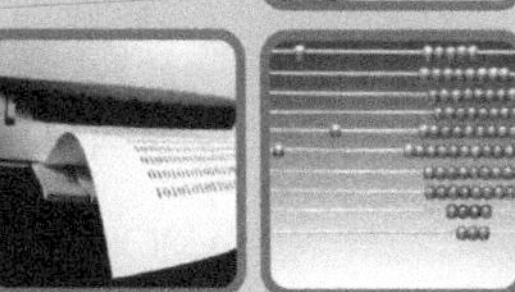

제3부에서는 AMOS를 이용하여 통계분석 하는 방법을 설명할 것이다. AMOS (Analysis of Moment Structure)를 이용하여 구조방정식모델(Structural Equation Modeling : SEM) 분석을 본격적으로 설명하기 전에 기본적인 개념은 이해를 해야 한다. 구조방정식모델 분석과 관련한 대부분의 책들을 보면, 통계 비전공자들이 이해하기 어렵고 보기만 해도 부담이 되는 계산식과 어려운 내용으로 구성되어 있다. 제2부에서와 같이 제3부에서도 논문을 작성하는 통계 비전공자들 위하여 과감히 거품을 제거하고 꼭 이해하고 넘어갈 부분만을 중심으로 설명할 것이다. 그렇다고 해서 부실공사를 하자는 것은 절대 아니다. 여기서 제시하는 수준의 내용으로도 여러분이 논문을 분석하고 해석하는데 부족함이 없을 것으로 확신한다.

최근 들어 회귀분석보다 더 많은 강점을 가지고 있는 구조방정식모델 분석을 선호하는 경향이 있다. 구조방정식모델 분석을 할 수 있는 통계 소프트웨어는 AMOS를 비롯하여 LISREL, EQS 등 몇 개가 있는데, 본서에서는 AMOS를 선택하였다. AMOS에서는 프로그램 입력 대신에 그림으로 연구자가 직접 그리면 된다는 장점이 있기 때문에 LISREL에서처럼 프로그램 입력을 위해 특수한 용어나 행렬을 암기할 필요가 없다. 또한 LISREL 분석을 위해서는 모형에 대한 이해와 정확한 프로그램을 작성해야 하지만, AMOS에서는 연구모형만 이해하면 도형을 그려 쉽게 분석할 수 있다. 그만큼 여타 통계 소프트웨어보다 이해가 쉽기 때문이다. 통계는 더 이상 전문가들의 전유물이 아니다. 연구를 하는 사람 누구라면 쉽게 다룰 수 있어야 한다. 그러기 위해서는 가급적이면 거품을 제거한 설명, 독자에게 다가갈 수 있는 용어가 선행되어야 한다는 것이 저자의 주장이다.

제3부에서는 21강부터 31강까지로 구성되어 있다. 제21강, 22강, 23강은 구조방정식모델분석의 기초적인 지식에 대한 설명이다. 제24강부터 제28강까지는 AMOS를 이용하여 통계분석을 실시하는 방법을 설명한다. **한 가지 기억해야 할 것은 구조방정식모델 분석을 사용하여 논문을 작성할 때, 본서의 제24강부터 제29강까지 순서대로 분석을 해야 한다는 것이다.** 마지막 제30강과 31강은 AMOS를 이용하여 조절효과 분석방법과 간접효과분석방법을 추가로 설명하였다.

구조방정식모델분석은 공분산구조분석(Covariance Structure Analysis)이라고도 하지만 본서에서는 구조방정식모델분석으로 통일하여 사용할 것이다. 독자들은 본서를 가지고 여러 번 반복해서 연습하고 제일 마지막에는 본인의 데이터를 가지고 반드시 실습해 볼 것을 권유한다. AMOS를 반복적으로 사용하면 조만간 여러분은 AMOS를 자유자재로 구사할 수 있을 것이다.

■■■ 제21강 ■■■

구조방정식모델 분석의 기초적인 이해

1 구조방정식모델 분석을 선호하는 이유

앞으로 AMOS를 이용하여 구조방정식모델 분석을 실시할 것이다. 저자는 최대한 알기 쉽게 설명할려고 고민하고 또 고민하였다. 그러나 구조방정식모델 분석을 이해한다는 것은 여전히 독자들에게 어려운 과제일 것이다. 단 한 번에 이해한다는 것은 천재나 가능하지 않을까? 본서를 이해하고 난 후 독자들의 연구데이터를 가지고 여러 번의 실습을 거쳐야만 구조방정식모델 분석을 자유자재로 구사할 수 있을 것이다. 그렇다면 이렇게 어려운 통계분석을 이용하여 꼭 논문을 작성할 필요가 있을까? 그럴 필요는 없다. 통계분석 기법이란 연구의 특성에 가장 적합한 분석을 이용하는 것이 최상의 방법이기 때문이다. 그러나 2000년 이후 최근의 연구 추세를 보았을 때, 많은 사회과학 논문에서 구조방정식모델 분석을 이용하여 논문을 작성하는 것을 선호하고 있다. 여기에는 틀림없이 구조방정식모델 분석이 가지는 강력한 이점이 있기 때문일 것이다.

1) 구조방정식모델 분석은 측정오차를 추정할 수 있다.

독립변수와 종속변수간의 인과관계를 증명하기 위해서 사회과학 분야에서는 주로 설문 조사를 이용한다. 설문지에 사용되는 측정도구는 일반적으로 선행연구 이론에서 검증된 측정도구를 인용하기도 하고, 연구의 특성에 따라 측정도구를 개발하기도 한다. 그런데 이러한 측정도구가 측정하고자 하는 개념을 완벽하게 측정할 수 있을까? 수많은 사회현상 속에서 하나의 개념을 완벽하게 측정할 수 있도록 측정도구를 만들기는 어려울 것이다. 따라서 측정오차는 있기 마련이다.

우리가 제2부에서 배웠던 회귀분석의 경우에는 측정오차를 무시하는 분석방

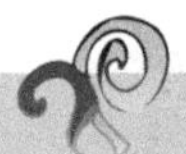

법이다. 그래서 회귀분석에 의한 결과는 정확하지 않을 가능성도 있다고 볼 수 있다. 그러나 구조방정식모델 분석은 이러한 측정오차도 고려한다. 측정오차를 고려하여 분석결과를 제시하므로 회귀분석과 비교하여 사회현상을 더 잘 설명할 수 있고, 분석결과도 더 신뢰할 수 있다. 이것이 구조방정식모델 분석을 선호하는 이유 중 하나이다.

AMOS 상에서 측정오차를 측정하는 방법은 너무나 쉽다. 그냥 마우스로 측정오차가 그려져 있는 도구상자에서 클릭만 하면 된다. 이 부분은 뒤에서 설명하겠다.

2) 상호종속관계에서 동시 추정이 가능하다.

구조방정식모델 분석은 종속변수에 대해 여러 개의 독립변수들을 동시에 분석할 수 있다는 강점이 있다. 〈그림 21-1〉과 같이 연구모형을 작성하고, 변수들 간의 인과관계를 분석하기 위하여 회귀분석을 실시한다고 가정해보자. 먼저, 독립변수로 분배공정성, 절차공정성, 상호작용공정성이 거래심리적계약위반에 미치는 영향을 파악하고, 다시 관계심리적계약위반에 미치는 영향을 조사 하는 다중회귀분석을 실시해야 할 것이다. 그리고 거래/관계심리적계약위반이 조직후원인식에 미치는 영향인 다중회귀분석을 실시해야 한다(제2부 단순/다중회귀분석에서 실시하였다). 그러나 구조방정식모델 분석은 이러한 번거로움 없이 한 번의 분석으로 변수들 간의 인과관계를 파악할 수 있다.

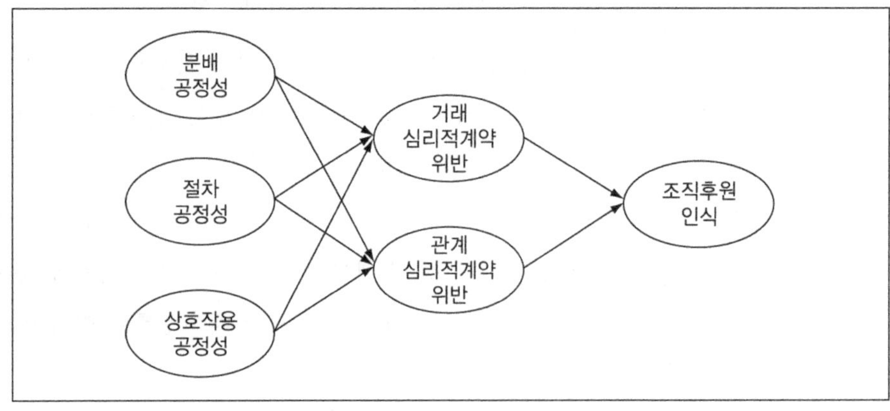

〈그림 21-1〉

한편, 거래/관계심리적계약위반은 분배공정성, 절차공정성, 상호작용공정성과의 관계에서는 종속변수가 되지만, 조직후원인식에 대해서는 독립변수가 되는 상호종속관계를 갖고 있다. 구조방정식모델 분석은 개별적이지만 상호종속적인 관계를 갖는 모델을 동시에 추정할 수 있다. 이것 또한 회귀분석과 차이가 나는 구조방정식모델 분석의 강점이라 할 수 있고, 선호되는 이유 중 하나이다.

3) 간접효과 추정까지 가능하다.

〈그림 21-1〉을 살펴보면, 분배공정성, 절차공정성, 상호작용공정성이 조직후원인식에 어떠한 영향을 미칠 것인가는 파악하지 않았다. 그러나 구조방정식모델 분석에서는 분배공정성, 절차공정성, 상호작용공정성이 거래/관계심리적계약위반을 거쳐 조직후원인식에 미치는 간접효과까지 추정해 준다. 구조방정식모델 분석이 회귀분석과 비교하여 많은 강점이 있다는 것을 알 수 있다.

2 구조방정식모델 분석의 기본 개념을 이해하자

1) 외생변수와 내생변수

구조방정식모델 분석에서 외생변수는 독립변수를 말하는 것이고, 내생변수는 종속변수를 의미한다.

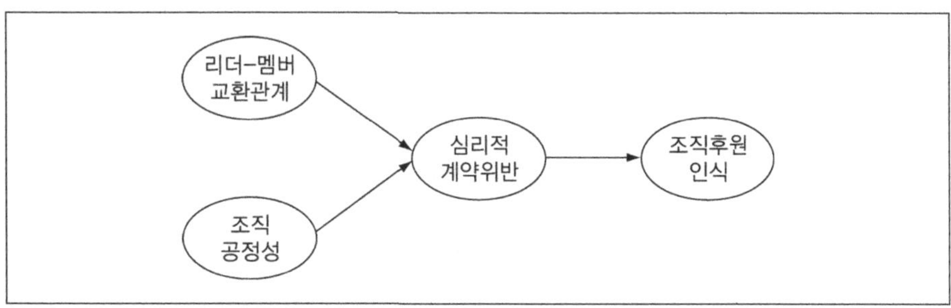

〈그림 21-2〉

〈그림 21-2〉에서 리더-멤버교환관계와 조직공정성은 심리적계약위반에 영향을 미치는 변수 즉, 독립변수(independent variable)이다. 이를 구조방정식모델 분석에서는 **외생변수(exogenous variable)**라 한다.

심리적계약위반은 리더-멤버교환관계와 조직공정성에 영향을 받는 즉, 종속변수(dependent variable)이고 구조방정식모델 분석에서는 **내생변수(endogenous variable)**라 한다. 그런데 심리적계약위반은 리더-멤버교환관계와 조직공정성에는 종속변수이지만, 조직후원인식에는 독립변수의 역할을 한다. 즉, 심리적계약위반은 내생변수이면서 외생변수의 역할도 한다.

2) 잠재변수와 측정변수

구조방정식모델 분석에서 말하는 **잠재변수(latent variable, unobserved variable)**란 직접적으로 관찰되지 않는 이론적 개념으로서 구체적으로 측정되는 많은 변수들의 배후에 숨어 그들 현상에 영향을 미치고 있는 요인으로 눈에 보이지 않는 가설적인 변수를 의미한다. 잠재변수는 직접 측정할 수 있는 변수가 아니다. 따라서 이론적으로 명명한 잠재변수를 실질적으로 측정하기 위한 변수가 필요하다. 이것을 **측정변수(observed variable)**라고 한다. 이는 관측변수라고도 하고 본서에서는 측정변수로 통일하여 사용한다.

구조방정식모델 분석을 처음 접하는 독자들은 도대체 무슨 말인지 이해가 가지 않을 것이다. 〈그림 21-3〉에서 좀 더 구체적으로 설명을 하겠지만, 그래도 이해가 가지 않는다면 일단 그냥 읽고 넘어가자. 다음 강의를 접하면서 이해가 가지 않았던 것이 조금씩 이해를 할 수 있을 것이다.

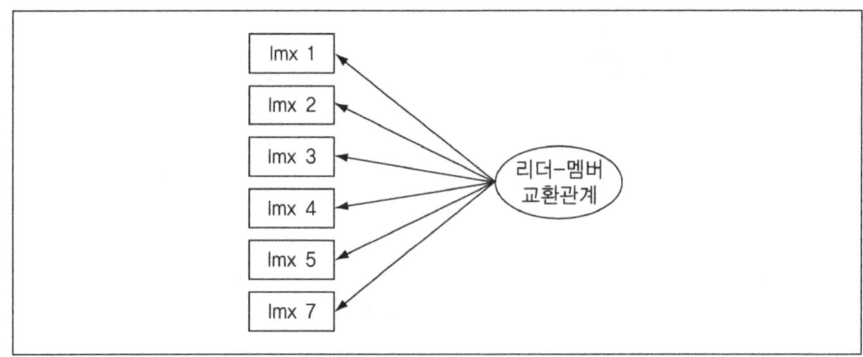

〈그림 21-3〉

〈그림 21-3〉은 잠재변수(동그라미 모양의 변수)와 측정변수(네모 모양의 변수)를 설명하기 위한 것이다. 제2부에서 리더-멤버교환관계는 최초 7개 문항이었는데, 요인분석과 신뢰도 분석을 통해서 6번 문항을 제거하고 최종 6개 문항을 분석에 이용한 바가 있다(제11강 단순회귀분석에서 제2부-3파일에 대한 설명 참고).

이를 잠재변수와 측정변수로 모델을 만들어보면 〈그림 21-3〉과 같다. 즉, 리더-멤버교환관계는 잠재변수로서 실제로 측정하는 변수가 아니고, AMOS 상에서 연구자가 직접 변수명을 명명하고 입력한 것이다. 그러나 네모난 변수 즉, 측정변수의 경우에는 실제 설문조사를 실시하여 SPSS에서 코딩한 변수를 AMOS 상으로 가지고 와서 실제 측정하고자 하는 변수를 의미한다. 여기서 화살표 방향을 보면, 잠재변수에서 측정변수(네모 모양)로 향하고 있다. 이는 잠재변수인 리더-멤버교환관계는 6개의 실질적으로 측정하는 측정변수에게 영향을 주고 있다는 의미이다. 나중에 자세히 언급하겠지만, AMOS는 잠재변수인 리더-멤버교환관계를 실질적으로 측정하는 측정변수 6개 각각이 얼마나 설명하고 있는 지를 수치로 표현해준다. 이것은 SPSS에서 요인적재량과 동일한 의미이다.

잠재변수는 항상 동그라미 변수로 표시하고, 측정변수는 항상 네모 변수로 표시한다. 이는 AMOS에서 마우스로 클릭하면 생성된다. 구조방정식모델 분석이란 잠재변수(동그라미 변수)와 잠재변수(동그라미 변수)간의 인과관계를 분석하는 것이다.

참고로 외생변수(독립변수)이면서 잠재변수인 것을 **외생잠재변수**라고 하고, 내생변수(종속변수)이면서 잠재변수인 것을 **내생잠재변수**라고 한다.

3) 잠재변수와 측정변수의 설정

〈그림 21-4〉는 조직공정성을 잠재변수로 설정하였고, 조직공정성의 하위요인인 분배적공정성과 절차적공정성, 상호작용공정성을 측정변수로 설정한 것이다. 조직공정성은 AMOS에서 연구자가 직접 입력한 변수이고, 측정변수는 SPSS에 코딩된 변수를 AMOS로 가지고 와서 투입한 변수이다. 조직후원인식 역시 이와 동일하다(이 부분은 뒤에서 자세히 설명한다). 아래의 모델은 잠재변수 간(조직

공정성과 조직후원인식)의 인과관계를 파악하고자 한 것으로 구조방정식모델 분석을 이용하면 될 것이다.

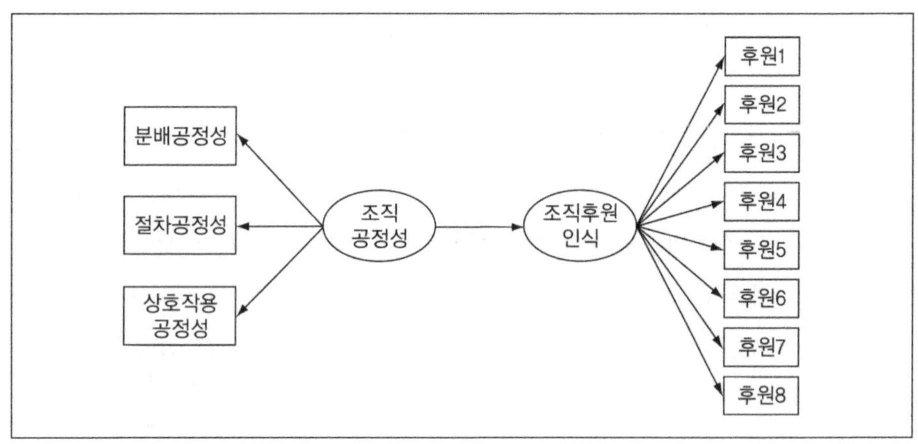

〈그림 21-4〉

여기서 외생변수(독립변수)인 조직공정성의 경우, 잠재변수를 조직공정성으로 명명하였고 측정변수는 조직공정성의 하위요인인 분배적공정성, 절차적공정성, 상호작용공정성으로 투입시켰다. 측정변수에 투입한 변수는 SPSS에서 변수계산 후 생성된 새로운 변수를 투입시키면 된다. 또한 조직후원인식은 단일요인이므로 측정변수(후원1~후원8)는 SPSS에서 최초 코딩한 변수를 투입시켰다. 그런데 한 가지 중요한 고려사항이 있다. 이와 같이 분석을 하면, 조직공정성이 조직후원인식에 미치는 영향을 파악할 수는 있으나, 분배적공정성, 절차적공정성, 상호작용공정성 각각이 조직후원인식에 미치는 영향은 파악하지 못한다.

만약, 연구 상황이 분배적공정성, 절차적공정성, 상호작용공정성 각각이 조직후원인식에 미치는 영향을 파악해야 할 때는 〈그림 21-5〉와 같이 모델을 설정해야 한다.

〈그림 21-5〉는 외생변수(독립변수)인 분배적공정성, 절차적공정성, 상호작용공정성이 내생변수(종속변수)인 조직후원인식에 미치는 영향을 조사하고자 수립한 연구모델이다. 〈그림 21-4〉와 다른 점은 외생잠재변수가 "조직공정성"이 아니고, "분배적공정성", "절차적공정성", "상호작용공정성" 이라는 점이다.

이와 같이 모델을 설정하면, 외생잠재변수의 측정변수는 SPSS에서 코딩한 문

항을 AMOS에서 입력시키면 되는 것이다.

결론적으로, 〈그림 21-4〉와 〈그림 21-5〉에서 설명한데로 그 차이점을 인식하고, 연구자는 연구의 상황에 따라 잠재변수와 측정변수를 설정하면 된다.

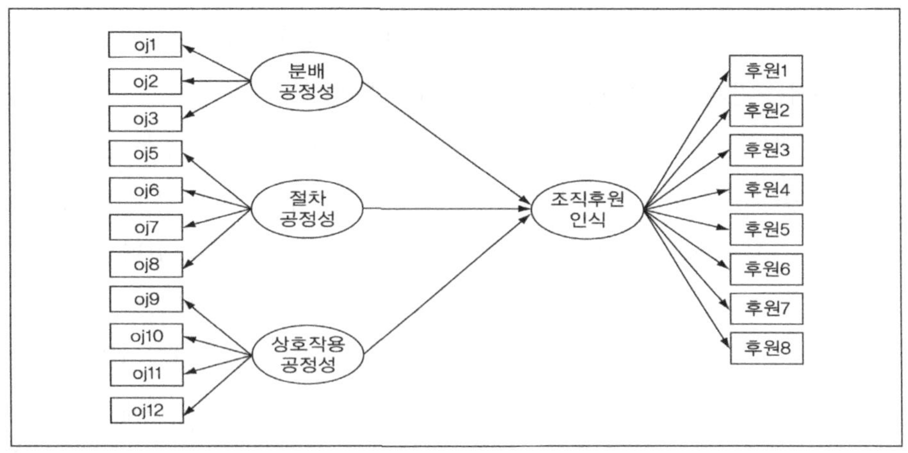

〈그림 21-5〉

4) 오차 변수

구조방정식모델 분석은 회귀분석과 달리 측정오차를 고려하여 좀 더 신뢰할 수 있는 검정 결과를 도출해낸다. 따라서 구조방정식모델 분석을 실시할 때 〈그림 21-6〉과 같이 반드시 오차항을 입력해야 한다.

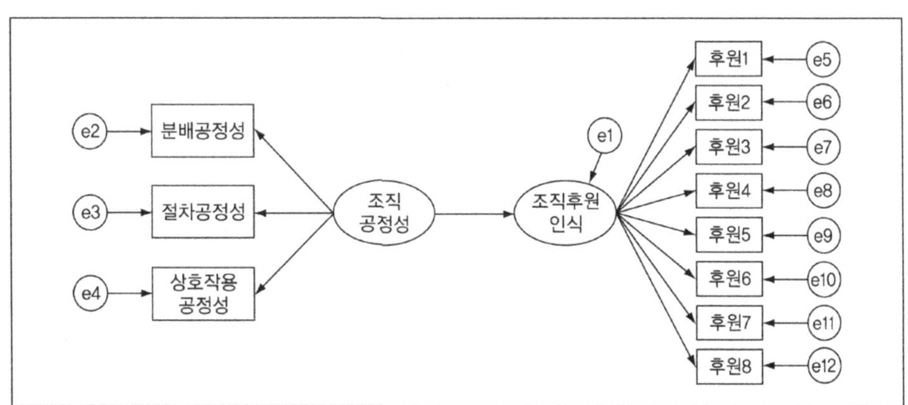

〈그림 21-6〉

오차변수는 크게 두 가지로 나누어 볼 수 있다.

첫 번째로 잠재변수 오차항이다. 내생잠재변수는 외생잠재변수에 의해 완전히 설명되지 않고, 오차변수에 의해 영향을 받는다는 것이다. 즉, 〈그림 21-6〉으로 예를 들어 설명하면, 내생잠재변수인 "조직후원인식"은 외생잠재변수인 "조직후원인식"에 의해 완전히 설명되지 않고, 오차변수인 e1에 의해 영향을 받는 다는 것이다. 여기서 e1을 구조오차, 잔차, 잠재변수 오차항 등으로 불리우는데, 본 저서에서는 **잠재변수 오차항**으로 통일하여 사용한다.

두 번째로 측정변수 오차항이다. 이는 측정변수가 잠재변수를 완전하게 설명하지 못하는 정도를 의미한다. 〈그림 21-6〉에서 측정변수인 분배공정성, 절차공정성, 상호작용공정성이 잠재변수인 조직공정성을 완전하게 설명하지 못한다는 것이다. 이러한 측정변수의 오차는 자료의 입력을 잘못해서 발생할 수도 있고 관측변수가 부적절하거나 측정할 때 통제할 수 없는 여러 가지 원인에 의해 발생하기도 한다. 사회과학 조사는 어느 정도의 측정오차를 고려해야 한다. 조직후원인식 역시 측정변수인 후원1~후원8이 잠재변수인 조직공정성을 완전하게 설명하지 못하기 때문에 측정변수 오차항을 입력한 것이다. 위 그림에서 측정변수의 오차항은 e2~e12까지이다.

AMOS로 구조방정식모델을 분석할 때, 잠재변수 오차항과 측정변수 오차항은 반드시 입력해야 한다. 입력하는 방법은 너무나 쉽다. 그냥 도구상자에서 클릭만 하면 된다. 이에 대한 자세한 설명은 뒤에서 할 것이다.

3 구조방정식모델 분석 전에 연구모델을 만들어야 한다

구조방정식모델 분석은 연구자가 작성한 연구모델을 가지고, 이 모델이 수집한 데이터와 어느 정도 적합한지를 분석하고, 또한 잠재변수들 간의 영향 관계를 파악하는 것이다. 따라서 연구자는 구조방정식모델 분석 전에 연구모델을 완성하여야 한다.

연구모델에서 잠재변수 간의 영향관계를 검정하기 위해서 화살표로 외생잠재변수와 내생잠재변수를 연결해야 하는데, 이 부분은 연구자가 고민을 해야 한다. 왜냐하면, 이론적 근거가 충분히 있어야만 화살표로 연결이 가능하지, 그냥 연구자 마음대로 화살표로 연결해서는 안되기 때문이다. 이러한 이론적 근거는 논문에서 가설도출배경 혹은 이론적 배경과 관련되는 것으로 충분한 이론적 근거를 제시한 후 연구모형을 완성해야 한다.

〈그림 21-7〉의 연구모델은 본서에서 주로 학습할 내용이다. 제22강에서 AMOS 사용방법을 터득한 후, 제23강에서 직접 구조방정식모델을 그려보자.

그 모델은 실제로 분석에 이용할 것이다. 연구모델에 대한 구체적인 정보는 본격적으로 구조방정식모델 분석을 실시하는 제24강에서 설명한다.

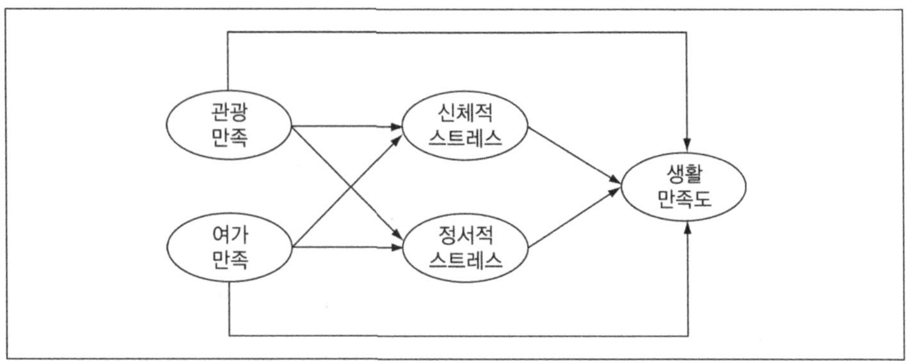

〈그림 21-7〉 본서의 연구모델

■■■ 제22강 ■■■
AMOS 이용방법

1 AMOS 메뉴의 기능

〈그림 22-1〉은 AMOS 기본 메뉴를 나타낸 것으로, File, Edit, View/Set, Diagram, Model-Fit, Tools, Help로 구분되어 있다. 이의 하위메뉴에는 매우 다양한 기능들이 포함되어 있는데, 그 중 분석에서 자주 사용되는 중요한 부분만 설명을 할 것이다. 또한 메뉴의 기능 중 상당수가 뒤에 설명할 도구상자 아이콘과 중복되는 기능이 있다. 이 기능들은 여기서 설명을 하지 않고, 도구상자에서 언급할 것이다.

AMOS를 이용하기 위해서는 메뉴의 기능들은 반드시 익혀야 한다. 따라서 여기서 설명한 모든 기능들은 "**제23강. 연구모델을 작성하자**"에서 실제 구조방정식모델을 작성할 때 필요한 부분들이다. 메뉴 기능에 대해 이해가 가지 않는 부분이 있을 것이다. 이는 23강에서 직접 구조방정식모델을 작성해 보면 해결된다.

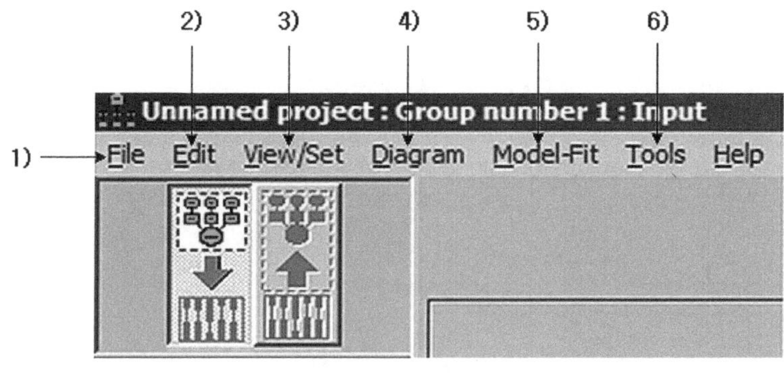

〈그림 22-1〉

1) File

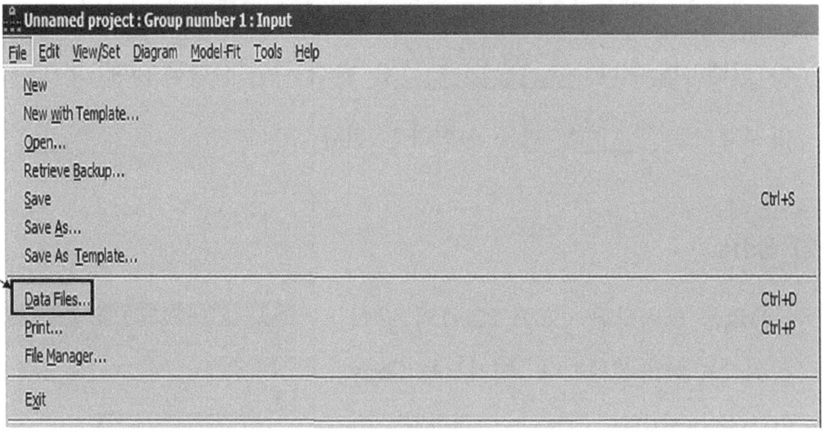

〈그림 22-2〉

〈그림 22-2〉와 같이 메뉴에서 File을 클릭하면, File의 하위메뉴들이 생성된다. [New]는 새로운 AMOS 창을 만들 때 사용하고, [Open]은 기존에 저장된 AMOS 파일을 불러올 때 사용한다. [Save]는 저장할 때, [Save As]는 새로운 이름으로 저장할 때, [Exit]는 프로그램을 종료할 때 사용한다. 이러한 기능 등은 일반적으로 모든 프로그램에서 사용하는 것과 동일하고 여기서는 **[Data Files...]**의 기능을 기억해야 한다. [Data Files]는 AMOS에서 작성한 연구모델을 분석하기 위해서 SPSS에서 데이터 코딩 자료를 불러오는 곳이다. 즉, 분석할 연구모델과 자료를 연결해주는 역할을 한다. Data Files...를 클릭하면, 〈그림 22-3〉과 같은 화면이 나타날 것이다.

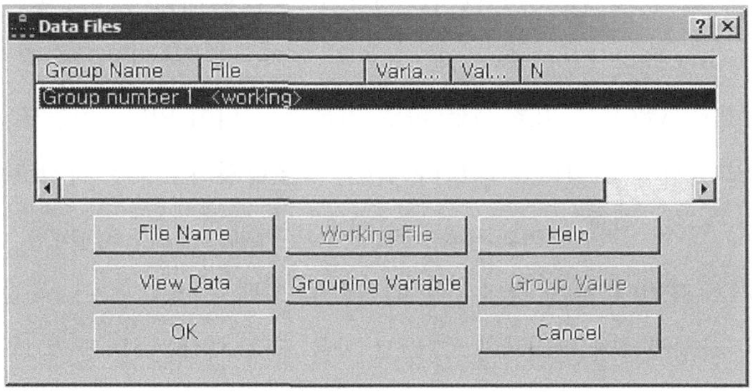

〈그림 22-3〉

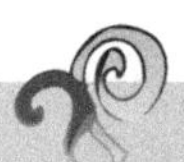

File Name 은 분석할 데이터 코딩 자료를 불러오는 곳이다. 이를 클릭하면 새로운 대화창이 나타나고, 여기서 각자의 컴퓨터에 저장된 SPSS 파일을 찾아 선택하면 된다. View Data 를 클릭하면, 선택한 SPSS 파일이 나타난다. 마지막으로 OK 를 선택하면 된다.

2) Edit

Edit를 클릭하면 〈그림 22-4〉와 같이 하위메뉴들이 생성된다. 여기서는 **Copy (to clipboard)**의 기능만 설명한다. 이 메뉴는 논문 발표 시 매우 유용하게 이용할 수 있는 기능이다. AMOS 화면에 나타나 있는 구조방정식모델분석 결과를 파워포인트로 저장하여 발표를 하고자 할 때, **Copy(to clipboard)**를 클릭하고 파워포인트에서 "붙이기" 하면 AMOS 화면에 있던 모델이 그대로 파워포인트에서 생성된다.

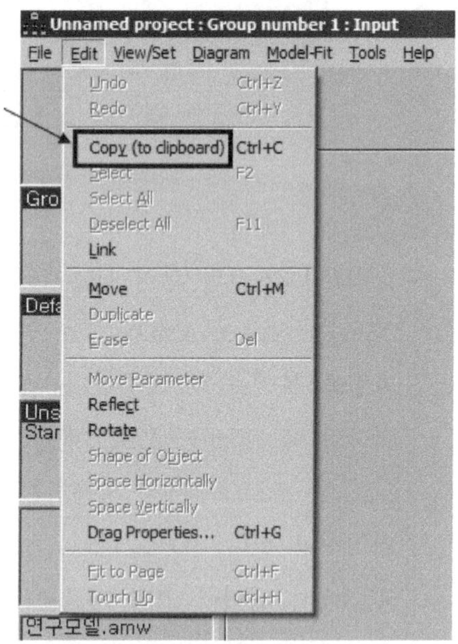

〈그림 22-4〉

3) View/Set

〈그림 22-5〉의 **View/Set**에서는 3가지 기능에 대해서 설명한다.

먼저, **Interface Properties...**를 클릭해 보자. 〈그림 20-6〉과 같은 화면이 생성될 것이다. AMOS는 최초 Portrait로 기본 설정되어 있다. 이는 AMOS 화면이 세로가 긴 직사각형 형태로 나타나 있어, 구조방정식모델을 작성하는데 공간이 부족할 수 있다. 이를 **Landscape**로 변경하고 아래에 있는 **Apply**를 선택한다. 그러면 AMOS 화면이 넓은 정사각형에 가까운 형태로 변모 되어, 복잡한 구조방정식모델을 작성하는데 편리하다. 그리고 창을 닫을 때에는 창 닫기 메뉴가 따로 없으니 ☒를 클릭해야 한다.

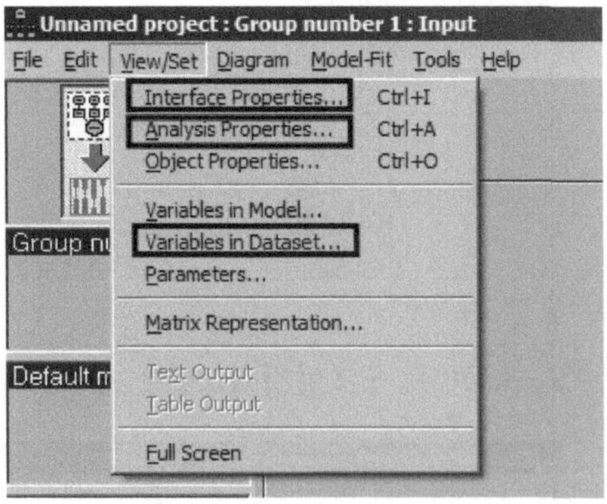

〈그림 22-5〉

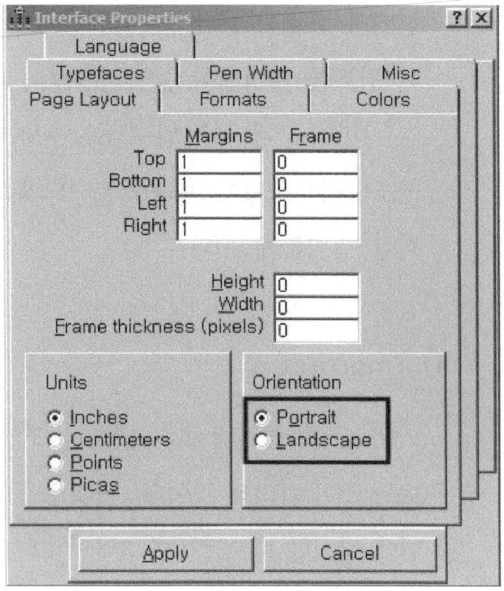

〈그림 22-6〉

Analysis Properties...를 선택해 보자. 이는 분석에 앞서 연구자가 원하는 분석결과를 도출하기 위하여 조건을 입력하는 곳이다. 분석 조건은 〈그림 22-7〉과 같이 Output에서 입력한다. 최초 Minimization history만 선택되어 있는데, 나머지 분석 조건도 여기서 입력해야 한다. 이와 관련한 구체적인 사항은 실제 분석에서 설명한다.

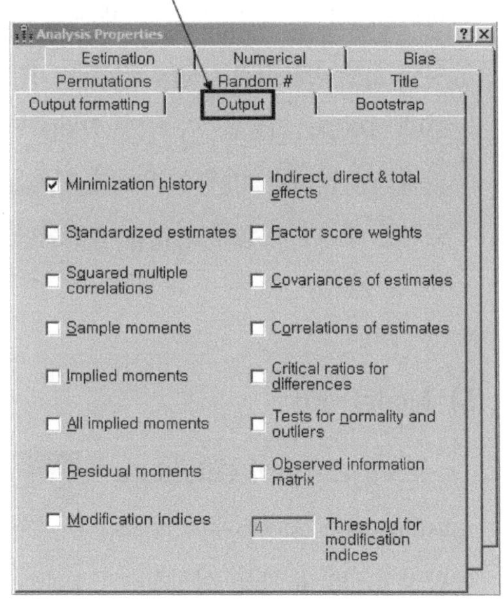

〈그림 22-7〉

Variables in Dataset...를 선택하면 〈그림 22-8〉과 같은 창이 생성된다. 이 메뉴의 기능은 분석에 사용할 SPSS 상의 변수명이 나타나는 곳이다. 독자들이 이를 선택하면 아무것도 나타나지 않고 백지 상태일 것이다. 왜냐하면 SPSS에서 데이터를 선택하지 않았기 때문이다. 메뉴에서 **File ➡ Data Files...**를

선택하여 분석할 SPSS 데이터 코딩자료를 선택하여 경로를 지정해야지만 변수명이 나타나는 것이다. 여기서 나타난 변수들은 AMOS에서 작성한 구조방정식모델에 마우스로 드래그하여 변수를 직접 입력하게 된다.

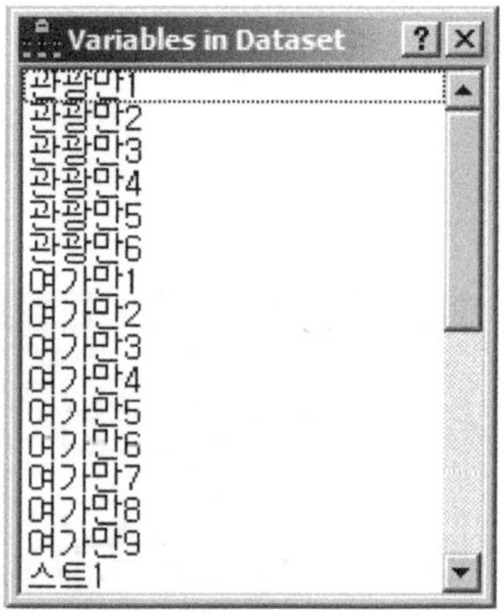

Variables in Dataset
관광만1
관광만2
관광만3
관광만4
관광만5
관광만6
여가만1
여가만2
여가만3
여가만4
여가만5
여가만6
여가만7
여가만8
여가만9
스트1

〈그림 22-8〉

4) Diagram

Loupe를 클릭해보자. 네모난 모양으로 생긴 새로운 것이 나타날 것이다. 이것은 돋보기 기능을 한다. 구조방정식모델은 AMOS 화면에 작성할 때, 크기가 그다지 크지 않다. 또한 입력되는 문자 역시 작을 수밖에 없어 연구자가 간혹 어떤 변수가 입력되었는지 잘 보이지 않을 때가 있다. 이럴 경우 돋보기인 Loupe 기능을 선택한다. Loupe 기능을 이용 후 Loupe를 없애고자 할 때는 마우스 오른쪽 버튼을 클릭한 후 다시 왼쪽 버튼을 클릭한다. 〈그림 22-9〉

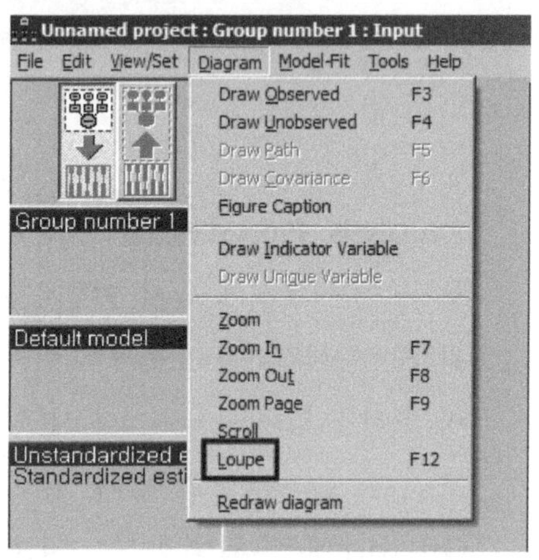

〈그림 22-9〉

5) Model-Fit

〈그림 22-10〉의 **Calculate Estimates**는 AMOS에서 구조방정식모델 분석을 실시하는 곳이다. 모델을 작성하고 데이터 경로를 설정한 후, 변수를 입력하고 마지막으로 분석을 할 때 사용하는 기능이

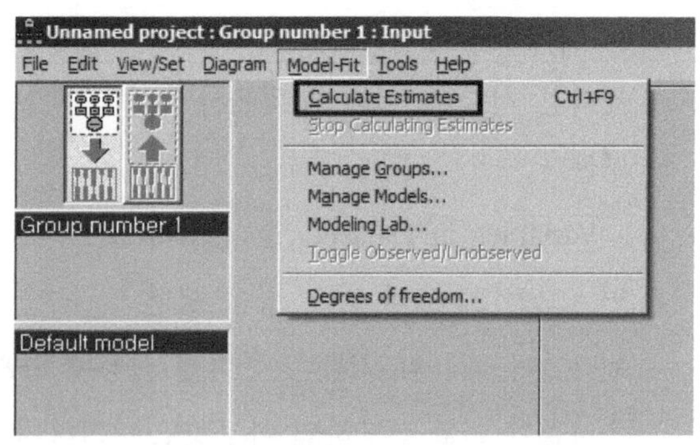

〈그림 22-10〉

다. 구조방정식모델이 AMOS 화면에 없으면 이 기능은 작동하지 않는다. 정확한 내용은 제23강에서 할 것이다.

6) Tools

〈그림 22-11〉의 **Move Tools**를 클릭해보자. 〈그림 22-12〉와 같은 화면이 생성될 것이다. 이 기능은 AMOS 화면에서 도구모음 창에 나타나는 기능을 삽입하거나 제거하는 역할을 한다. 필요한 도구만 왼쪽에서 선택하여 오른쪽으로 이동시키면 AMOS 화면에서 오른쪽으로 이동시킨 도구만 나타난다. 구체적인 도구의 기능은 다음의 **2. AMOS 도구모음의 기능**에서 설명한다.

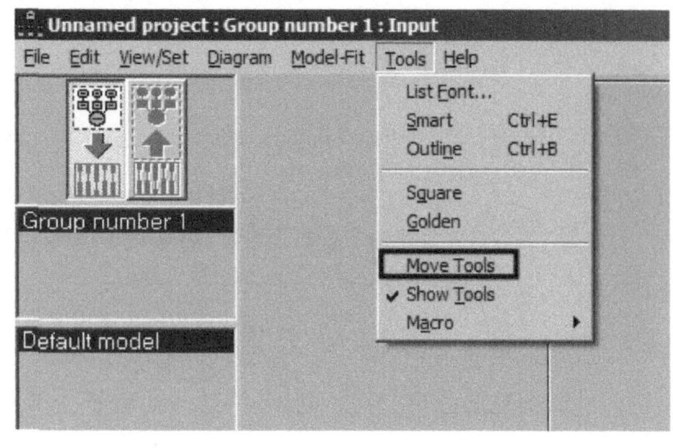

〈그림 22-11〉

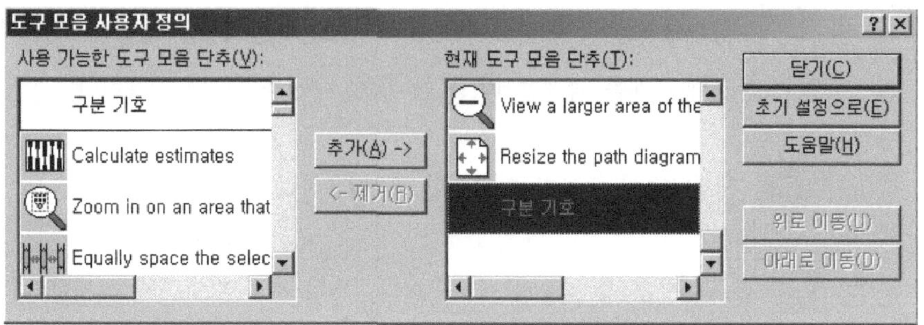

〈그림 22-12〉

2 AMOS 도구모음의 기능

AMOS는 도구모음을 지원한다. 이는 AMOS에서 구조방정식모델을 작성하는 데 매우 편리한 기능이다. 각각의 기능만 알고 마우스로 클릭만 해주면 구조방정식모델이 작성된다. AMOS 도구의 수는 매우 많지만, 그 모두가 자주 사용하

는 것은 아니다. 여기서는 꼭 필요한 도구에 대해서만 설명할 것이다. 이것만 알아도 구조방정식모델을 작성하는데 충분하다.

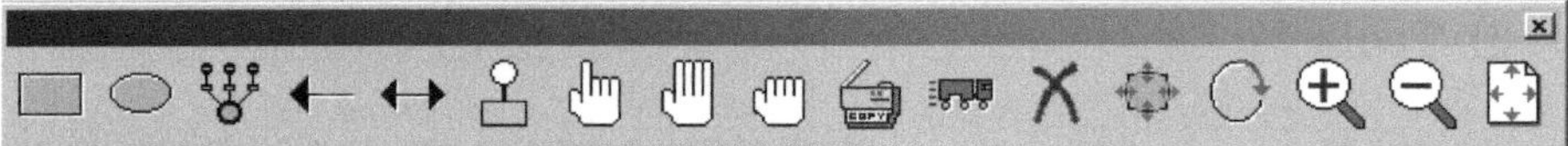

① 측정변수(네모난 변수)를 작성할 때 이용한다.

② 잠재변수(동그라미 변수)를 작성할 때 이용한다.

③ 측정변수와 측정변수의 오차항을 한 번에 작성할 때 이용 한다. 구조방정식모델을 작성할 때는 주로 이 도구를 이용한다.

④ 잠재변수와 잠재변수간의 경로를 작성 할 때 이용한다. 즉, A가 B에 영향을 미친다는 것을 작성할 때, 화살표는 마우스를 이용하여 A에서 시작하여 B로 연결해주면 된다.

⑤ 상관관계를 작성할 때 이용한다. 주로 측정모델을 작성하거나, 외생잠재변수 간 상관관계를 작성할 때, 또는 모델 수정을 할 때 이용한다.

⑥ 잠재변수의 오차항을 작성할 때 이용한다.

⑦ 블록지정할 때 이용하는 도구이다. 특히 블록을 하나씩 지정할 때 이용한다.

⑧ AMOS에서 작성한 구조방정식모델 전체를 블록 지정할 때 이용한다.

⑨ 지정한 블록을 해제할 때 이용한다.

⑩ 어떤 대상을 복사할 때 이용한다.

⑪ 어떤 대상을 이동할 때 이용한다.

⑫ 어떤 대상을 삭제할 때 이용한다.

⑬ 어떤 대상의 모양을 변화시킬 때 이용한다.

⑭ 잠재변수의 지표들을 회전할 때 이용한다.

⑮ AMOS 화면을 확대할 때 이용한다.

⑯ AMOS 화면을 축소할 때 이용한다.

⑰ 작성한 구조방정식모델을 AMOS 화면의 중앙에 위치시킬 때 이용한다

3 AMOS 관리 창의 기능

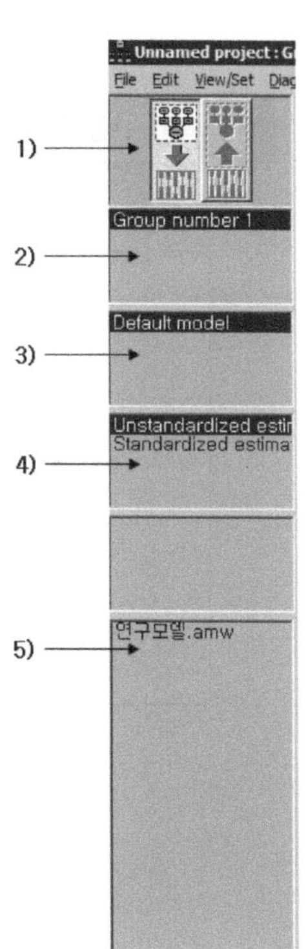

1) 분석결과를 구조방정식모델에 보여준다. ⬇는 분석 전 구조방정식모델을 보여주고, ⬆는 분석결과의 경로계수 값을 구조방정식모델서 보여준다.

2) 집단에 대한 정보를 보여준다. 다중집단분석 시 이용한다.

3) 모델 관리

4) 비표준화 추정치와 표준화 추정치를 선택하여 볼 수 있다.

5) AMOS 파일을 관리하는 곳으로, 각자가 사용한 AMOS 파일 목록을 보여준다.

■■■ 제23강 ■■■
구조방정식모델을 그려보자

AMOS로 구조방정식모델분석을 하기 전에 이론에 근거하여 연구모델이 완성되어 있어야 한다. 완성된 연구모델을 가지고 AMOS에서 구조방정식모델을 그리면 된다. AMOS에서 구조방정식모델을 그리는 것은 분석을 위한 첫 번째 관문이다. 그리 어려운 것은 없다. 책에 서술한데로 따라 해보자. 특히, 구조방정식모델을 그리는 데는 몇 가지 원칙이 있으므로, 이는 꼭 기억해두어야 한다.

〈그림 23-1〉의 연구모델은 제23강 구조방정식모델을 작성하는 것부터, 제24강 확인요인분석, 제25강 측정모델 분석, 제26강 측정모델의 타당성 평가, 제27강 제안모델 분석, 제28강 모델 수정 및 개량까지 이용할 실제 모델이다.

본 연구모델의 설정배경과 사용된 변수들에 대한 설명은 다음과 같다.

1 연구모델 설정 배경

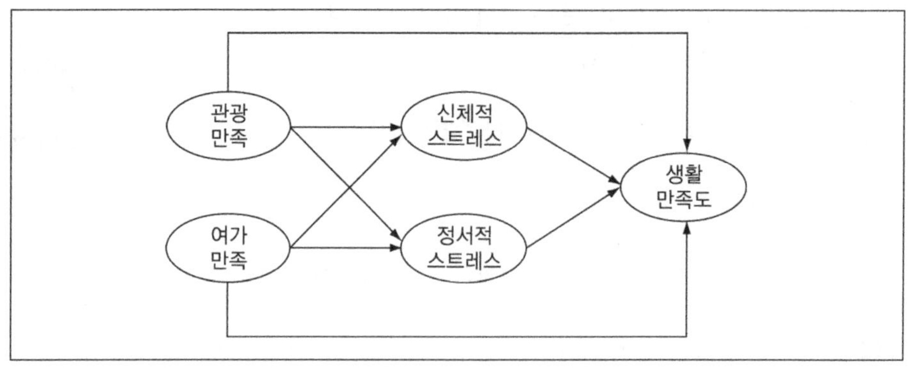

〈그림 23-1〉 본서의 연구모델

위 연구모델에 대해 간략하게 설명하겠다. 먼저, 연구의 대상자는 남한에 거주하는 탈북자들을 대상으로 하였다. 현재 우리나라에 거주하는 탈북자는 1만명이 넘었으며, 앞으로 지속적으로 증가할 전망이다. 그런데 남한에 입국한 탈북자들은 정부로부터 기본적으로 생계가 가능한 정도의 경제적 지원을 받고 있지만, 심리적으로 남한사회에 정착할 수 있는 정책적 배려를 받지 못하고 있는 실정이다. 선행연구들에 의하면, 남한에 거주하는 탈북자들의 생활만족도는 남한주민보다 매우 낮게 나타나고 있다. 따라서 급격히 증가하는 남한 입국 탈북자들의 생활만족도를 높여 조속히 남한사회에 적응할 수 있도록 하여야 할 것이다. 이에 탈북자들에게 심리적 안정을 줄 수 있는 선행변수로 관광과 여가만족으로 이것이 스트레스와 생활만족도 간의 관계를 파악하고자 위 연구모델을 설정하였다.

연구모델에 사용된 변수들의 내용은 〈표 1〉과 같다. 관광만족, 여가만족, 생활만족도는 단일요인이며, 스트레스의 경우에는 신체적 스트레스(스트1~스트6), 정서적 스트레스(스트7~스트12)의 하위요인을 가진 변수이다. 모든 변수는 Likert 5점척도(1점 : 전혀그렇지않다, 5점 : 매우그렇다)로 측정하였다.

〈표 23-1〉 변수의 내용(데이터 파일 제3부-1)

구 분	내 용	SPSS 변수명
관광 만족	① 나는 나의 관광활동에 대하여 전반적으로 만족하였다	관광만1
	② 나는 관광을 하는 동안 매우 즐거웠다.	관광만2
	③ 남한에서의 여행은 대체적으로 나의 여행목적을 달성할 수 있었다	관광만3
	④ 관광활동은 많은 점에서 나에게 가치 있는 경험이었다	관광만4
	⑤ 관광활동 후 자기 자신과 하고 있는 일이 더 나아졌음을 느꼈다	관광만5
	⑥ 남한에 온 후의 관광은 전반적으로 나의 생활을 풍요롭게 해주었다	관광만6
여가 만족	① 나는 언제, 어디서나 여가시간을 즐길 수 있다	여가만1
	② 여가시간에 여행을 간다는 것은 나에게 있어 매우 중요하다	여가만2
	③ 여가가 없다면, 나의 생활은 상당히 스트레스를 받을 것이다	여가만3
	④ 여가활동을 통해서 자부심을 느꼈다	여가만4
	⑤ 여가활동을 통해서 새로운 지식을 얻을 수 있었다	여가만5
	⑥ 여가활동을 통해 다른 사람들과 사회적 교류를 할 수 있었다	여가만6

	⑦ 여가활동은 스트레스와 긴장해소에 도움이 되었다	여가만7
	⑧ 여가활동은 건강에 도움이 되었다	여가만8
	⑨ 나는 남한에서 여행을 통해서 양질의 여가시간을 보냈다	여가만9
스트레스	① 가슴 혹은 심장에 통증을 느낀다	스트1
	② 지속적인 소화불량으로 고생한다	스트2
	③ 자주 두통으로 고생한다	스트3
	④ 가끔 심한 어지러운 증세가 있다	스트4
	⑤ 아침에 일찍 일어나면 지치고 피곤하다	스트5
	⑥ 쉽게 잠들거나 깊이 자는 것이 힘들다	스트6
	⑦ 낯선 사람이나 낯선 장소에서 두려움을 느낀다	스트7
	⑧ 불행과 우울함을 자주 느낀다	스트8
	⑨ 매우 수줍음을 타고 예민하다	스트9
	⑩ 사람들이 자주 괴롭히고 귀찮게 한다	스트10
	⑪ 종종 죽고 싶은 생각이 난다	스트11
	⑫ 근심 걱정 때문에 항상 우울하다	스트12
생활만족도	① 나는 남한에서 대체로 내 이상에 가까운 생활을 하고 있다	생활만1
	② 현재 나는 남한에서 아주 좋은 생활조건을 갖고 있다	생활만2
	③ 나는 남한에서의 나의 삶에 만족한다	생활만3
	④ 이제까지 삶을 통해서, 나는 내가 원하는 중요한 것들을 성취하였다	생활만4
	⑤ 만일 내 삶을 다시 산다 하더라도, 내가 남한에서 지금까지 살아 왔던 대로 살겠다	생활만5

〈그림 23-1〉의 연구모형을 AMOS에서 구조방정식모델로 작성하기 위해서는 잠재변수와 측정변수, 내생잠재변수의 오차항(e1~e3)과 측정변수의 오차항(e4~e35) 등을 입력한 〈그림 23-2〉와 같은 모델로 만들어야 한다.

지금부터 AMOS에서 구조방정식모델을 작성하기 위한 구체적인 과정에 대하여 설명하겠다.

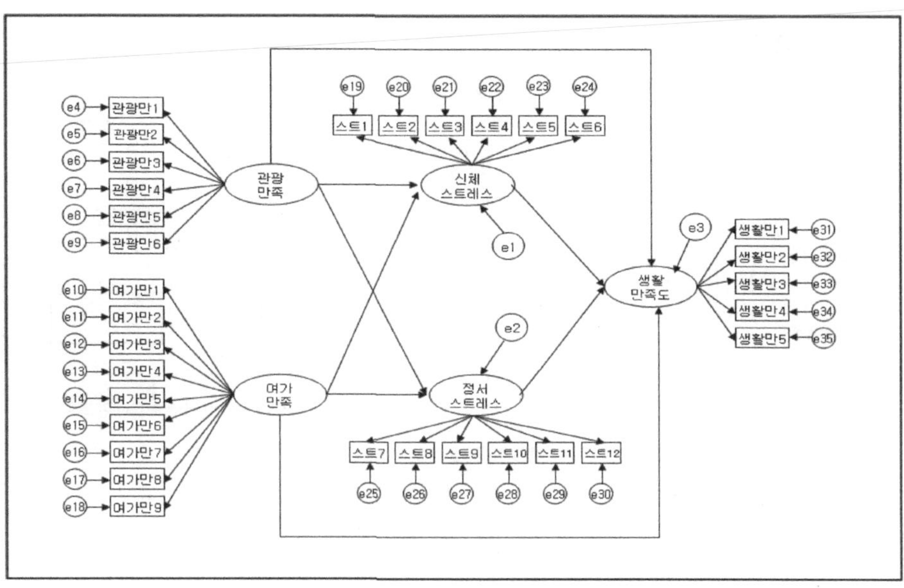

〈그림 23-2〉 본서의 구조방정식모델

2 구조방정식모델의 작성

1) 모델을 그릴 작업시트 공간을 넓히자

AMOS 창을 연 후, 제일 먼저 해야 할 작업은 〈그림 23-3〉과 같다. AMOS 메뉴의 **View/Set에서 Interface Properties...**를 클릭한다. 그러면 새로운 창이 생성되는데, 여기서는 Orientation에서 기본 설정된 Portrait를 **Landscape**로 변경하고 **Apply**를 선택한다. 이 같은 작업을 하면 AMOS 작업창이 세로가 긴 직사각형 모양에서 정사각형에 가깝게 변화하게 되어 구조방정식모델을 작성할 공간이 넓어지게 된다. Interface Properties 창을 없애기 위해서는 ☒를 클릭해야 한다.

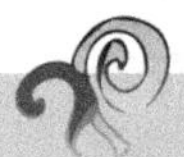

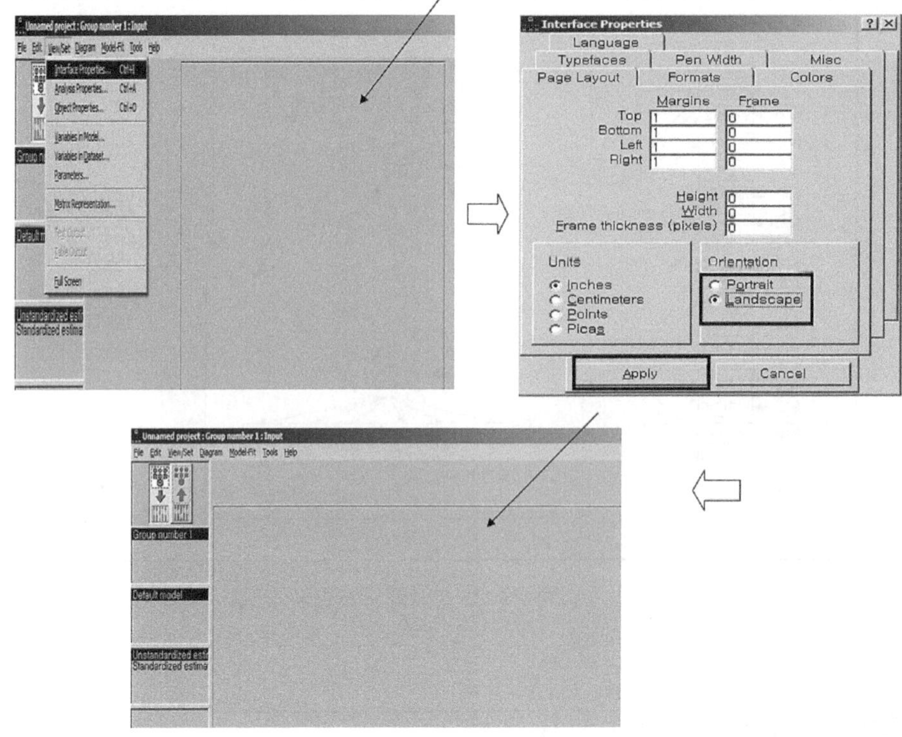

〈그림 23-3〉

2) 잠재변수를 그리자

도구모음 상자에서 잠재변수인 를 선택하고 작업시트에 잠재변수 하나를 그리자. 잠재변수 한 개를 작성한 후, 복사 도구인 를 선택하고 이미 그려진 잠재변수에 클릭하여 드래그하자. 그러면 새로운 잠재변수가 복사된다.

〈그림 23-4〉와 같이 5개의 잠재변수를 완성시켜 보자.

참 고

도구모음에서 아이콘을 클릭하여 해당하는 기능을 사용한 후, 해당 아이콘을 없애기 위해서는 오른쪽 마우스를 클릭하고 다시 왼쪽 마우스를 클릭하면 해당 아이콘이 없어진다.

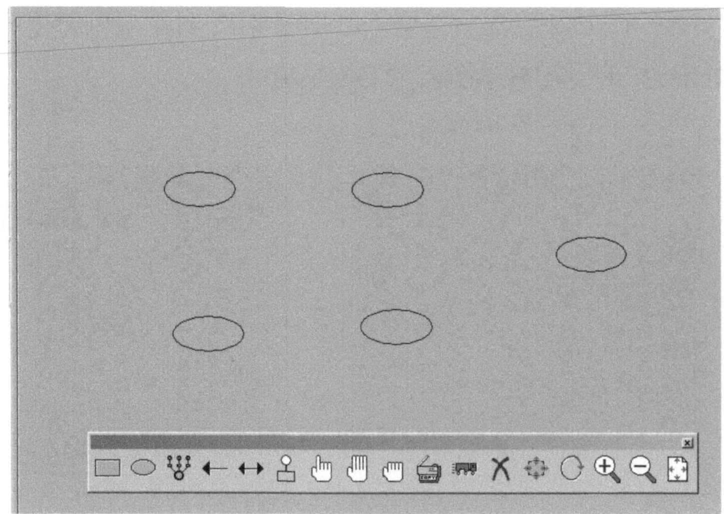

〈그림 23-4〉

3) 측정변수와 오차항을 그리자

잠재변수를 그렸다면, 다음은 측정변수를 그려야 한다. 그런데 측정변수인 를 작업시트에 작성하고, 오차항인 를 그리는 것과 같이 구분하여 작업할 필요가 없다. 왜냐하면, AMOS에서는 측정변수와 오차항을 한 번에 그릴 수 있기 때문이다. 도구모음 상자에서 를 클릭하고, 잠재변수에 마우스 가져간 후 클릭을 해보자. 그러면 하나의 측정변수와 오차항이 생성된다. 여기서 한 번 더 클릭하면 측정변수와 오차항이 두 개 생긴다. 즉, 클릭하는 수만큼 측정변수와 오차항이 생성된다. 관광만족(6개 문항)이 들어갈 자리에는 측정변수를 6개 만들어야 하므로 6번 클릭하여 〈그림 23-5〉와 같이 만들어 보자. 그 후 도구상자에서 를 클릭하여 잠재변수에 마우스를 대고 클릭해보자.

그러면 측정변수와 오차항이 회전할 것이다.

마지막으로 내생잠재변수의 오차항을 작성해보자. 오차항인 를 클릭하여 내생잠재변수에 마우스를 대고 클릭하자. 그러면 내생잠재변수에 이 생성된다. 여기서 계속 클릭하면 내생잠재변수의 오차항이 회전을 한다. 적당한 위치에 오차항을 두자. 나머지 변수인 여가만족(9개문항), 신체적스트레스(6개문항),

정서적스트레스(6개문항), 생활만족도(5개문항)도 위와 같이 측정변수와 오차항을 만들어보자. 완성된 그림은 오른쪽과 같다.

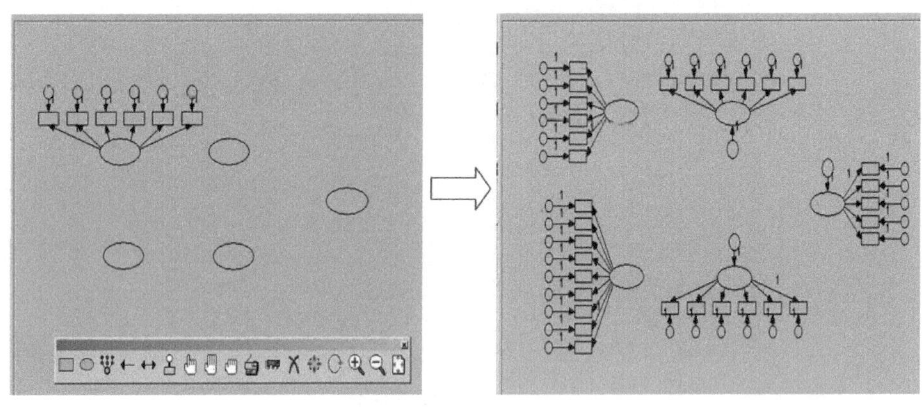

〈그림 23-5〉

4) 경로선을 설정하자

잠재변수와 측정변수, 측정변수 오차항, 내생잠재변수 오차항을 완성했다면, 이제는 경로선을 설정하자. 도구모음 상자에서 경로선인 ← 을 선택하고, 〈그림 23-6〉과 같이 외생잠재변수에서 내생잠재변수로 선을 연결하자.

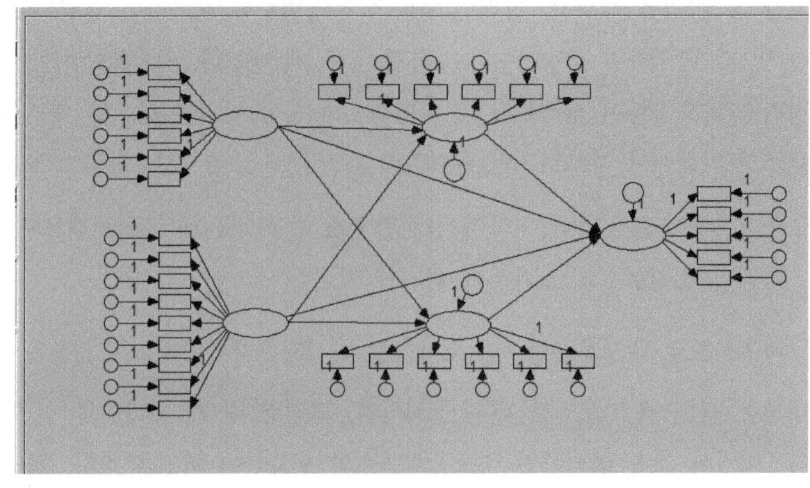

〈그림 23-6〉

경로선을 연결하다 보면 다른 잠재변수 혹은 오차항으로 인해 연결하기 힘든 경우가 발생할 수 있다. 아래의 왼쪽그림은 경로선과 잠재변수의 오차항이 맞물린 상태이다. 이럴 경우에는 도구모음 상자에서 이동 을 선택하여 잠재변수의 오차항의 위치를 오른쪽 그림과 같이 옮기는 것이 좋다.

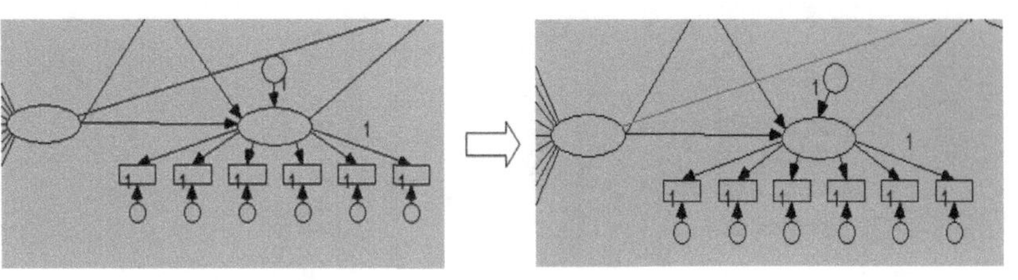

3 변수명 및 오차항 번호 입력

지금까지의 작업을 무사히 마쳤다면, 구조방정식모델의 그림만이 완성되었을 것이다. 이제는 〈그림 23-2〉와 같이 구조방정식모델에 변수명과 오차항 번호를 입력하여 완전한 구조방정식모델을 탄생시켜야 한다.

1) 잠재변수명 입력 방법

〈그림 23-7〉의 왼쪽 그림과 같이 잠재변수에 마우스를 대고 더블클릭을 해보자. 그러면, 그림과 같이 새로운 창(Object Properties)이 생성될 것이다. 여기에서는 **Text**에 **Font size**와 **Variable name**을 입력하게끔 되어 있다. 먼저, 글자크기인 Font size는 최초 18로 되어 있는데, 그대로 입력하게 되면 글자크기 너무 커서 그림 밖으로 돌출되는 현상이 나타난다. 그러므로 9로 입력하자. Variable name는 관광만족으로 입력하자. 여기서 **주의해야 할 사항**은 잠재변수의 이름은 측정변수 이름과 동일해서는 안 된다는 것이다. 또한 구조방정식모델 분석을 할 때, SPSS의 데이터와 연결하는데, SPSS 상에 코딩된 어떠한 변수와도 이름이 동일해서는 안 된다. 만약, 실수로 동일한 변수명을 입력하게 되면, 분석결과에서

AMOS는 동일한 변수명을 입력하여 분석할 수 없다는 것을 알려준다.

오른쪽 그림과 같이 나머지 잠재변수도 여가만족, 신체스트, 정서스트, 생활만족으로 이름을 넣어보자. 그리고 Object Properties 창을 닫을 때는 ☒를 클릭해야 한다.

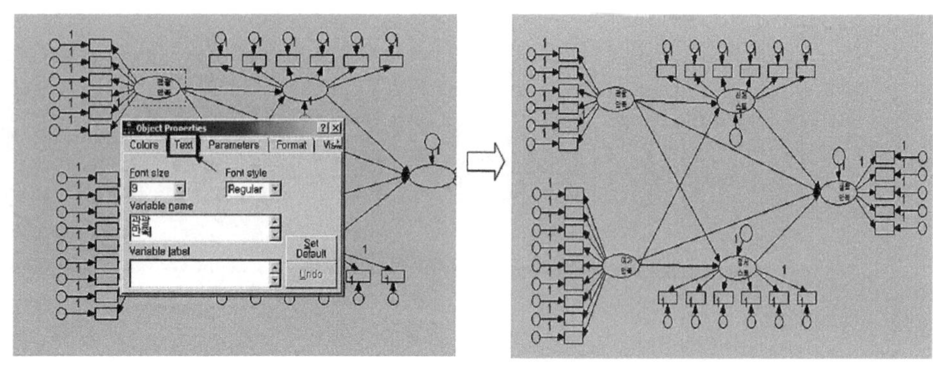

〈그림 23-7〉

2) 측정변수명 입력방법

(1) 데이터 경로설정

잠재변수 이름은 연구자가 직접 입력하였다. 그러나 측정변수의 경우에는 다르다. 연구자가 직접 입력하는 것이 아니라, SPSS에서 분석할 데이터를 AMOS와 연결한 후, 측정할 변수들을 직접 드래그하여 이동시켜야 한다. 측정변수를 입력하는 순서는 아래와 같다. 어렵지 않으니 하나씩 순서대로 따라해 보자.

제일 먼저, 분석할 SPSS 데이터를 AMOS와 연결시켜야 한다. **AMOS 메뉴에서 File ➡ Data Files**를 선택하자. 그러면 〈그림 23-8〉과 같은 화면이 나타난다.

독자 여러분 각자의 컴퓨터에 저장된 **제3부-1파일** 경로를 확인한 후 아래의 절차를 따른다.

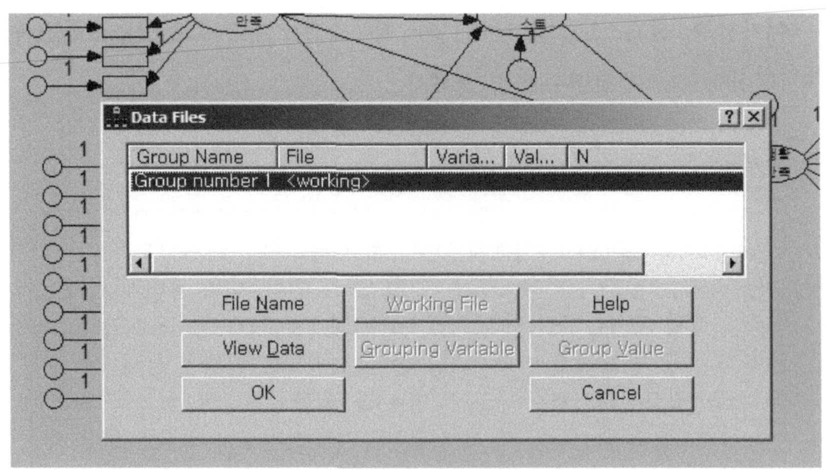

〈그림 23-8〉

File Name 를 클릭하여 독자 여러분의 컴퓨터에 저장된 제3부-1파일을 연다. 그 후 View Data 를 클릭하면 SPSS 창이 자동적으로 나타난다. OK 를 선택 한다. 이로써 AMOS는 분석할 데이터와 경로설정이 되었다.

(2) 측정변수 입력

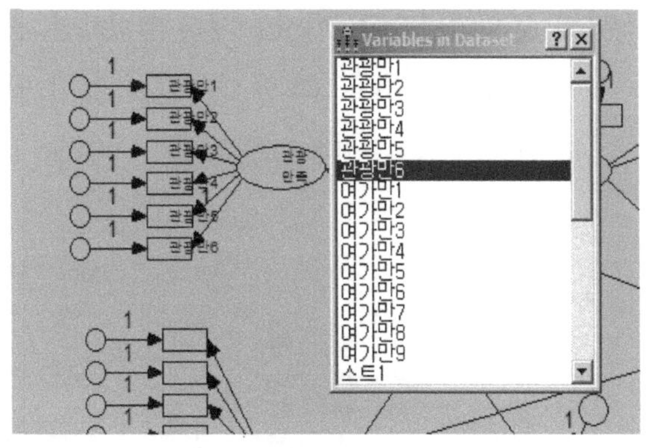

〈그림 23-9〉

AMOS 메뉴에서 **View/Set ➡ Variables in Dataset**를 클릭해보자. 〈그림 21-9〉와 같이 새로운 Variables in Dataset 창이 나타난다. 여기에는 SPSS 데이터에서 코딩한 변수명이 나타난다. Variables in Dataset 창의 변수명을 왼쪽 마우스 버튼으로 클릭한 후, AMOS 작업시트로 드래그(drag)하여 이동시켜야 한다. 먼저, 관광만족은 6개의 측정변수를 가지고 있다. Variables in Dataset 창에서 관광만족의 측정변수인 관광만1~관광만6번을 각각 하나씩 마우스로 드래그(drag) 하여 AMOS 작업시트인 관광만족의 측정변수로 이동시키자.

여가만족, 신체스트(스트1~스트6), 정서스트(스트7~스트12), 생활만족 역시 동일한 방법으로 측정변수를 입력하자.

꼭 읽고 넘어갑시다 - 글자크기는 직접 바꾸어야 한다

Variables in Dataset 창에서 마우스로 드래그하여 측정변수로 이동시키면, "관광만1"이라는 글자가 엄청 크다는 것을 알 수 있다. 이는 앞에서 잠재변수 이름을 입력할 때와 동일한 현상이다. 최초 AMOS는 글자크기를 18로 고정되어 있기 때문에 작은 글자 크기로 변경시켜야 한다. 변경하는 방법은 잠재변수 이름을 입력할 때와 같다. 측정변수(네모난 변수)를 더블클릭하면 앞에서 설명한 Object Properties 창이 생성된다. 여기서 글자크기를 9 정도로 바꾸면 된다. 다음에서 설명할 오차항도 최초 18로 설정되어 있으므로 이것 역시 9 정도로 바꾸어야 한다. 한꺼번에 바꾸는 방법은 없다. 귀찮더라도 하나씩 바꾸어야 한다. 글자크기를 바꿀 때, Variables in Dataset 창은 닫지 말고 그대로 둔 상태에서 글자크기를 바꿀 측정변수를 클릭하여 Font size를 "9"로 바꾸고, 다음 바꿀 측정변수를 클릭해서 Font size를 "9"로 바꾸면 편리하다.

3) 오차항 입력

측정변수의 오차항과 내생잠재변수의 오차항을 입력해야 한다. 오차항은 error의 첫 글자인 "e"를 따서 e1부터 입력하면 된다. 입력방법은 잠재변수 이름을 입력할 때와 동일하다. 〈그림 23-10〉과 같이 입력할 오차항을 더블클릭하면, Object Properties 창이 나타나고, 여기서 Variable name을 e1부터 입력해 나가면 된다.

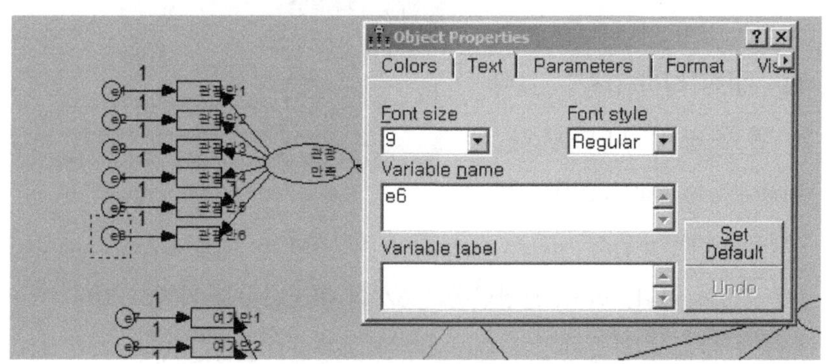

〈그림 23-10〉

이것 역시 첫 번째 오차항에 "e1"을 입력하고, Object Properties 창은 그대로 둔 상태에서 다음 입력할 오차항을 클릭하여 "e2"를 입력하면 된다.

4 외생잠재변수 간 공분산을 설정하자

마지막으로 외생잠재변수 간 공분산을 설정해야 한다. 본 모델에서 외생잠재변수라 함은 관광만족과 여가만족을 말한다. 이 둘 간의 공분산을 설정해야 한다. 만약 공분산을 설정하지 않고, 분석을 실시한다면, 공분산을 설정하라는 경고창이 〈그림 23-11〉과 같이 나타난다. 경고창에서 나타나듯이, 관광만족과 여가만족을 공분산을 설정하지 않으면 무상관이 된다고 언급하고 있다.

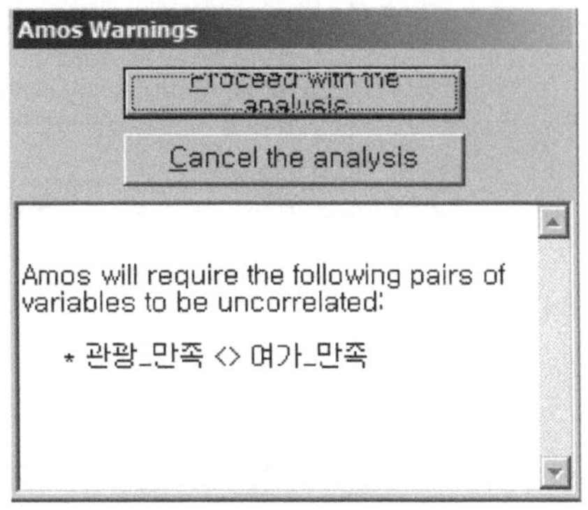

〈그림 23-11〉

만약 이를 무시하고 분석을 실시한다면, 구조방정식모델의 적합여부를 결정하는 몇 가지 분석기준 수치가 매우 낮게 나타난다(이 부분은 실제 분석을 할 때, 자세하게 설명함). 외생잠재변수 간에는 어차피 공분산을 설정해야 하므로 구조방정식모델을 작성할 때, 미리 공분산을 설정하도록 하자.

외생잠재변수 간 공분산 설정 방법은 〈그림 23-12〉와 같다. 도구모음 상자에서 양방향 화살표인 ↔를 클릭한다. 외생잠재변수인 관광만족에서 시작하여 여가만족으로 공분산을 연결하면 된다. 만약, 공분산을 연결하면 왼쪽 그림과 같이 공분산이 오른쪽으로 치우친 모양으로 나타났다면, 도구모음상자에 를 이용하여 왼쪽으로 치우친 오른쪽 그림과 같이 바꾸어 보자. 버튼을 누른 후, 마우스를 공분산 선에 갖다놓으면 선이 빨간색으로 변한다. 이때 왼쪽 마우스 버튼을 눌러 원하는 모양으로 바꾸면 된다. 물론 모양을 변경하지 않고 그대로 분석에 이용하여도 된다.

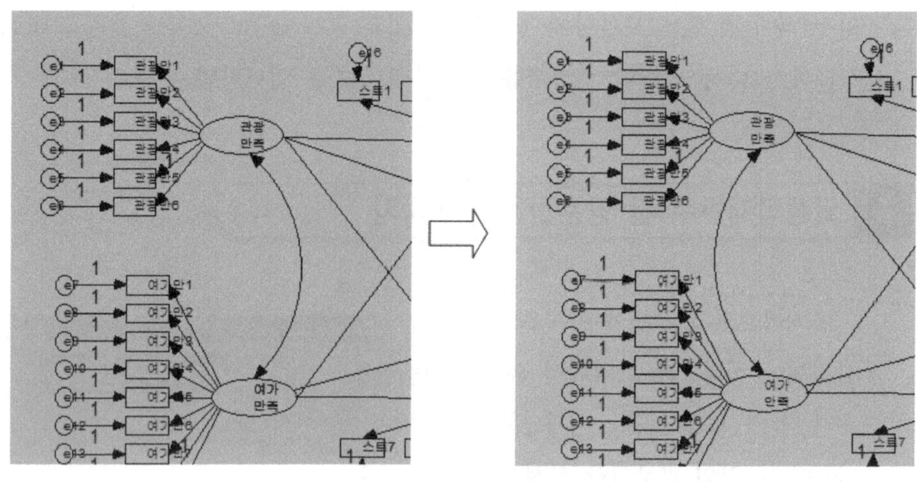

〈그림 23-12〉

외생잠재변수 간 공분산을 설정하였다면, 도구모음 상자에서 를 클릭하자. 그러면 작성한 구조방정식모델이 AMOS 작업시트 중앙에 위치하게 된다.

드디어 구조방정식모델이 〈그림 23-13〉과 같이 완성되었다.

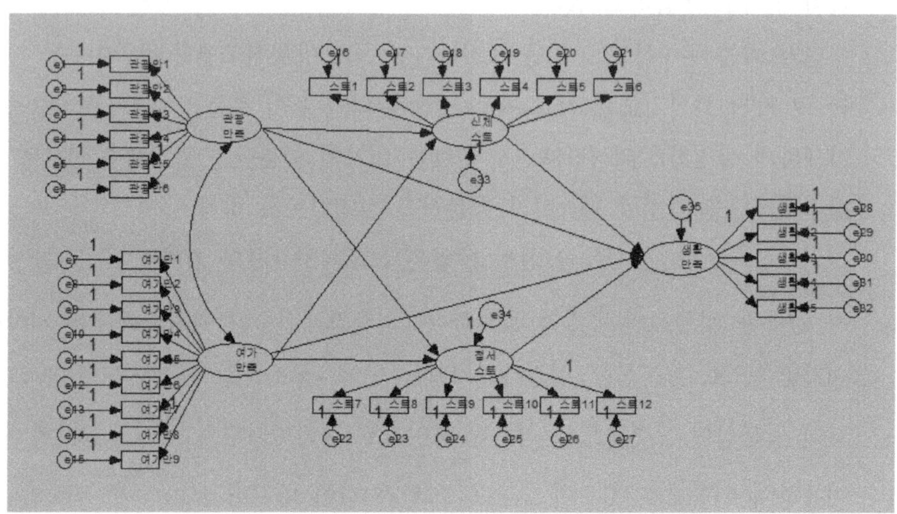

〈그림 23-13〉 AMOS에서 완성된 구조방정식모델

제23강에서는 AMOS에서 구조방정식모델 작성 방법에 대하여 설명하였다. 이는 단순히 AMOS에서 모델을 작성하는 방법을 설명하기 위함이지, 분석을 위해 실시한 것은 아니라는 것을 기억해야 한다. 본격적으로 구조방정식모델 분석을 실시하기 위해서는 제24강~제28강 까지 순서에 입각해서 차례대로 분석을 실시해야 한다. 일반적으로 구조방정식모델 분석을 할 때, 먼저 분석할 변수의 확인적 요인분석을 실시하여 변수 정제를 한다. 이때 제거된 변수는 구조방정식모델을 작성할 때 제외되는 변수이다. 따라서 미리 연구모델을 가지고 구조방정식모델을 작성하면 확인요인분석결과 제외되는 변수들로 인해 재작성해야 하는 번거로움이 발생한다. 그러므로 AMOS 작업시트에 구조방정식모델을 그리는 시기는 확인요인분석 실시 이후에 하는 것이 좋다.

■■■ 제24강 ■■■

확인적 요인분석(confirmatory factor analysis)

제24강부터 본격적으로 구조방정식모델 분석을 실시할 것이다. 구조방정식모델 분석을 실시할 때, 최초 변수들의 확인요인분석을 실시해야한다. 여기서부터는 AMOS를 이용하여 논문을 쓸 때 필요한 절차와 순서에 입각하여 설명을 할 것이다. 제24강부터 제28강까지 차근차근 반복하면서 따라 해보자.

확인적 요인분석을 실시 할 변수들에 대한 설명은 이미 제23강 1번에서 언급하였다. 이를 다시 참고 하길 바란다.

1 확인적 요인분석

인과관계 연구에서 확인요인분석은 자료의 타당성을 증명하는데 이용한다.

연구자가 작성한 연구모델에 이용되는 구성개념은 대부분 다항목측정을 하기 때문에 요인들의 단일차원성(unidimensionality)을 조사해야 한다. 단일차원성은 각 개념의 측정변수들이 단일요인 모델에 의해 수용가능한 적합도를 보이는가의 문제이다. 따라서 확인요인분석의 목적은 단일차원성을 저해하는 항목을 제거하는 것이다.

또한 확인적 요인분석은 잠재변수와 그것을 측정하는 측정변수들 사이의 관계에 초점을 두고 있는 것이다. 하나의 개념에 대한 잠재변수와 그것을 구성하는 측정변수는 선행 이론에 근거하고 있는데, 확인적 요인분석은 선행 이론을 다시 한 번 검증하는데 이용된다.

우리가 제2부 7강에서 배웠던 요인분석은 탐색적 요인분석이다. 탐색적 요인분석은 이론상으로 아직 체계화 되거나 정립되어 있지 않은 연구에서 향후 연구의 방향을 파악하기 위해 탐색적 목적으로 실행하는 것이다. 즉, 탐색적 요인분석은 요인을 주로 탐색하는 데 이용되고, 확인적 요인분석은 요인을 주로 확인하는데 이용한다.

구조방정식모델 분석에서 고찰되는 모델은 통상적으로 확인적 요인분석이라 한다. 〈그림 24-1〉에서 왼쪽그림이 확인적 요인분석의 예이다. 확인적 요인분석에서는 선행 이론에 근거하여 검증을 하고 있고, 탐색적 요인분석은 각 요인에 대한 모든 측정변수와의 사이에 관계를 상정하고, 그 관계가 어느 측정변수에서 강한지에 따라 요인이 분류되어 진다. 탐색적 요인분석은 확인적 요인분석의 전 단계로서 이용되는 경우가 많으며, 탐색적 요인분석의 결과는 확인적 요인분석에 의해서 검증됨으로써 보다 신뢰할 수 있는 결론에 도달 할 수 있다.

이러한 이론적 개념과 함께 가장 쉽게 설명하면, 일반적으로 SPSS에서 실시하는 요인분석을 탐색적 요인분석이라 하고, AMOS 혹은 LISREL에서 구조방정식모델 분석을 위한 하나의 단계로 실시하는 요인분석을 확인적 요인분석이라고 생각하면 된다.

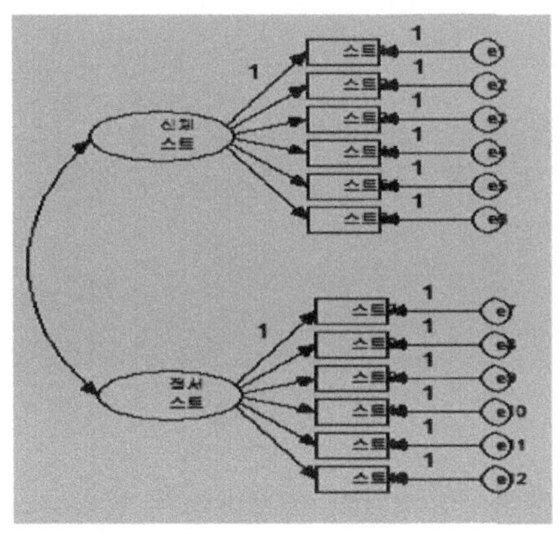

확인적 요인분석 모델 예제

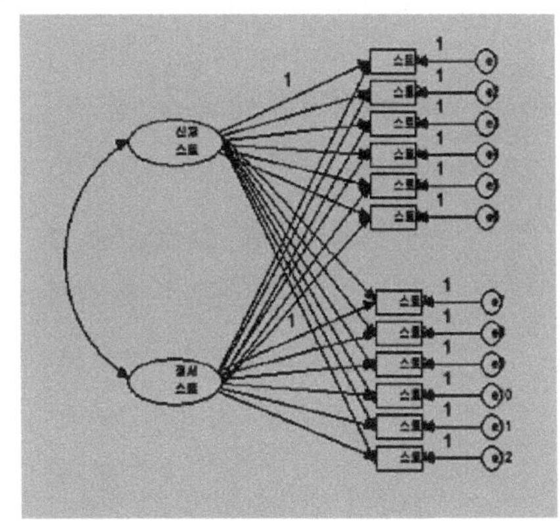

탐색적 요인분석 모델 예제

〈그림 24-1〉 확인적 요인분석과 탐색적 요인분석

2 관광만족 확인요인분석의 실시

사용되는 file명 : 제3부-1

1) 관광만족 확인요인분석 모델의 작성

관광만족을 확인요인분석하기 위하여 먼저, AMOS 작업시트에 분석할 확인요인분석 모델을 작성하여야 한다.

(1) 〈그림 24-2〉와 같이 AMOS 작업시트에 잠재변수를 그리자.

〈그림 24-2〉

(2) 〈그림 24-3〉과 같이 도구 모음 상자에서 를 이용하여 측정변수와 측정변수의 오차항을 한꺼번에 입력하자. 관광만족은 총 6개 문항으로 구성되어 있으므로, 마우스를 잠재변수(동그라미 변수)에 놓고 를 6번 클릭하면 6개의 측정변수가 입력된다.

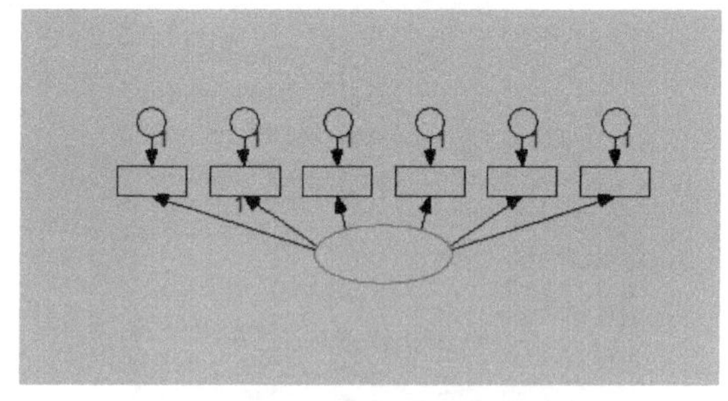

〈그림 24-3〉

(3) 도구모음 상자에서 를 선택하고, 마우스를 잠재변수에 놓고 클릭하자. 그러면 측정변수와 측정변수의 오차항이 회전할 것이다. 〈그림 24-4〉와 같이 회전 시키자.

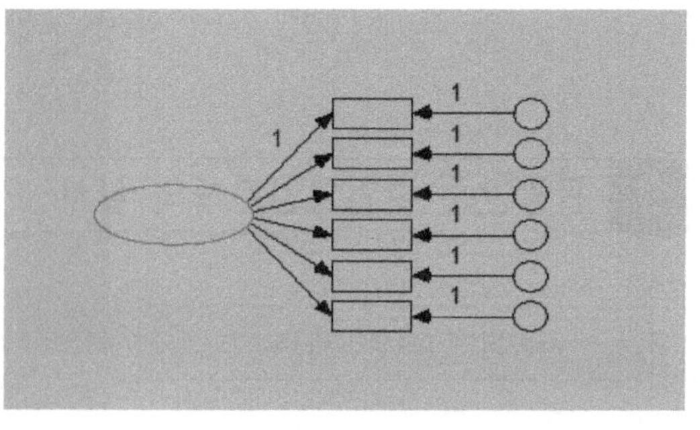

〈그림 24-4〉

(4) 잠재변수, 측정변수, 측정변수 오차항의 이름을 입력시키자. 먼저, 잠재변수(동그라미 변수)를 더블클릭하자. 그러면 〈그림 24-5〉와 같이 **Object Properties** 창이 생성될 것이다. 여기서 Font size는 9로 입력하고 Variable name에 관광만족이라고 입력하자. 마찬가지로 측정변수 오차항도 Font size "9"로 입력하고 Variable name에 e1~e6으로 입력하자. 측정변수(네모 변수)의 경우에는 (5)번에서 설명할 것이다.

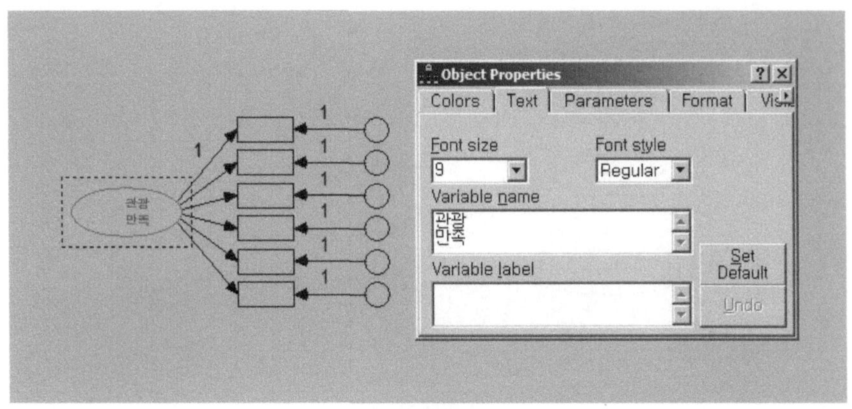

〈그림 24-5〉

(5) **File ➡ Data Files...**를 선택하여 AMOS에서 작성한 모델과 SPSS 데이터와 연결시킨다. 각자의 컴퓨터에 저장된 파일명 "**제3부-1**"을 불러와서 확인한다. 그러면 〈그림 24-6〉과 같이 **Variables in Dataset** 창이 생성된다. 여기서 "관광만1~관광만6"을 측정변수에 드래그 하여 입력시키자.

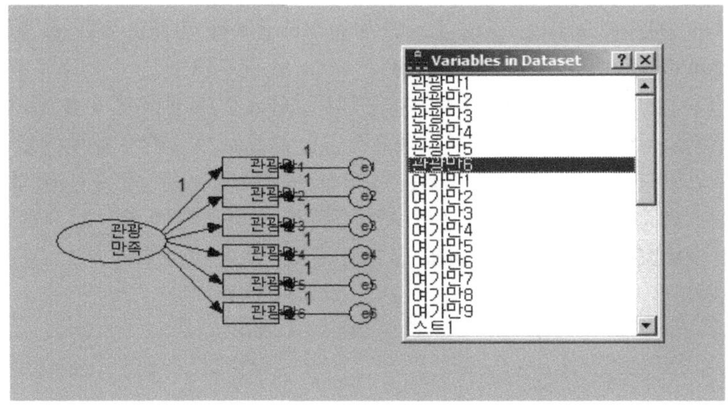

〈그림 24-6〉

(6) 관광만족 확인요인분석을 위한 모델이 〈그림 24-7〉과 같이 완성하였다. 마지막으로 도구모음 상자에서 를 클릭하자. 그러면 작성한 모델이 AMOS 작업시트 중앙위치할 뿐 만 아니라 크기도 커져서 보기에 매우 편리하게 된다. 최종적으로 이 모델을 "**관광만족확인요인분석**"으로 AMOS에 반드시 저장해 두자.

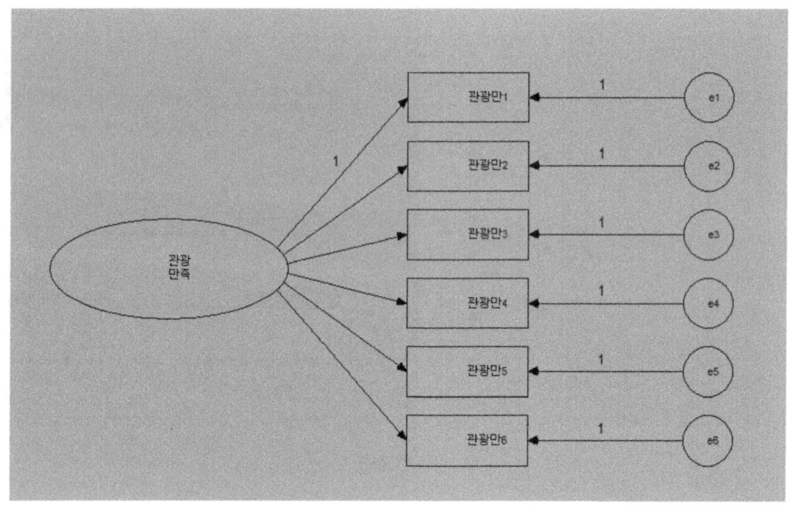

〈그림 24-7〉

반드시 읽고 넘어갑시다

잠재변수는 측정되지 않는 변수라고 언급하였다. 즉, 잠재변수 그 자체로는 의미가 없는 척도이다. 그러나 구조방정식모델에서 잠재변수도 통계적으로 식별(identification)할 수 있어야 한다.

다시 정리하면, 잠재변수는 측정되지 않으므로 모델에서 이를 측정할 수 있는 기준을 정해야 한다는 것이다. 대표적인 방법으로 잠재변수와 측정변수를 비교할 수 있도록 모수를 1로 고정시키는 것이다. 즉, 위에서 관광만족인 잠재변수에 적재되는 측정변수(관광만1~관광만6)들 중에서 하나의 변수를 1로 고정시키는 것이다. **AMOS는 자동적으로 이를 실행해 준다.** 위에서는 측정변수 "관광만1"이 1로 고정되어 있다.

2) 관광만족 확인요인분석의 분석

관광만족의 확인요인분석 모델을 작성하면서, **File ➡ Data Files...**에서 분석할 SPSS 파일인 제3부-1을 경로로 이미 설정하였고, 측정변수를 드래그를 하여 입력시켰다. 이제는 분석결과를 도출할 차례이다.

(1) 먼저, **메뉴〉 View/Set**에서 **Analysis Properties...**를 클릭하고, 새로이 생성되는 **Analysis Properties** 창에서 Output를 선택하자. AMOS는 최초 Minimization history만 체크되어 있을 것이다. 여기서는 **"Standardized estimates"**와 **"Squared multiple correlations"**를 추가로 체크하자. 창을 닫을 때는 ☒를 클릭한다.〈그림 24-8참고〉

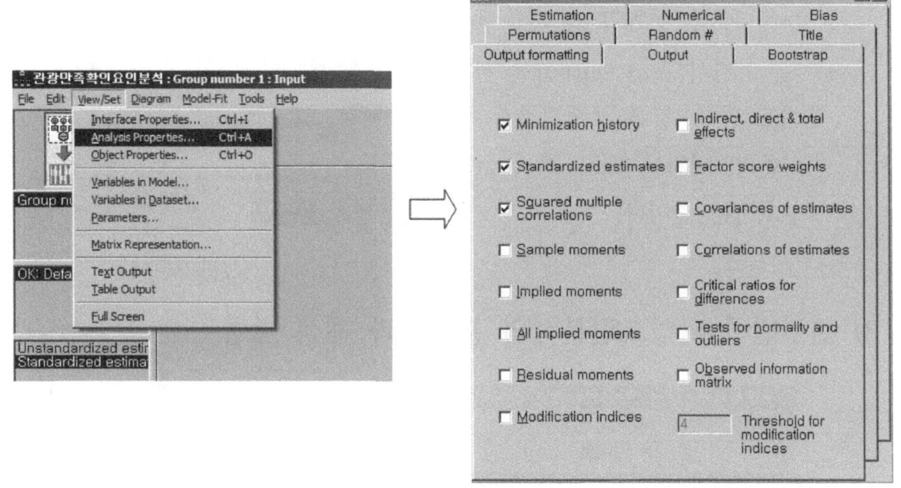

〈그림 24-8〉

(2) **메뉴〉 Model-Fit**에서 **Calculate Estimates**를 클릭하자. 그러면 AMOS는 분석을 실행한다. AMOS 화면 왼쪽 상단에 있는 에서 오른쪽 버튼을 선택하면, 〈그림 24-9〉의 오른쪽 그림과 같이 분석 결과가 작업시트에 있는 모델에 나타날 것이다. 좀 더 구체적인 분석결과를 보기 위해서는 (3)번의 절차를 따르면 된다.

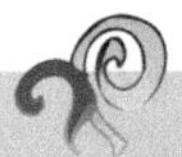

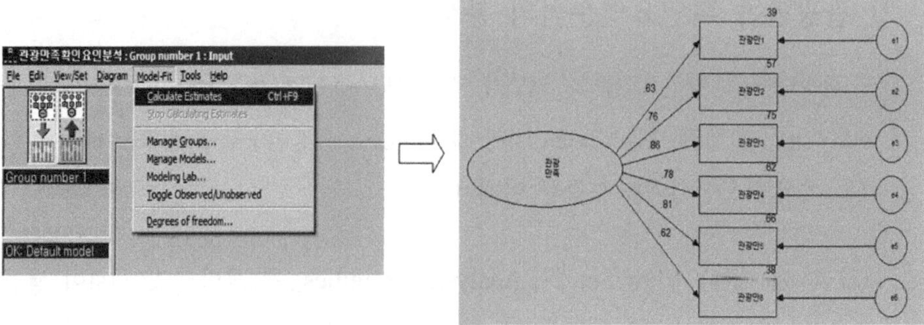

〈그림 24-9〉

(3) 〈그림 24-10〉과 같이 **메뉴〉 View/Set**에서 **Table Output**를 선택한다. 그러면 분석결과를 한 눈에 볼 수 있게끔 나타날 것이다. 여기서 Text Output를 선택해도 된다. 같은 분석결과를 보여준다. 저자는 Table Output를 선호하는 편이다.

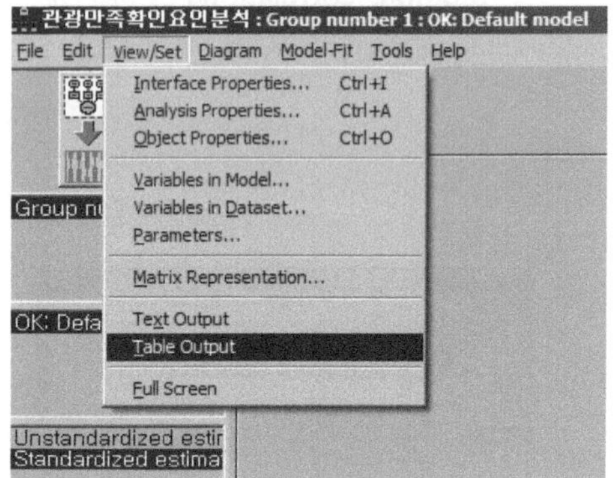

〈그림 24-10〉

3) 관광만족 확인요인분석의 분석결과 해석 방법

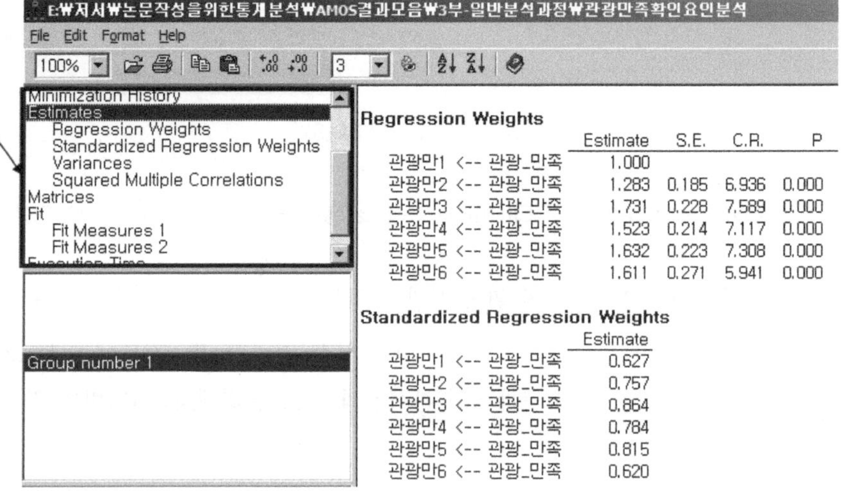

Regression Weights

	Estimate	S.E.	C.R.	P
관광만1 <-- 관광_만족	1.000			
관광만2 <-- 관광_만족	1.283	0.185	6.936	0.000
관광만3 <-- 관광_만족	1.731	0.228	7.589	0.000
관광만4 <-- 관광_만족	1.523	0.214	7.117	0.000
관광만5 <-- 관광_만족	1.632	0.223	7.308	0.000
관광만6 <-- 관광_만족	1.611	0.271	5.941	0.000

Standardized Regression Weights

	Estimate
관광만1 <-- 관광_만족	0.627
관광만2 <-- 관광_만족	0.757
관광만3 <-- 관광_만족	0.864
관광만4 <-- 관광_만족	0.784
관광만5 <-- 관광_만족	0.815
관광만6 <-- 관광_만족	0.620

〈그림 24-11〉

관광만족 확인요인분석결과를 보기 위하여 View/Set에서 Table Output를 선택하면 〈그림 24-11〉과 같은 화면이 나타난다. 왼쪽에 있는 **Regression Weights, Standardized Regression Weights, Variances, Squared Multiple Correlations**을 선택하면 오른쪽에서 그 값을 볼 수 있다. Estimates를 선택하면 전체가 한꺼번에 나타난다.

Estimates 아래쪽에 있는 **Fit Measures2**는 관광만족 확인요인분석결과의 모델 적합도를 보여주는 곳이다.

(1) Regression Weights(인과계수)

여기서는 각 경로선의 표준화 되어 있지 않은 인과계수(Estimate), 표준오차(S.E.), 검정통계량(C.R.)이 제시된다. **C.R. 값은 SPSS에서 언급한 t값과 동일한 의미이다.** 그러므로 ±1.96보다 클 때는 그 인과계수는 의미가 있는 것이다.

"관광만족 --> 관광만1"의 인과계수는 1.000이다. 이는 앞에서 언급한데로 잠재변수의 식별을 위하여 모수를 1로 고정한 값이다. 이는 표준화 되어 있지 않을 때만 1로 나타나고, 표준화하였을 때는 그렇지 않다.

Regression Weights

			Estimate	S.E.	C.R.	P
관광만1	<--	관광_만족	1.000			
관광만2	<--	관광_만족	1.283	0.185	6.936	0.000
관광만3	<--	관광_만족	1.731	0.228	7.589	0.000
관광만4	<--	관광_만족	1.523	0.214	7.117	0.000
관광만5	<--	관광_만족	1.632	0.223	7.308	0.000
관광만6	<--	관광_만족	1.611	0.271	5.941	0.000

C.R. 값은 인과계수를 표준오차로 나눈 값이다. 예를 들면, "관광만2"의 C.R. 값은 6.936인데, 이는 (1.283÷0.185)에 의한 값이다.

(2) Standardized Regression Weights(표준화된 인과계수)

Standardized Regression Weights

			Estimate
관광만1	<--	관광_만족	0.627
관광만2	<--	관광_만족	0.757
관광만3	<--	관광_만족	0.864
관광만4	<--	관광_만족	0.784
관광만5	<--	관광_만족	0.815
관광만6	<--	관광_만족	0.620

인과계수(Estimate)의 절대치의 대소나 부호를 보면서 인과관계를 파악한다. 여기서는 잠재변수인 관광만족과 측정변수 사이의 인과관계는 "관광만1"과 "관광만6"이 다른 측정변수에 비해 낮은 것으로 보인다.

(3) Variances

각 잠재요인과 측정변수에 대한 분산 값을 보여준다. 여기서 분산이 마이너스 수치를 보이면 안된다. 즉, Estimate 값이 마이너스(-) 수치로 나타나면 안된다. **분산이 마이너스 일 때, 이를 Heywood Case라 하는데 이에 해결책은 뒤에 나오는 "생활만족도 확인요인분석"에서 자세히 다룬다.** 본 분석에서는 분산이 모두 마이너스가 아니다.

Variances

	Estimate	S.E.	C.R.	P	Label
관광_만족	0.184	0.049	3.742	0.000	
e1	0.283	0.039	7.337	0.000	
e2	0.226	0.034	6.714	0.000	
e3	0.187	0.036	5.267	0.000	
e4	0.266	0.041	6.478	0.000	
e5	0.248	0.040	6.132	0.000	
e6	0.764	0.104	7.359	0.000	

(4) Squared Multiple Correlations(SMC)

SPSS에서 종속변수에 대한 독립변수의 설명력을 R^2으로 판단한다고 제2부 회

귀분석에서 수차례 언급하였다. AMOS에서는 Squared Multiple Correlations (SMC)값이 SPSS에서 R^2에 해당하는 것이다. 이것은 1에 가까울수록 설명력이 높다는 것을 의미한다. 일반적으로 **SMC값은 0.4이상의 값을 보이면 잠재변수는 해당 측정변수들의 변량을 잘 설명하는 것으로 해석할 수 있다.**

분석결과, "**관광만6번**"과 "**관광만1번**"의 설명력이 낮은 것으로 나타났다.

[최초 : 문항제거 전]
Squared Multiple Correlations

	Estimate
관광만6	**0.384**
관광만5	0.664
관광만4	0.615
관광만3	0.746
관광만2	0.573
관광만1	**0.394**

(5) Fit Measures 2(모델 적합도 검정결과)

분석결과 창의 왼쪽 아래에 있는 **Fit Measures 2**를 클릭하면, 〈그림 24-12〉와 같은 결과물이 나타난다. 먼저, 3가지 모델이 나타난다. Default model, Saturated, Independence가 그것이다. Saturated model은 perfect fitting 모델을 말하는 것으로 추정 파라미터의 개수를 가장 많이 했을 때의 모델을 말하는 것이고, Independence model은 추정 파라미터의 개수를 가장 적게 했을 때의 모델을 의미한다. 결론적으로, Saturated model과 Independence model은 Default model과 비교하기 위해서 나타난 극단적 모델이므로 별 의미가 없다고 생각해도 좋을 것이다. 여기서는 **Default model에 나타난 결과 수치만 해석을 하면 된다.**

File Edit Format Help

Estimates / Regression / Standardized / Variances / Squared Mul / Matrices / Fit / Fit Measures / Fit Measures / Execution Time

Fit Measures

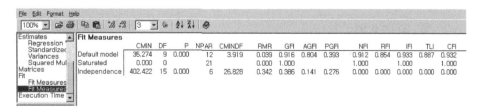

	CMIN	DF	P	NPAR	CMINDF	RMR	GFI	AGFI	PGFI	NFI	RFI	IFI	TLI	CFI
Default model	35.274	9	0.000	12	3.919	0.039	0.916	0.804	0.393	0.912	0.854	0.933	0.887	0.932
Saturated	0.000	0		21		0.000	1.000			1.000		1.000		1.000
Independence	402.422	15	0.000	6	26.828	0.342	0.386	0.141	0.276	0.000	0.000	0.000	0.000	0.000

〈그림 24-12〉

① CMIN = 35.274, DF = 9, P = 0.000

이것은 카이스퀘어 검정결과이다. CMIN 값은 Chi-square 값을 말하는 것이다. Chi-square 값은 35.274이고, 자유도는 9, 유의확률은 0.000으로 나타났다. 유의확률을 기준으로 보았을 때, p = 0.000이므로 연구가설을 채택해야 한다. 연구가설은 아래와 같이 모델은 모집단 데이터에 적합하지 않다는 것을 말한다.

- **귀무가설(H0) : 모델은 모집단 데이터에 적합하다.**
- **연구가설(H1) : 모델은 모집단 데이터에 적합하지 않다.**

여기서 매우 중요한 사항이 있다. 카이스퀘어 값을 기준으로 보았을 때, 관광만족 확인요인분석 모델은 적합하지 않는 것으로 나타났다. 그렇다면 이 모델이 잘못되었다고 결론을 내려야 하는 것 일까? 그 답은 "절대 아니다" 이다. 카이스퀘어 검정에서 기각되었다는 것은 모델을 채택할 필요조건이지 충분조건이 아니기 때문에 다른 적합도 지수를 참조하여 판단하면 된다.

② CMIN/DF = 3.919

3.919 = 35.274÷9에 의한 값으로서, 일반적으로 **2이하면 모델이 적합**하다고 해석한다. 여기서 관광만족의 확인요인분석모델은 2보다 큰 수치로 나타나 모델이 적합하지 않다고 해석할 수 있다.

③ RMR = 0.039

RMR(Root Mean square Residual)은 **0.05이하 이면서 0에 가까울수록** 그 모델의 적합성이 좋다고 해석한다. 본 분석에서는 RMR 값이 0.039로 모델이 적합하다고 해석할 수 있다.

④ GFI = 0.916

GFI(Goodness-of Fit Index)는 적합도 지수가 **0.9이상 이면서 1에 가까울수록** 그 모델의 적합성은 좋다고 해석한다. 본 분석에서는 0.916으로 모델이 적합하다고 할 수 있다.

⑤ AGFI=0.804

AGFI(Adjusted Goodness-of-fit Index)는 적합도 지수가 **0.9이상 이면서 1에 가까울수록** 그 모델의 적합성은 좋다고 해석한다. 여기서는 0.804로 적합하다고 해석하기에는 무리가 있을 것 같다.

⑥ CFI=0.932

CFI(Comparative Fit Index)는 적합도 지수가 **0.9이상 이면서 1에 가까울수록** 그 모델의 적합성은 좋다고 해석한다. 여기서는 0.932로 적합하다고 해석할 수 있다.

⑦ RMSEA=0.153

RMSEA(Root Mean Square Error of Approximation)는 **0.05보다 작을 때 그 모델은 적합도가 좋다**라고 해석하고, **0.1보다 클 때는 그 모델을 채택하지 않는 편이 좋다**라고 해석한다. 여기서는 0.153으로 모델을 채택하지 않는 편이 좋을 것으로 나타났다.

⑧ NFI=0.912

NFI(normed fit index)는 **0.9이상 이면서 1에 가까울수록** 그 모델의 적합성은 좋다고 해석한다. 이는 Saturated model의 적합성 정도를 100%, Independence model의 적합성 정도를 0%로 보았을 때, Default model의 적합성 정도를 알려준다. 본 연구에서는 91.2%로 나타났다.

⑨ IFI=0.933

IFI(Incremental Fit Index)는 **0.9이상 이면서 1에 가까울수록** 그 모델의 적합성은 좋다고 해석한다.

〈관광만족 확인요인분석 결과(최초)〉

구 분	분석 결과	적합도 기준값	적합 여부
CMIN/p값	35.274/0.000	p〉0.05	부적합
CMIN/DF	3.919	2이하	부적합
RMR	0.039	0.05이하	적합

GFI	0.916	0.9 이상	적합
AGFI	0.804	0.9 이상	부적합
CFI	0.932	0.9 이상	적합
NFI	0.912	0.9 이상	적합
IFI	0.933	0.9 이상	적합
RMSEA	0.153	0.05이하 : 좋다 0.05~0.1이하 : 수용가능	부적합
최종 판단 (반드시 읽으세요!)	여기서는 논문에서 자주 인용되고, 자주 해석하는 중요한 것만을 설명하였다. 일반적으로 구조방정식모델의 적합도를 판단하는 기준은 있지만, 반드시 따라야만 하는 특별한 기준치는 없다. 즉, 대부분의 출판된 논문에서도 위의 기준에 모두 부합되어야지만 모델이 적합하다고 해석하지는 않는다. 일부는 모델의 적합성 기준에 부합하기도 하고, 일부는 부합하지 않기도 하지만 최종적으로 연구자가 모델의 수용가능 여부를 결정해야 한다. 위의 관광만족 확인요인분석의 경우에는, 카이스퀘어 검정, CMIN/DF, GFI, RMSEA 값이 모델 적합성을 판단하는 기준 수치 이하로 나타났다. 특히, GFI 값은 0.804로 기준 수치인 0.9에 크게 미치지 못하고, RMSEA 역시 1이상의 수치를 보이고 있어 최종적으로 이 모델은 적합하지 않는 것으로 결론을 내리자.		

참 고

독자 여러분은 구조방정식모델 분석을 이용하여 작성한 논문을 많이 접하는 것이 중요하다. 그 논문이 AMOS를 이용하였건 LISREL를 이용하였건 중요하지 않다. 많은 논문을 접하다보면, 모델 적합도를 판단하는 기준이 정해져 있지 않다는 것을 알 수 있다. 모델 적합도를 판단하는 기준은 GFI, AGFI, CFI, NFI, IFI 등이 0.9이상, RMR, RMSEA 등이 0.05이하와 같이 어떤 기준이 존재하는 것은 분명하지만, 반드시 따라야만 하는 것은 아닌 것 같다. 사회과학분야에서 아주 저명한 어떤 교수님의 논문을 보아도 GFI가 0.85, AGFI가 0.82이지만, GFI와 AGFI는 표본특성에 기인한 비일관성(inconsistencies)으로 인하여 영향을 받을 수 있기 때문에 표본특성으로부터 자유로운 CFI(comparative fit index)를 권고하고 있다는 점을 들어 비록, GFI와 AGFI가 0.90이하 이지만, CFI가 0.90이상이므로 모델이 적합한 것으로 해석하고 게재한 것을 보았다. 따라서 모델 적합도를 평가하는 기준은 가급적이면 모든 책에서 제시한 일반적인 기준을 부합하도록 하되, 그러한 결론에 도저히 도달하지 않는다면 단순히 모델이 잘못되었다고 결론을 내릴 것이 아니라 연구자의 판단 기준에 의거하여 수용 가능한 수준에 대하여 다시 한번 고민을 해보자. 물론 적합도 판단 기준에서 너무나 동 떨어졌다면 곤란하겠지만 말이다.

4) 관광만족 확인요인분석 재분석결과

관광만족 확인요인분석의 모델은 적합하지 않은 것으로 결론을 내렸고, 재분석을 통하여 모델이 적합하도록 만들어야 할 것이다. 그러기 위해서 우리는 SMC (Squared Multiple Correlations) 값에 관심을 가져야 한다. 앞의 SMC 분석 결과, "**관광만6(0.384)**"과 "**관광만1(0.394)**"이 잠재변수인 관광만족에 대해 상대적으로 설명력이 상대적으로 낮은 것으로 나타났다. 따라서 설명력이 가장 낮은 "관광만6"을 제거하고 확인요인분석을 다시 실시해 보자.

(1) "관광만6"을 제거

도구모음 상자에서 ✗를 선택하고, AMOS 작업시트에 그려진 모델에서 측정변수인 "관광만6"과 측정변수의 오차항인 "e6"에 마우스 놓고 각각 클릭하자. 그러면 "관광만6"과 오차항이 제거된다. "관광만6"을 제거 후, **Model-Fit**에서 **Calculate Estimates**를 클릭하면 〈그림 24-13〉과 같은 분석결과가 나타난다.

["관광만6" 제거]

Squared Multiple Correlations

	Estimate
관광만5	0.619
관광만4	0.620
관광만3	0.760
관광만2	0.610
관광만1	0.386

"관광만6"을 제거한 후의 SMC값은 "관광만1"이 가장 낮은 것으로 나타났다.

File Edit Format Help

Fit Measures

	CMIN	DF	P	NPAR	CMINDF	RMR	GFI	AGFI	PGFI	NFI	RFI	IFI	TLI	CFI
Default model	16.684	5	0.005	10	3.337	0.021	0.953	0.859	0.318	0.950	0.900	0.964	0.927	0.964
Saturated	0.000	0		15		0.000	1.000			1.000		1.000		1.000
Independence	332.211	10	0.000	5	33.221	0.314	0.412	0.117	0.274	0.000	0.000	0.000	0.000	0.000

〈그림 24-13〉

〈관광만족 확인요인분석 결과("관광만6"제거)〉

구 분	분석 결과	적합도 기준값	적합 여부
CMIN/p값	16.684/0.005	p〉0.05	부적합
CMIN/DF	3.337	2이하	부적합
RMR	0.021	0.05이하	적합
GFI	0.953	0.9 이상	적합
AGFI	0.859	0.9 이상	부적합
CFI	0.964	0.9 이상	적합
NFI	0.950	0.9 이상	적합
IFI	0.964	0.9 이상	적합
RMSEA	0.137	0.05이하 : 좋다 0.05~0.1이하 : 수용가능	부적합
최종 판단 (반드시 읽으세요!)	문항을 제거하기 전보다 "관광만6"을 제거한 후의 모델 적합도는 많이 향상되었다. 그러나 여전히 부적합 판정이 많아 이대로 모델 적합도를 수용하기에는 부족한 것 같다. 또한 관광만족은 총 6개 문항인데, 이제 "관광만6" 한 문항만 제거했으므로, 한 문항 더 제거한 후의 결과를 보고 판단해도 괜찮을 것 같다. 여기서는 설명력이 낮은 "관광만1"를 추가로 제거해보자. 참고) AMOS는 3 문항부터는 분석결과가 나타나지 않는다.		

(2) "관광만6"+"관광만1" 제거

반드시 읽고 넘어갑시다 - "관광만1번"을 제거한 후, 다른 측정변수에 1을 설정해야 한다.

"관광만1번"을 제거하고 분석을 실시하면 분석결과가 도출되지 않는다. 이는 최초 AMOS가 "관광만1"를 모수추정지로 처음 1로 고정하였기 때문이다. 1로 고정시킨 '관광만1"을 제거하였으니, 잠재변수인 관광만족은 기준 값이 없기 때문에 분석을 하지 못하는 것이다. 연구자는 직접 다른 변수를 1로 고정시켜야 한다. 일반적으로 SMC 값이 가장 높은 변수를 1로 정하는 것이 좋지만, 굳이 그렇게 하지 않아도 된다. 여기서는 임의로 "관광만2번"을 1로 고정시키자.

잠재변수에서 측정변수 "관광만2"로 가는 경로선을 더블클릭 해보자. 그러면 아래의 왼쪽 그림과 같이 Object Properties 창이 생성된다. 이 창은 Parameters의 Regression weight가 나타나는데, 여기에 1을 입력하고, ☒를 선택하자. 그러면 아래의 오른쪽 그림과 같이 "관광만2"의 경로선이 1로 고정되어 진다. 이 과정을 거친 후, 분석을 실시하면 〈그림 24-14〉와 같이 나타난다.

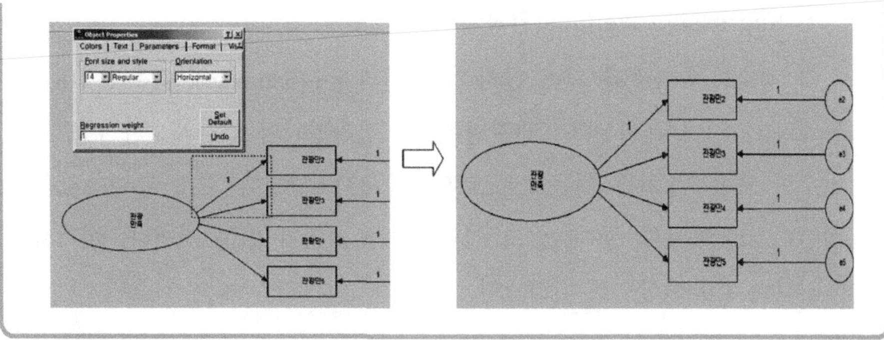

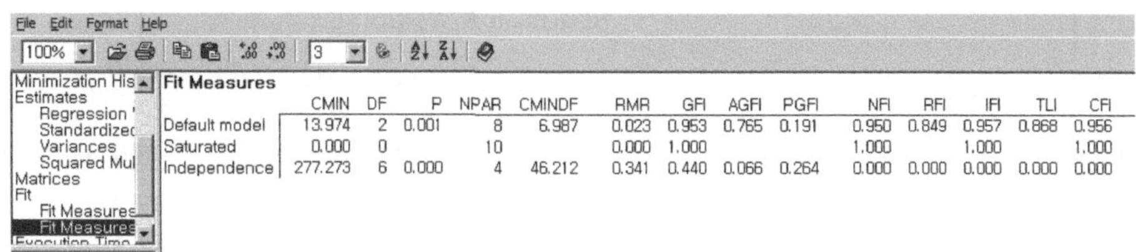

Fit Measures

	CMIN	DF	P	NPAR	CMINDF	RMR	GFI	AGFI	PGFI	NFI	RFI	IFI	TLI	CFI
Default model	13.974	2	0.001	8	6.987	0.023	0.953	0.765	0.191	0.950	0.849	0.957	0.868	0.956
Saturated	0.000	0		10		0.000	1.000			1.000		1.000		1.000
Independence	277.273	6	0.000	4	46.212	0.341	0.440	0.066	0.264	0.000	0.000	0.000	0.000	0.000

〈그림 24-14〉

"관광만6"과 "관광만1"를 제거한 후의 분석결과이다. 그런데 전반적으로 모델 적합도 검정 결과 값이 "관광만6"만을 제거했을 때보다 더 나빠졌다. 특히, AGFI값은 0.765로 그 값이 뚝 떨어져버렸다. 그렇다면 "관광만1"은 제거하지 않는 것이 좋다고 결론을 내릴 수 있다.

(3) "관광만6"과 "관광만2" 제거(최종분석결과)

앞에서 관광만족 확인요인분석 모델을 "**관광만족확인요인분석**"으로 여러분의 컴퓨터에 저장할 것을 당부하였다. 이를 불러오자. 그 후 처음부터 다시 도구모음 상자에서 를 이용하여 "관광만6"과 "관광만2"를 제거하고 분석을 시행하자.

"관광만2"를 제거하는 이유는 다음과 같다. 앞에서 "관광만6"과 "관광만1" 을 제거하였더니, "관광만 1"은 제거하지 않는 것이 좋다는 결론을 내렸다. 또한 "관광만6"만을 제거했을 때는 수용하기 어려운 적합도 결과로 나타났기 때문에 추가로 다른 문항을 제거할 필요가 있다. 따라서 SMC(Squared Multiple Correlations) 값이 "관광만6"과 "관광만1" 다음으로 낮은 "관광만2"를 제거해 보기로 하자.

① Regression Weights(인과계수)

각 경로선의 표준화 되어 있지 않은 인과계수(Estimate), 표준오차(S.E.), 검정통계량(C.R.)이 제시된다. "관광만족 --> 관광만1"의 인과계수가 1인 것은 측정변수의 모수추정치를 처음 1로 고정시킨 값을 말한다. C.R. 값은 t값을 말하는 것이며, ±1.96보다 클 때는 그 인과계수는 의미가 있는 것이다. 여기서는 모든 C.R.값이 1.96이상으로 나타났다.

Regression Weights

			Estimate	S.E.	C.R.	P
관광만1	<--	관광_만족	1.000			
관광만3	<--	관광_만족	1.832	0.266	6.890	0.000
관광만4	<--	관광_만족	1.560	0.242	6.452	0.000
관광만5	<--	관광_만족	1.758	0.259	6.782	0.000

② Standardized Regression Weights(표준화된 인과계수)

인과계수(Estimate)의 절대치의 대소나 부호를 보면서 인과관계를 파악한다. 여기서는

Standardized Regression Weights

			Estimate
관광만1	<--	관광_만족	0.595
관광만3	<--	관광_만족	0.867
관광만4	<--	관광_만족	0.762
관광만5	<--	관광_만족	0.833

잠재변수인 관광만족과 측정변수 사이의 표준화된 인과계수를 보여준다. "관광만3"의 인과계수가 가장 높게 나타나고 있다.

③ Variances

잠재변수와 측정변수의 분산값을 보여준다. 분산이 마이너스의 값을 보이지 않고 있다.

Variances

	Estimate	S.E.	C.R.	P	Label
관광_만족	0.165	0.048	3.457	0.001	
e1	0.301	0.041	7.292	0.000	
e3	0.183	0.043	4.281	0.000	
e4	0.290	0.046	6.284	0.000	
e5	0.226	0.044	5.124	0.000	

④ SMC(Squared Multiple Correlations)

[최종 : "관광만6, 관광만2" 제거]

Squared Multiple Correlations

	Estimate
관광만5	0.693
관광만4	0.581
관광만3	0.752
관광만1	0.354

"관광만6과 관광만2"를 제거한 후의 SMC값을 보여준다.

⑤ Fit Measures 2(모델 적합도 검정결과)

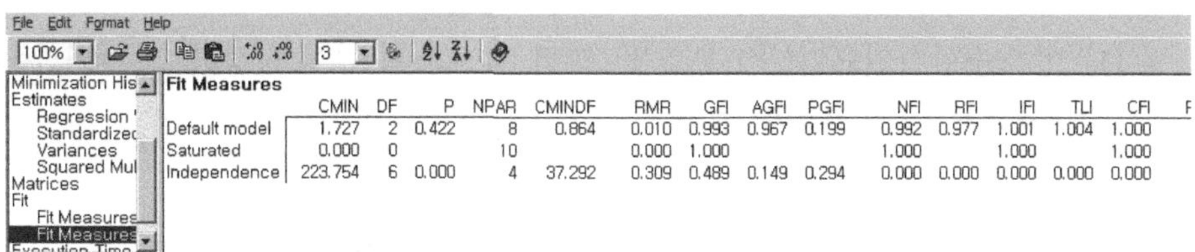

File Edit Format Help

Minimization History / Estimates / Regression Weights / Standardized / Variances / Squared Multiple / Matrices / Fit / Fit Measures / Fit Measures / Execution Time

Fit Measures

	CMIN	DF	P	NPAR	CMINDF	RMR	GFI	AGFI	PGFI	NFI	RFI	IFI	TLI	CFI
Default model	1.727	2	0.422	8	0.864	0.010	0.993	0.967	0.199	0.992	0.977	1.001	1.004	1.000
Saturated	0.000	0		10		0.000	1.000			1.000		1.000		1.000
Independence	223.754	6	0.000	4	37.292	0.309	0.489	0.149	0.294	0.000	0.000	0.000	0.000	0.000

〈관광만족 확인요인분석 결과("관광만6, 관광만2"제거)〉

구 분	분석 결과	적합도 기준값	적합 여부
CMIN/p값	1.727/0.422	p〉0.05	적합
CMIN/DF	0.864	2이하	적합
RMR	0.010	0.05이하	적합
GFI	0.993	0.9 이상	적합
AGFI	0.967	0.9 이상	적합
CFI	1.000	0.9 이상	적합
NFI	0.992	0.9 이상	적합

IFI	1.001	0.9 이상	적합
RMSEA	0.000	0.05이하 : 좋다 0.05~0.1이하 : 수용가능	적합
최종 판단	"관광만6"과 "관광만2"를 제거한 후의 분석결과이다. 카이스퀘어 검정결과 p값이 0.422로 귀무가설이 채택되어 모델이 데이터에 적합한 것으로 나타났고, CMIN/DF 값도 2보다 작은 0.864로 나타났다. RMR 역시 0.05보다 낮은 0.010의 수치를 보였고, GFI, AGFI, CFI, NFI, IFI 모두 적합도 기준치인 0.9 이상으로 나타났다. 마지막으로 RMSEA 역시 0.000으로 나타나 모두가 모델 기준치에 적합한 수치로 나타났다. **따라서 관광만족 확인요인분석은 "관광만6"과 "관광만2"를 제거한 나머지 4개의 변수를 최종적으로 분석에 이용한다.**		

3 여가만족 확인요인분석의 실시

1) 여가만족 확인요인분석 모델의 작성 및 분석의 실행

확인요인분석 모델의 작성은 앞에서 이미 몇 차례 언급하였기 때문에 여기서는 완성된 모델을 가지고 분석을 실시할 것이다.

(1) 여가만족 확인요인분석 모델을 〈그림 24-15〉와 같이 작성하고, "**여가만족확인요인분석**"으로 저장해 두자.

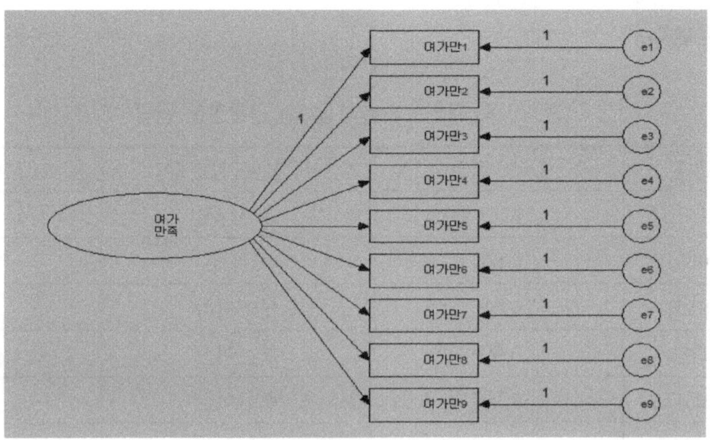

〈그림 24-15〉

(2) 모델이 완성되었다면 분석할 데이터와 경로를 설정해야 한다. 〈그림 24-16〉과 같이 **File ➡ Data Files...**에서 SPSS 파일인 **제3부-1**을 경로로 설정하고, OK를 누른다. (데이터 경로설정 방법은 "제21강. 3번, 2), (1)데이터경로설정"을 참고할 것)

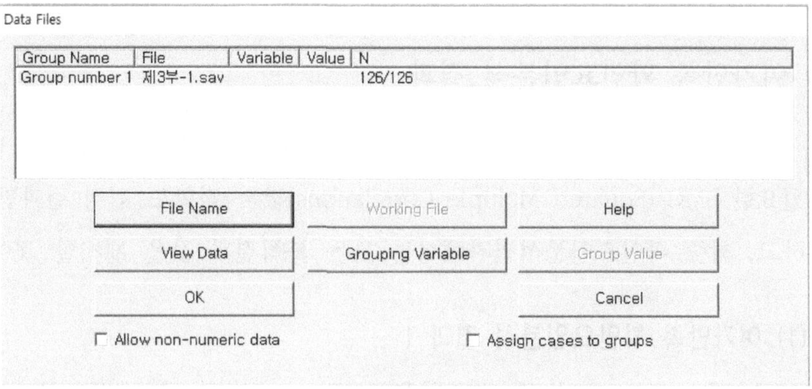

Data Files

Group Name	File	Variable	Value	N
Group number 1	제3부-1.sav			126/126

File Name | Working File | Help
View Data | Grouping Variable | Group Value
OK | Cancel
☐ Allow non-numeric data ☐ Assign cases to groups

〈그림 24-16〉

(3) 그 다음으로 〈그림 24-17〉과 같이 **메뉴〉 View/Set**에서 **Analysis Properties...**를 클릭하고, 새로이 생성되는 **Analysis Properties** 창에서 **Output**를 선택하여 **"Standardized estimates"**와 **"Squared multiple correlations"**를 추가로 체크하자. ☒를 클릭하여 창을 닫는다.

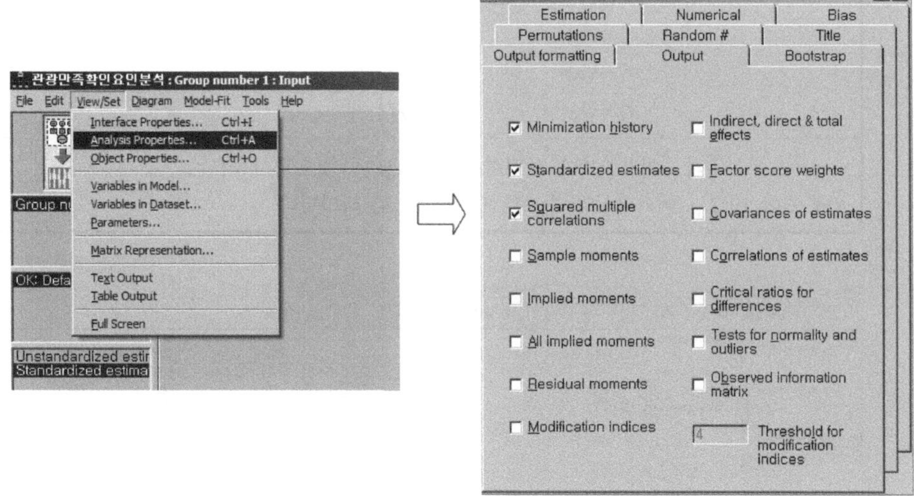

〈그림 24-17〉

(4) **메뉴〉** **Model-Fit**에서 **Calculate Estimates**를 클릭하여 분석을 실시하자.

(5) 분석 후 에서 오른쪽 버튼을 선택하고, **메뉴〉 View/Set**에서 **Table Output**를 선택 하면 분석결과를 확인할 수 있다.

2) 여가만족 확인요인분석 결과

여가만족 확인요인분석 결과에서는 적합한 확인요인분석 모델을 만드는데 필요한 SMC (Squared Multiple Correlations)값과 적합도 검정 결과만을 설명하고, 최종 확인요인분석결과에서는 모든 분석결과 값을 제시할 것이다.

(1) 여가만족 확인요인분석 결과 1

[최초 : 문항제거 전]

Squared Multiple Correlations

	Estimate
여가만9	0.786
여가만8	0.709
여가만7	0.719
여가만6	0.426
여가만5	0.500
여가만4	0.377
여가만3	0.270
여가만2	0.368
여가만1	**0.074**

SMC 분석결과 "여가만1"의 설명력이 가장 낮은 것으로 나타났고, 그 다음으로 "여가만3", "여가만2", "여가만4"의 순으로 낮은 것으로 나타났다.

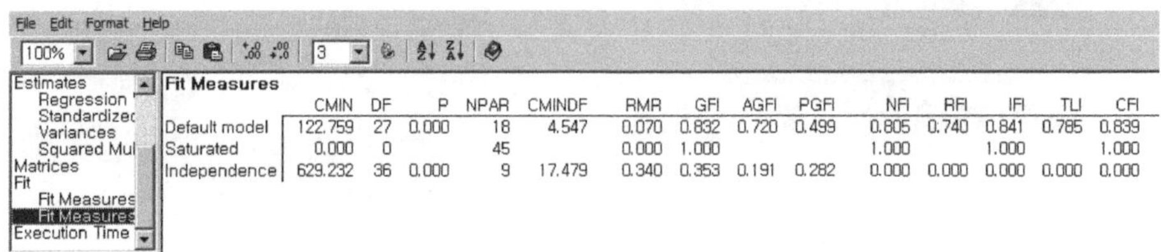

Fit Measures

	CMIN	DF	P	NPAR	CMINDF	RMR	GFI	AGFI	PGFI	NFI	RFI	IFI	TLI	CFI
Default model	122.759	27	0.000	18	4.547	0.070	0.832	0.720	0.499	0.805	0.740	0.841	0.785	0.839
Saturated	0.000	0		45		0.000	1.000			1.000		1.000		1.000
Independence	629.232	36	0.000	9	17.479	0.340	0.353	0.191	0.282	0.000	0.000	0.000	0.000	0.000

〈최초 확인요인분석결과〉

구 분	최초 분석 결과	적합도 기준값	적합 여부
CMIN/p값	122.759/0.000	p〉0.05	부적합
CMIN/DF	4.457	2이하	부적합
RMR	0.070	0.05이하	부적합
GFI	0.832	0.9 이상	부적합
AGFI	0.720	0.9 이상	부적합
CFI	0.839	0.9 이상	부적합
NFI	0.805	0.9 이상	부적합
IFI	0.841	0.9 이상	부적합
RMSEA	0.168	0.05이하 : 좋다 0.05~0.1이하 : 수용가능	부적합
최종 판단	분석 결과, 모든 결과 값이 모델을 수용할 수 없는 것으로 나타났다. 따라서 SMC 값 중 가장 설명력이 낮은 "여가만1"을 제거하고 재분석을 실시한다.		

(2) 여가만족 확인요인분석 결과 2("여가만1" 제거)

"여가만1"은 AMOS가 최초 기준값으로 1로 설정한 변수이므로, "여가만1"을 제거한 후 다른 측정변수를 1로 고정시켜야 분석이 가능하다. 만약 다른 측정변수를 1로 고정시켜 주지 않으면 분석결과는 도출되지 않는다. 다른 측정변수는 가급적이면 SMC 값이 높은 변수 즉, 설명력이 높은 변수를 선택하는 것이 좋다. 여기서는 "여가만9"를 고정값 1로 설정시켜보자. 〈그림 24-18〉과 같이 잠재변수인 여가만족과 "여가만9"를 연결하는 선을 더블클릭하면 Object Properties 창이 생성된다. 여기서 Parameters에서 **Regression weight에 1를 입력**하면 된다.

이것은 구조방정식모델 분석을 실시하면서 앞으로 지속적으로 나타나는 부분이므로 반드시 기억하고 있어야지만 분석 오류를 범하지 않을 수 있다.

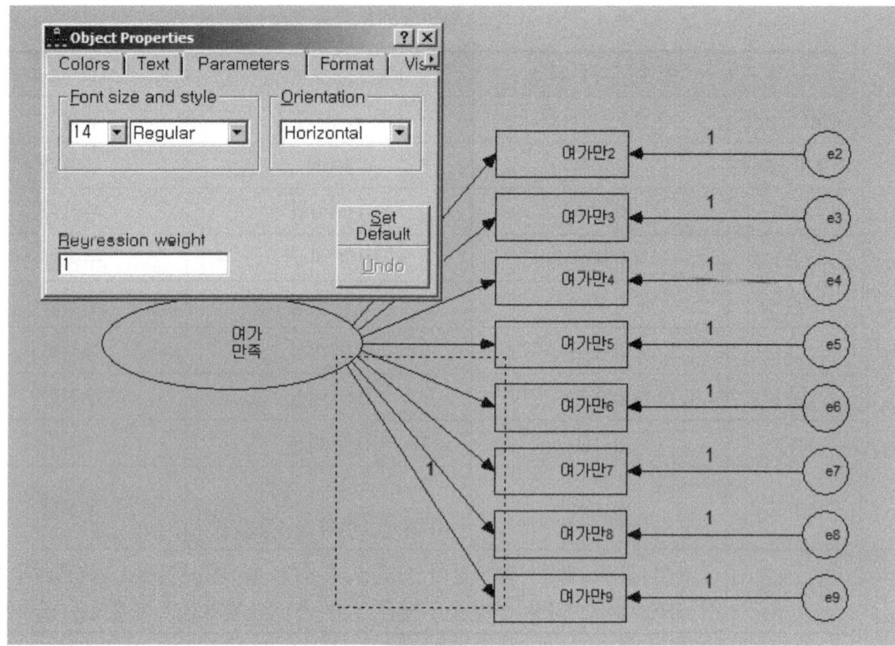

〈그림 24-18〉

[“여가만1” 제거 후]

Squared Multiple Correlations

	Estimate
여가만9	0.788
여가만8	0.712
여가만7	0.729
여가만6	0.423
여가만5	0.501
여가만4	0.374
여가만3	**0.262**
여가만2	0.356

“여가만1”을 제거한 후, SMC 분석결과 “여가만3”의 설명력이 가장 낮은 것으로 나타났고, 그 다음으로 “여가만2”, “여가만4”의 순으로 설명력이 낮은 것으로 나타났다.

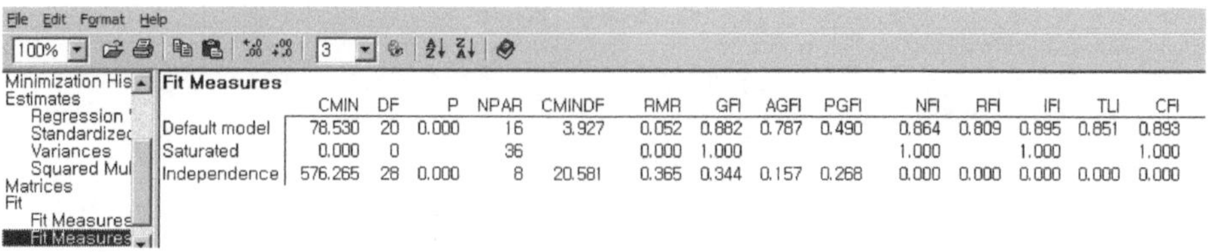

Fit Measures

	CMIN	DF	P	NPAR	CMINDF	RMR	GFI	AGFI	PGFI	NFI	RFI	IFI	TLI	CFI
Default model	78.530	20	0.000	16	3.927	0.052	0.882	0.787	0.490	0.864	0.809	0.895	0.851	0.893
Saturated	0.000	0		36		0.000	1.000			1.000		1.000		1.000
Independence	576.265	28	0.000	8	20.581	0.365	0.344	0.157	0.268	0.000	0.000	0.000	0.000	0.000

〈"여가만1" 제거 후 확인요인분석결과〉

구 분	분석 결과	적합도 기준값	적합 여부
CMIN/p값	78.530/0.000	p〉0.05	부적합
CMIN/DF	3.927	2이하	부적합
RMR	0.052	0.05이하	부적합
GFI	0.882	0.9 이상	부적합
AGFI	0.787	0.9 이상	부적합
CFI	0.893	0.9 이상	부적합
NFI	0.864	0.9 이상	부적합
IFI	0.895	0.9 이상	부적합
RMSEA	0.153	0.05이하 : 좋다 0.05~0.1이하 : 수용가능	부적합
최종 판단 (반드시 읽으세요!)	분석 결과, 모든 결과 값이 모델을 수용할 수 없는 것으로 나타났다. 그러나 "여가만1"을 제거하기 전보다는 적합도가 매우 향상된 것으로 나타난다. 특히, RMR값과 GFI, CFI, IFI 값은 크게 향상되었다. 결론적으로 "여가만3"을 추가로 제거하고 재분석을 실시하자.		

(3) 여가만족 확인요인분석 결과 3("여가만1", "여가만3" 제거)

["여가만1", "여가만3" 제거 후]

Squared Multiple Correlations

	Estimate
여가만9	0.779
여가만8	0.705
여가만7	0.746
여가만6	0.422
여가만5	0.516
여가만4	0.365
여가만2	0.345

"여가만1", "여가만3"을 제거한 후, SMC 분석결과는 "여가만2"의 설명력이 가장 낮고, "여가만4"도 설명력이 0.4이하로 낮은 것으로 나타났다.

File Edit Format Help

Minimization History / Estimates / Regression / Standardized / Variances / Squared Multiple / Matrices / Fit / Fit Measures / Fit Measures / Execution Time

Fit Measures

	CMIN	DF	P	NPAR	CMINDF	RMR	GFI	AGFI	PGFI	NFI	RFI	IFI	TLI	CFI
Default model	45.412	14	0.000	14	3.244	0.039	0.910	0.820	0.455	0.911	0.866	0.937	0.903	0.936
Saturated	0.000	0		28		0.000	1.000			1.000		1.000		1.000
Independence	508.921	21	0.000	7	24.234	0.375	0.350	0.134	0.263	0.000	0.000	0.000	0.000	0.000

〈"여가만1", "여가만3" 제거 후 확인요인분석결과〉

구 분	분석 결과	적합도 기준값	적합 여부
CMIN/p값	45.412/0.000	p〉0.05	부적합
CMIN/DF	3.244	2이하	부적합
RMR	0.039	0.05이하	적합
GFI	0.910	0.9 이상	적합
AGFI	0.820	0.9 이상	부적합
CFI	0.936	0.9 이상	적합
NFI	0.911	0.9 이상	적합
IFI	0.937	0.9 이상	적합
RMSEA	0.134	0.05이하 : 좋다 0.05~0.1이하 : 수용가능	부적합
최종 판단 (반드시 읽으세요!)	이전보다 적합도 수준이 향상되었다는 것을 알 수 있다. 그러나 이 모델을 수용할 지에 대해서는 의문이 생긴다. 다른 문항을 더 제거하고 재분석을 실시해 보자. 저자는 "여가만2"와 "여가만4"를 각각 제거하고 분석을 실시하였더니 모델의 적합도가 향상되지 않는 것을 알았다. 이에 "여가만6"를 제거하고 재분석을 실시하였다. (독자 여러분도 각자 "여가만2"와 "여가만4"를 제거하고 분석을 실시해 보도록 하자)		

(4) 여가만족 확인요인분석 결과 4("여가만1", "여가만3", "여가만6" 제거)

["여가만1", "여가만3", "여가만6" 제거 후]

Squared Multiple Correlations

	Estimate
여가만9	0.782
여가만8	0.746
여가만7	0.727
여가만5	0.505
여가만4	0.339
여가만2	0.346

"여가만1", "여가만3", "여가만6"을 제거한 후, SMC 값은 여전히 "여가만2"와 "여가만4"가 0.4이하의 설명력을 보이고 있다.

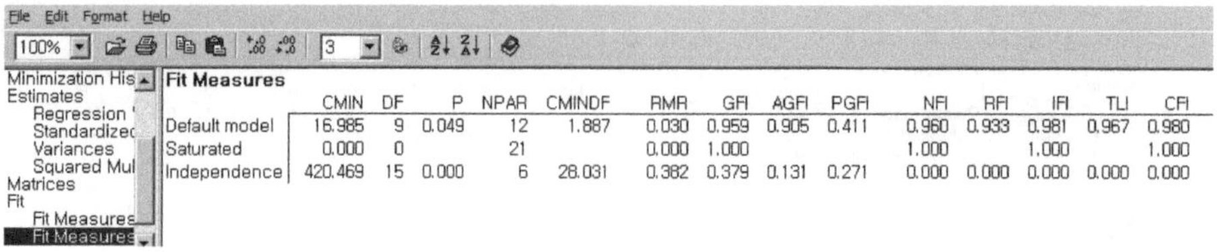

File Edit Format Help

Minimization History / Estimates / Regression / Standardized / Variances / Squared Mul / Matrices / Fit / Fit Measures / Fit Measures

Fit Measures

	CMIN	DF	P	NPAR	CMINDF	RMR	GFI	AGFI	PGFI	NFI	RFI	IFI	TLI	CFI
Default model	16.985	9	0.049	12	1.887	0.030	0.959	0.905	0.411	0.960	0.933	0.981	0.967	0.980
Saturated	0.000	0		21		0.000	1.000			1.000		1.000		1.000
Independence	420.469	15	0.000	6	28.031	0.382	0.379	0.131	0.271	0.000	0.000	0.000	0.000	0.000

<"여가만1", "여가만3", "여가만6" 제거 후 확인요인분석결과>

구 분	분석 결과	적합도 기준값	적합 여부
CMIN/p값	16.985/0.049	p>0.05	부적합
CMIN/DF	1.887	2이하	적합
RMR	0.030	0.05이하	적합
GFI	0.959	0.9 이상	적합
AGFI	0.905	0.9 이상	적합
CFI	0.980	0.9 이상	적합
NFI	0.960	0.9 이상	적합
IFI	0.981	0.9 이상	적합
RMSEA	0.084	0.05이하 : 좋다 0.05~0.1이하 : 수용가능	적합(수용가능)
최종 판단 (반드시 읽으세요!)	"여가만6"를 추가로 제거하였더니, 대부분의 결과가 적합한 것으로 나타났다. 카이스퀘어검정결과에서도 p값이 0.049로 매우 근소한 차로 모델이 데이터에 적합하지 않은 것으로 나타났을 뿐 그 외는 모두 적합하다. 여기서 독자들은 잠시 고민을해보아야 할 것이다. 그동안 총 3문항을 제거하였고, 6문항이 남아 있다. 추가로 한 문항을 더 제거할 것인가? 아니면 이 모델을 그대로 수용할 것인가? 당연히 그대로 수용한다 하여도 괜찮다. 그러나 저자는 여기서 "여가만4"를 추가로 더 제거하기도 판단하고, 그 결과를 최종 여가만족 확인요인분석결과로 이용할 것이다.		

(5) 여가만족 확인요인분석 결과 5
(최종분석결과 : "여가만1, 여가만3, 여가만6, 여가만4" 제거)

① Regression Weights(인과계수)

각 경로선의 표준화 되어 있지 않은 인과계수(Estimate), 표준오차(S.E.), 검정통계량(C.R.)이 제시된다. "여가만족 --> 여가만9"의 인과계수가 1인 것은 측정변수의 모수추정치를 처음 1로 고정시킨 값을 말한다. C.R. 값은 t값을 말하는 것이며, ±1.96보다 클 때는 그 인과계수는 의미가 있는 것이다. 여기서는 모든 C.R.값이 1.96이상으로 나타났다.

Regression Weights

			Estimate	S.E.	C.R.	P	Label
여가만2	<--	여가_만족	0.641	0.090	7.135	0.000	
여가만5	<--	여가_만족	0.879	0.097	9.058	0.000	
여가만7	<--	여가_만족	0.906	0.072	12.539	0.000	
여가만8	<--	여가_만족	1.007	0.077	13.063	0.000	
여가만9	<--	여가_만족	1.000				

② Standardized Regression Weights(표준화된 인과계수)

인과계수(Estimate)의 절대치의 대소나 부호를 보면서 인과관계를 파악한다. 여기서는 잠재변수인 여가만족과 측정변수 사이의 표준화된 인과계수를 보여준다. "여가만9"의 인과계수가 가장 높게 나타나고 있다.

Standardized Regression Weights

			Estimate
여가만2	<--	여가_만족	0.585
여가만5	<--	여가_만족	0.696
여가만7	<--	여가_만족	0.851
여가만8	<--	여가_만족	0.872
여가만9	<--	여가_만족	0.886

③ Variances

잠재변수와 측정변수의 분산값을 보여준다. 분산이 마이너스의 값을 보이지 않고 있다.

Variances

	Estimate	S.E.	C.R.	P	Label
여가_만족	0.621	0.101	6.148	0.000	
e2	0.490	0.065	7.525	0.000	
e5	0.511	0.071	7.212	0.000	
e7	0.194	0.033	5.896	0.000	
e8	0.198	0.036	5.453	0.000	
e9	0.170	0.033	5.095	0.000	

④ SMC(Squared Multiple Correlations)

[최종 : "여가만1, 여가만3, 여가만6, 여가만4" 제거 후]
Squared Multiple Correlations

	Estimate
여가만9	0.785
여가만8	0.761
여가만7	0.724
여가만5	0.484
여가만2	0.342

"여가만1, 여가만3, 여가만6, 여가만4"를 제거한 후의 SMC 값이다. "여가만2"만 0.4이하의 설명력을 보이고 있다.

⑤ Fit Measures 2(모델 적합도 검정결과)

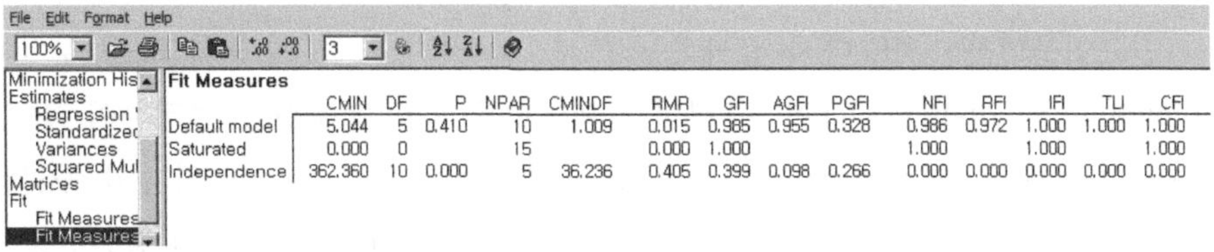

File Edit Format Help

Minimization History / Estimates / Regression / Standardized / Variances / Squared Multiple / Matrices / Fit / Fit Measures / Fit Measures

Fit Measures

	CMIN	DF	P	NPAR	CMINDF	RMR	GFI	AGFI	PGFI	NFI	RFI	IFI	TLI	CFI
Default model	5.044	5	0.410	10	1.009	0.015	0.985	0.955	0.328	0.986	0.972	1.000	1.000	1.000
Saturated	0.000	0		15		0.000	1.000			1.000		1.000		1.000
Independence	362.360	10	0.000	5	36.236	0.405	0.399	0.098	0.266	0.000	0.000	0.000	0.000	0.000

〈"여가만1, 여가만3, 여가만6, 여가만4" 제거 후 확인요인분석결과〉

구 분	분석 결과	적합도 기준값	적합 여부
CMIN/p값	5.044/0.410	p〉0.05	적합
CMIN/DF	1.009	2이하	적합
RMR	0.015	0.05이하	적합
GFI	0.985	0.9이상	적합
AGFI	0.955	0.9 이상	적합
CFI	1.000	0.9 이상	적합
NFI	0.986	0.9 이상	적합
IFI	1.000	0.9 이상	적합
RMSEA	0.008	0.05이하 : 좋다 0.05~0.1이하 : 수용가능	적합
최종판단 (반드시 읽으세요!)	"여가만4"를 추가로 제거하였더니, 모든 분석결과가 적합한 것으로 나타났다. 이전의 분석결과를 수용하여도 관계는 없지만, 저자는 본 분석결과를 여가만족의 확인요인분석결과로 이용할 것이다. 결론적으로 여가만족은 총 9문항 중 4문항을 제거하고, 5문항을 분석에 사용한다.		

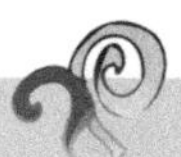

4 스트레스 확인요인분석의 실시

1) 스트레스 확인요인분석 모델의 작성 및 분석의 실행

본서에서 사용하는 스트레스 변수는 신체적 스트레스와 정서적 스트레스라는 두 개의 하위요인을 가진 변수이다. 앞에서 확인요인분석 한 관광만족과 여가만족은 단일요인이었고, 스트레스는 두 개의 하위요인을 가진 변수이므로 확인요인분석을 실시할 때 차이점이 있다. **그 차이점은 〈그림 24-19〉와 같이 두 개의 잠재변수를 공분산으로 연결해 줘야 한다는 것이다.** 이것은 매우 중요하다.

반드시 기억해야 한다.

단일요인이 아닌 변수를 확인요인분석을 실시할 때, 반드시 하위요인들을 한 번에 확인요인분석 해야 한다는 것이다. 무슨 말이냐면, 신체적 스트레스를 확인요인분석하고, 또 다시 정서적 스트레스를 각각 확인요인분석 하는 것이 아니라, 〈그림 24-19〉와 같이 두 개의 잠재변수를 서로 공분산을 설정하여 확인요인분석을 해야 한다는 것이다. 하위요인이 몇 개가 되든 어차피 하나의 동일한 의미를 가진 변수에서 파생된 것이므로 반드시 아래의 그림과 같이 공분산을 설정한 모델을 작성하고 분석을 해야 한다. 이와 동일하게 모델을 그려보자.

(1) 스트레스 확인요인분석 모델을 〈그림 24-19〉와 작성하고, "**스트레스확인요인분석**"으로 저장해 두자.

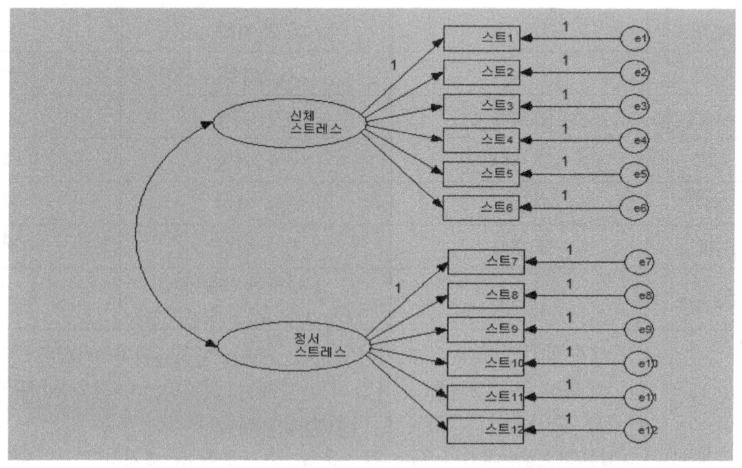

〈그림 24-19〉

(2) 모델이 완성되었다면, **File ➡ Data Files...**에서 SPSS 파일인 **제3부-1**을 경로로 설정하고, OK를 누른다.〈그림 24-20〉

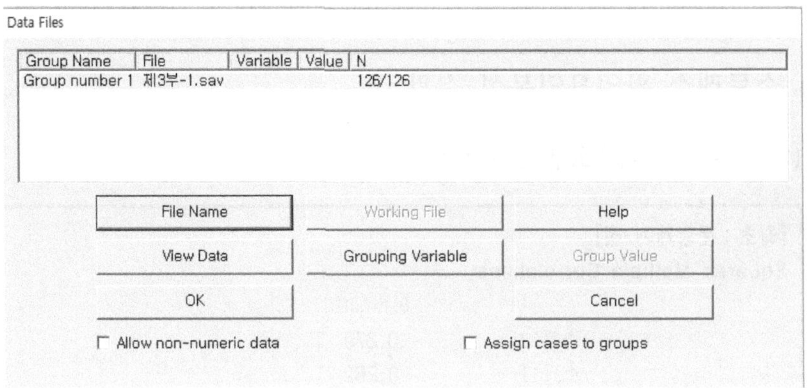

〈그림 24-20〉

(3) 〈그림 24-21〉과 같이 **메뉴〉 View/Set**에서 **Analysis Properties...**를 클릭하고, 새로이 생성되는 **Analysis Properties** 창에서 **Output**를 선택하여 "**Standardized estimates**"와 "**Squared multiple correlations**"를 추가로 체크하자. ☒를 클릭하여 창을 닫는다.

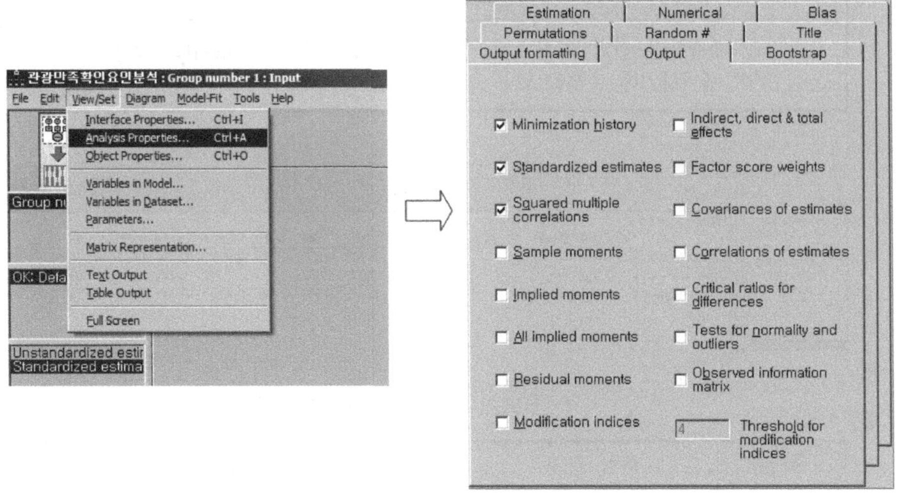

〈그림 24-21〉

(4) **메뉴〉 Model-Fit**에서 **Calculate Estimates**를 클릭하여 분석을 실시하자.

(5) 분석 후 메뉴〉 하단에 있는  에서 오른쪽 버튼을 선택하고, **메뉴〉View/Set**에서 **Table Output**를 선택 하면 분석결과를 확인할 수 있다.

2) 스트레스 확인요인분석 결과

(1) 스트레스 확인요인분석결과 1

[최초 : 문항제거 전]

Squared Multiple Correlations

	Estimate
스트12	**0.279**
스트11	**0.262**
스트10	**0.293**
스트9	0.384
스트8	0.776
스트7	0.491
스트6	0.513
스트5	0.499
스트4	0.568
스트3	0.541
스트2	0.340
스트1	0.532

문항을 제거하기 전의 최초 스트레스 확인요인분석 SMC 값이다. "스트12", "스트11", "스트10"이 제거하기에 충분한 낮은 설명력을 보이고 있다.

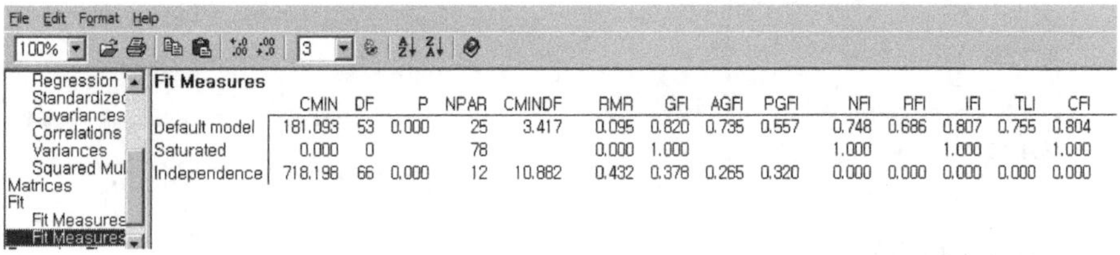

File Edit Format Help

Regression / Standardized / Covariances / Correlations / Variances / Squared Mul / Matrices / Fit / Fit Measures / Fit Measures

Fit Measures

	CMIN	DF	P	NPAR	CMINDF	RMR	GFI	AGFI	PGFI	NFI	RFI	IFI	TLI	CFI
Default model	181.093	53	0.000	25	3.417	0.095	0.820	0.735	0.557	0.748	0.686	0.807	0.755	0.804
Saturated	0.000	0		78		0.000	1.000			1.000		1.000		1.000
Independence	718.198	66	0.000	12	10.882	0.432	0.378	0.265	0.320	0.000	0.000	0.000	0.000	0.000

〈스트레스 확인요인분석결과 : 최초〉

구 분	분석 결과	적합도 기준값	적합 여부
CMIN/p값	181.093/0.000	p〉0.05	부적합
CMIN/DF	3.417	2이하	부적합
RMR	0.095	0.05이하	부적합

GFI	0.820	0.9 이상	부적합
AGFI	0.735	0.9 이상	부적합
CFI	0.804	0.9 이상	부적합
NFI	0.748	0.9 이상	부적합
IFI	0.807	0.9 이상	부적합
RMSEA	0.139	0.05이하 : 좋다 0.05~0.1이하 : 수용가능	부적합
최종 판단 (반드시 읽으세요!)	문항을 제거하지 않고 나타난 스트레스의 적합도 검정결과이다. 그대로 수용하기에는 한 눈에 봐도 무리가 있는 것으로 보인다. 여기서 설명력이 가장 낮은 측정변수를 기준으로 하나씩 제거하면서 적합도를 비교해 보자. 제일 설명력이 낮은 변수는 "스트11번(0.262)"이다. 여러분들도 각자 "스트11"을 제거하고 분석을 실행해보자. 모델 적합도는 누가 보아도 수용하기 어려운 수준이다. 그 다음으로 "스트12"를 제거하고 분석을 해보자. 이전 보다 적합도 수준이 조금 향상되고 있다는 것을 알 수 있다. 아마도 문항을 더 제거한다면 적합도 수준이 크게 나아질 것 같다. 이번에는 "스트10"을 제거하고 분석을 실행해보자. 그 결과는 아주 많이 좋아졌다는 것을 느낄 수 있을 것이다. 그 결과는 다음과 같다.		

(2) 스트레스 확인요인분석결과 2

["스트11, 12, 10" 제거 후]

Squared Multiple Correlations

	Estimate
스트9	0.389
스트8	0.824
스트7	0.471
스트6	0.518
스트5	0.490
스트4	0.571
스트3	0.550
스트2	0.341
스트1	0.522

"스트12", "스트11", "스트10"을 제거한 후의 SMC 값이다. "스트2"와 "스트9"가 0.4이하의 설명력을 보여주고 있다.

File Edit Format Help

Standardized / Covariances / Correlations / Variances / Squared Mul / Matrices / Fit / Fit Measures / Fit Measures

Fit Measures

	CMIN	DF	P	NPAR	CMINDF	RMR	GFI	AGFI	PGFI	NFI	RFI	IFI	TLI	CFI
Default model	64.869	26	0.000	19	2.495	0.078	0.900	0.827	0.520	0.873	0.824	0.920	0.887	0.918
Saturated	0.000	0		45		0.000	1.000			1.000		1.000		1.000
Independence	511.473	36	0.000	9	14.208	0.514	0.385	0.231	0.308	0.000	0.000	0.000	0.000	0.000

〈"스트11, 스트12, 스트10" 제거 후 확인요인분석결과〉

구 분	분석 결과	적합도 기준값	적합 여부
CMIN/p값	64.669/0.000	p>0.05	부적합
CMIN/DF	2.495	2이하	부적합
RMR	0.078	0.05이하	부적합
GFI	0.900	0.9 이상	적합
AGFI	0.827	0.9 이상	부적합
CFI	0.918	0.9 이상	적합
NFI	0.873	0.9 이상	부적합
IFI	0.920	0.9 이상	적합
RMSEA	0.109	0.05이하 : 좋다 0.05~0.1이하 : 수용가능	부적합
최종 판단 (반드시 읽으세요!)	"스트11, 스트12, 스트10"를 제거한 후의 적합도 검정결과이다. 전반적으로 수용하기에는 부족한 결과인 것 같다. 무엇보다도 총 12문항 중 3문항을 제거하였고, 9문항이 남아 있으므로 좀 더 문항을 제거하여 적합도를 향상시킬 수 있다는 것이다. "스트11, 스트12, 스트10"를 제거한 후의 SMC 결과 값은 "스트2"가 설명력이 가장 낮게 나타난다. 이번에는 "스트2"를 추가로 제거하고 분석을 하자.		

(3) 스트레스 확인요인분석결과 3

["스트11, 스트12, 스트10"+"스트2" 제거 후]

Squared Multiple Correlations

	Estimate
스트9	0.399
스트8	0.802
스트7	0.483
스트6	0.481
스트5	0.453
스트4	0.596
스트3	0.572
스트1	0.550

"스트11, 스트12, 스트10"을 제거한 후, 추가로 "스트2"를 제거하고 분석한 결과이다. 전반적으로 설명력은 괜찮은 것으로 나타나지만, 그중에서 "스트9"가 가장 낮은 설명력을 보이고 있다.

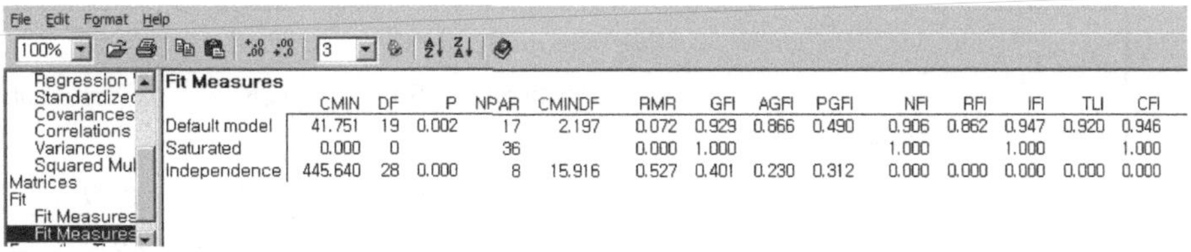

Fit Measures

	CMIN	DF	P	NPAR	CMINDF	RMR	GFI	AGFI	PGFI	NFI	RFI	IFI	TLI	CFI
Default model	41.751	19	0.002	17	2.197	0.072	0.929	0.866	0.490	0.906	0.862	0.947	0.920	0.946
Saturated	0.000	0		36		0.000	1.000			1.000		1.000		1.000
Independence	445.640	28	0.000	8	15.916	0.527	0.401	0.230	0.312	0.000	0.000	0.000	0.000	0.000

〈"스트11, 스트12, 스트10, 스트2" 제거 후 확인요인분석결과〉

구 분	분석 결과	적합도 기준값	적합 여부
CMIN/p값	41.751/0.002	p〉0.05	부적합
CMIN/DF	2.197	2이하	부적합
RMR	0.072	0.05이하	부적합
GFI	0.929	0.9 이상	적합
AGFI	0.866	0.9 이상	부적합
CFI	0.946	0.9 이상	적합
NFI	0.906	0.9 이상	적합
IFI	0.862	0.9 이상	적합
RMSEA	0.098	0.05이하 : 좋다 0.05~0.1이하 : 수용가능	적합(수용가능)
최종 판단 (반드시 읽으세요!)	"스트11, 스트12, 스트10"에서 추가로 "스트2"를 제거한 후의 적합도 검정 결과이다. 이전보다 적합도가 향상되었다는 것을 한눈에 알 수 있다. 그렇다면 이 결과로 만족할 것인가? 저자의 생각에는 아직도 문항은 8개나 남아 있기 때문에 한 문항을 더 제거해보는 것이 좋다고 생각한다. 그래서 설명력이 가장 낮은 "스트9"를 제거하고 분석하였더니, 적합도는 오히려 나빠졌다. "스트9"는 제거하면 안 되는 변수인 것 같다. 그래서 "스트5"를 제거하고 분석을 하였다. 그 결과는 다음과 같다.		

(4) 스트레스 확인요인분석결과 4(최종 분석결과)

① Regression Weights

각 경로선의 표준화 되어 있지 않은 인과계수(Estimate), 표준오차(S.E.), 검정통계량(C.R.)이 제시된다. "신체스트레스 --〉 스트1"과 "정서스트레스 --〉 스트7"의 인과계수가 1인 것은 측정변수의 모수추정치를 처음 1로 고정시킨 값을 말한다. C.R. 값은 t값을 말하는 것이며, ±1.96보다 클 때는 그 인과계수는 의미가 있는 것이다. 여기서는 모든 C.R.값이 1.96이상으로 나타났다.

Regression Weights

			Estimate	S.E.	C.R.	P	Label
스트1	<--	신체_스트레스	1.000				
스트3	<--	신체_스트레스	1.204	0.150	8.013	0.000	
스트4	<--	신체_스트레스	1.138	0.146	7.819	0.000	
스트6	<--	신체_스트레스	0.985	0.148	6.673	0.000	
스트7	<--	정서_스트레스	1.000				
스트8	<--	정서_스트레스	1.305	0.169	7.731	0.000	
스트9	<--	정서_스트레스	0.894	0.141	6.334	0.000	

② Standardized Regression Weights(**표준화된 인과계수**)

인과계수(Estimate)의 절대치의 대소나 부호를 보면서 인과관계를 파악한다. 여기서는 잠재변수인 신체스트레스, 정서스트레스와 측정변수들 사이의 표준화된 인과계수를 보여준다. "스트8"의 인과계수가 가장 높게 나타나고 있다.

Standardized Regression Weights

			Estimate
스트1	<--	신체_스트레스	0.737
스트3	<--	신체_스트레스	0.786
스트4	<--	신체_스트레스	0.763
스트6	<--	신체_스트레스	0.646
스트7	<--	정서_스트레스	0.696
스트8	<--	정서_스트레스	0.896
스트9	<--	정서_스트레스	0.629

③ Variances

잠재변수와 측정변수의 분산값을 보여준다. 분산이 마이너스의 값을 보이지 않고 있다.

Variances

	Estimate	S.E.	C.R.	P	Label
신체_스트레스	0.610	0.136	4.481	0.000	
정서_스트레스	0.585	0.142	4.119	0.000	
e1	0.512	0.082	6.219	0.000	
e3	0.548	0.098	5.613	0.000	
e4	0.568	0.096	5.927	0.000	
e6	0.829	0.120	6.908	0.000	
e7	0.622	0.096	6.467	0.000	
e8	0.244	0.091	2.680	0.007	
e9	0.714	0.102	6.972	0.000	

④ SMC(Squared Multiple Correlations)

[최종 : "스트11, 스트12, 스트10, 스트2"+"스트5" 제거 후]

Squared Multiple Correlations

	Estimate
스트9	0.396
스트8	0.803
스트7	0.485
스트6	0.417
스트4	0.582
스트3	0.617
스트1	0.544

"스트11, 스트12, 스트10, 스트2"을 제거한 후, 추가로 "스트5"를 제거하고 분석한 결과이다. 대부분의 측정변수들의 설명력은 양호한 것으로 나타났다.

⑤ Fit Measures 2(모델 적합도 검정결과)

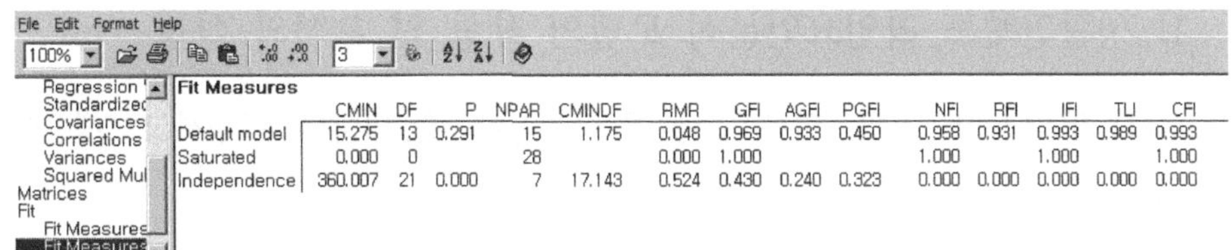

Fit Measures

	CMIN	DF	P	NPAR	CMINDF	RMR	GFI	AGFI	PGFI	NFI	RFI	IFI	TLI	CFI
Default model	15.275	13	0.291	15	1.175	0.048	0.969	0.933	0.450	0.958	0.931	0.993	0.989	0.993
Saturated	0.000	0		28		0.000	1.000			1.000		1.000		1.000
Independence	360.007	21	0.000	7	17.143	0.524	0.430	0.240	0.323	0.000	0.000	0.000	0.000	0.000

〈"스트11, 스트12, 스트10, 스트2, 스트5" 제거 후 최종 확인요인분석결과〉

구 분	분석 결과	적합도 기준값	적합 여부
CMIN/p값	15.275/0.291	p〉0.05	적합
CMIN/DF	1.175	2이하	적합
RMR	0.048	0.05이하	적합
GFI	0.969	0.9 이상	적합
AGFI	0.933	0.9 이상	적합
CFI	0.993	0.9 이상	적합
NFI	0.958	0.9 이상	적합
IFI	0.993	0.9 이상	적합
RMSEA	0.037	0.05이하 : 좋다 0.05~0.1이하 : 수용가능	적합
최종 판단 (반드시 읽으세요!)	"스트11, 스트12, 스트10, 스트2"에서 추가로 "스트5"를 제거한 후의 적합도 검정결과이다. 모든 검정값이 기준치에 적합한 것으로 나타나고 있다. 결론적으로 총 12문항 중 5문항을 제거하고, 7문항을 분석에 이용하게 된다. 만약, "스트9"를 추가로 더 제거한다면 어떻게 될 것인가? 여러분들도 한번 "스트9"를 제거하고 분석을 해보자. 이번 결과보다 약간 향상된 결과 값이 나타날 것이다. 그런데 그리 크게 향상된 결과 값도 아닐뿐더러 지금의 결과 값도 충분히 수용가능한 수준이다. 무조건 문항을 많이 제거하는 것보다, 문항을 최대한 살려두면서 최적의 적합수준을 찾아내는 것이 중요하다. 따라서 저자는 이번 분석을 최종분석을 결정하였다.		

5 생활만족도 확인적 요인분석의 실시

1) 생활만족도 확인요인분석 모델의 작성 및 분석의 실행

(1) 생활만족도 확인요인분석 모델을 〈그림 24-22〉와 같이 작성하고, "**생활만족확인요인분석**"으로 저장해 두자.

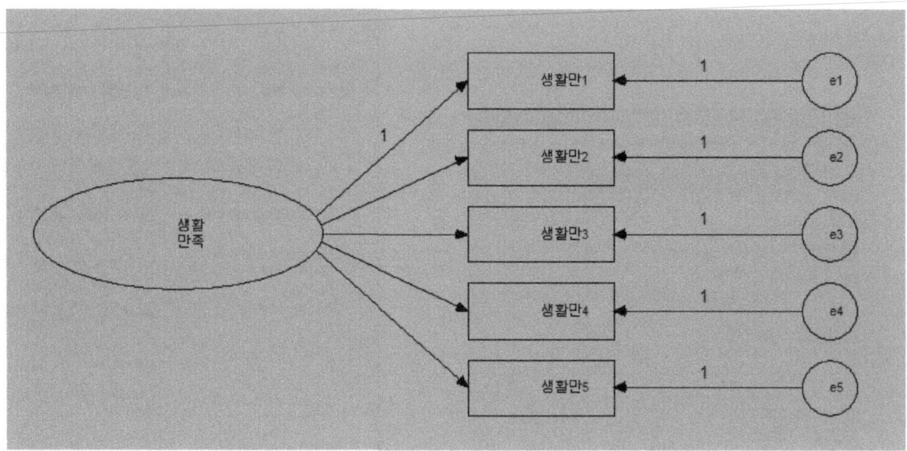

〈그림 24-22〉

(2) 모델이 완성되었다면, **File ➡ Data Files...**에서 SPSS 파일인 **제3부-1**을 경로로 설정하고, OK를 누른다.〈그림 24-23〉

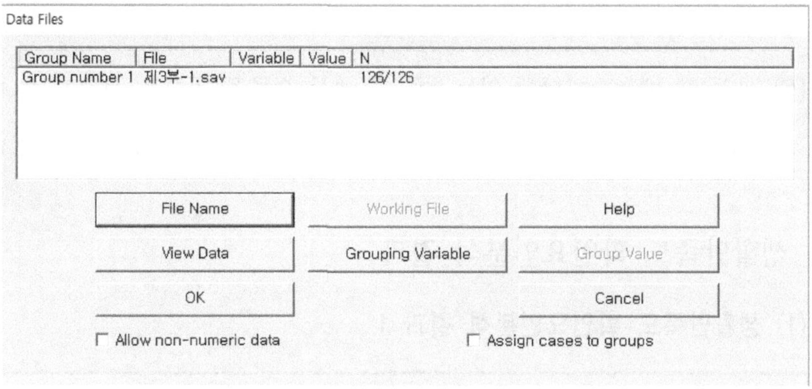

Data Files

Group Name	File	Variable	Value	N
Group number 1	제3부-1.sav			126/126

File Name　Working File　Help
View Data　Grouping Variable　Group Value
OK　Cancel
☐ Allow non-numeric data　☐ Assign cases to groups

〈그림 24-23〉

(3) 〈그림 24-24〉와 같이 **메뉴〉 View/Set에서 Analysis Properties...**를 클릭하고, 새로이 생성되는 **Analysis Properties** 창에서 **Output**를 선택하여 **"Standardized estimates"**와 **"Squared multiple correlations"**를 추가로 체크하자. ☒를 클릭하여 창을 닫는다.

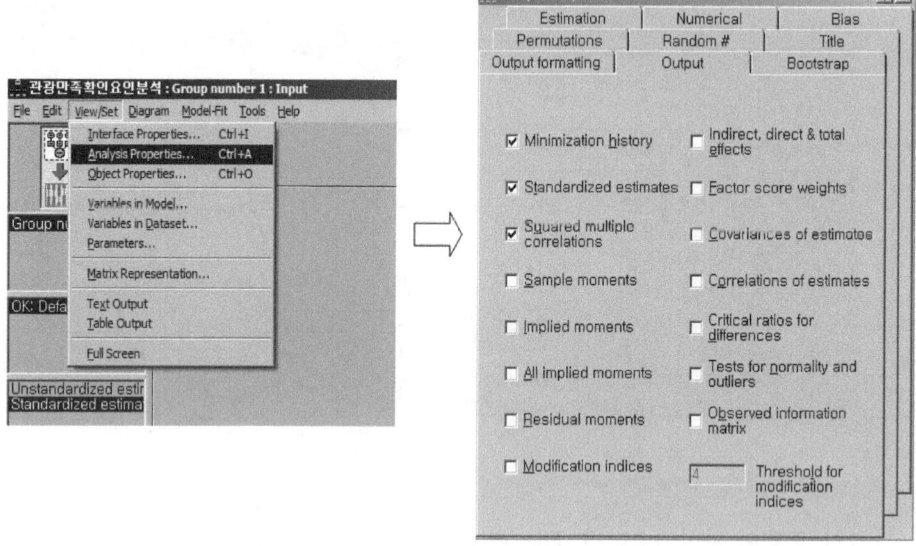

〈그림 24-24〉

(4) **메뉴〉 Model-Fit**에서 **Calculate Estimates**를 클릭하여 분석을 실시하자.

(5) 분석 후 메뉴〉 하단에 있는 에서 오른쪽 버튼을 선택하고, **메뉴〉 View/Set**에서 **Table Output**를 선택 하면 분석결과를 확인할 수 있다.

2) 생활만족도 확인요인분석 결과

(1) 생활만족도 확인요인분석 결과 1

[최초 : 문항 제거 전]
Squared Multiple Correlations

	Estimate
생활만5	0.326
생활만4	0.456
생활만3	0.580
생활만2	0.909
생활만1	0.700

생활만족도의 최초 확인요인분석 결과 나타난 SMC 값이다. 여기서는 "생활만5"가 가장 낮은 설명력을 보이고 있다.

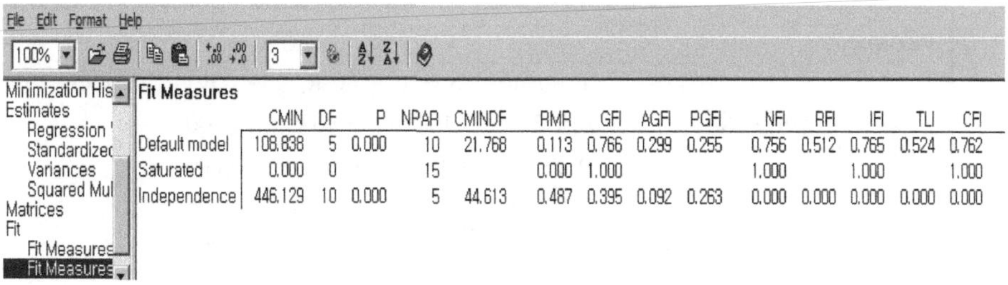

File Edit Format Help

Minimization His / Estimates / Regression / Standardized / Variances / Squared Mul / Matrices / Fit / Fit Measures / Fit Measures

Fit Measures

	CMIN	DF	P	NPAR	CMINDF	RMR	GFI	AGFI	PGFI	NFI	RFI	IFI	TLI	CFI
Default model	108.838	5	0.000	10	21.768	0.113	0.766	0.299	0.255	0.756	0.512	0.765	0.524	0.762
Saturated	0.000	0		15		0.000	1.000			1.000		1.000		1.000
Independence	446.129	10	0.000	5	44.613	0.487	0.395	0.092	0.263	0.000	0.000	0.000	0.000	0.000

〈생활만족도 확인요인분석결과 : 최초 문항제거 전〉

구 분	분석 결과	적합도 기준값	적합 여부
CMIN/p값	108.838/0.000	p〉0.05	부적합
CMIN/DF	21.768	2이하	부적합
RMR	0.113	0.05이하	부적합
GFI	0.766	0.9 이상	부적합
AGFI	0.299	0.9 이상	부적합
CFI	0.762	0.9 이상	부적합
NFI	0.756	0.9 이상	부적합
IFI	0.765	0.9 이상	부적합
RMSEA	0.408	0.05이하 : 좋다 0.05~0.1이하 : 수용가능	부적합
최종 판단 (반드시 읽으세요!)	문항제거 전 생활만족도 확인요인분석결과는 절대 수용할 수 없는 적합도 검정결과를 보여준다. 따라서 SMC 값을 기준으로 설명력이 가장 낮은 "생활만5"를 제거하고 재분석을 실시하였다.		

(2) 생활만족도 확인요인분석 결과 2("생활만5" 제거)

"생활만5"를 제거하고 분석한 결과, 분산이 마이너스 값을 보이고 있다. 이런 경우에는 문제를 반드시 해결하여야 한다.

– Variances(분산)

그동안 다른 변수의 확인요인분석에서 분산이 마이너스가 있었던 적은 없었다. 그런데 생활만족도의 경우에는 e2에서 분산이 마이너스 수치를 보이고 있다.

Variances

	Estimate	S.E.	C.R.	P	Label
생활_만족	0.567	0.104	5.464	0.000	
e1	0.281	0.042	6.627	0.000	
e2	**-0.029**	0.034	-0.848	0.396	
e3	0.476	0.063	7.508	0.000	
e4	0.701	0.089	7.884	0.000	

e2의 Estimate는 -0.029의 값으로 나타난다. 즉, e2의 분산이 마이너스가 되어 해로서 적합하지 않다는 것을 말해준다. 이를 Heywood Case(헤이우드 케이스)라 한다. **헤이우드 케이스가 발생하였다면, SMC 값과 적합도 검정결과를 파악하는 것은 무의미하다.** 제일 먼저 헤이우드 케이스를 처리하는 것이 급선무이다. 이에 대한 다음의 설명을 필히 참고하라.

반드시 알고 넘어 갑시다 - Heywood Case(헤이우드 케이스)

헤이우드 케이스는 추정 오차의 마이너스 오차 분산이 한계치 이상으로 큰 경우를 말하므로, 분석을 할 때 해당 오차항이 마이너스로 나타나는 지 여부에 대해서 관심을 가지고 항상 살펴보아야 한다. 만약 오차항이 마이너스로 나타났다면, 이것의 분석결과는 신뢰할 수 없는 것이므로 SMC 값이나 적합도 검정결과를 해석하는 것은 무의미하다.

따라서 AMOS를 이용하여 구조방정식모델 분석을 할 때, 항상 헤이우드 케이스를 살펴보는 것을 습관화 시키는 것이 좋다. 헤이우드 케이스 발생 유무를 살펴보는 방법은 다 음과 같다.

우리는 확인요인분석 결과를 볼 때, 그동안 **메뉴〉** View/Set ➡ Table Output를 통해 결과물을 보았다. 여기서는 헤이우드 케이스 발생여부를 Variances(**분산**) 결과에서 마이너스 오차항이 있는가를 살펴야 한다. 그동안 확인요인분석의 분산을 해석하면서 분산에 마이너스가 없다고 언급한 것이 이런 연유에서이다. 또한 **메뉴〉** View/Set ➡ Text Output를 통해서 분석결과를 파악할 때는 출력 결과물 중 헤이우드 케이스가 발생하였다고 아래와 같이 나타난다.

The following variances are negative

e2
−0.0290

NOTE : This solution is not admissible.

가장 중요한 것은 헤이우드 케이스가 발생하였을 때, 이를 해결하는 방법이다. 여기에는 두 가지 방법이 있다. 첫째, 헤이우드 케이스가 발생한 변수를 제거하던지 둘째, 변수를 제거하지 않고 그대로 이용하기 위해서는 일반적으로 오차항을 0.005와 같이 아주 작은 값으로 고정시켜야 한다. 오차 분산을 0.005로 제한하면 오차분산이 마이너스로 나타나지 않는다. 오차 분산을 0.005로 고정시키는 이유는 적재치를 1보다 작은 값으로 하기 위해서이다.
본서에서는 생활만족도 확인요인분석을 가지고 헤이우드 케이스 해결방법을 설명할 것이다.

(3) 생활만족도 확인요인분석 결과 3(헤이우드 케이스를 처리하자)

Heywood Case가 발생했을 때, 이를 처리하는 방법에는 두 가지가 있다고 하였다. 그 **첫째가 해당 문항을 제거하는 것이고, 둘째가 오차분산을 0.005로 제한을 두고 분석을 하는 것이다.** 여기서는 이 두 가지 방법을 모두 실시할 것이다. 그 중 어느 것이 더 좋은 분석 결과를 보이는 지를 판단하여 가장 최적의 분석결과를 보이는 모델을 선택 한다.

① 문항 제거를 통한 헤이우드 케이스의 해결

문항을 제거하지 않고 최초 생활만족도 확인요인분석을 실시했을 때는 헤이우드 케이스가 발생하지 않았었다. 그런데 SMC 값을 기준으로 설명력이 가장 낮은 "생활만5"를 제거하였더니 e2에서 분산이 마이너스로 나타났다.

따라서 오차분산이 마이너스로 나타난 "생활만2"를 처음부터 제거하고 분석을 실시해 보겠다. 즉, 생활만족도 5개 문항 중 "생활만2"를 제거하고 "생활만1, 생활만3, 생활만4, 생활만5"는 분석에 이용하면 된다.

Variances

	Estimate	S.E.	C.R.	P	Label
생활_만족	0.324	0.090	3.590	0.000	
e1	0.524	0.074	7.113	0.000	
e3	0.399	0.068	5.886	0.000	
e4	0.309	0.067	4.634	0.000	
e5	0.430	0.078	5.518	0.000	

"생활만2"를 제거하고 분석한 결과, 분산이 마이너스를 보이지 않고 있다.

[“생활만2” 제거]

Squared Multiple Correlations

	Estimate
생활만5	0.638
생활만4	0.709
생활만3	0.601
생활만1	0.382

“생활만2”를 제거한 후의 SMC 값이다. “생활만1”이 0.4이하의 설명력을 보이고 있다.

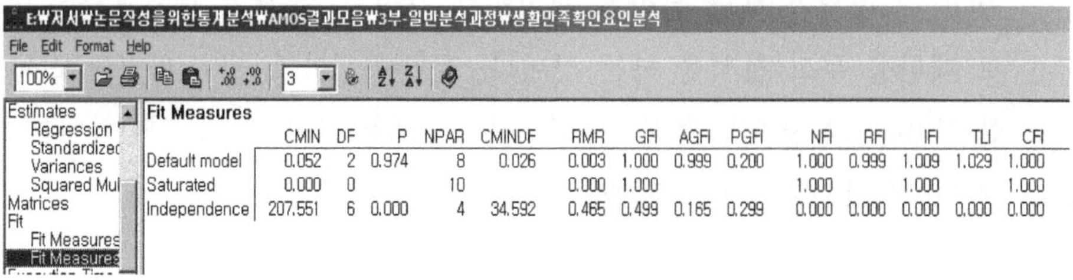

E:₩저서₩논문작성을위한통계분석₩AMOS결과모음₩3부-일반분석과정₩생활만족확인요인분석

File Edit Format Help

Estimates / Regression / Standardized / Variances / Squared Mul / Matrices / Fit / Fit Measures / Fit Measures

Fit Measures

	CMIN	DF	P	NPAR	CMINDF	RMR	GFI	AGFI	PGFI	NFI	RFI	IFI	TLI	CFI
Default model	0.052	2	0.974	8	0.026	0.003	1.000	0.999	0.200	1.000	0.999	1.009	1.029	1.000
Saturated	0.000	0		10		0.000	1.000			1.000		1.000		1.000
Independence	207.551	6	0.000	4	34.592	0.465	0.499	0.165	0.299	0.000	0.000	0.000	0.000	0.000

〈생활만족도 확인요인분석결과 : “생활만2” 제거〉

구 분	분석 결과	적합도 기준값	적합 여부
CMIN/p값	0.052/0.974	p〉0.05	적합
CMIN/DF	0.026	2이하	적합
RMR	0.003	0.05이하	적합
GFI	1.000	0.9 이상	적합
AGFI	0.999	0.9 이상	적합
CFI	1.000	0.9 이상	적합
NFI	1.000	0.9 이상	적합
IFI	1.009	0.9 이상	적합
RMSEA	0.000	0.05이하 : 좋다 0.05~0.1이하 : 수용가능	적합
최종 판단 (반드시 읽으세요!)	“생활만2”를 제거하였더니 거의 완벽한 모델 적합도 수준을 보여주고 있다.		

② 오차분산 제한을 통한 헤이우드 케이스의 해결

최초 분석에서 설명력이 가장 낮은 “생활만5”를 제거했더니, “생활만2”의 오차

분산이 마이너스로 나타났었다. 그렇다면 "생활만2"의 오차항인 "e2"를 0.005로 제한하여 헤이우드 케이스를 해결해 보자.

오차항 "e2"를 더블클릭하면 〈그림 24-25〉의 왼쪽 그림과 같이 Object Properties 창이 생성된다. 최초 Text 메뉴가 나타나는데, 이를 **Parameters**를 선택하고 **Variance에 0.005**를 입력하자. 그러면 오른쪽 그림과 같이 오차항 "e2"에 0.005 수치가 입력된다. ☒를 선택하여 Object Properties 창을 닫자.

메뉴〉 Model-Fit에서 **Calculate Estimates**를 클릭하여 분석을 실시하자.

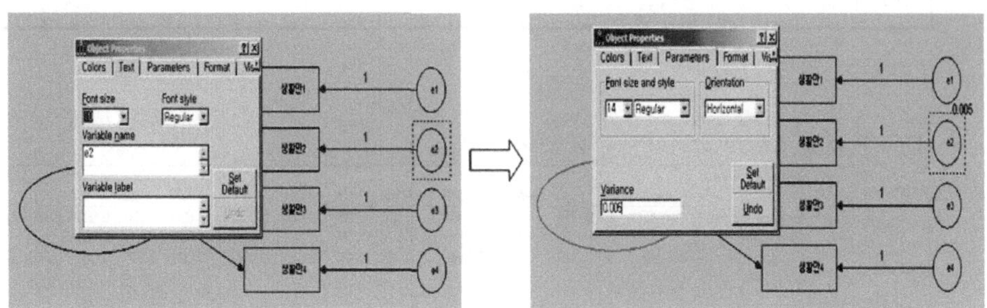

〈그림 24-25〉

— 분석결과 —

Variances

	Estimate	S.E.	C.R.	P	Label
생활_만족	0.584	0.102	5.719	0.000	
e2	0.005				
e1	0.264	0.034	7.796	0.000	
e3	0.458	0.058	7.847	0.000	
e4	0.662	0.084	7.876	0.000	

"생활만5"를 제거하고 "생활만2"의 오차항을 0.005로 제한한 후의 분산은 마이너스를 보이지 않고 있다.

["생활만2" 오차항 제한]

Squared Multiple Correlations

	Estimate
생활만4	0.377
생활만3	0.542
생활만2	0.994
생활만1	0.688

"생활만5"를 제거하고 "생활만2"의 오차항을 0.005로 제한한 후의 SMC 값이다. "생활만4"가 0.4이하의 설명력을 보이고 있다.

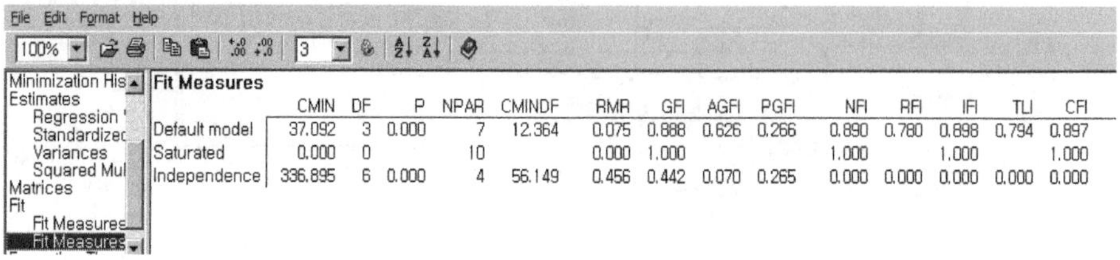

File Edit Format Help

Minimization History / Estimates / Regression / Standardized / Variances / Squared Mul / Matrices / Fit / Fit Measures / Fit Measures

Fit Measures

	CMIN	DF	P	NPAR	CMINDF	RMR	GFI	AGFI	PGFI	NFI	RFI	IFI	TLI	CFI
Default model	37.092	3	0.000	7	12.364	0.075	0.888	0.626	0.266	0.890	0.780	0.898	0.794	0.897
Saturated	0.000	0		10		0.000	1.000			1.000		1.000		1.000
Independence	336.895	6	0.000	4	56.149	0.456	0.442	0.070	0.265	0.000	0.000	0.000	0.000	0.000

〈생활만족도 확인요인분석결과 : "생활만5" 제거 후 "e2" 오차분산제한〉

구 분	분석 결과	적합도 기준값	적합 여부
CMIN/p값	37.092/0.000	p〉0.05	부적합
CMIN/DF	12.364	2이하	부적합
RMR	0.075	0.05이하	부적합
GFI	0.888	0.9 이상	부적합
AGFI	0.626	0.9 이상	부적합
CFI	0.897	0.9 이상	부적합
NFI	0.890	0.9 이상	부적합
IFI	0.898	0.9 이상	부적합
RMSEA	0.302	0.05이하 : 좋다 0.05~0.1이하 : 수용가능	부적합
최종 판단 (반드시 읽으세요!)	"생활만5"를 제거하고 "생활만2"의 오차항을 0.005로 제한한 후의 적합도 검정결과이다. "생활만2"를 제거했을 때와 비교도 할 수 없을 만큼 적합도 수준이 낮다. 고려 해 볼 것 없이 생활만족도 확인요인분석은 "생활만2"를 제거한 결과를 수용해야 한다.		

(4) 생활만족도 확인요인분석 최종 결과

생활만족도 확인요인분석을 실시하는 과정에서 오차분산이 마이너스 값을 보이는 Haywood Case가 발생하였다. 이를 해결하기 위하여, 오차분산이 마이너스인 "e2"를 제거하는 방법과 0.005로 오차분산을 제한하는 방법 두 가지 모두를 실시하였다. 그 결과 적합도 검정에서도 나타나듯이, 오차 분산이 마이너스 값을 보인 "생활만2"를 제거하는 것이 오차분산을 제한하는 것 보다 훨씬 좋은 적합도 검정결과를 보였다. 따라서 생활만족도 확인요인분석은 "생활만2"를 제거하고, 나머지 4개 문항을 가지고 최종분석에 이용한다.

오차 분산이 마이너스를 값을 보였을 때, 이번 경우와 같이 문항을 제거하는 것이 항상 좋은 것은 아니다. 연구 상황에 따라 그 결과는 달라 질 수 있으므로, 연구자는 두 가지 방법 모두를 실시하여 최적의 모델을 도출하는 것이 바람직하다.

6 논문에서 확인적 요인분석 결과 제시 방법

이제까지 관광만족, 여가만족, 스트레스, 생활만족도의 확인요인분석을 실시하였다. 논문에서는 이러한 결과를 한눈에 볼 수 있도록 정리하여 제시해야 한다. 확인요인분석의 결과를 제시하는 방법에는 특별한 기준은 없다. 아래와 같은 표로 제시한다면 가장 적당할 것으로 생각된다.

– 논문에서 제시한 표 해석 방법 –

구성개념들 간의 가설적 관계를 분석하기에 앞서서 각 측정변수들의 단일차원성을 검정하였다. 일반적으로 확인적 요인분석 방법이 탐색적 요인분석 방법보다 단일차원성 검정에 보다 더 바람직하기 때문에 각 측정변수들을 확인적 요인분석을 실시하였다〈표 24-1참고〉. 자료의 적합도를 검정하기 위하여, x^2, GFI, AGFI, CFI, NFI, IFI, RMR, RMSEA 값을 사용하였으며, 최종 문항에서 제시된 높은 적합도를 생성하기 위하여 최초 문항에서 SMC(Squared Multiple

Correlation) 값 0.4이하를 기준으로 하나씩 제거하는 과정을 반복적으로 실시하였다. SMC는 측정변수가 잠재변수를 얼마나 설명하고 있는 가를 판단할 때 사용하는 지표이다. 본 연구의 확인요인분석 결과에 따른 SMC 값은 〈표 24-2〉에 제시하였다.

〈표 24-1〉 확인요인분석 결과

척 도			문항수	x^2	p	CMIM /DF	RMR	GFI	AGFI	CFI	NFI	IFI	RMSEA
관광 만족		초기	6	35.274	0.00	3.919	.039	.916	.804	.932	.912	.933	0.153
		최종	4	1.727	0.422	0.864	.010	.993	.967	1.00	.992	1.00	0.000
여가 만족		초기	9	122.759	0.00	4.457	.070	.832	.720	.839	.805	.841	0.168
		최종	5	5.044	0.410	1.009	.015	.985	.955	1.00	.986	1.00	0.008
스트레스	신체 스트레스	초기	12	181.093	0.000	3.417	.095	.820	.735	.804	.748	.807	0.139
	정서 스트레스	최종	7	15.275	0.291	1.175	.048	.969	.933	.993	.958	.993	0.037
생활 만족도		초기	5	108.838	0.00	21.768	.113	.766	.299	.762	.756	.765	0.408
		최종	4	0.052	0.974	0.026	.003	1.00	.999	1.00	1.00	1.00	0.000

〈표 24-2〉 측정변수의 SMC

개 념	SMC(Square Multiple Correlation)									
관광 만족	변수	관광만1	관광만2	관광만3	관광만4	관광만5	관광만6			
	초기	.394	.573	.746	.615	.664	.384			
	최종	.354	-	.752	.581	.693	-			
여가 만족	변수	여가만1	여가만2	여가만3	여가만4	여가만5	여가만6	여가만7	여가만8	여가만9
	초기	.074	.368	.270	.377	.500	.426	.719	.709	.786
	최종	-	.342	-	-	.484	-	.724	.761	.785

신체 스트레스	변수	스트1	스트2	스트3	스트4	스트5	스트6			
	초기	.532	.340	.541	.568	.499	.513			
	최종	.544	-	.617	.582	-	.417			
정서 스트레스	변수	스트7	스트8	스트9	스트10	스트11	스트12			
	초기	.491	.776	.384	.293	.262	.279			
	최종	.485	.803	.396	-	-	-			
생활 만족도	변수	생활만1	생활만2	생활만3	생활만4	생활만5				
	초기	.700	.909	.580	.456	.326				
	최종	.382	-	.601	.709	.638				

■■■ 제25강 ■■■
측정모델의 분석

제24강에서는 확인요인분석의 분석방법에 대하여 학습하였다. 확인요인분석은 잠재변수(동그라미 변수)들 간의 인과관계에 초점을 둔 것이 아니라 측정변수(네모 변수)들과 해당 잠재변수들과의 관계를 파악한 것이기 때문에 측정모델 분석에 속한다.

측정모델 분석은 앞에서 학습한 확인요인분석의 연장선상에 있는 것으로, 확인요인분석을 통하여 단일차원성이 확인된 요인들을 결합하여 모형의 적합도를 검정하는 것이다. 다시 말해 연구자가 설정한 연구모델에 존재하는 모든 잠재변수와 측정변수에 대한 단일차원성을 평가한다. 단일차원성은 제안모델의 가설 검정을 파악하기 전에 각 잠재변수들의 지표들이 단일 요인 모델에 의해 수용 가능한 적합도를 보이는 가를 조사하는 것이다.

수용 가능한 적합도는 회귀계수(요인적재량)의 통계적 유의성(C.R. 값 기준) 또는 SMC 값을 평가하여 유의성이 없는 항목을 제거하거나 변환하여 향상시킬 수 있다.

1 측정모델 작성 방법

측정모델 분석은 모든 잠재변수들과 측정변수에 대한 단일차원성을 평가하는 것이다. 먼저, 측정모델 작성 방법은 다음과 같다. 각 구성개념의 확인요인분석 결과를 참고하여 측정변수를 그려야 한다. 즉, 확인요인분석결과 관광만족은 "관광만2"를 제거하였고 "관광만1. 3. 4. 5"를 최종분석에 이용하였다. 여가만족은 "여가만 1, 3, 4, 6"을 제거하고, "여가만 2, 5, 7, 8, 9"를 최종분석에 이용하였다. 스트레스의 경우에는 먼저, 신체적 스트레스는 "스트 1, 3, 4, 6"를 분석에 이용하였고, 정서적 스트레스는 "스트 7, 8, 9"를 최종분석에 이용하였다. 생활만족도는 "생활만 1, 3, 4, 5"를 최종분석에 이용하였다.

측정모델의 작성은 이러한 확인요인분석결과를 기준으로 모델을 작성한 다음, 각각의 구성개념들을 도구모음 상자에서 ↔를 선택하여 〈그림 25-1〉과 같이 서로 연결시켜주면 된다. 다시 말해, **5개의 잠재변수들을 ↔로 서로 연결시켜주면 된다.**

측정모델 분석은 결국 확인요인분석을 통하여 단일차원성이 확보된 측정변수들을 통합하여 분석결과를 도출하는 방법이다.

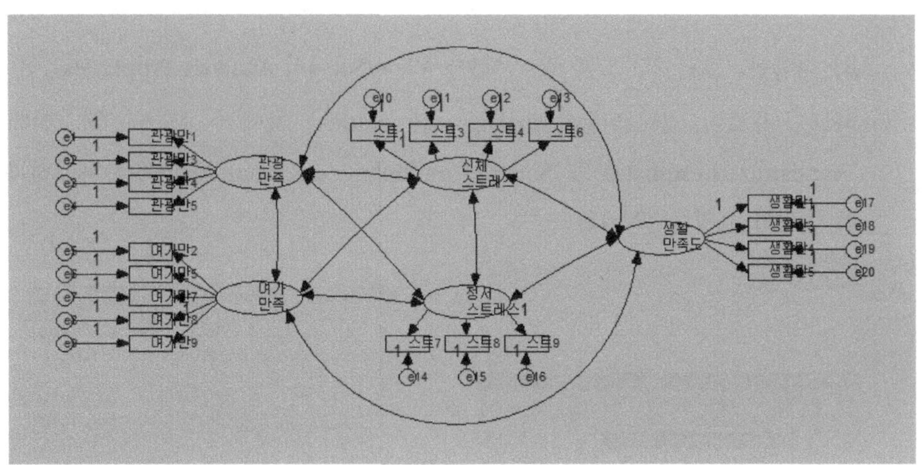

〈그림 25-1〉

2 측정모델 분석 방법

1) 측정모델을 〈그림 25-1〉과 같이 완성하였다면, 이를 파일명 "**측정모델**"로 저장해 두자.

2) "측정모델"로 저장한 후, 〈그림 25-2〉와 같이 **File ➡ Data Files...**에서 SPSS 파일인 **제3부-1**을 경로로 설정하고, OK를 누른다.

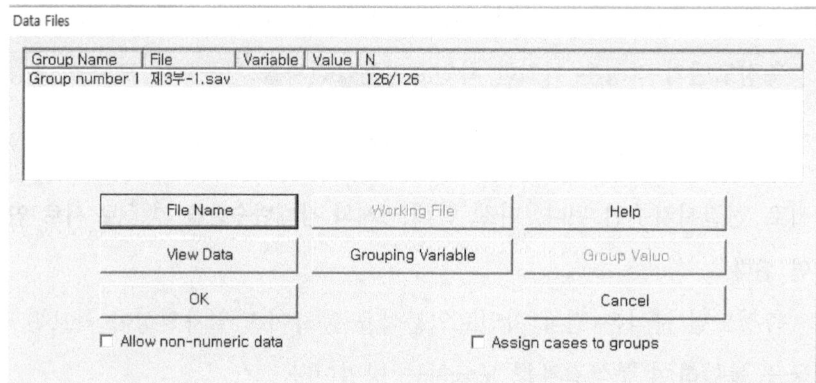

<그림 25-2>

3) 다음은 〈그림 25-3〉과 같이 **메뉴〉** **View/Set**에서 **Analysis Properties...**를 클릭하고, 새로이 생성되는 **Analysis Properties** 창에서 Output를 선택하여 **"Standardized estimates"**와 **"Squared multiple correlations"**를 추가로 체크하자. ☒를 클릭하여 창을 닫는다.

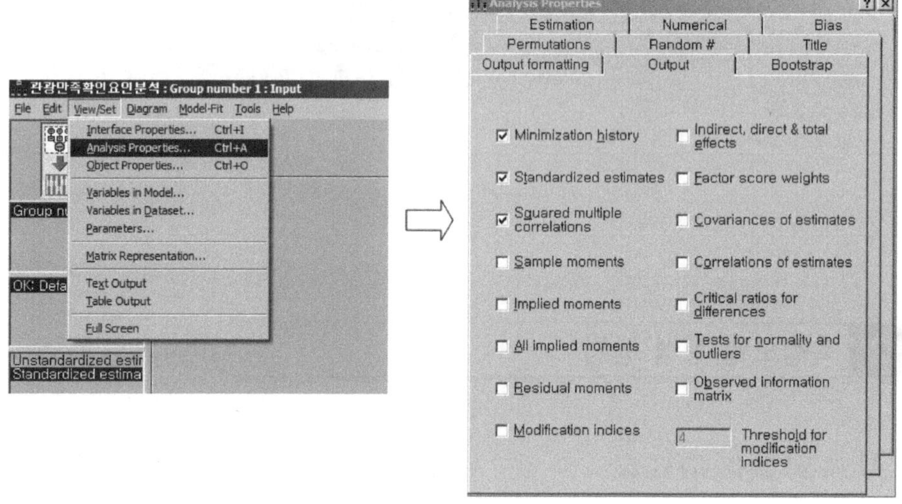

<그림 25-3>

4) **메뉴〉** **Model-Fit**에서 **Calculate Estimates**를 클릭하여 분석을 실시하자.

5) 분석 후 메뉴〉 하단에 있는 에서 오른쪽 버튼을 선택하고, **메뉴〉** **View/Set**

에서 **Table Output**를 선택 하면 분석결과를 확인할 수 있다.

3 측정모델 분석결과의 해석

1) Regression Weights

각 경로선의 표준화 되어 있지 않은 인과계수(Estimate), 표준오차(S.E.), 검정통계량(C.R.)이 제시된다. 인과계수(Estimate)가 1인 것은 측정변수의 모수추정치를 처음 1로 고정시킨 값을 말한다. C.R. 값은 t값을 말하는 것이며, ±1.96보다 클 때는 그 인과계수는 의미가 있는 것이다. 여기서는 모든 C.R.값이 1.96이상으로 나타났다.

Regression Weights

			Estimate	S.E.	C.R.	P	Label
관광만5	<--	관광_만족	1.000				
관광만4	<--	관광_만족	0.875	0.094	9.286	0.000	
관광만3	<--	관광_만족	1.034	0.095	10.843	0.000	
관광만1	<--	관광_만족	0.568	0.082	6.908	0.000	
여가만9	<--	여가_만족	1.000				
여가만8	<--	여가_만족	0.973	0.073	13.298	0.000	
여가만7	<--	여가_만족	0.886	0.068	13.019	0.000	
여가만5	<--	여가_만족	0.861	0.093	9.232	0.000	
여가만2	<--	여가_만족	0.620	0.087	7.108	0.000	
스트1	<--	신체_스트레스	1.000				
스트3	<--	신체_스트레스	1.189	0.144	8.254	0.000	
스트4	<--	신체_스트레스	1.135	0.140	8.099	0.000	
스트6	<--	신체_스트레스	0.957	0.143	6.679	0.000	
스트9	<--	정서_스트레스	1.000				
스트8	<--	정서_스트레스	1.577	0.223	7.057	0.000	
스트7	<--	정서_스트레스	1.106	0.181	6.125	0.000	
생활만1	<--	생활_만족도	1.000				
생활만3	<--	생활_만족도	1.400	0.208	6.722	0.000	
생활만4	<--	생활_만족도	1.526	0.220	6.939	0.000	
생활만5	<--	생활_만족도	1.558	0.229	6.811	0.000	

2) Standardized Regression Weights

인과계수(Estimate)의 절대치의 대소나 부호를 보면서 인과관계를 파악한다. 구조방정식모델분석에서 표준화계수는 모두 동일한 분산을 가지며, 최대 1의 값을 가진다. 인과계수의 값의 크기는 중요성의 정도를 말하는 것으로, 그 값이 클수록 중요성도 크다는 것을 말한다.

Standardized Regression Weights

			Estimate
관광만5	〈--	관광_만족	0.838
관광만4	〈--	관광_만족	0.756
관광만3	〈--	관광_만족	0.866
관광만1	〈--	관광_만족	0.598
여가만9	〈--	여가_만족	0.903
여가만8	〈--	여가_만족	0.858
여가만7	〈--	여가_만족	0.848
여가만5	〈--	여가_만족	0.694
여가만2	〈--	여가_만족	0.577
스트1	〈--	신체_스트레스	0.745
스트3	〈--	신체_스트레스	0.784
스트4	〈--	신체_스트레스	0.768
스트6	〈--	신체_스트레스	0.633
스트9	〈--	정서_스트레스	0.608
스트8	〈--	정서_스트레스	0.935
스트7	〈--	정서_스트레스	0.665
생활만1	〈--	생활_만족도	0.610
생활만3	〈--	생활_만족도	0.786
생활만4	〈--	생활_만족도	0.832
생활만5	〈--	생활_만족도	0.804

3) Covariances

모든 잠재변수간의 공분산을 구하고 있다. 공분산(covariance)은 두 변수간의 관계를 파악하기 위한 것으로 두 변수가 어느 정도 함께 변화하는 가를 측정하는 것이다. 두 변수가 아무 관계없이 변화하면 0에 가까운 수치를 보인다. 여기서는 C.R.값을 기준으로 신체스트레스〈--〉생활만족도가 ±1.96이하로 유의하지

않은 것으로 나타난다. (C.R. = Estimate/S.E)

Covariances						
			Estimate	S.E.	C.R.	P
관광_만족	〈--〉	여가_만족	0.334	0.068	4.870	0.000
관광_만족	〈--〉	신체_스트레스	-0.236	0.067	-3.530	0.000
관광_만족	〈--〉	정서_스트레스	-0.190	0.057	-3.303	0.001
여가_만족	〈--〉	신체_스트레스	-0.293	0.074	-3.944	0.000
여가_만족	〈--〉	정서_스트레스	-0.182	0.060	-3.024	0.002
신체_스트레스	〈--〉	정서_스트레스	0.374	0.085	4.399	0.000
신체_스트레스	〈--〉	생활_만족도	-0.056	0.048	-1.168	0.243
정서_스트레스	〈--〉	생활_만족도	-0.156	0.049	-3.200	0.001
관광_만족	〈--〉	생활_만족도	0.169	0.049	3.408	0.001
여가_만족	〈--〉	생활_만족도	0.213	0.056	3.800	0.000

4) Correlations

모든 잠재변수간의 상관계수를 보여준다. 신체스트레스〈--〉생활만족도는 상관관계가 거의 없는 것으로 나타난다.

Correlations			
			Estimate
관광_만족	〈--〉	여가_만족	0.578
관광_만족	〈--〉	신체_스트레스	-0.417
관광_만족	〈--〉	정서_스트레스	-0.399
여가_만족	〈--〉	신체_스트레스	-0.463
여가_만족	〈--〉	정서_스트레스	-0.342
신체_스트레스	〈--〉	정서_스트레스	0.717
신체_스트레스	〈--〉	생활_만족도	-0.126
정서_스트레스	〈--〉	생활_만족도	-0.421
관광_만족	〈--〉	생활_만족도	0.418
여가_만족	〈--〉	생활_만족도	0.472

5) Variances

잠재변수와 측정변수의 분산값을 보여준다. 분산이 마이너스의 값을 보이지 않고 있다.

Variances

	Estimate	S.E.	C.R.	P	Label
관광_만족	0.517	0.094	5.496	0.000	
여가_만족	0.645	0.101	6.371	0.000	
신체_스트레스	0.623	0.136	4.585	0.000	
정서_스트레스	0.436	0.123	3.557	0.000	
생활_만족도	0.315	0.089	3.555	0.000	
e4	0.220	0.041	5.327	0.000	
e3	0.296	0.046	6.492	0.000	
e2	0.185	0.039	4.680	0.000	
e1	0.300	0.041	7.334	0.000	
e9	0.147	0.030	4.854	0.000	
e8	0.219	0.037	5.954	0.000	
e7	0.197	0.032	6.116	0.000	
e6	0.514	0.071	7.279	0.000	
e5	0.498	0.066	7.573	0.000	
e10	0.500	0.079	6.314	0.000	
e11	0.553	0.094	5.858	0.000	
e12	0.557	0.092	6.061	0.000	
e13	0.852	0.121	7.062	0.000	
e16	0.746	0.102	7.279	0.000	
e15	0.155	0.084	1.851	0.064	
e14	0.673	0.096	6.988	0.000	
e17	0.532	0.074	7.213	0.000	
e18	0.382	0.064	5.951	0.000	
e19	0.328	0.063	5.192	0.000	
e20	0.420	0.074	5.695	0.000	

6) SMC(Squared Multiple Correlations)

잠재변수에 대한 측정변수의 설명력을 보여준다. 몇몇 변수에서 0.4이하의 낮은 설명력이 나타난다.

Squared Multiple Correlations

	Estimate
생활만5	0.646
생활만4	0.692
생활만3	0.618
생활만1	**0.372**

스트7	0.442
스트8	0.875
스트9	**0.369**
스트6	0.401
스트4	0.590
스트3	0.614
스트1	0.554
여가만2	**0.333**
여가만5	0.482
여가만7	0.720
여가만8	0.736
여가만9	0.815
관광만1	**0.357**
관광만3	0.749
관광만4	0.572
관광만5	0.701

7) 모델 적합도

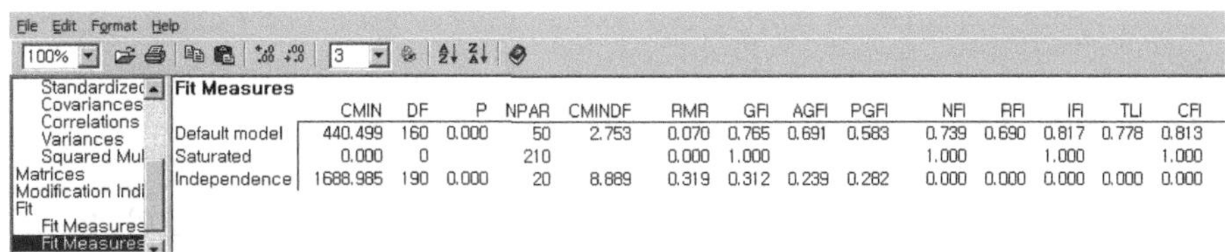

Fit Measures

	CMIN	DF	P	NPAR	CMINDF	RMR	GFI	AGFI	PGFI	NFI	RFI	IFI	TLI	CFI
Default model	440.499	160	0.000	50	2.753	0.070	0.765	0.691	0.583	0.739	0.690	0.817	0.778	0.813
Saturated	0.000	0		210		0.000	1.000			1.000		1.000		1.000
Independence	1688.985	190	0.000	20	8.889	0.319	0.312	0.239	0.282	0.000	0.000	0.000	0.000	0.000

〈측정모델 적합도 검정결과 : 최초〉

구 분	분석 결과	적합도 기준값	적합 여부
CMIN/p값	440.499/0.000	p〉0.05	부적합
CMIN/DF	2.753	2이하	부적합
RMR	0.070	0.05이하	부적합
GFI	0.765	0.9 이상	부적합
AGFI	0.691	0.9 이상	부적합
CFI	0.813	0.9 이상	부적합
NFI	0.739	0.9 이상	부적합
IFI	0.817	0.9 이상	부적합

RMSEA	0.118	0.05이하 : 좋다 0.05~0.1이하 : 수용가능	부적합
최종 판단	측정모델 적합도 검정결과 수용할 수 없는 결과치를 보여준다. 모델의 수정이 요구된다고 할 수 있다.		

4 측정모델의 적합도 향상

본서의 연구모델에서 사용되는 잠재변수들인 관광만족, 여가만족, 스트레스(신체적 스트레스, 정서적 스트레스), 생활만족도 각각을 확인요인분석하여 단일차원성을 저해하는 항목을 제거하였다. 그 후 단일차원성이 확인된 잠재변수들을 모두 결합하여 모형의 적합도를 검정하는 측정모델 분석을 실시하였다.

그 결과 수용할 수 없는 적합도 검정 결과를 보였다. 따라서 SMC 값 또는 회귀계수(요인적재량)의 통계적 유의성(C.R. 값 기준)을 기준으로 측정모델을 수정하여야 한다.

1) 측정모델의 수정 1

앞에서 최초 측정모델의 분석 결과를 제시하였다. 그 결과를 보면, Regression Weights는 모든 측정변수들의 C.R.값이 ±1.96이상의 수치를 보였다. 따라서 Regression Weights를 기준으로 제거할 대상은 없다.

여기서는 SMC 값을 기준으로 설명력이 부족한 측정변수를 제거하여 측정모델의 적합도를 향상시켜보도록 하겠다. **최초 측정모델 분석 결과 SMC 값이 0.4이하의 수치를 보여준 측정변수는 "관광만1", "여가만2", "스트9", "생활만1"이다.**

(1) "관광만1" 제거 후 측정모델의 적합도

〈그림 25-4〉는 측정모델을 재분석하기 위하여 "관광만1"을 제거한 이후의 AMOS 화면을 나타낸 것이다. 그 결과 적합도는 크게 향상되지 않았으며, 여전히 모델을 수용하기에 무리가 있다.

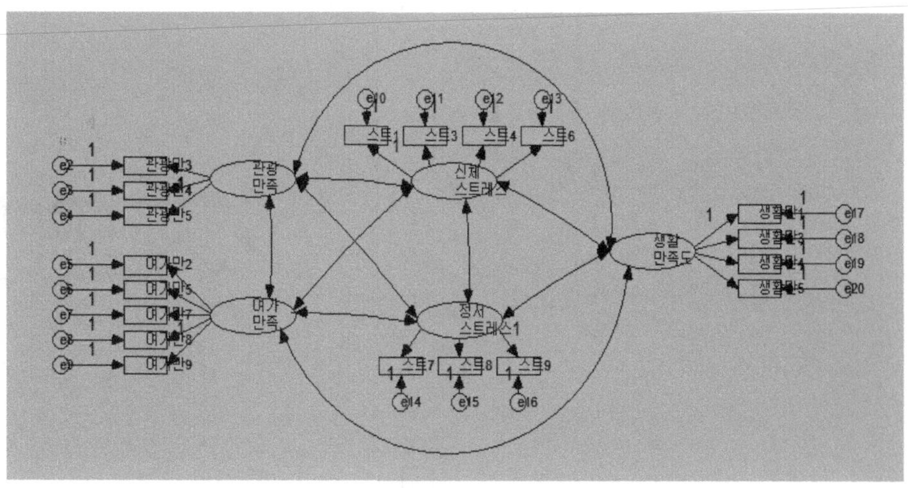

File Edit Format Help

Covariances
Correlations
Variances
Squared Mul
Matrices
Modification Indi
Fit
Fit Measures
Fit Measures

Fit Measures

	CMIN	DF	P	NPAR	CMINDF	RMR	GFI	AGFI	PGFI	NFI	RFI	IFI	TLI	CFI
Default model	387.304	142	0.000	48	2.727	0.071	0.781	0.708	0.584	0.756	0.706	0.830	0.792	0.827
Saturated	0.000	0		190		0.000	1.000			1.000		1.000		1.000
Independence	1589.098	171	0.000	19	9.293	0.330	0.318	0.242	0.286	0.000	0.000	0.000	0.000	0.000

〈그림 25-4〉

(2) "관광만1"과 "여가만2" 제거 후 측정모델의 적합도

"관광만1"을 제거한 후의 SMC 값은 "여가만2"가 제일 낮은 수치(0.333)를 보이므로, "여가만2"를 추가로 제거해보자. 적합도 검정 결과를 살펴보면, 이전보다 향상된 것은 틀림없지만 여전히 모델을 수용하기에는 부족한 검정결과이다. 〈그림 25-5〉

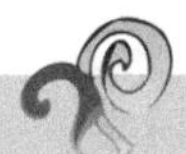

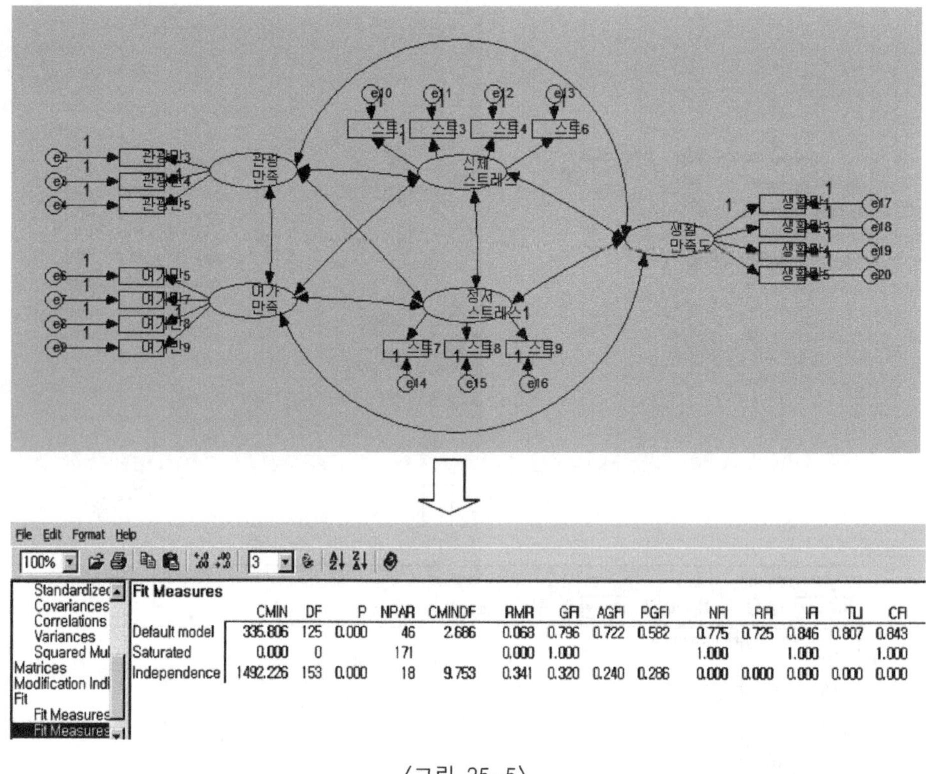

	CMIN	DF	P	NPAR	CMINDF	RMR	GFI	AGFI	PGFI	NFI	RFI	IFI	TLI	CFI
Default model	335.806	125	0.000	46	2.686	0.068	0.796	0.722	0.582	0.775	0.725	0.846	0.807	0.843
Saturated	0.000	0		171		0.000	1.000			1.000		1.000		1.000
Independence	1492.226	153	0.000	18	9.753	0.341	0.320	0.240	0.286	0.000	0.000	0.000	0.000	0.000

〈그림 25-5〉

(3) “관광만1”, “여가만2”, “스트9” 제거 후 측정모델의 적합도

“관광만1”, “여가만2”를 제거하고 난 후의 SMC 값은 “스트9”(0.367)가 제일 낮게 나타난다. “스트9”를 제거하고 측정모델의 적합도를 검정해 보자. 여기서 “스트9”는 모수추정치를 처음 1로 고정시킨 값일 것이다. 이를 제거하였으니, “스트7”의 회귀선을 더블클릭하여 **Parameters의 Regression weight**에 1을 입력하고 분석을 다시 실시해보자. 그런데 분석결과에서 Variances를 보면, 측정변수 “스트8”의 오차항인 “e15”의 분산이 마이너스 값을 보여주고 있다. 즉, 앞에서 설명한 헤이우드 케이스가 발생한 것이다. 이전에 언급한데로, 오차항 “e15”를 더블클릭하여 **Parameters의 Variance**에 0.005를 입력하고 다시 분석을 해보자.

그 결과 이전과 비교하여 적합도가 향상은 되었지만, 여전히 수용하기 불가능한 정도로 측정모델의 적합도는 좋지 않다. 3문항이나 제거했음에도 불구하고 적합도가 좋아지고 있지 않다. 〈그림 25-6〉

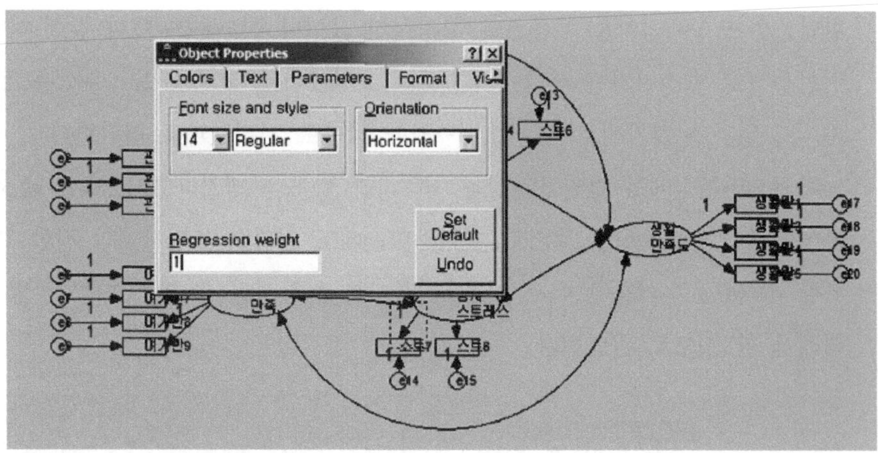

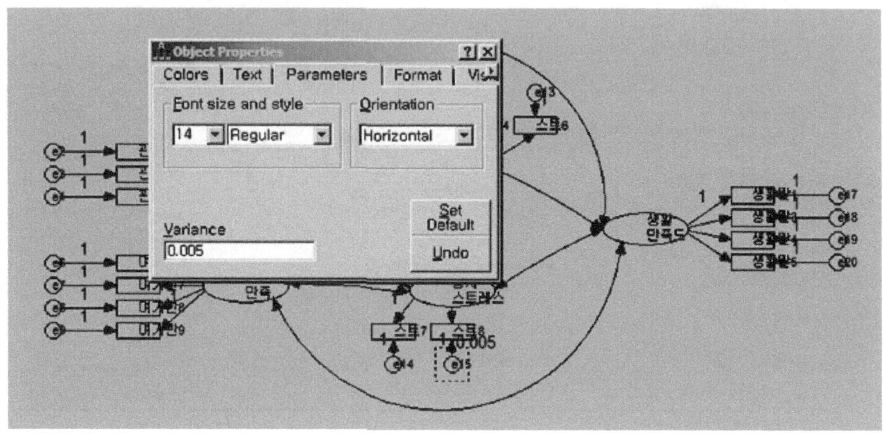

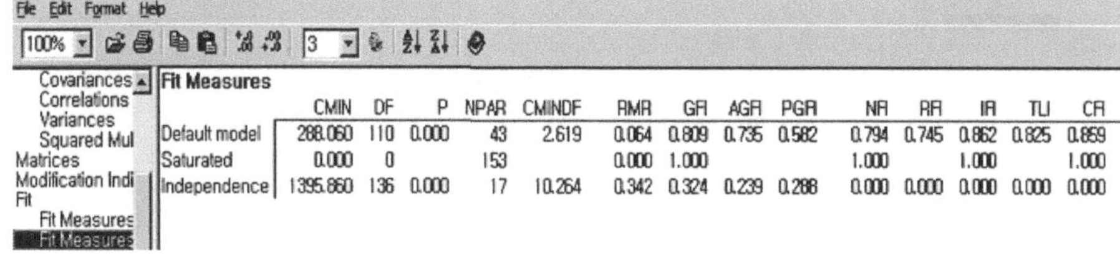

Fit Measures

	CMIN	DF	P	NPAR	CMINDF	RMR	GFI	AGFI	PGFI	NFI	RFI	IFI	TLI	CFI
Default model	288.060	110	0.000	43	2.619	0.064	0.809	0.735	0.582	0.794	0.745	0.862	0.825	0.859
Saturated	0.000	0		153		0.000	1.000			1.000		1.000		1.000
Independence	1395.860	136	0.000	17	10.264	0.342	0.324	0.239	0.288	0.000	0.000	0.000	0.000	0.000

〈그림 25-6〉

(4) "관광만1", "여가만2", "스트9", "생활만1" 제거 후 측정모델의 적합도

"관광만1", "여가만2", "스트9"를 제거한 이후 SMC 값을 보면, "생활만1"(0.370)이 가장 낮은 설명력을 보이고 있으므로 이를 추가로 제거해보자. "생활만1"은 모수추정치를 처음 1로 고정시킨 값이니 〈그림 25-7〉과 같이 다른 회귀선을 1로 고정시켜야 한다. "생활5"를 고정값 1로 고정시키고 분석을 실시하자. 그 결과 마찬가지로 수용할 수 없는 적합도 검정결과로 나타난다.

확인요인분석에서 단일차원성을 저해하는 항목을 제거하였고, 또한 측정모델 분석에서도 총 4문항을 추가로 제거하였는데도 여전히 측정모델의 적합도는 수용할 수 없는 수치를 보이고 있다. 적합도를 향상시킬 수 있는 다른 방법을 모색해야 할 것으로 판단된다.

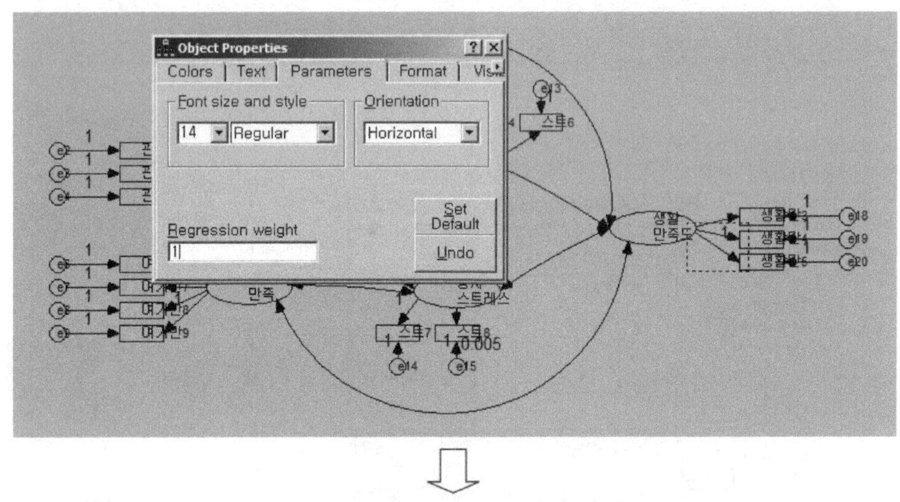

File Edit Format Help

100%

3

Fit Measures	CMIN	DF	P	NPAR	CMINDF	RMR	GFI	AGFI	PGFI	NFI	RFI	IFI	TLI	CFI
Default model	267.782	95	0.000	41	2.819	0.064	0.813	0.733	0.568	0.798	0.745	0.860	0.819	0.857
Saturated	0.000	0		136		0.000	1.000			1.000		1.000		1.000
Independence	1327.656	120	0.000	16	11.064	0.354	0.324	0.234	0.286	0.000	0.000	0.000	0.000	0.000

Covariances
Correlations
Variances
Squared Mul
Matrices
Modification Indi
Fit
Fit Measures
Fit Measures

〈그림 25-7〉

2) 측정모델의 수정 2

앞에서 측정모델의 수정을 SMC 값을 기준으로 문항을 제거하면서 적합도 향상을 시도하였다. 그러나 원하는 적합도 검정결과를 획득하지 못하였다.

SMC(Squared Multiple Correlation : 다중상관자승, R^2 값은 확인요인분석, 측정모델 분석, 제안모델 분석에 대해 제공된다. 측정모델에서의 SMC는 잠재변수가 측정변수에 의해 설명되는 정도를 나타내는 것이므로 측정모델에서의 SMC는 측정변수의 신뢰도를 평가하는데 이용된다. 따라서 측정변수의 SMC가 높다는 것은 잠재변수에 의해 잘 설명되고 있다는 것을 의미하고, 역으로 SMC가 낮다는 것은 그 반대의 현상을 말한다. **그렇지만 SMC 값과 모델 적합도는 항상 높은 상관관계를 보여주지 않는다.** 측정변수의 SMC가 낮지만 모델 적합도는 높을 수가 있고, SMC가 높지만 모델 적합도는 낮을 수도 있다. 또한 모델 적합도가 높다 하더라고 SMC 값이 낮으면 모델이 잘 개념화가 이루어졌다고 할 수 없다.

일반적으로 SMC 값을 기준으로 설명력이 낮은 문항을 제거하면서 적합도 향상을 시도한다면, 많은 경우 원하는 결과를 얻을 수 있을 것이지만(앞의 확인요인분석에서는 이러한 방법으로 대부분 수용 가능한 적합도 수준을 획득하였다), 그것은 절대적인 기준이 아니라는 것을 명심해야 할 것이다.

연구자가 수집한 자료가 모델에 적합한지를 검정하기 위해서는 모델 적합도의 수준을 향상시키는 작업은 매우 중요하다. 그런데 측정모델의 적합도를 향상시킬 수 있는 특별히 정형화된 방법은 없는 듯하다. 그래서 시중에 출판된 많은 구조방정식모델분석 관련 저서에서도 이러한 부분에 대한 명확한 해답을 제시하지 못하고 있고, 그 저서에서 조차도 데이터와 모델은 쉽게 높은 적합도 수준을 도출 할 수 있는 예제를 사용하고 있다. 그러나 연구자가 논문 작성을 위해 데이터를 수집하여 구조방정식모델분석을 실시해보면, 예상치 못한 많은 경우를 접하게 된다. 저자는 이럴 경우 해결할 방법을 제시한 책을 그동안 보질 못했다. 그러니 연구자가 당황되는 것은 너무나 당연하고, 통상적으로 분석을 포기하고 주변 사람들에게 통계를 의뢰하게 되는 것 같다.

사실 본 저서와 같이, 측정모델 분석에 사용한 예제의 경우 Regression Weights C.R.값이 ±1.96이상의 수치를 보여 이를 기준으로 제거할 변수는 없고, SMC 값으로도 적합도를 향상시킬 수 없는 경우를 종종 접하게 될 것이다. 이러한 상황이 구조방정식모델 분석을 어렵게 느껴지게 하는 이유 중 하나일 것이다. 저자도 이러한 경우 독자들이 원하는 특별한 방법을 제시할 것이 없다. 그러나 한 가지 확실한 것은 시간과 노력을 투자한다면, 연구자가 원하는 적합도 수준을 찾을 확률은 매우 높다. 지금부터 시간과 노력을 투자해서 측정모델 분석을 다시 차근차근 해보자.

구조방정식모델 분석은 가능한 간명한 모델로 만드는 것이 바람직하기 때문에 측정변수의 수가 굳이 많아야 할 필요가 없다. 물론 측정변수의 수가 많음에도 불구하고 좋은 적합도 수준이 나타났다면 이 보다 더 좋을 순 없겠지만, 그렇지 않은 경우가 많기 때문에 과감히 문항을 제거하는 것도 하나의 방법이 될 수 있을 것이다. 여기서 문항을 제거하는 방법으로 SMC 값에만 의존하지 말고 시간과 노력을 투자해서 측정변수를 순서에 입각해서 제거를 반복적으로 실시해 보자. 수용가능한 모델 적합도 수준을 찾을 확률이 매우 높을 것이다.

저자는 이와 같은 방법으로 위의 측정모델 적합도 검정결과를 다음과 같이 최종 획득하였다. 제거한 변수로는 "관광만1", "여가만 2, 5", "신체적 스트레스 3, 6", "정서적 스트레스 8", "생활만1"이다. 측정모델 분석에서 모델 적합도를 향상시키기 위하여 총 7개 문항을 추가로 제거하였다. **Variances**에서 분산이 마이너스를 보이지 않았으며, SMC 값 역시 모든 변수가 0.4이상의 설명력이 보이고 있다. 그것의 모델 적합도의 수준은 다음과 같다.

(1) 적합도 검정결과

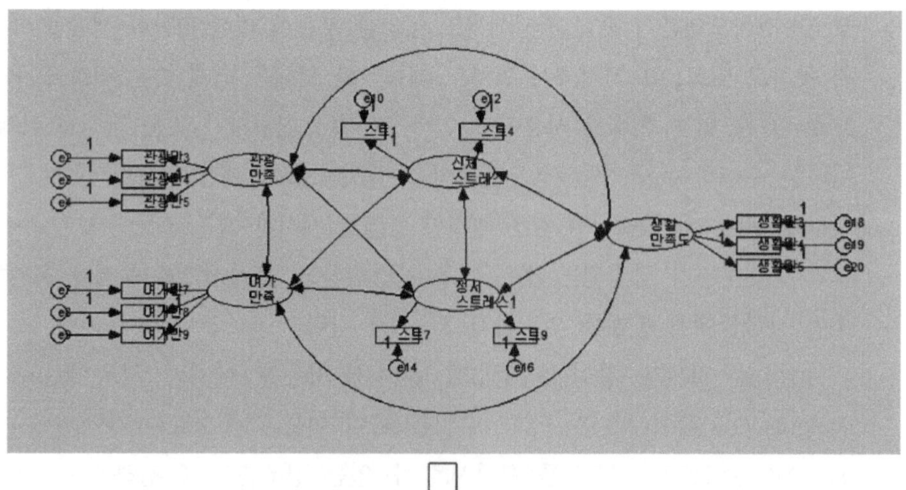

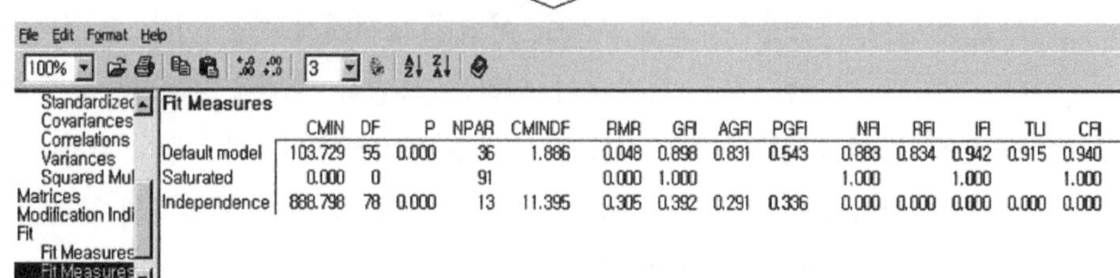

File Edit Format Help

Fit Measures

	CMIN	DF	P	NPAR	CMINDF	RMR	GFI	AGFI	PGFI	NFI	RFI	IFI	TLI	CFI
Default model	103.729	55	0.000	36	1.886	0.048	0.898	0.831	0.543	0.883	0.834	0.942	0.915	0.940
Saturated	0.000	0		91		0.000	1.000			1.000		1.000		1.000
Independence	888.798	78	0.000	13	11.395	0.305	0.392	0.291	0.336	0.000	0.000	0.000	0.000	0.000

〈측정모델 적합도 검정결과 : 최종〉

구 분	분석 결과	적합도 기준값	적합 여부
CMIN/p값	103.729/0.000	p〉0.05	부적합
CMIN/DF	1.886	2이하	적합
RMR	0.048	0.05이하	적합
GFI	0.898	0.9 이상	부적합
AGFI	0.831	0.9 이상	부적합
CFI	0.940	0.9 이상	적합
NFI	0.883	0.9 이상	부적합
IFI	0.942	0.9 이상	적합
RMSEA	0.084	0.05이하 : 좋다 0.05~0.1이하 : 수용가능	적합
최종 판단 (반드시 읽으세요!)	적합도 검정결과를 최종적으로 판단하는 기준은 앞에서 자세히 설명한 바와 같이, 모든 적합도 수준이 기준치 이상의 값을 얻을 필요는 없다. 위의 결과에서 카이스퀘어 검정결과는 가설이 기각되어 부적합 판정이 되었지만, 카이스퀘어 검정 결과의 적합여부는 모델의 필요조건이지 충분조건이 아니기 때문에 다른 적합도 검정결과로 판단하면 된다. CMIN/DF 값은 1.886의 기준치에 부합되는 결과로 나타났고, RMR값과 RMSEA 역시 기준치에 부합되는 수치로 밝혀졌다. GFI, AGFI는 비록 부적합으로 나타났지만, GFI는 기준치에 거의 근사한 수치이고, CFI 값이 기준치 훨씬 상회하는 0.940으로 나타났다. 비록 AGFI는 0.9이하로 나타났으나, GFI와 AGFI는 표본특성에 기인한 비일관성(inconsistencies)으로 인하여 영향을 받을 수 있기 때문에 표본특성으로부터 자유로운 CFI(comparative fit index)를 권고하고 있는 점을 감안한다면, 본 연구의 CFI 지표값이 0.940로 나타나 모델 적합도는 수용가능한 수준이라고 평가할 수 있다.		

(2) Regression Weights

인과계수(Estimate)가 1인 것은 측정변수의 모수추정치를 처음 1로 고정시킨 값을 말한다. C.R. 값은 t값을 말하는 것이며, ±1.96보다 클 때는 그 인과계수는 의미가 있는 것이다. 여기서는 모든 C.R.값이 1.96이상으로 나타났다.

Regression weight는 SPSS에서 요인적재치와 동일한 의미로 해석하면 된다.

Regression Weights

			Estimate	S.E.	C.R.	P	Label
관광만5	<--	관광_만족	1.000				
관광만4	<--	관광_만족	0.866	0.096	9.010	0.000	
관광만3	<--	관광_만족	1.053	0.100	10.574	0.000	
여가만9	<--	여가_만족	1.000				
여가만8	<--	여가_만족	0.944	0.074	12.700	0.000	
여가만7	<--	여가_만족	0.865	0.069	12.573	0.000	
스트1	<--	신체_스트레스	1.000				
스트4	<--	신체_스트레스	1.271	0.204	6.231	0.000	
스트9	<--	정서_스트레스	1.000				
스트7	<--	정서_스트레스	1.000	0.236	4.242	0.000	
생활만3	<--	생활_만족도	0.865	0.100	8.678	0.000	
생활만4	<--	생활_만족도	0.977	0.105	9.294	0.000	
생활만5	<--	생활_만족도	1.000				

(3) Standardized Regression Weights

인과계수(Estimate)의 절대치의 대소나 부호를 보면서 인과관계를 파악한다. 구조방정식모델분석에서 표준화계수는 모두 동일한 분산을 가지며, 최대 1의 값을 가진다. 인과계수의 값의 크기는 중요성의 정도를 말하는 것으로, 그 값이 클수록 중요성도 크다는 것을 말한다. **Standardized Regression Weights는 SPSS에서 표준화된 요인적재치와 동일한 의미로 해석하면 된다.**

Standardized Regression Weights

			Estimate
관광만5	<--	관광_만족	0.834
관광만4	<--	관광_만족	0.745
관광만3	<--	관광_만족	0.878
여가만9	<--	여가_만족	0.916
여가만8	<--	여가_만족	0.846
여가만7	<--	여가_만족	0.840
스트1	<--	신체_스트레스	0.730
스트4	<--	신체_스트레스	0.843
스트9	<--	정서_스트레스	0.682
스트7	<--	정서_스트레스	0.674
생활만3	<--	생활_만족도	0.765
생활만4	<--	생활_만족도	0.838
생활만5	<--	생활_만족도	0.812

(4) Covariances

모든 잠재변수간의 공분산을 구하고 있다. 공분산(covariance)은 두 변수간의 관계를 파악하기 위한 것으로 두 변수가 어느 정도 함께 변화하는 가를 측정하는 것이다. 두 변수가 아무 관계없이 변화하면 0에 가까운 수치를 보인다. 여기서는 C.R.값을 기준으로 여가만족〈--〉정서스트레스, 신체스트레스〈--〉생활만족도, 정서스트레스〈--〉생활만족도가 ±1.96이하로 유의하지 않은 것으로 나타난다. (C.R.=Estimate/S.E)

Covariances

			Estimate	S.E.	C.R.	P
관광_만족	〈--〉	여가_만족	0.336	0.070	4.838	0.000
관광_만족	〈--〉	신체_스트레스	-0.242	0.070	-3.432	0.001
관광_만족	〈--〉	정서_스트레스	-0.166	0.069	-2.395	0.017
여가_만족	〈--〉	신체_스트레스	-0.246	0.076	-3.244	0.001
여가_만족	**〈--〉**	**정서_스트레스**	-0.114	0.073	**-1.551**	0.121
신체_스트레스	〈--〉	정서_스트레스	0.350	0.097	3.608	0.000
신체_스트레스	**〈--〉**	**생활_만족도**	-0.045	0.075	**-0.600**	0.549
정서_스트레스	**〈--〉**	**생활_만족도**	-0.150	0.084	**-1.795**	0.073
관광_만족	〈--〉	생활_만족도	0.275	0.074	3.717	0.000
여가_만족	〈--〉	생활_만족도	0.358	0.084	4.268	0.000

(5) Correlations

모든 잠재변수간의 상관계수를 보여준다. 여가만족〈--〉정서스트레스, 신체스트레스〈--〉생활만족도, 정서스트레스〈--〉생활만족도 간에는 상관관계가 거의 없는 것으로 나타난다.

Correlations

			Estimate
관광_만족	〈--〉	여가_만족	0.576
관광_만족	〈--〉	신체_스트레스	-0.436
관광_만족	〈--〉	정서_스트레스	-0.312
여가_만족	〈--〉	신체_스트레스	-0.390
여가_만족	**〈--〉**	**정서_스트레스**	**-0.188**
신체_스트레스	〈--〉	정서_스트레스	0.611

신체_스트레스	**<-->**	**생활_만족도**	**-0.066**
정서_스트레스	**<-->**	**생활_만족도**	**-0.229**
관광_만족	<-->	생활_만족도	0.435
여가_만족	<-->	생활_만족도	0.497

(6) Variances

잠재변수와 측정변수의 분산값을 보여준다. 분산이 마이너스의 값을 보이지 않고 있다.

Variances

	Estimate	S.E.	C.R.	P	Label
관광_만족	0.513	0.095	5.416	0.000	
여가_만족	0.665	0.103	6.448	0.000	
신체_스트레스	0.598	0.149	4.002	0.000	
정서_스트레스	0.549	0.174	3.152	0.002	
생활_만족도	0.782	0.153	5.114	0.000	
e4	0.224	0.043	5.156	0.000	
e3	0.308	0.047	6.510	0.000	
e2	0.169	0.042	4.060	0.000	
e9	0.127	0.033	3.782	0.000	
e8	0.236	0.041	5.832	0.000	
e7	0.207	0.035	5.930	0.000	
e10	0.525	0.105	5.015	0.000	
e12	0.393	0.140	2.809	0.005	
e16	0.633	0.144	4.383	0.000	
e14	0.658	0.146	4.503	0.000	
e18	0.415	0.070	5.960	0.000	
e19	0.317	0.069	4.613	0.000	
e20	0.404	0.078	5.166	0.000	

(7) SMC(Squared Multiple Correlations)

잠재변수에 대한 측정변수의 설명력을 보여준다. 모든 변수가 0.4이상의 높은 설명력을 보여준다.

Squared Multiple Correlations

	Estimate
생활만5	0.660
생활만4	0.702
생활만3	0.585
스트7	0.455
스트9	0.465
스트4	0.711
스트1	0.532
여가만7	0.706
여가만8	0.715
여가만9	0.840
관광만3	0.771
관광만4	0.555
관광만5	0.696

5 논문에서 측정모델 분석결과 제시방법

– 논문에서 표 해석방법 –

다음의 표는 측정모형의 자료적합도를 보여준다. 그 결과 x^2 = 103.729, df = 55, p = 0.000, GFI = 0.898, AGFI = 0.831, CFI = 0.940, RMR = 0.048, RMSEA = 0.084 NFI = 0.883, IFI = 0.942로 나타났다. 카이제곱(x^2) 검정은 그 값이 크면 모델이 데이터에 적합하지 않다는 결론이 도출되는데, 본 연구의 x^2 = 103.729(p = 0.000)로 가설은 기각되었다. 그러나 카이제곱 검정에서 기각되었다는 것은 모델을 채택할 필요조건이지 충분조건이 아니다. 따라서 다른 적합도 지수를 참조하여 판단하여야 한다. 모델을 채택하기 위한 일반적인 적합도 지수의 기준은 GFI, AGFI, CFI, NFI, IFI는 0.9이상, RMR는 0.05이하, RMSEA는 0.1이하로 보고 있다. 본 연구의 GFI는 0.9에 약간 미치지 못하였고, AGFI도 0.9 이하로 나타났다. 그러나 GFI와 AGFI는 표본특성에 기인한 비일관성(inconsistencies)으로 인하여 영향을 받을 수 있기 때문에 표본특성으로부터 자유로운 CFI (comparative fit index)를 권고하고 있는 점을 감안한다면, 본 연구의 CFI 지표값이 0.940으로 나타나 모델 적합도는 수용가능한 수준으로 평가할 수 있다. 또한 측정항목들과 개념간의 비표준화 요인부하값과 다중상관자승(Squared Multiple Correlation : SMC)값을 보면, 잠재변수와 측정변수간의 관계에 대한 모수추정치가 모두 0보다 상당히 큰 값을 나타내고 있으며 이들 추정치에 대한 C.R. 값도 모두 2를 훨씬 초과하고 있다. 그리고 SMC값은 0.4이상의 값을 보여 잠재변수는 해당 측정변수들의 변량을 상당히 잘 설명하는 것으로 볼 수 있다.

참 고

〈측정모델의 평가〉에 제시되어 있는 신뢰도는 SPSS에서 신뢰도 분석(제8강 참고)을 통하여 도출된 Cronbach α값이다. 측정모델 분석은 연구자가 설정한 연구모델의 모든 잠재변수와 측정변수에 대한 단일차원성을 평가하기 위한 것인데, 여기서는 단일차원성과 신뢰도를 병행하여 평가하는 것이 좋다. 단일차원성은 각 개념의 측정변수들이 단일요인 모델에 의해 수용가능한 적합도를 보이는가의 문제이고, 신뢰도는 내적일관성과 관련된 것이다. 일반적으로 수용가능한 신뢰도 수준은 Cronbach $\alpha = 0.6$ 이상을 기준으로 하고 있다. 따라서 수용가능한 측정모델 의 적합도와 신뢰도 수준을 병행하여 제시한다면 측정모델에 대한 평가는 더욱 믿을 수 있을 것이다. 그러나 가장 정확한 측정모델의 평가는 제26강을 참고하라.

〈측정모델의 평가〉

개 념		측정변수	요인적재치	표준화된 요인적재치	표준오차	C.R.	SMC	신뢰도
관광만족		관광만5	1.000*	0.834	-	0.000*	0.696	α = 0.8602
		관광만4	0.866	0.745	0.096	9.010	0.555	
		관광만3	1.053	0.878	0.100	10.574	0.771	
여가만족		여가만9	1.000*	0.916	-	0.000*	0.840	0.9026
		여가만8	0.944	0.846	0.074	12.700	0.715	
		여가만7	0.865	0.840	0.069	12.573	0.706	
스트레스	신체적 스트레스	스트1	1.000*	0.730	-	0.000*	0.532	0.7596
		스트4	1.271	0.843	0.204	6.231	0.711	
	정서적 스트레스	스트9	1.000*	0.682	-	0.000*	0.465	0.6299
		스트7	1.000	0.674	0.236	4.242	0.455	

생활 만족도	생활만5	1.000*	0.812	-	0.000*	0.660	0.8461
	생활만4	0.977	0.838	0.105	9.294	0.702	
	생활만3	0.865	0.765	0.100	8.678	0.585	
측정모델 적합도		x^2 = 103.729, df = 55, p = 0.000, CMIN/DF = 1.886, GFI = 0.898, AGFI = 0.831, CFI = 0.940, RMR = 0.048, RMSEA = 0.084 NFI = 0.883, IFI = 0.942					

주) *측정모형에서 측정변수의 모수추정치를 처음 1로 고정시킨 값임.

참 고

앞의 표 〈측정모델의 평가〉에서 요인적재치와 표준오차, C.R.값은 Regression Weights의 결과 값에 나타난 수치를 입력하면 되고, 표준화된 요인적재치는 Standardized Regression Weights의 결과 값을 입력하면 된다.

6 AMOS에서 분석 결과가 나타나지 않을 때 해결 방법

제23강에서 그동안 측정모델의 분석과 해석방법, 그리고 논문에서 결과 제시 방법에 대하여 설명하였다. 예제 데이터로는 제3부-1를 사용하였다. 그런데 독자 여러분이 각자의 데이터를 수집하여 분석을 하다보면 예상치 못하는 일들이 발생 하게 될 수도 있다. 대표적인 것이 분석을 실시하였는데도 분석 결과가 나타나지 않는 것이다. 이런 경우는 측정모델이든 제안모델이든 상관없이 정해진 규칙을 지키지 않았기 때문이다. 여기서는 정해진 규칙과 관련하여 몇 가지 흔히 발생하는 문제를 언급하겠다.

① 측정변수의 모수추정치를 처음 1로 고정시킨 변수를 제거하였다면, 다른 측정변수를 1로 반드시 고정시켜야 분석결과가 나타난다. 이 부분은 AMOS 초기 이용자 대부분이 실수하는 부분으로 앞에서도 수차례 강조하였다. 이것을 미처 인식하지 못한 상태에서 분석결과가 도출되지 않으면 당황하게 된다. AMOS 분석을 할 때 항상 염두에 두어야 하는 규칙이다. 꼭 기억하자.

② 하나의 잠재변수에 여러 개의 측정변수가 있었는데, 변수정화과정을 통하여 측정

변수 하나만 남기고 모두 제거하고 분석을 실시하였다. 이런 경우 무조건 분석결과가 나타나지 않는다. 이런 현상도 흔히 발생할 수 있는 것인데, 본서에서 분석하는 모델에서는 이러한 현상이 발생하지 않았기에 예를 들어 자세히 설명하도록 하겠다.

〈그림 25-8〉과 같이 본서의 측정모델 중 정서적 스트레스는 "스트9"만 남기고 나머지 문항을 다 제거하고 분석을 실시하였다고 하자. 이런 경우 분석을 실시하면 분석결과가 도출되지 않는다. 그 이유는 하나의 측정변수가 하나의 잠재변수를 설명하고 있다면 무조건 **측정변수의 오차항을 "1"로 고정**시켜야 하기 때문이다. 이것 역시 AMOS 분석을 할 때 항상 염두에 두어야 하는 규칙이다. 꼭 기억하자. 측정변수의 오차항을 "1"로 고정시키는 방법은 다음과 같다. 해당 오차항을 더블클릭하면, Object Properties 창이 생성된다. 여기에서 Parameters를 선택하고 Variance에 1을 입력하면 된다.

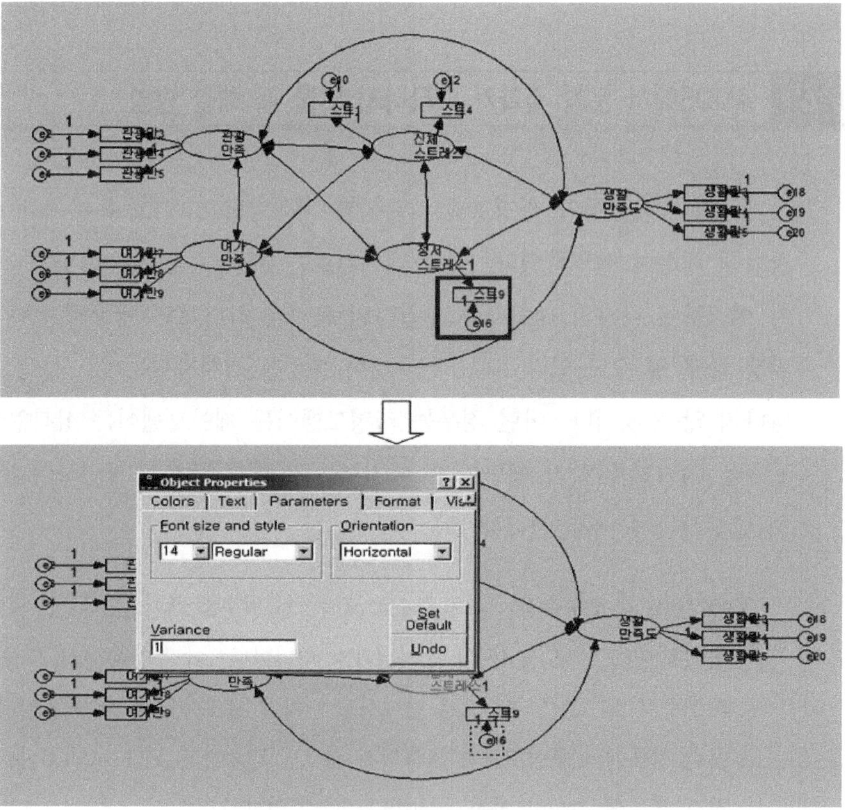

<그림 25-8>

③ 연구자의 입력 오류도 분석결과가 나타나지 않는다. 입력한 변수명이 중복될 때 〈그림 25-9〉와 같은 경고창이 생성된다. 중복된 변수명을 수정해야 한다.

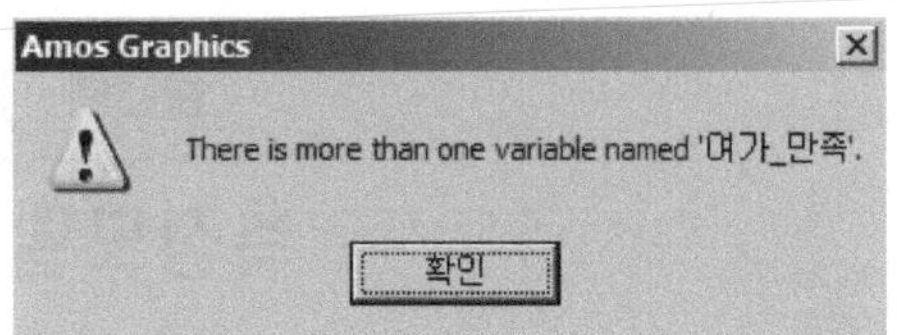

〈그림 25-9〉

〈그림 25-10〉은 오차항을 중복하여 입력하였을 때 나타나는 경고창이다. 잘못 입력한 오차항을 수정해야 한다.

연구자의 실수로 잠재변수 혹은 잠재변수의 오차항, 측정변수 혹은 측정변수의 오차항에 이름을 부여하지 않았을 때도 분석결과는 나타나지 않고 〈그림 23-11〉과 같은 경고창이 생성된다. 빠뜨린 변수의 이름을 부여하고 분석을 실시하자.

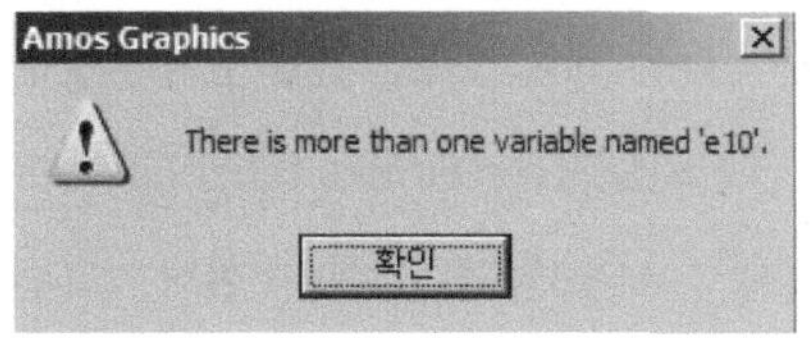

<그림 25-10>

<그림 25-11>

④ 제안모델 분석에서 외생잠재변수 간 공분산을 설정하지 않아도 분석결과가 나타나지 않고 〈그림 25-12〉와 같은 경고창이 나타난다. 관광만족과 여가만족을 공분산을 설정하지 않으면 무상관이 된다고 언급하고 있다. 외생잠재변수 간에는 어차피 공분산을 설정해야 하므로 구조방정식모델을 작성할 때, 미리 공분산을 설정하도록 하자.

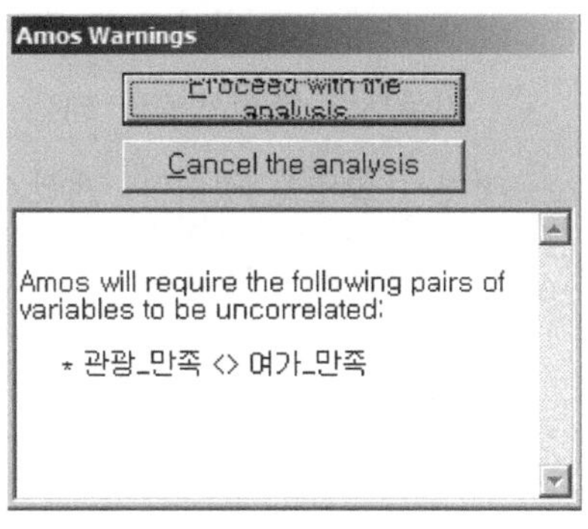

<그림 25-12>

■■■ 제26강 ■■■

측정모델의 타당성 평가

제 25강에서 측정모델분석을 실시하여 수용가능한 적합도를 생성시켰다. 그렇다면 그 다음으로 측정모형의 타당성을 평가해 봐야 한다. 만약 측정모형의 타당성에 심각한 문제점이 발생하였다면, 변수정제부터 다시 시도해야 하는 어려움이 닥친다. 하지만 어쩔수 없는 일이다. 완벽하지는 않더라도 연구방법론 측면에서 논리적이고 체계적인 논문을 완성하기 위해서는 거쳐야 하는 과정이기 때문이다. 26강에서는 집중타당성과 판별타당성에 대해서 설명할 것인데, 이를 위해서 분산추출의 평균값(variance extracted: VE), 표준오차추정구간치(two standard-error interval estimate), 개념신뢰도값(construct reliability: CR)와 평균분산추출값(average variance extracted : AVE)등을 구해야 한다. 그런데 이 값들은 AMOS에서 제공하지 않는다. 그렇기 때문에 직접 계산을 통해서 그 값을 도출해야한다. 하지만 걱정하지 말라. 조금만 읽어보면 전혀 어려운 것이 없다. 어차피 계산은 계산기가 해준다.

지금부터 측정모델의 타당성을 평가하기 위해서 집중타당성과 판별타당성에 대해서 설명할 것이다. 계산기를 준비하자.

측정모델의 타당성 평가

구조방정식모델 분석을 실시하기 위해, 본서에서는 먼저 확인요인분석(제 24강)을 실시한 결과를 가지고 측정모델 분석(제 25강)을 실시하였고, 측정모델의 타당성평가(제26강)을 하였다. 그 후에 제안모델 분석(제 27강)을 실시할 것이다. 이러한 방법을 2단계접근법(two-step approach)이라 하고 반면, 측정모델과 제안모델을 동시에 추정하는 방법을 1단계접근법(one-step approach)이라 한다. 2단계접근법과 1단계접근법은 학자들에 따라 선호하는 경향이 다르다. 저자는 대부분의 연구에서 2단계접근법을 선호한다. 왜냐하면 1단계접근법은 모델이 처음부터 충분한 모델적합도가 생성되어야 하는데, 그렇치않을 경우 과도한 모델 수정이 이루어지게 되어 가설검정의 의미는 약화되고 모델에 의해 수집한 자료를 설명하는 것이 주된 목적이 될 가능성이 높아지기 때문이다. 실제 저자의 직・간접 경험에 의하면 많은 연구에서 처음부터 높은 모델 적합도가 생성되는 경우는 흔한 경우가 아니었다. 따라서 2단계접근법을 통해 제안모델 분석 전에 단일차원성을 저해하는 항목을 제거하는 것이 반드시 필요하다고 생각한다. 일반적으로 연구모형에 이용되는 변수들은 대부분 다항목으로 측정하기 때문에 단일차원성(unidimensionality) 확보는 매우 중요한 과제이다. 단일차원성 확보를 위한 지표는 측정모델 분석에서 사용한 카이제곱, p값, GFI, AGFI, CFI, RMR, RMSEA, NFI, IFI 등이 있다. 그래서 우리는 단일차원성 확보를 위해 제 25강에서 측정모델적합도 향상을 위해 문항 제거하는 방법을 설명하였다. 또한 2단계접근법은 측정모델 분석을 통해 집중타당성과 판별타당성을 확보한 후, 제안모델을 분석하기 때문에 연구의 이해타당성(nomological validity)을 높이는데 공헌할 수 있다. 이와 같이 측정모델의 타당성 평가는 2단계접근법을 통해 실시한 연구에서 제시가 가능하며, 연구방법론 측면에서 좀더 확실하고 논리적이며 논문 전반의 타당성에 긍정적으로 기여한다.

1 집중타당성의 검정 방법

집중타당성(convergent validity)이란 동일한 개념을 측정하기 위하여 서로 다른 방법으로 측정한 값 사이에 높은 상관관계가 있어야 한다는 것이다. 즉, 집중타당성은 동일개념을 측정하는 복수의 문항들이 어느 정도 일치하는가를 검정하는 것이다. 예를 들면, 생활만족도를 측정하는 문항들 간에 높은 상관관계가 존재해야 집중타당성이 있다고 할 수 있다. 그렇다면 집중타당성 유무를 판단할 기준이 무엇인가? 본서에서는 세 가지 방법을 제시하였다. 첫째, 분산추출의 평균값을 기준으로 하는 방법 둘째, 개념신뢰도 값을 기준으로 하는 방법 셋째, 표준화 회귀계수값을 기준으로 하는 방법이 그것이다. 앞에서도 이야기 했지만 제 26강은 본서에서 유일하게 독자들이 직접 계산을 해야 한다. 공식만 알면 계산은 계산기가 하므로 겁내지 말고 차근차근 따라해 보자.

여기서 설명할 집중타당성 평가 세 가지 방법 모두를 계산하여 논문에 제시할 필요는 없다. 일반적으로 학술논문에서는 그 중 한가지 값만을 제시하여 집중타당성검정결과를 제시한다. 물론 연구자의 선택에 따라 달라질 수 있다.

1) 분산추출의 평균(variance extracted)값으로 판단하는 방법

측정모델의 집중 타당성을 검정하기 위한 첫 번째 방법으로 분산추출의 평균(variance extracted: VE)값으로 판단하는 방법이 있다. 제 25강에서 측정모델을 분석하였는데, 여기서 나타난 최종 측정모델 분석결과 중 Standardized Regression Weights 값을 참고하면 된다. 그 값은 다음과 같다.

Standardized Regression Weights

			Estimate
관광만5	<--	관광_만족	0.834
관광만4	<--	관광_만족	0.745
관광만3	<--	관광_만족	0.878
여가만9	<--	여가_만족	0.916
여가만8	<--	여가_만족	0.846
여가만7	<--	여가_만족	0.840
스트1	<--	신체_스트레스	0.730
스트4	<--	신체_스트레스	0.843
스트9	<--	정서_스트레스	0.682
스트7	<--	정서_스트레스	0.674
생활만3	<--	생활_만족도	0.765
생활만4	<--	생활_만족도	0.838
생활만5	<--	생활_만족도	0.812

다음은 분산추출(variance extracted: VE)의 평균값을 구하는 공식이다.

$$\text{VE}=\frac{\sum_{i=1}^{n}\text{표준화추정치}_i^2}{n}$$

이 공식의 의미는 각 변수별 모든 표준화된 회귀계수값의 제곱을 합한 다음 항목수로 나누어 계산하라는 것이다. 여기서 나온 **VE값이 0.5이상이면 집중타당성이 있는 것으로 해석한다.** 그런데 공식만 봐도 머리가 아플것이다. 그러나 전혀 어려운 것이 없으므로 계산기 들고 계산을 한번 시도해보자. 먼저, 관광만족의 분산추출 평균값을 구해보면 다음과 같이 계산될 수 있다. 관광만족5, 관광만족4, 관광만족3의 표준화된 추정치값은 0.834, 0.745, 0.878의 값을 보이는데, 각각의 값들을 제곱하여 합산한 다음 3(항목수)으로 나누어주기만 하면 된다.

$$\text{관광만족 분산추출 평균값}=\frac{.834^2+.745^2+.878^2}{3}$$

이를 계산하면 $\frac{2.022}{3}=0.674$의 값을 얻을 수 있다. 이는 0.5보다 높은 값이므로 관광만족 변수는 집중타당성이 있다고 해석한다.

이와 동일한 방법으로 여가만족, 정서적 스트레스, 신체적 스트레스, 생활만족도를 계산하면 다음의 값이 나타난다.

$$\text{여가만족 분산추출 평균값}=\frac{.916^2+.846^2+.840^2}{3}=0.754$$

$$\text{신체적 스트레스 분산추출 평균값}=\frac{.730^2+.843^2}{2}=0.622$$

$$\text{정서적 스트레스 분산추출 평균값}=\frac{.682^2+.674^2}{2}=0.460$$

$$\text{생활만족도 분산추출 평균값}=\frac{.765^2+.838^2+.812^2}{3}=0.649$$

모든 변수의 분산추출 평균값을 구한 결과, 정서적 스트레스가 0.460으로 0.5보다 약간 낮은 수치를 보여 집중타당성을 확보하였다고 단정할 수가 없을 것이다. 이와 관련해서는 뒤에 나오는 "꼭 읽고 넘어 갑시다"에서 자세한 설명을 하였다.

2) 개념신뢰도(construct reliability) 값으로 판단하는 방법

분산추출의 평균값과 더불어 개념신뢰도 값은 집중타당성을 평가하는 다른 기준이 된다. 개념신뢰도(construct reliability: CR) 값을 구하기 위해서는 최종 측정모델 분석결과에서 나타난 **Standardized Regression Weights 값과 Variances 값을 참고**하면 되며, 그 값은 다음과 같다.

Standardized Regression Weights

			Estimate
관광만5	<--	관광_만족	0.834
관광만4	<--	관광_만족	0.745
관광만3	<--	관광_만족	0.878
여가만9	<--	여가_만족	0.916
여가만8	<--	여가_만족	0.846
여가만7	<--	여가_만족	0.840
스트1	<--	신체_스트레스	0.730
스트4	<--	신체_스트레스	0.843
스트9	<--	정서_스트레스	0.682
스트7	<--	정서_스트레스	0.674
생활만3	<--	생활_만족도	0.765
생활만4	<--	생활_만족도	0.838
생활만5	<--	생활_만족도	0.812

Variances

	Estimate	S.E.	C.R.	P	Label
관광_만족	0.513	0.095	5.416	0.000	
여가_만족	0.665	0.103	6.448	0.000	
신체_스트레스	0.598	0.149	4.002	0.000	
정서_스트레스	0.549	0.174	3.152	0.002	
생활_만족도	0.782	0.153	5.114	0.000	
e4	0.224	0.043	5.156	0.000	
e3	0.308	0.047	6.510	0.000	
e2	0.169	0.042	4.060	0.000	
e9	0.127	0.033	3.782	0.000	
e8	0.236	0.041	5.832	0.000	
e7	0.207	0.035	5.930	0.000	
e10	0.525	0.105	5.015	0.000	
e12	0.393	0.140	2.809	0.005	
e16	0.633	0.144	4.383	0.000	
e14	0.658	0.146	4.503	0.000	
e18	0.415	0.070	5.960	0.000	
e19	0.317	0.069	4.613	0.000	
e20	0.404	0.078	5.166	0.000	

다음은 개념신뢰도를 구하는 공식이다.

$$\text{개념신뢰도} = \frac{(\sum \text{표준화추정치})^2}{(\sum \text{표준화추정치})^2 + \sum \text{측정오차}}$$

공식에서 표준화추정치는 표준화된 회귀계수값을 말하는 것이고, 측정오차는 해당오차의 분산을 의미하는 Variances를 말한다. Variances값을 입력할 때는 해당 변수의 오차항 번호를 확인해야 한다. 예를 들면, 측정변수 관광만족5, 4, 3번의 오차항은 e4, e3, e2번이며, 여가만족은 e9, e8, e7, 신체적 스트레스는 e10, e12, 정서적 스트레스는 e14, e16, 생활만족도는 e18, e19, e20이다. 이의 Estimate 값을 가지고 계산해야 한다. 또한 개념신뢰도를 이용한 집중타당성 기준은 **개념신뢰도가 0.7이상이면 집중타당성이 있다고 해석**한다. 이제 관광만족 변수부터 개념신뢰도 값을 계산해보자.

$$\text{관광만족 개념신뢰도}=\frac{(.834+.745+.878)^2}{(.834+.745+.878)^2+(.224+.308+.169)}=0.896$$

관광만족의 개념신뢰도 값은 0.7보다 높은 0.896으로 나타나, 관광만족 변수는 집중타당성이 있다고 해석하면 된다. 이와 동일하게 모든 변수의 개념신뢰도 값을 계산하면 다음과 같다.

$$\text{여가만족 개념신뢰도}=\frac{(.916+.846+.840)^2}{(.916+.846+.840)^2+(.127+.236+.207)}=0.922$$

$$\text{신체적 스트레스 개념신뢰도}=\frac{(.730+.843)^2}{(.730+.843)^2+(.525+.393)}=0.729$$

$$\text{정서적 스트레스 개념신뢰도}=\frac{(.682+.674)^2}{(.682+.674)^2+(.633+.658)}=0.588$$

$$\text{생활만족도개념 신뢰도}=\frac{(.765+.838+.812)^2}{(.765+.838+.812)^2+(.415+.317+.404)}=0.837$$

모든 변수의 개념신뢰도 값을 계산한 결과, 분산추출 평균값(VE)을 통하여 집중타당성을 평가한 결과와 동일하게 정서적 스트레스에서 0.7보다 낮은 0.588의 수치로 나타났다. 즉, 정서적 스트레스의 집중타당성은 확보하였다고 단정할 수 없을 것이다.

3) 표준화 회귀계수값으로 판단하는 방법

집중타당성을 평가하는 방법으로 마지막으로 표준화 회귀계수값으로 판단하는 방법이 있다. 이것은 계산에 의해 값을 구하는 것이 아니기 때문에 정말 간단하다. 결론부터 말하자면, **Standardized Regression Weights 값이 0.5보다 높으면 집중타당성이 있다고 본다**. 좀 더 엄격하게는 0.7이상의 값을 기준으로 하기도 하지만 일반적으로 0.5이상이면 된다[3]. 표준화 회귀계수값을 기준으로 하여 집중타당성을 평가한 결과, 모든 변수들이 0.5이상의 수치를 보여 집중타당성을 확보하였다고 평가할 수 있다. 이러한 결과는 앞에서 설명한 분산추출의 평균값(VE)과 개념신뢰도값(CR)을 기준으로 평가했을 때와 다른 결과이다. 이와 관련해서는 "꼭 읽고 넘어 갑시다"를 참고하면 된다.

Standardized Regression Weights

			Estimate
관광만5	<--	관광_만족	0.834
관광만4	<--	관광_만족	0.745
관광만3	<--	관광_만족	0.878
여가만9	<--	여가_만족	0.916
여가만8	<--	여가_만족	0.846
여가만7	<--	여가_만족	0.840
스트1	<--	신체_스트레스	0.730
스트4	<--	신체_스트레스	0.843
스트9	<--	정서_스트레스	0.682
스트7	<--	정서_스트레스	0.674
생활만3	<--	생활_만족도	0.765
생활만4	<--	생활_만족도	0.838
생활만5	<--	생활_만족도	0.812

3) Anderson, J. C., & Gerbing, D. W.(1988). Structural Equation Modeling in Pratice: a review and recommended two-step approach. Psychological Bulletin, 103, 411-423.

 꼭 읽고 넘어갑시다

본서에서는 집중타당성을 평가하는 방법으로 세 가지를 제시하였다. 첫째는 분산추출의 평균값(0.5이상)을 기준으로 하는 방법 둘째, 개념신뢰도(0.7이상) 값을 기준으로 하는 방법 셋째, 표준화 회귀계수 값(0.5이상)을 기준으로 하는 방법이다. 그런데 여기서 주목해야 할 사항은 어떤 방법으로 집중타당성을 평가하느냐에 따라 그 결과가 다를 가능성도 있다는 것이다. 본서에서 예제로 사용한 변수들의 결과를 보면, 분산추출의 평균값(VE)과 개념신뢰도 값(CR)을 기준으로 집중타당성을 평가했을 때, 정서적 스트레스가 기준치 보다 약간 낮게 나타나 집중타당성에 문제가 있는 것으로 밝혀졌었지만, 표준화 회귀계수값을 기준으로 하였을 때는 모든 변수가 전혀 문제가 없는 것으로 나타났다. 즉, **표준화 회귀계수 값을 기준으로 집중타당성을 평가하는 방법보다 분산추출의 평균값(VE)이나 개념신뢰도 값(CR)을 기준으로 평가하는 것이 더욱 엄격한 집중타당성 평가방법**이라 할 수 있다. 그렇다고해서 표준화 회귀계수 값을 기준으로 집중타당성을 평가하는 것이 잘못되었거나 집중타당성 평가방법의 하나로 인정을 받지 못하는 것이 절대 아니므로 독자들은 연구 상황에서 이러한 경우에 직면하게 된다면 본인에게 유리한 평가방법을 선택하면 된다. 보통의 경우, 집중타당성을 평가함에 있어 변수에 심각한 문제가 있다면 세 가지 방법 모두에서 기준치보다 낮은 수치로 나타나지만 심각한 문제가 아닐 경우 평가방법에 따라 약간 상이한 결과가 나타날 가능성도 배제할 수 없다.

2 판별타당성의 검정 방법

판별타당성이란 서로 다른 변수들 간에는 그 측정치에도 분명한 차이가 나야 한다는 것을 의미한다. 여기서 분명한 차이는 상관계수 값을 기준으로 하는데 즉, 한 변수와 다른 변수간의 상관관계는 낮아야 판별타당성을 확보하였다고 할 수 있다. 예를 들어, 관광만족과 여가만족의 상관관계 값은 낮아야 판별타당성을 확보하였다고 할 수 있다. 집중타당성과 판별타당성의 차이점은 집중타당성은 상관관계가 높아야 하지만, 판별타당성은 상관관계가 낮아야 확보하였다고 할 수 있다.

판별타당성을 확보하는 기준은 무엇일까? 본서에서는 판별타당성을 평가하는 방법으로 다음의 두가지를 제시하였다. 첫째, 평균분산추출(average variance extracted: AVE)값으로 평가하는 방법. 둘째, 표준오차추정구간(two standard-error interval estimate)을 통해 평가하는 방법이다. 이 두 가지 방법 모두 일반적으로 논문에서 가장 많이 사용하는 판별타당성 확보 방법이므로 독자들은 여기서 확실하게 배워두자.

1) 평균분산추출(AVE)을 통한 평가방법

판별타당성을 평가하는데 가장 엄격한 방법으로 평균분산추출(AVE)값을 기준으로 하는 것이다. **AVE값을 가지고 판별타당성을 평가하는 방법은 변수 간 상관계수의 제곱값이 AVE값보다 낮으면 판별타당성은 확보되었다고 한다.** 이를 검정하기 위해서는 AVE값 계산과 더불어 상관계수의 제곱도 실시하여야 한다. 먼저 AVE값부터 계산해보자.

(1)AVE 계산법

AVE값을 계산하는 공식은 다음과 같다. 공식을 보면 머리가 아플 것이다. 그러나 막상 계산을 시도하면 산수 수준이다. 한번 계산을 시도해보자.

$$\text{평균분산추출(AVE)} = \frac{(\sum \text{표준화추정치}^2)}{(\sum \text{표준화추정치}^2) + \sum \text{측정오차}}$$

AVE값 산출 공식에서 표준화 추정치는 다음의 Standardized Regression Weights를 의미하고 측정오차는 Variances의 Estimate 값을 입력해야 하는데, 각 변수의 오차항 번호를 확인해야 한다. 관광만족의 측정변수의 오차항 번호는 e4, e3, e2이며, 여가만족은 e9, e8, e7, 신체적 스트레스는 e10, e12, 정서적 스트레스는 e14, e16, 생활만족도는 e18, e19, e20이다.

Standardized Regression Weights

			Estimate
관광만5	<--	관광_만족	0.834
관광만4	<--	관광_만족	0.745
관광만3	<--	관광_만족	0.878
여가만9	<--	여가_만족	0.916
여가만8	<--	여가_만족	0.846
여가만7	<--	여가_만족	0.840
스트1	<--	신체_스트레스	0.730
스트4	<--	신체_스트레스	0.843
스트9	<--	정서_스트레스	0.682
스트7	<--	정서_스트레스	0.674
생활만3	<--	생활_만족도	0.765
생활만4	<--	생활_만족도	0.838
생활만5	<--	생활_만족도	0.812

Variances

	Estimate	S.E.	C.R.	P	Label
관광_만족	0.513	0.095	5.416	0.000	
여가_만족	0.665	0.103	6.448	0.000	
신체_스트레스	0.598	0.149	4.002	0.000	
정서_스트레스	0.549	0.174	3.152	0.002	
생활_만족도	0.782	0.153	5.114	0.000	
e4	0.224	0.043	5.156	0.000	
e3	0.308	0.047	6.510	0.000	
e2	0.169	0.042	4.060	0.000	
e9	0.127	0.033	3.782	0.000	
e8	0.236	0.041	5.832	0.000	
e7	0.207	0.035	5.930	0.000	
e10	0.525	0.105	5.015	0.000	
e12	0.393	0.140	2.809	0.005	
e16	0.633	0.144	4.383	0.000	
e14	0.658	0.146	4.503	0.000	
e18	0.415	0.070	5.960	0.000	
e19	0.317	0.069	4.613	0.000	
e20	0.404	0.078	5.166	0.000	

$$\text{관광만족 AVE=}\frac{(.834^2+.745^2+.878^2)}{(.834^2+.745^2+.878^2)+(.224+.308+.169)}\text{=0.743}$$

관광만족 AVE값을 계산한 결과, 0.743으로 나타났다. 모든 상관계수의 제곱값이 0.743보다 낮아야 판별타당성은 확보되었다고 한다. 즉, 지금부터 계산할 **모든 변수의 AVE값은 모든 상관계수의 제곱값보다 커야지만 판별타당성을 확보**하였다고 할 수 있는 것이다.

$$\text{여가만족 AVE=}\frac{(.916^2+.846^2+.840^2)}{(.916^2+.846^2+.840^2)+(.127+.236+.207)}\text{=0.799}$$

$$\text{신체적 스트레스 AVE=}\frac{(.730^2+.843^2)}{(.730^2+.843^2)+(.525+.393)}\text{=0.575}$$

$$\text{정서적 스트레스 AVE=}\frac{(.682^2+.674^2)}{(.682^2+.674^2)+(.633+.658)}\text{=0.416}$$

$$\text{생활만족도 AVE=}\frac{(.765^2+.838^2+.812^2)}{(.765^2+.838^2+.812^2)+(.415+.317+.404)}\text{=0.631}$$

모든 변수의 AVE값을 계산한 결과, 관광만족=0.743, 여가만족=0.799, 신체적 스트레스=0.575, 정서적 스트레스=0.416, 생활만족도=0.631 값으로 나타났다. 이 값으로 판별타당성을 판단하기 위해서는 상관관계분석을 실시해야 한다.

(2)상관계수의 제곱

상관계수의 제곱값을 도출하기 위해서는 상관계수값을 구해야 한다. 이는 분석결과에서 Correlations를 참고하면 된다. 가장 높은 상관계수값을 보이는 변수는 신체적 스트레스와 정서적 스트레스로 계수값은 0.611로 나타난다. 이를 제곱하면 0.373이다.

Correlations

			Estimate
관광_만족	<-->	여가_만족	0.576
관광_만족	<-->	신체_스트레스	-0.436
관광_만족	<-->	정서_스트레스	-0.312
여가_만족	<-->	신체_스트레스	-0.390
여가_만족	<-->	정서_스트레스	-0.188
신체_스트레스	<-->	정서_스트레스	0.611
신체_스트레스	<-->	생활_만족도	-0.066
정서_스트레스	<-->	생활_만족도	-0.229
관광_만족	<-->	생활_만족도	0.435
여가_만족	<-->	생활_만족도	0.497

(3)AVE값을 통한 판별타당성 평가

AVE값 〉 $(\text{상관계수})^2$ = 판별타당성 확보

판별타당성을 평가하기 위한 이론은 각 변수간 상관계수 제곱값이 AVE값을 상회하지 않아야 한다는 것이다. 그러므로 판별타당성을 평가하기 위해서는 각 변수들간의 상관계수값에 주목해야 한다. 즉, 관광만족과 다른 변수들간의 상관계수값을 보면, 여가만족은 0.576, 신체적 스트레스는 -0.436, 정서적 스트레스는 -0.312, 생활만족도는 0.435의 상관계수값으로 나타난다. 여가만족과 다른 변수들간의 상관계수 값은 신체적 스트레스 -0.390, 정서적 스트레스 -0.188, 생활만족도 0.497의 수치를 보이고, 신체적 스트레스와 다른 변수들간의 상관계수값은 정서적 스트레스 0.611, 생활만족도 -0.066의 수치로 나타났다. 마지막으로 정서적 스트레스와 생활만족도의 상관계수값은 -0.229의 수치를 보였다.

그렇다면 상관관계분석결과 나타난 모든 상관계수값을 제곱하여 AVE값과 비교해 보아야 한다. 가장 높은 수치의 상관계수 값은 신체적 스트레스와 정서적 스트레스 간의 상관계수 값인 0.611이다. 이를 제곱하면 0.373이다. 모든 변수

의 AVE값 중 가장 낮은 수치를 보이는 값이 정서적 스트레스의 0.416이다.

이러한 결과는 모든 상관계수의 제곱값은 AVE값을 상회하지 않는다고 할 수 있으므로 판별타당성은 확보하였다고 평가할 수 있다.

2) 표준오차추정구간(two standard-error interval estimate)를 통해 평가하는 방법

판별타당성은 변수들 간의 상관관계가 낮아야 확보되었다고 할 수 있기 때문에 변수들 간에 동일하다는 가설(상관계수=1)을 기각하는지를 보아야 한다.

이를 판단하기 위한 공식은 다음과 같다.

상관계수±(2×standard error)≠1

여기서 **standard error는 분석결과에서 Covariances에서 S.E(표준오차)**값을 참고하면 된다. 예를 들어, 상관관계가 가장 높은 신체적 스트레스와 정서적 스트레스 간의 상관계수 값은 0.611이고, 이에 해당하는 표준오차는 0.097이므로 다음과 같이 계산할 수 있다. 상관계수 0.611를 (2×0.097)에 더하거나 빼면, 각 0.805, 0.417로 나타난다. 이는 1이 아니므로 판별타당성은 확보하였다고 할 수 있다. 다른 변수들은 독자들이 직접 계산해보자. 모든 변수에서 1을 포함하지 않을 것이다.

Covariances

			Estimate	S.E.	C.R.	P
관광_만족	<-->	여가_만족	0.336	0.070	4.838	0.000
관광_만족	<-->	신체_스트레스	-0.242	0.070	-3.432	0.001
관광_만족	<-->	정서_스트레스	-0.166	0.069	-2.395	0.017
여가_만족	<-->	신체_스트레스	-0.246	0.076	-3.244	0.001
여가_만족	<-->	정서_스트레스	-0.114	0.073	-1.551	0.121
신체_스트레스	<-->	정서_스트레스	0.350	0.097	3.608	0.000
신체_스트레스	<-->	생활_만족도	-0.045	0.075	-0.600	0.549
정서_스트레스	<-->	생활_만족도	-0.150	0.084	-1.795	0.073
관광_만족	<-->	생활_만족도	0.275	0.074	3.717	0.000
여가_만족	<-->	생활_만족도	0.358	0.084	4.268	0.000

3 논문에서 측정모델의 타당성을 제시하는 방법

측정모델을 분석한 후, 해당 모델의 타당성을 평가하였다. 그 결과 아래의 표와 같이 나타났다. 측정모델의 타당성은 집중타당성과 판별타당성으로 구분하여 실시하였는데, 집중타당성을 평가하기 위하여 개념신뢰도값[4])을 이용하였고, 판별타당성을 평가하기 위해서는 평균분산추출값(AVE)[5])을 이용하였다. 그 결과 개념신뢰도는 정서적 스트레스에서 0.7에 못미치는 수치를 보였지만, 나머지 모든 변수들은 0.7 이상의 값을 보였다. 따라서 개념신뢰도 값을 기준으로 하였을 때, 정서적 스트레스는 집중타당성을 확보하였다고 단정할 수가 없을 것이다. 그러나 집중타당성의 또 다른 평가방법인 표준화 회귀계수값[6])을 기준으로 하였을 때는 정서적 스트레스 항목이 0.682, 0.674로 기준치인 0.5이상의 수치로 나타나 집중타당성은 확보하였다고 판단할 수 있다. 판별타당성을 검정하기 위하

4) Hair, J. F. Jr., Anderson, R. E., Tatham, R. L., & Black, W. C.(1998). Multivariate Data Analysis, 5th ed., Prentice-Hall International.

5) Fornell, C., & Larcker, D. F.(1981). Evaluating structural equation models with unobservable variables and measurement error. Journal of Marketing Research, 18(February), 39-50.

6) Anderson, J. C., & Gerbing, D. W.(1988). Structural Equation Modeling in Pratice: a review and recommended two-step approach. Psychological Bulletin, 103, 411-423.

여 Fornell과 Larcker(1981)가 제시한 방법을 이용하였다. 그 결과 모든 변수들 간의 상관계수의 제곱값이 AVE값을 초과하지 않는 것으로 나타났다. 또한 표준오차 추정구간(two-standard error interval estimates)에서 어떠한 상관계수도 1을 포함하지 않는 것으로 나타났다. 따라서 모든 변수들은 판별타당성을 확보하였다고 할 수 있다.

측정모델의 타당성 평가 결과

변수명	구성개념간 상관관계				
	1	2	3	4	5
관광만족	1.00				
여가만족	.576 (.070)	1.00			
신체적 스트레스	-.436 (.070)	-.390 (.076)	1.00		
정서적 스트레스	-.312* (.069)	-.188 (.073)	.611 (.097)	1.00	
생활만족도	.435 (.074)	.497 (.084)	-.066 (.075)	-.229 (.084)	1.00
개념신뢰도(CR)	.896	.922	.729	.588	.837
AVE	.743	.799	.575	.416	.631

*p<.05, p<.01. ( )안의 수치는 공분산의 표준오차(standard error) 값임.

꼭 읽고 넘어 갑시다

측정모델 타당성 평가결과를 보면, 각 변수 간 상관계수 값에 통계적 유의확률이 별표로 표시되어 있다. 그러나 실제 측정모델 분석결과를 보면, Correlations에 p값이 나타나지 않아 유의수준하에서 상관관계 유무를 확인할 수가 없을 것이다. SPSS에서는 상관관계분석(제 10강)을 실시하면 유의수준이 표시되어 나타나지만, AMOS의 Correlations는 유의수준을 제시하지 않는다. AMOS에서 유의수준을 확인하려면, view/set➡Analysis Properties➡Bootstrap를 이용하여 확인하여야 한다. Bootstrap를 이용하여 상관계수 유의확률을 확인하는 방법은 제31강에 제시하였다. 반드시 참고하여야 한다.

■■■ 제27강 ■■■

제안모델의 분석

제24강에서 확인요인분석을 통하여 단일차원성을 저해하는 항목을 제거하였고, 제25강에서는 측정모델의 적합도를 향상시키기 위하여 또 다시 항목을 제거하였다. 또한, 제26강에서는 측정모델의 타당성을 평가하였다. 그 결과, 관광만족은 3문항, 여가만족은 3문항, 스트레스 4문항, 생활만족도 3문항이 남았다.

최종적으로 이것을 가지고 연구자가 설정한 가설을 검정할 것이다.

1 가설의 설정

제안모델에서 검정할 가설은 다음과 같다. 제안모델을 작성하게 된 연구 상황은 제23강에서 이미 언급하였다. 참고하길 바란다.

가설 1. 관광만족은 신체적 스트레스에 부(-)의 영향을 미칠 것이다.
가설 2. 관광만족은 정서적 스트레스에 부(-)의 영향을 미칠 것이다.
가설 3. 여가만족은 신체적 스트레스에 부(-)의 영향을 미칠 것이다.
가설 4. 여가만족은 정서적 스트레스에 부(-)의 영향을 미칠 것이다.
가설 5. 신체적 스트레스는 생활만족도에 부(-)에 영향을 미칠 것이다.
가설 6. 정서적 스트레스는 생활만족도에 부(-)에 영향을 미칠 것이다.
가설 7. 관광만족은 생활만족도에 정(+)의 영향을 미칠 것이다.
가설 8. 여가만족은 생활만족도에 정(+)의 영향을 미칠 것이다.

2 제안모델의 작성

그동안 제안모델 분석을 위한 이전 단계로 확인요인분석과 측정모델 분석을 실시하였다. 이제는 마지막으로 제안모델을 분석할 차례이다. 제안모델은 연구자가 설정한 가설을 검정하기 위한 구조방정식모델의 최종 분석이다.

제안모델을 작성할 때, 잠재변수의 오차항(e21, e22, e23)을 입력해야 하는 것과 외생잠재변수(관광만족과 여가만족)간 공분산을 설정해야 한다는 것을 잊지 말자.

AMOS에서 〈그림 27-1〉과 같은 제안모델을 작성하였다면 **"제안모델"**로 저장해 두자.

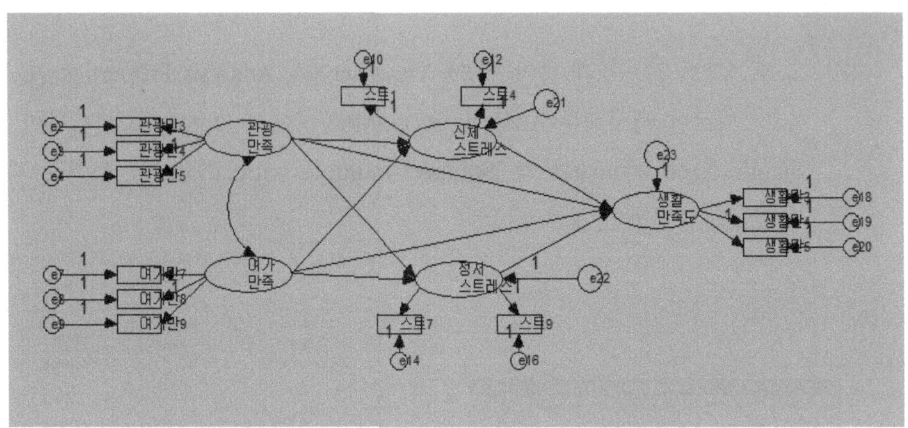

〈그림 27-1〉

3 제안모델 분석 결과

1) 제안모델 분석 방법

(1) "제안모델"로 저장한 후, **File ➡ Data Files...**에서 SPSS 파일인 **제3부-1**을 경로로 설정하고, OK를 누른다.〈그림 27-2〉

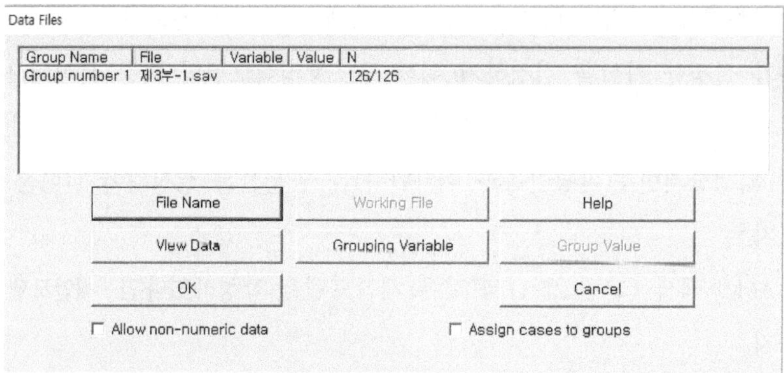

<그림 27-2>

(2) 그 후 〈그림 27-3〉과 같이 **메뉴〉** **View/Set**에서 **Analysis Properties...**를 클릭하고, 새로이 생성되는 **Analysis Properties** 창에서 **Output**를 선택하여 **"Standardized estimates"**와 **"Squared multiple correlations"**를 추가로 체크하자. 를 클릭하여 창을 닫는다.

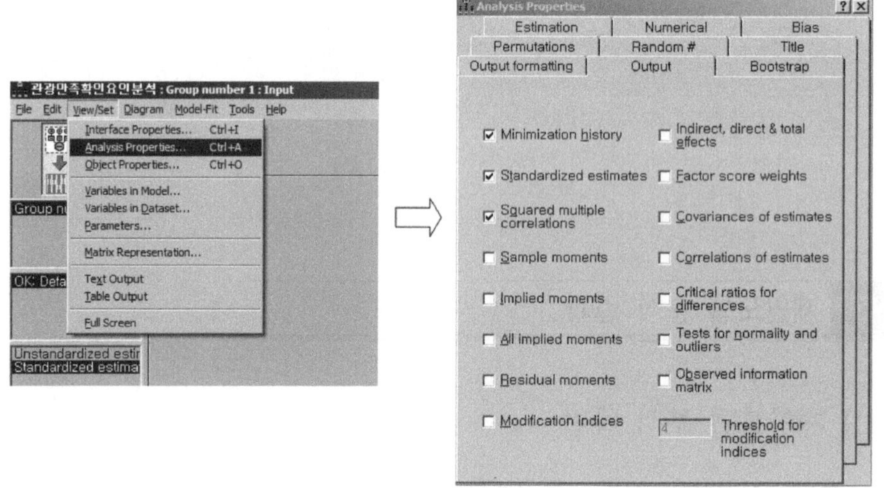

<그림 27-3>

(3) **메뉴〉** **Model-Fit**에서 **Calculate Estimates**를 클릭하여 분석을 실시하자.

(4) 분석 후 메뉴〉 하단에 있는 에서 오른쪽 버튼을 선택하고, **메뉴〉** **View/Set**에서 **Table Output**를 선택 하면 분석결과를 확인할 수 있다.

2) 가설 검정결과

제안모델을 분석하면 다음과 같은 결과가 나타난다. Regression Weights의 C.R.값으로 가설 채택유무를 판단한다.

먼저, 관광만족은 신체적 스트레스(C.R. = -2.663, p = 0.008)와 정서적 스트레스(C.R. = -2.611, p = 0.009)에 통계적 유의수준 하에서 부(-)의 영향을 미치는 것으로 나타나 가설1과 2는 채택되었다. 또한 여가만족은 생활만족도(C.R. = 3.530, p = 0.000)에 유의한 영향을 미치는 것으로 나타나 가설 8은 채택되었다.

그 외의 가설은 C.R. 값 혹은 p값을 기준으로 보면 모두 기각되었다. 물론, 여가만족과 신체적 스트레스, 관광만족과 생활만족도는 통계적 유의수준 $p < 0.1$ 하에서는 가설이 채택되지만 일반적으로 사회과학분야에서는 $p < 0.05$를 기준으로 하기 때문에 여기서는 기각으로 처리하자.

마지막으로 신체적 스트레스가 생활만족도에 미치는 영향은 가설의 역방향으로 나타나 기각되었다.

Regression Weights

			Estimate	S.E.	C.R.	P
신체_스트레스	<--	관광_만족	-0.424	0.159	**-2.663**	**0.008**
정서_스트레스	<--	관광_만족	-0.474	0.181	**-2.611**	**0.009**
신체_스트레스	<--	여가_만족	-0.240	0.135	-1.778	0.075
정서_스트레스	<--	여가_만족	0.052	0.153	0.337	0.736
생활_만족도	<--	신체_스트레스	0.252	0.126	1.997	0.046
생활_만족도	<--	정서_스트레스	-0.126	0.112	-1.120	0.263
생활_만족도	<--	관광_만족	0.320	0.169	1.898	0.058
생활_만족도	<--	여가_만족	0.469	0.133	**3.530**	**0.000**

3) 적합도 검정 결과

제안모델의 적합도 검정결과이다. 여기서 한 가지 명심해야 할 것은 적합도 검정결과가 만족할만한 수준으로 나타나지 않는다면, 앞에서 검정한 가설은 무의미하게 된다는 것이다.

Fit Measures

	CMIN	DF	P	NPAR	CMINDF	RMR	GFI	AGFI	PGFI	NFI	RFI	IFI	TLI	CFI
Default model	119.799	56	0.000	35	2.139	0.076	0.884	0.811	0.544	0.865	0.812	0.923	0.890	0.921
Saturated	0.000	0		91		0.000	1.000			1.000		1.000		1.000
Independence	888.798	78	0.000	13	11.395	0.305	0.392	0.291	0.336	0.000	0.000	0.000	0.000	0.000

〈제안모델 적합도 검정결과〉

구 분	분석 결과	적합도 기준값	적합 여부
CMIN/p값	119.799/0.000	p〉0.05	부적합
CMIN/DF	2.139	2이하	부적합
RMR	0.076	0.05이하	부적합
GFI	0.884	0.9 이상	부적합
AGFI	0.811	0.9 이상	부적합
CFI	0.921	0.9 이상	적합
NFI	0.865	0.9 이상	부적합
IFI	0.923	0.9 이상	적합
RMSEA	0.095	0.05이하 : 좋다 0.05~0.1이하 : 수용가능	적합(수용가능)
최종 판단 (반드시 읽으세요!)	제안모델 적합도 검정 결과, 카이스퀘어 검정은 가설이 기각되어 부적합 판정이 되었다. 그러나 이는 모델의 필요조건이지 충분조건이 아니기 때문에 다른 적합도 검정결과로 판단하면 된다. 여기서는 CFI, IFI 값이 기준값을 상회하였고, RMSEA도 가까스로 모델을 수용할 수 있는 수치로 나타났다. GFI, AGFI는 0.9이하의 수치를 보였는데, 앞에서도 언급을 하였지만, GFI와 AGFI는 표본특성에 기인한 비일관성으로 인하여 영향을 받을 수 있기 때문에 표본특성으로부터 자유로운 CFI(comparative fit index)를 권고하고 있는 점에서 CFI 값이 0.9이상으로 나타났으므로 본 모델의 수용가능성은 전혀 없다고는 할 수 없다. 여기서 고민할 문제는 제안모델의 적합도를 그대로 수용할 것인가 아니면 수용하지 않을 것인가이다. 만약 수용하지 않는다면 다른 대안책은 있을까? 당연히 있다. 모델의 수정이나 개량을 통하여 제안모델의 적합도를 향상시킬 수 있다. 따라서 본 검정결과를 수용하지 않고 모델을 수정해 보기로 하자.		

결론적으로 여기서 분석한 제안모델의 적합도 검정결과는 수용하기에 조금은 부족한 기준치값을 보여준다. 따라서 제28강에서 제안모델을 수정하여 적합도를 향상시킨 후, 최종 제안모델의 적합도를 수용하고 가설 검정을 할 것이다.

■■□ 제28강 □■■

모델의 수정 및 개량

제27강에서 제안모델의 적합도 결과를 수용하지 않았다. 따라서 여기서는 제안모델의 적합도를 향상시킬 수 있는 모델의 수정과 개량 방법에 대하여 설명할 것이다.

1 수정지수를 이용하여 적합도를 향상시키자

1) 수정지수 설정 방법

AMOS에서 제안모델의 적합도를 수정할 수 있는 방법은 상관이나 경로를 추가함으로써 적합도 수준을 향상시키는 것이다. 즉, 제안모델에서 상관이나 경로를 가정하고 있지 않은 변수 간에 이를 가정함으로써 카이제곱 값을 유의하게 감소시켜 적합도 향상을 모색하는 방법이다. 그렇다면 상관 혹은 경로를 추가하는데 있어 무엇을 기준 값으로 하여 추가를 해야 할 것인가? 그것은 수정지수(Modification index : M.I)이다. **수정지수를 이용하여 초기 연구모형을 수정하려는 목적은 카이제곱 값을 낮추어서 모형의 적합도를 개선시키려는 데에 있다.** 즉, 수정지수를

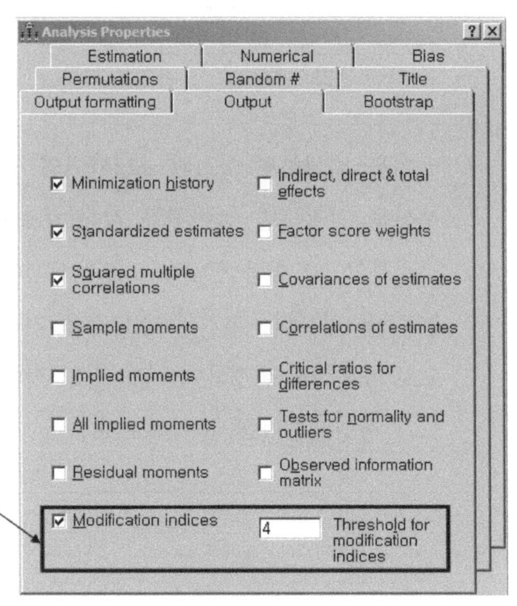

〈그림 28-1〉

이용하여 적합도가 개선된다는 것은 카이제곱 검정통계량이 감소한다는 것을 의미한다.

AMOS에서 수정지수를 결과분석에 나타나게 하기 위해서는 **메뉴〉 View/Set ➡ Analysis Properties**에서 **Output**를 선택하면 나타나는 체크 항목 중 Modification Indices를 체크하면 된다.〈그림 28-1 참고〉 AMOS는 최초 수정지수가 4 이상인 것을 보고하도록 기본 설정되어 있다. 분석을 실시해보자.

2) 수정지수의 분석결과 해석

〈그림 28-1〉과 같이 수정지수를 체크하고 분석을 실시하면, 〈그림 28-2〉에서와 같이 Modification Indices 항목이 나타난다. 여기서 **Covariances**에 주목해야 한다.

Modification Indices

Covariances :	M.I	Par Change
e21 〈--〉 e22	9.861	0.257

이를 해석하면, e21과 e22사이의 공분산을 인정하면 카이제곱 값은 9.861 감소하고, 그 공분산 값은 0.257이 된다는 것을 말한다. 여기서 M.I 값을 기준으로 공분산을 설정하여 어느 정도 적합도가 향상되는가를 분석해보자.

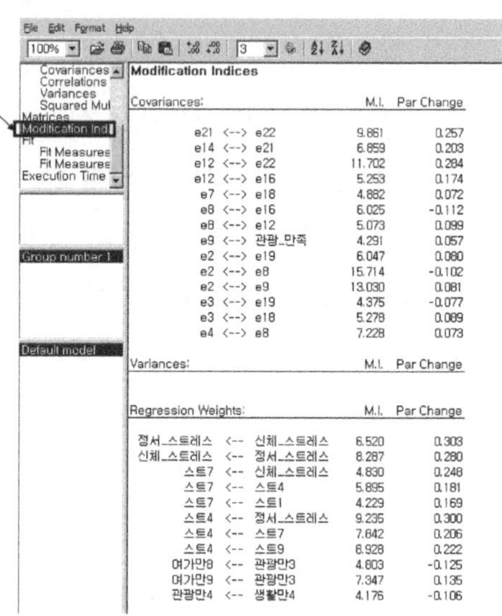

〈그림 28-2〉

– e21과 e22의 공분산 설정 후 적합도 결과 –

AMOS 작업시트에 제안모델을 불러오자. 그 후 〈그림 28-3〉과 같이 e21과 e22사이에 공분산을 설정해보자. 공분산을 설정하는 방법은 도구모음상자에서 ↔를 클릭하여 e21과 e22사이를 연결하면 된다. 그리고 **메뉴〉 Model-Fit**에서 **Calculate Estimates**를 클릭하여 분석을 실시한다.

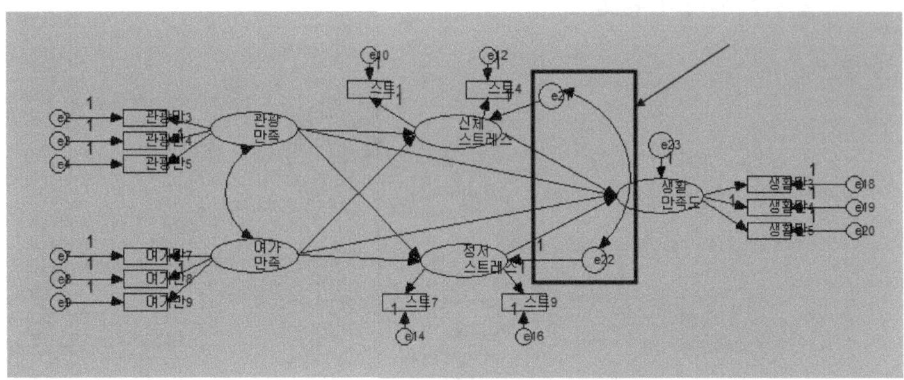

〈그림 28-3〉

구 분	최초 분석 결과	e21과 e22의 공분산 설정 후 분석결과
CMIN/p값	119.799/0.000	103.729/0.000
CMIN/DF	2.139	1.886
RMR	0.076	0.048
GFI	0.884	0.898
AGFI	0.811	0.831
CFI	0.921	0.940
NFI	0.865	0.883
IFI	0.923	0.942
RMSEA	0.095	0.084
최종 판단	e21과 e22를 공분산 설정하여 분석한 결과, 최초분석결과보다 적합도가 향상되었다는 것을 알 수 있다.	

3) 수정지수를 이용한 공분산 설정의 원칙

e21과 e22를 공분산 설정하여 분석 한 결과, 이전보다 적합도가 크게 향상된 결과로 나타났다. 그렇다면 AMOS에서 적합도 향상을 위하여 수정지수인 M.I. 값을 기준으로 무조건 공분산을 설정하면 되는 것인가? 여기에는 몇 가지 중요한 원칙이 있다. **중요한 사항이니 꼭 기억해야 한다.**

– 공분산 설정의 원칙 –

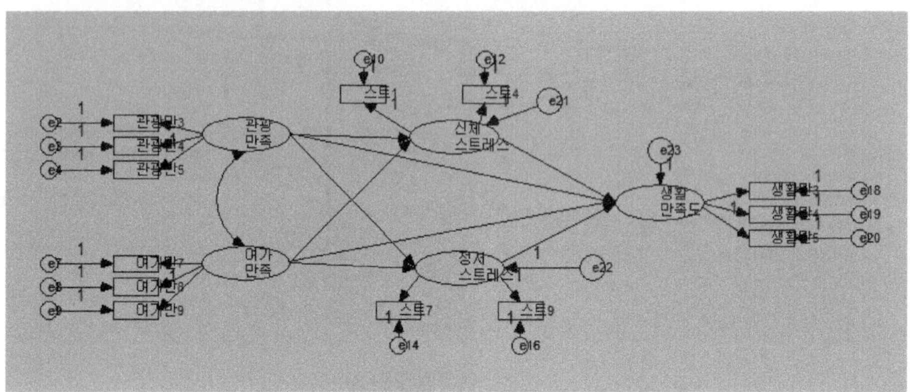

〈그림 28-4〉

① 잠재변수의 오차항과 측정변수의 오차항 간에는 공분산을 설정해서는 안된다. 그러므로 **e14 〈--〉 e21, e12 〈--〉 e22 간에는 공분산을 설정하면 안된다.**

② 잠재변수와 측정변수의 오차항 간에는 공분산을 설정하면 안된다. **e9 〈--〉 관광만족 간에는 공분산을 설정하면 안된다.**

③ 외생잠재변수(관광만족, 여가만족)의 측정변수 오차항과 내생잠재변수(신체적/정서적 스트레스, 생활만족도)의 측정변수 오차항 간에는 공분산을 설정하면 안된다. e7 〈--〉 e18, e8 〈--〉 e16, e8 〈--〉 e12, e2 〈--〉 e19, e3 〈--〉 e19, e3 〈--〉 e18 간에는 공분산을 설정하면 안된다.

④ 공분산은 **측정변수의 오차항 간**에 설정할 수 있고, 또한 **잠재변수의 오차항 간**에 설정할 수 있다.

⑤ 공분산은 M.I 값과 Par Change 값이 큰 수치를 보이는 변수 간에 설정하면 적합도는 제일 좋게 향상된다. 그런데 M.I 값이 크다고 해서 Par Change 값이 큰 것은

아니고, 역으로 M.I 값이 작다고 해서 Par Change 값이 작은 것은 아니다. 따라서 M.I 값과 Par Change 값 둘 다 고려하여 공분산 설정 순서를 판단해야 한다. 간혹 M.I 값과 Par Change 값 둘 다 고려하여 공분산 설정 순서를 고려하는데 판단하기 힘이 드는 경우가 있다. 그럴 경우에는 Par Change 값을 기준으로 삼아도 괜찮을 것이다. 왜냐하면 Par Change 값이 작을 때는 M.I. 값이 크다고 하더라도 공분산을 설정한다는 것은 별 의미가 없는 것으로 취급하기 때문이다. 따라서 공분산 설정하는 순서를 판단하기 힘이 들 때는 Par Change 값이 큰 수치를 보이는 것부터 공분산을 설정해도 된다. 여기서는 공분산을 설정이 가능한 변수들 중 Par Change 값이 가장 큰 e21 〈--〉 e22(M.I. : 9.861, Par Change:0.257) 간에 공분산을 최초로 설정하면 될 것이다.

⑥ 공분산을 설정할 때, 여러 개를 한꺼번에 설정하여 분석하지 말고 하나씩 설정하여 그 결과를 파악하면서 다른 변수 간에 공분산을 설정하는 것이 좋다.

제안모델의 수정지수			
Modification Indices			공분산 설정 가능 여부 (불가능 해당 이유)
Covariances:	M.I	Par Change	
e21 〈--〉 e22	9.861	0.257	가능
e14 〈--〉 e21	6.859	0.203	불가능 (①번 사유)
e12 〈--〉 e22	11.702	0.284	불가능 (①번 사유)
e12 〈--〉 e16	5.253	0.174	가능
e7 〈--〉 e18	4.882	0.072	불가능 (③번 사유)
e8 〈--〉 e16	6.025	-0.112	불가능 (③번 사유)
e8 〈--〉 e12	5.073	0.099	불가능 (③번 사유)
e9 〈--〉 관광만족	4.291	0.057	불가능 (②번 사유)
e2 〈--〉 e19	6.047	0.080	불가능 (③번 사유)
e2 〈--〉 e8	15.714	-0.102	가능
e2 〈--〉 e9	13.030	0.081	가능
e3 〈--〉 e19	4.375	-0.077	불가능 (③번 사유)
e3 〈--〉 e18	5.278	0.089	불가능 (③번 사유)
e4 〈--〉 e8	7.228	0.073	가능

4) 수정지수를 이용한 제안모델의 적합도 향상 결과

수정지수인 M.I 값과 Par Change 값을 기준으로 변수 간 공분산을 설정하여 적합도를 향상시켜 보자.

먼저, Par Change 값이 가장 크게 나타난 "e12 〈--〉 e22"는 공분산을 설정할 수 없다. 왜냐하면, e12는 측정변수의 오차항이고 c22는 잠재변수의 오차항이기 때문이다. 그 다음으로 Par Change 값이 큰 "e21 〈--〉 e22" 간에는 이론적으로 공분산을 설정할 수 있다. 따라서 〈그림 28-5〉와 같이 두 변수 간 공분산을 설정하고 분석 결과를 보자.

(1) 수정모델 1 (e21 〈--〉 e22)

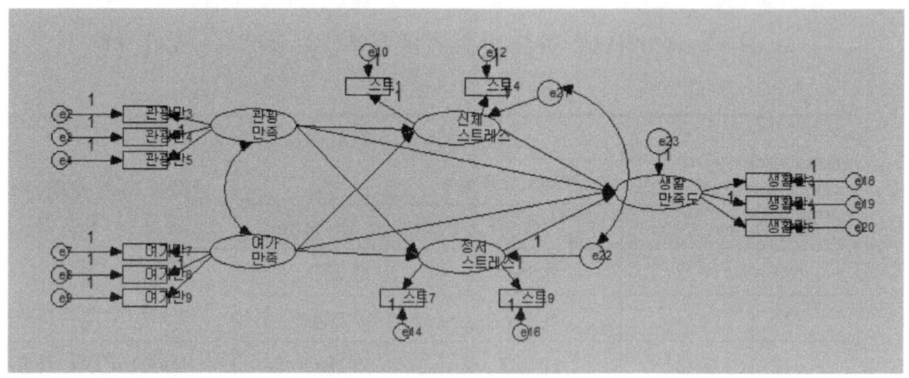

〈그림 28-5〉 수정모델 1

<수정모델 1의 가설 검정 결과>

관광만족이 신체적스트레스, 관광만족과 여가만족이 생활만족도에 유의한 영향을 미치는 것으로 나타나고 있다.

Regression Weights

			Estimate	S.E.	C.R.	P
신체_스트레스	〈--	관광_만족	-0.342	0.145	**-2.368**	0.018
정서_스트레스	〈--	관광_만족	-0.315	0.162	-1.949	0.051
신체_스트레스	〈--	여가_만족	-0.196	0.121	-1.620	0.105
정서_스트레스	〈--	여가_만족	-0.012	0.135	-0.089	0.929
생활_만족도	〈--	신체_스트레스	0.476	0.199	2.393	0.017
생활_만족도	〈--	정서_스트레스	-0.380	0.210	-1.804	0.071

생활_만족도	〈--	관광_만족	0.318	0.159	**1.998**	0.046
생활_만족도	〈--	여가_만족	0.489	0.138	**3.556**	0.000

〈수정모델1의 적합도 검정 결과〉

구 분	최초 제안모델 분석 결과	e21과 e22간 공분산 설정 후 분석결과
CMIN/p값	119.799/0.000	103.729/0.000
CMIN/DF	2.139	1.886
RMR	0.076	0.048
GFI	0.884	0.898
AGFI	0.811	0.831
CFI	0.921	0.940
NFI	0.865	0.883
IFI	0.923	0.942
RMSEA	0.095	0.084
최종 판단	e21과 e22를 공분산 설정하여 분석한 결과, 최초분석결과보다 적합도가 향상되었다는 것을 알 수 있다.	

<수정모델1의 수정지수>

e21과 e22간에 공분산을 설정한 후의 M.I. 값과 Par Change 값을 보여준다. 공분산 설정이 가능한 것 중 "e2 〈--〉 e8"은 M.I. 값과 Par Change 값이 가장 크다. 따라서 "e2 〈--〉 e8" 간에 공분산을 설정하고 분석을 실시해보자.

〈수정모델 1〉의 수정지수				
Modification Indices	e21과 e22간 공분산 설정 후 M.I와 Par Change 값		공분산 설정 가능 여부	
Covariances:	M.I	Par Change		
e7 〈--〉 e18	4.951	0.073	불가능	외생잠재변수의 측정변수 오차항과 내생잠재변수의 측정변수 오차항 간에는 공분산 설정이 불가능.
e7 〈--〉 e16	5.538	0.100	불가능	
e8 〈--〉 e16	6.383	-0.115	불가능	
e8 〈--〉 e12	6.878	0.110	불가능	
e9 〈--〉 관광_만족	4.370	0.058	불가능	
e2 〈--〉 e19	5.486	0.076	불가능	
e2 〈--〉 e8	14.827	-0.099	가능	

e2 〈--〉 e9	12.366	0.079	가능	
e3 〈--〉 e19	4.459	-0.078	불가능	위와 같은 이유임
e3 〈--〉 e18	5.648	0.092	불가능	
e4 〈--〉 e8	8.072	0.077	가능	

(2) 수정모델 2 (e21 〈--〉 e22에 e2 〈--〉 e8 추가)

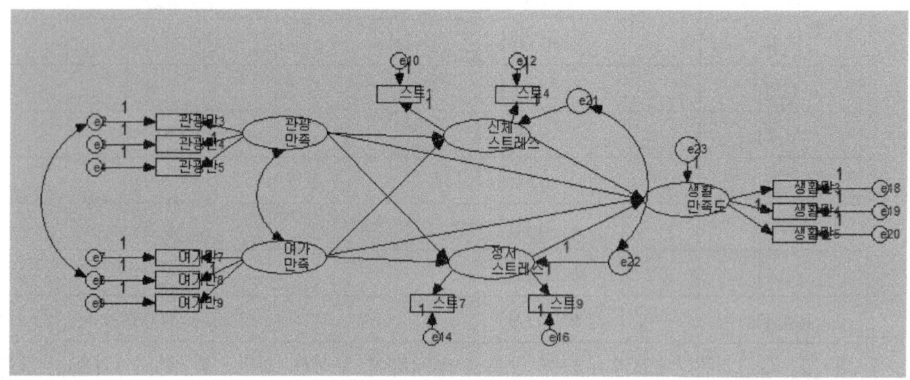

〈그림 28-6〉 〈수정모델 2〉

<수정모델 2의 가설 검정 결과>

관광만족이 신체적 스트레스와 정서적 스트레스, 여가만족이 생활만족도에 유의한 영향을 미치는 것으로 나타나고 있다. 이는 앞에서 제시한 수정모델1의 검정결과와 차이가 있다.

Regression Weights

			Estimate	S.E.	C.R.	P
신체_스트레스	〈--	관광_만족	-0.322	0.149	**-2.168**	0.030
정서_스트레스	〈--	관광_만족	-0.335	0.167	**-2.008**	0.045
신체_스트레스	〈--	여가_만족	-0.202	0.126	-1.605	0.108
정서_스트레스	〈--	여가_만족	0.003	0.140	0.020	0.984
생활_만족도	〈--	신체_스트레스	0.444	0.195	2.279	0.023
생활_만족도	〈--	정서_스트레스	-0.370	0.208	-1.774	0.076
생활_만족도	〈--	관광_만족	0.250	0.162	1.547	0.122
생활_만족도	〈--	여가_만족	0.505	0.142	**3.554**	0.000

<수정모델2의 수정지수>

e21과 e22, e2와 e8 간에 공분산을 설정한 후의 M.I. 값과 Par Change 값을 보여준다. 아래의 표와 같이 더 이상 공분산을 설정할 변수가 없는 것으로 나타난다.

〈수정모델 2〉의 수정지수				
Modification Indices	e21과 e22, e2와 e8 간 공분산 설정 후 M.I와 Par Change 값		공분산 설정 가능 여부	
Covariances:	M.I	Par Change		
e7 〈--〉 e18	5.459	0.077	불가능	외생잠재변수의 측정변수 오차항과 내생잠재변수의 측정변수 오차항 간에는 공분산 설정이 불가능.
e7 〈--〉 e16	5.811	0.103	불가능	
e8 〈--〉 e16	7.458	-0.116	불가능	
e8 〈--〉 e12	8.490	0.115	불가능	
e3 〈--〉 e18	5.951	0.094	불가능	

〈수정모델2의 적합도 검정 결과〉

구 분	최초 제안모델 분석 결과	e21과 e22, e2와 e8간 공분산 설정 후 분석결과	기준에 의한 적합여부
CMIN/p값	119.799/0.000	86.824/0.003	부적합
CMIN/DF	2.139	1.608	적합
RMR	0.076	0.048	적합
GFI	0.884	0.914	적합
AGFI	0.811	0.855	부적합
CFI	0.921	0.960	적합
NFI	0.865	0.902	적합
IFI	0.923	0.961	적합
RMSEA	0.095	0.070	적합
최종 판단 (반드시 읽으세요!)	e2와 e8사이의 공분산을 추가로 설정한 후의 적합도 검정결과이다. 〈수정모델1〉보다 향상된 결과로 나타났다. 구조방정식모델은 간명성을 원칙으로 하고 있지만 수정지수를 참고하여 모델을 수정하는 것은 간명성을 희생하고 모델 적합도를 높이기 위함이다. 그러나 적합도를 향상시키기 위하여 무분별하게 공분산 설정한다는 것은 구조방정식모델의 기본 원칙인 간명성에 어긋나는 행위이다. 따라서 적합도 향상을 위하여 무분별한 공분산의 설정은 절대로 해서는 안된다.		

여기서 사용한 예제는 M.I. 값을 기준으로 더 이상 공분산을 설정할 변수가 없는 것으로 나타났다. 만약 e2와 e8을 공분산 설정하고도 또 다시 공분산을 설정할 변수가 나타났다면, 연구자가 적합도 수준을 고려하고 무분별한 공분산 설정을 금한다는 것을 기억하고 현명한 판단을 하여야 한다. 공분산을 얼마까지 설정할 수 있는가에 대해서는 구체적인 기준이 없기 때문이다.

여기서는 충분히 수용가능한 적합도의 수치를 보였다고 판단되어 〈수정모델2〉를 최종 제안모델로 한다.

(3) 수정 모델 최종 결론

최초 제안모델과 수정 후 모델의 적합도 검정결과를 비교하였다. 수정지수를 이용하여 초기 연구모형을 수정하려는 목적은 카이제곱 값을 낮추어서 모형의 적합도를 개선시키려는 데에 있다고 하였다. 표에서 나타나듯이, 수정지수를 기준으로 변수 간 공분산을 설정한 결과 카이제곱 통계량은 감소하고 적합도는 전반적으로 향상된다는 것을 알 수 있다. 따라서 수정지수를 이용하여 연구모델의 적합도 향상을 도모한 결과 수정모델 2를 최종 모델로 선택하였다.

〈수정모델 비교 분석〉

구 분	카이제곱 (유의도)	CMIN/DF	GFI	AGFI	NFI	IFI	CFI	RMR	RMSEA
최초제안모델	119.799 (0.000)	2.139	0.884	0.811	0.865	0.923	0.921	0.076	0.095
수정모델 1	103.729 (0.000)	1.886	0.898	0.831	0.883	0.942	0.940	0.048	0.084
수정모델 2	86.824 (0.003)	1.608	0.914	0.855	0.902	0.961	0.960	0.048	0.070

2 경로를 삭제하여 적합도를 향상시키자

경로계수가 $p<0.05$에서 통계적으로 유의하지 않은 경로 다시 말해, 가설이 기각된 경로를 삭제하면 모델을 보다 간명하게 만들 수 있다. 연구자가 작성한 연구모델을 좀 더 단순한 모델로 개념을 설명할 경우 이론적으로 적합도를 향상시

킬 가능성이 높지만 그렇다고 항상 적합도가 향상되는 것은 아니다. 이러한 방법으로 분석을 실시하여 모델 적합도의 향상 여부를 파악해 보자.

가설이 기각된 경로를 삭제하는 방법은 기각된 모든 경로를 한 번에 삭제하지 말고, C.R. 값이 작은 순서대로 하나씩 삭제해야 한다. 그 이유는 하나의 경로를 삭제하고 재분석하면 이전에는 기각된 경로가 유의하게 될 가능성이 있기 때문이다. 이러한 방법으로 기각된 경로가 없어질 때까지 반복하여 분석을 실시하면 된다. 적합도가 향상되는지 분석을 실시해 보자.

1) 최초 제안모델의 가설 검정 결과

최초 제안모델의 경로계수 값이다. C.R. 값이 ±1.96 이하인 경로 중 가장 작은 값을 먼저 제거하면 된다. 여기서는 "여가만족 --〉 정서적 스트레스" 경로의 C.R. 값이 0.337로 가장 작은 값을 보이고 있으므로 이를 제거하고 재분석을 실시해 보자.

〈최초 제안모델 가설 검정 결과〉

Regression Weights

			Estimate	S.E.	C.R.	P
신체_스트레스	〈--	관광_만족	-0.424	0.159	-2.663	0.008
정서_스트레스	〈--	관광_만족	-0.474	0.181	-2.611	0.009
신체_스트레스	〈--	여가_만족	-0.240	0.135	-1.778	0.075
정서_스트레스	**〈--**	**여가_만족**	**0.052**	**0.153**	**0.337**	**0.736**
생활_만족도	〈--	신체_스트레스	0.252	0.126	1.997	0.046
생활_만족도	〈--	정서_스트레스	-0.126	0.112	-1.120	0.263
생활_만족도	〈--	관광_만족	0.320	0.169	1.898	0.058
생활_만족도	〈--	여가_만족	0.469	0.133	3.530	0.000

2) 수정모델 1(여가만족 --〉 정서적 스트레스 경로 삭제 후 결과)

여가만족과 정서적 스트레스 간의 경로를 삭제한 후의 연구모델은 〈그림 28-7〉과 같다. 독자 여러분도 각자 그림과 같이 해당 경로를 도구상자에서 ✕ 를 이용하여 삭제해 보자.

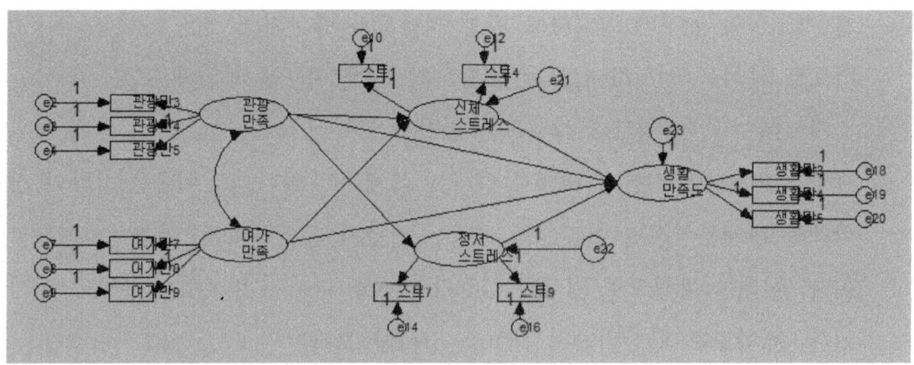

〈그림 28-7〉 수정모델 1

〈수정모델 1의 가설 검정 결과〉

여가만족과 정서적 스트레스의 경로를 삭제 한 후의 가설 검정 결과이다. 여기서 C.R. 값이 가장 작은 것은 정서적 스트레스 --〉 생활만족도 간의 경로이다.

Regression Weights

			Estimate	S.E.	C.R.	P
신체_스트레스	〈--	관광_만족	-0.421	0.159	-2.646	0.008
정서_스트레스	〈--	관광_만족	-0.431	0.141	-3.049	0.002
신체_스트레스	〈--	여가_만족	-0.243	0.135	-1.805	0.071
생활_만족도	〈--	신체_스트레스	0.254	0.126	2.016	0.044
생활_만족도	〈--	**정서_스트레스**	**-0.135**	**0.116**	**-1.158**	**0.247**
생활_만족도	〈--	관광_만족	0.319	0.167	1.914	0.056
생활_만족도	〈--	여가_만족	0.468	0.133	3.534	0.000

〈수정모델 1의 적합도 결과〉

구 분	최초 제안모델 분석 결과	여가만족 → 정서적 스트레스 삭제 후 결과	기준에 의한 적합여부
CMIN/p값	119.799/0.000	119.899/0.000	부적합
CMIN/DF	2.139	2.103	부적합
RMR	0.076	0.075	부적합
GFI	0.884	0.884	부적합
AGFI	0.811	0.814	부적합
CFI	0.921	0.922	적합

NFI	0.865	0.865	부적합
IFI	0.923	0.924	적합
RMSEA	0.095	0.094	적합(수용가능)
최종 판단	여가만족과 정서적 스트레스의 경로를 삭제한 후의 적합도 검정결과이다. 최초 제안모델과 비교 해 볼 때, 거의 향상되지 않았다는 것을 알 수 있다.		

3) 수정모델 2 (정서적 스트레스 --> 생활만족도 경로 삭제 후 결과)

〈그림 28-8〉은 정서적 스트레스와 생활만족도 간의 경로를 추가로 제거한 후의 연구모델이다.

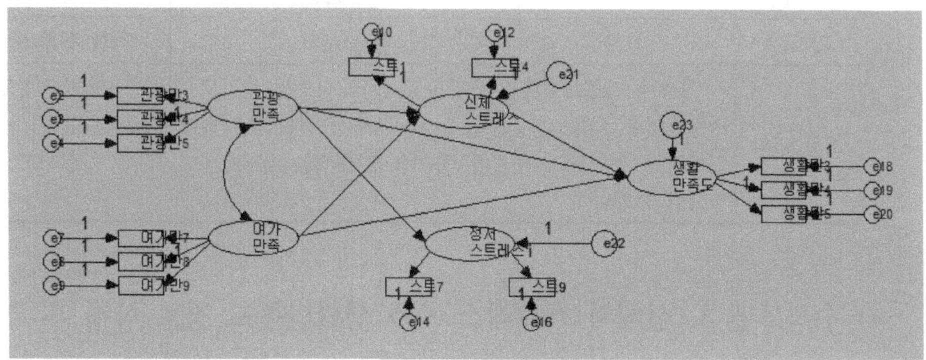

〈그림 28-8〉 수정모델 2

〈수정모델 2의 가설 검정 결과〉

정서적 스트레스와 생활만족도 간의 경로를 삭제 한 후의 가설 검정 결과이다. 여기서 C.R. 값이 가장 작은 것은 신체적 스트레스 --〉 생활만족도 간의 경로이다.

Regression Weights

			Estimate	S.E.	C.R.	P
신체_스트레스	〈--	관광_만족	-0.423	0.160	-2.640	0.008
신체_스트레스	〈--	여가_만족	-0.252	0.136	-1.850	0.064
정서_스트레스	〈--	관광_만족	-0.447	0.142	-3.160	0.002
생활_만족도	〈--	**신체_스트레스**	**0.199**	**0.122**	**1.639**	**0.101**
생활_만족도	〈--	관광_만족	0.365	0.158	2.312	0.021
생활_만족도	〈--	여가_만족	0.446	0.133	3.365	0.001

〈수정모델 2의 적합도 결과〉

구 분	최초 제안모델 분석 결과	정서적 스트레스 → 생활만족도 삭제 후 결과	기준에 의한 적합여부
CMIN/p값	119.799/0.000	121.245/0.000	부적합
CMIN/DF	2.139	2.090	부적합
RMR	0.076	0.077	부적합
GFI	0.884	0.884	부적합
AGFI	0.811	0.818	부적합
CFI	0.921	0.922	적합
NFI	0.865	0.864	부적합
IFI	0.923	0.924	적합
RMSEA	0.095	0.093	적합(수용가능)
최종 판단	정서적 스트레스와 생활만족도 간의 경로를 추가로 삭제한 후의 적합도 검정결과이다. 최초 제안모델과 비교 해 볼 때, 카이제곱 통계량은 증가하였고, 전반적인 적합도는 뚜렷한 차이를 보이지는 않지만 미미하게 향상되고 있는 것으로 보인다.		

4) 수정모델 3 (신체적 스트레스 --〉 생활만족도 경로 삭제 후 결과)

〈그림 28-9〉는 신체적 스트레스와 생활만족도 간의 경로를 추가로 제거한 후의 연구모델이다.

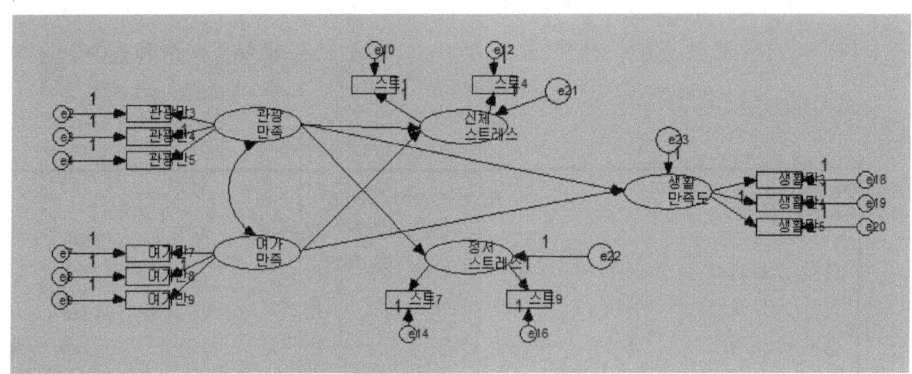

〈그림 28-9〉 수정모델 3

<수정모델 3의 가설 검정 결과>

신체적 스트레스와 생활만족도 간의 경로를 삭제 한 후의 가설 검정 결과이다. 여기서 C.R. 값이 가장 작은 것은 관광만족 --〉 생활만족도 간의 경로이다.

Regression Weights

			Estimate	S.E.	C.R.	P
신체_스트레스	〈--	관광_만족	-0.422	0.163	-2.591	0.010
정서_스트레스	〈--	관광_만족	-0.442	0.141	-3.126	0.002
신체_스트레스	〈--	여가_만족	-0.263	0.140	-1.885	0.059
생활_만족도	〈--	**관광_만족**	**0.271**	**0.148**	**1.840**	**0.066**
생활_만족도	〈--	여가_만족	0.402	0.130	3.090	0.002

〈수정모델 3의 적합도 결과〉

구 분	최초 제안모델 분석 결과	신체적 스트레스 → 생활만족도 삭제 후 결과	기준에 의한 적합여부
CMIN/p값	119.799/0.000	123.864/0.000	부적합
CMIN/DF	2.139	2.099	부적합
RMR	0.076	0.082	부적합
GFI	0.884	0.883	부적합
AGFI	0.811	0.820	부적합
CFI	0.921	0.920	적합
NFI	0.865	0.861	부적합
IFI	0.923	0.922	적합
RMSEA	0.095	0.094	적합(수용가능)
최종 판단	신체적 스트레스와 생활만족도 간의 경로를 추가로 삭제한 후의 적합도 검정 결과이다. 최초 제안모델과 비교 해 볼 때, 카이제곱 통계량은 증가하였고, 전반적인 적합도에서는 AGFI의 값이 향상되고 있다는 것을 알 수 있다.		

5) 수정모델 4 (관광만족 --〉 생활만족도 경로 삭제 후 결과)

〈그림 28-10〉은 관광만족과 생활만족도 간의 경로를 추가로 제거한 후의 연구모델이다.

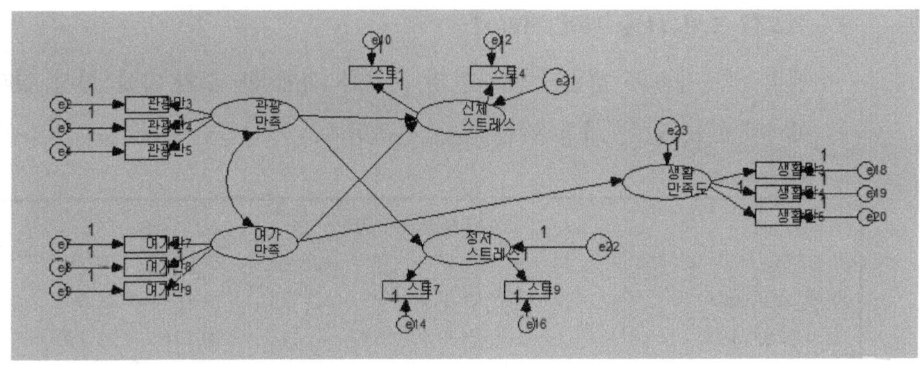

〈그림 28-10〉 수정모델 4

<수정모델. 4의 가설 검정 결과>

관광만족과 생활만족도 간의 경로를 삭제 한 후의 가설 검정 결과이다. 여기서 C.R. 값이 가장 작은 것은 여가만족 --〉 신체적 스트레스 간의 경로이다.

Regression Weights

			Estimate	S.E.	C.R.	P
신체_스트레스	〈--	관광_만족	-0.430	0.164	-2.615	0.009
정서_스트레스	〈--	관광_만족	-0.440	0.141	-3.111	0.002
신체_스트레스	**〈--**	**여가_만족**	**-0.255**	**0.140**	**-1.818**	**0.069**
생활_만족도	〈--	여가_만족	0.550	0.107	5.133	0.000

〈수정모델 4의 적합도 결과〉

구 분	최초 제안모델 분석 결과	관광만족 ➜ 생활만족도 삭제 후 결과	기준에 의한 적합여부
CMIN/p값	119.799/0.000	127.216/0.000	부적합
CMIN/DF	2.139	2.120	부적합
RMR	0.076	0.085	부적합
GFI	0.884	0.881	부적합
AGFI	0.811	0.819	부적합
CFI	0.921	0.917	적합
NFI	0.865	0.857	부적합
IFI	0.923	0.919	적합
RMSEA	0.095	0.095	적합(수용가능)

최종 판단	관광만족과 생활만족도 간의 경로를 추가로 삭제한 후의 적합도 검정결과이다. 최초 제안모델과 비교 해 볼 때, 카이제곱 통계량은 여전히 증가하였고, 전반적인 적합도에서는 AGFI의 값이 향상되었다는 것을 알 수 있다.

6) 수정모델 5 (여가만족 --〉 신체적 스트레스 경로 삭제 후 결과)

여가만족과 신체적 스트레스 간의 경로를 추가로 제거한 후의 연구모델이다.

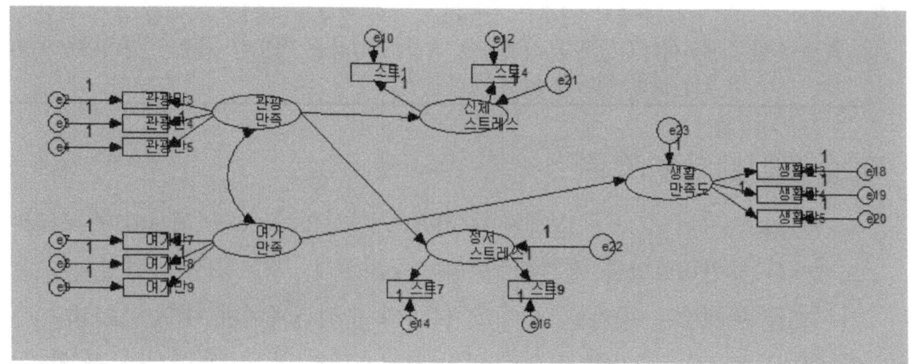

〈그림 28-11〉 수정모델 5

〈수정모델 5의 가설 검정 결과〉

여가만족과 신체적 스트레스 간의 경로를 삭제 한 후의 가설 검정 결과이다. 모든 경로의 C.R. 값은 ±1.96 이상의 수치를 보이고 있다.

Regression Weights

			Estimate	S.E.	C.R.	P
신체_스트레스	〈--	관광_만족	-0.616	0.136	-4.545	0.000
정서_스트레스	〈--	관광_만족	-0.447	0.142	-3.149	0.002
생활_만족도	〈--	여가_만족	0.551	0.107	5.169	0.000

〈수정모델 5의 적합도 결과〉

구 분	최초 제안모델 분석 결과	여가만족 ➜ 신체적 스트레스 삭제 후 결과	기준에 의한 적합여부
CMIN/p값	119.799/0.000	130.406/0.000	부적합

CMIN/DF	2.139	2.138	부적합
RMR	0.076	0.084	부적합
GFI	0.884	0.876	부적합
AGFI	0.811	0.815	부적합
CFI	0.921	0.914	적합
NFI	0.865	0.853	부적합
IFI	0.923	0.916	적합
RMSEA	0.095	0.095	적합(수용가능)
최종 판단	여가만족과 신체적 스트레스 간의 경로를 추가로 삭제한 후의 적합도 검정 결과이다. 경로를 삭제하여 적합도 향상을 시도한 최종 결과이다. 그러나 만족할 만한 결과를 얻지 못하였다.		

7) 수정모델 최종 결론

가설이 기각된 경로를 삭제하여 적합도 향상의 도모를 해보았다. 그러나 본 모델에서는 만족할만한 결과를 얻지는 못하였다. 경로를 삭제하였으니 당연히 카이제곱 통계량은 증가할 것이고, 나머지 분석결과에서 GFI는 오히려 감소를 하였으나 AGFI는 증가한 것으로 나타난다. 그 외 분석결과에서는 큰 차이 없는 결과값을 보이고 있다.

독자들은 적합도를 향상시킬 수 있는 하나의 대안책으로 경로를 삭제하는 방법을 기억하고 향후 독자들의 실제 분석에 활용해 보도록 하자.

〈경로 삭제 후 모델 비교 분석〉

구 분	카이제곱 (유의도)	CMIN/DF	GFI	AGFI	NFI	IFI	CFI	RMR	RMSEA
최초제안모델	119.799 (0.000)	2.139	0.884	0.811	0.865	0.923	0.921	0.076	0.095
수정모델 1	119.899 (0.000)	2.103	0.884	0.814	0.865	0.924	0.922	0.075	0.094
수정모델 2	121.245 (0.000)	2.090	0.884	0.818	0.864	0.924	0.922	0.077	0.093
수정모델 3	123.864 (0.000)	2.099	0.883	0.820	0.861	0.922	0.920	0.082	0.094
수정모델 4	127.216 (0.000)	2.120	0.881	0.819	0.857	0.919	0.917	0.085	0.095
수정모델 5	130.406 (0.000)	2.138	0.876	0.815	0.853	0.916	0.914	0.084	0.095

3 경로를 추가하여 적합도를 향상시키자

경로를 추가하여 적합도를 향상시킬 수 있다. 경로를 추가하게 되면 카이제곱 통계량은 감소되어 적합도를 향상시킬 수 있다. **여기서 가장 중요한 점은 경로를 추가하기 전에 연결할 경로가 이론적인 근거 내지는 실질적인 지식이 있어야 한다는 점이다.** 구조방정식 모델은 이론에 근거한 모델을 완성한 후, 수집한 데이터가 모델에 적합한 가를 검정하는 분석방법이다. 따라서 이론적으로 근거가 없는 경로는 연결하지는 못하며, 만약 기존에 선행연구를 바탕으로 한 이론이나 실질적인 지식이 없다면 관계되는 이론을 정립해야 한다. 예를 들어, 자녀의 성격 형성에 영향을 주는 부모의 역할 모델에서 부모의 유전적인 특성이 자녀의 성격 형성에 영향을 주는 경로는 연결할 수 있어도, 자녀의 성격이 부모의 유전적인 특성에 영향을 주는 경로는 이론과 실질적인 지식에 위배되므로 연결할 수 없는 것이다. 자녀의 성격이 어떻게 부모의 유전적인 특성에 영향을 줄 수 있겠는가? 유전적인 특성은 부모가 태어날 때 이미 가지고 태어나는 것이기 때문에 이는 당연한 이론의 위배이다.

본서에서 분석하는 모델에서는 신체적 스트레스와 정서적 스트레스 간의 경로를 제외하고는 모두 이미 경로가 설정되어 있다. 따라서 여기서는 〈그림 27-12〉와 같이 "신체적 스트레스 --〉 정서적 스트레스" 간의 경로를 추가하여 적합도가 향상되는 가를 검정해 보자.

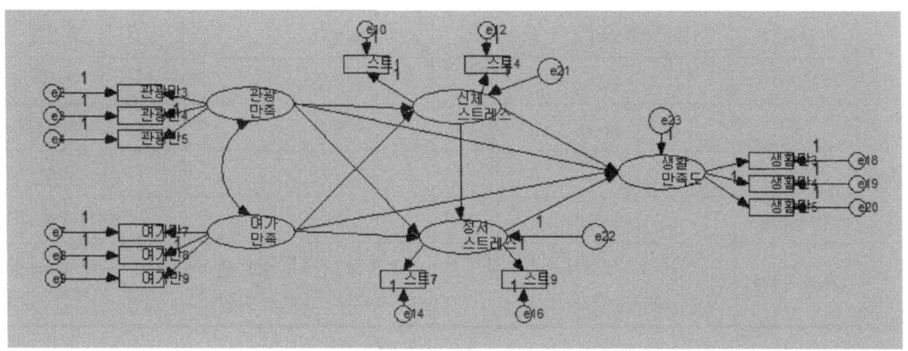

〈그림 28-12〉 경로 추가 모델

<가설 검정 결과>

신체적 스트레스와 정서적 스트레스 간의 경로를 추가한 후의 분석결과이다. 신체적 스트레스는 정서적 스트레스에 통계적 유의수준하(C.R. = 3.705)에서 영향을 미치는 것으로 나타나고 있다.

Regression Weights

			Estimate	S.E.	C.R.	P
신체_스트레스	〈--	관광_만족	-0.342	0.145	-2.368	0.018
신체_스트레스	〈--	여가_만족	-0.196	0.121	-1.620	0.105
정서_스트레스	〈--	관광_만족	-0.116	0.155	-0.746	0.455
정서_스트레스	〈--	여가_만족	0.102	0.129	0.792	0.429
정서_스트레스	〈--	신체_스트레스	0.581	0.157	3.705	0.000
생활_만족도	〈--	신체_스트레스	0.476	0.199	2.393	0.017
생활_만족도	〈--	정서_스트레스	-0.380	0.210	-1.804	0.071
생활_만족도	〈--	관광_만족	0.318	0.159	1.998	0.046
생활_만족도	〈--	여가_만족	0.489	0.138	3.556	0.000

〈경로 추가모델 적합도 결과〉

구 분	최초 제안모델 분석 결과	신체적 스트레스 ➡ 정서적 스트레스 경로 추가 후 결과	기준에 의한 적합여부
CMIN/p값	119.799/0.000	103.729/0.000	부적합
CMIN/DF	2.139	1.886	적합
RMR	0.076	0.048	적합
GFI	0.884	0.898	부적합
AGFI	0.811	0.831	부적합
CFI	0.921	0.940	적합
NFI	0.865	0.883	부적합
IFI	0.923	0.942	적합
RMSEA	0.095	0.084	적합(수용가능)
최종 판단	신체적 스트레스와 정서적 스트레스 간의 경로를 추가한 후의 분석결과이다. 최초 제안모델과 비교하여 적합도 수준이 향상 되었다는 것을 알 수 있다.		

꼭 읽고 넘어갑시다

제안모델의 적합도를 향상시키기 위하여 모델 수정 및 개량 방법을 세 가지 설명하였다. 첫 번째가 수정지수를 이용하여 공분산을 설정하여 모델을 수정하는 방법이었고, 두 번째는 경로를 삭제하여 모델을 수정하는 방법, 세 번째는 경로를 추가하여 모델을 수정하는 방법이었다. 그런데 일반적으로 가장 많이 선호하는 모델 수정 방법은 수정지수를 이용하여 적합도를 향상시키는 방법이다. 본서에서 사용한 모델 역시 수정지수 이용하여 적합도를 향상시킨 결과가 가장 좋게 나타났다. 따라서 수정지수 이용하여 적합도를 향상시킨 분석결과를 최종 결과로 채택한다.

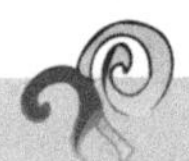

제29강
논문에서 구조방정식모델 분석결과의 제시 방법

구조방정식모델을 분석 하기 위하여 최초 제24강에서 확인요인분석을 실시하였고, 제25강 측정모델의 분석, 제26강 측정모델의 타당성 평가, 제27강 제안모델의 분석, 제28강 모델의 수정 및 개량의 순으로 설명하였다. 이제는 이러한 모든 결과를 논문에서 체계적으로 제시를 하여야 한다. 그렇다면 논문에서는 무엇을 제시하고, 무엇은 제시하지 않아도 되는 것일까? 여기에는 특별한 기준은 없으며, 보편적으로 논문에서 반드시 제시해야하는 것을 기준으로 설명을 할 것이다.

1 논문에서 제시해야 할 분석결과

본서에서는 구조방정식모델 분석을 실제 순서에 입각하여 설명을 하였다.

다시 말해, 독자들이 데이터를 수집하여 구조방정식모델 분석을 할 때는 본서에서 설명한 순서대로 분석을 실시하면 된다.

수집한 데이터가 연구자가 작성한 모델에 적합한지를 파악하기 위하여, 최초 각 변수별 확인요인분석(제24강)을 실시하여 변수 정제과정을 거쳐야 한다.

그 후 확인요인분석 결과를 토대로 측정모델 분석(제25강)을 실시하고, 측정모델의 타당성을 평가(제26강)한 후, 마지막으로 제안모델 분석(제27강)을 한다. 여기서 제안모델의 적합도가 만족스럽지 못하다면 모델의 수정 및 개량(제28강)을 해야 한다. 이러한 과정을 충실히 이행한다면 분석은 제대로 실시하였다고 할 수 있다.

이러한 일련의 분석과정에서 많은 결과물들이 도출되었을 것이다. 그런데 이 모든 분석결과물들을 논문에서 제시해야 하는 것은 불가능한 일이다. 따라서 무엇을 제시할 것인가를 알아두어야 할 것이다. 본서에서는 각각의 분석결과를 논문에서 어떻게 제시할 것인가를 이미 설명하였다. 확인요인분석의 경우에는 제24강 6번, 측정모델의 분석은 제25강 5번을 참고하면 된다. 측정모델의 타당성 평가는 제26강 3번을 참고하면 된다. 그리고 제안모델의 분석의 경우에는 적합도를 향상시키기 위하여 제28강에서 모델을 수정하였다. 그 결과는 수정지수를 이용하여 모델 적합도를 향상시킨 결과(제28강 1번)를 논문에 제시하면 된다.

논문에서 제시해야 할 구조방정식모델 분석결과	
확인요인분석 결과	제24강 6번
측정모델분석 결과	제25강 5번
측정모델 타당성 검정결과	제26강 3번
제안모델분석 결과	제28강 1번 "수정모델 2의 적합도 검정 결과"
가설검정 결과	제28강 1번 "수정모델 2의 가설 검정결과"

2 논문에서 구조방정식모델 분석 결과 제시 방법

1) 측정변수의 확인요인분석결과

구성개념들 간의 가설적 관계를 분석하기에 앞서서 각 측정변수들의 단일차원성을 검정하였다. 일반적으로 확인적 요인분석 방법이 탐색적 요인분석 방법보다 단일차원성 검정에 보다 더 바람직하기 때문에 각 측정변수들을 확인적 요인분석을 실시하였다〈표 29-1참고〉. 자료의 적합도를 검정하기 위하여, x^2, GFI, AGFI, CFI, NFI, IFI, RMR, RMSEA 값을 사용하였으며, 최종 문항에서 제시된 높은 적합도를 생성하기 위하여 최초 문항에서 SMC(Squared Multiple Correlation) 값 0.4이하를 기준으로 하나씩 제거하는 과정을 반복적으로 실시하였다. SMC는 측정변수가 잠재변수를 얼마나 설명하고 있는 가를 판단할 때 사용하는 지표이다. 본 연구의 확인요인분석 결과에 따른 SMC 값은 〈표 29-2〉에 제시하였다.

〈표 29-1〉 확인요인분석 결과

척 도		문항수	x^2	p	CMIM /DF	RMR	GFI	AGFI	CFI	NFI	IFI	RMSEA
관광 만족	초기	6	35.274	0.00	3.919	.039	.916	.804	.932	.912	.933	0.153
	최종	4	1.727	0.422	0.864	.010	.993	.967	1.00	.992	1.00	0.000
여가 만족	초기	9	122.759	0.00	4.457	.070	.832	.720	.839	.805	.841	0.168
	최종	5	5.044	0.410	1.009	.015	.985	.955	1.00	.986	1.00	0.008

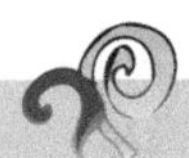

스트레스	신체스트레스	초기	12	181.093	0.000	3.417	.095	.820	.735	.804	.748	.807	0.139
	정서스트레스	최종	7	15.275	0.291	1.175	.048	.969	.933	.993	.958	.993	0.037
생활만족도		초기	5	108.838	0.00	21.768	.113	.766	.299	.762	.756	.765	0.408
		최종	4	0.052	0.974	0.026	.003	1.00	.999	1.00	1.00	1.00	0.000

〈표 29-2〉 측정변수의 SMC

개념	SMC(Square Multiple Correlation)								
관광만족	변수	관광만1	관광만2	관광만3	관광만4	관광만5	관광만6			
	초기	.394	.573	.746	.615	.664	.384			
	최종	.354	-	.752	.581	.693	-			
여가만족	변수	여가만1	여가만2	여가만3	여가만4	여가만5	여가만6	여가만7	여가만8	여가만9
	초기	.074	.368	.270	.377	.500	.426	.719	.709	.786
	최종	-	.342	-	-	.484	-	.724	.761	.785
신체스트레스	변수	스트1	스트2	스트3	스트4	스트5	스트6			
	초기	.532	.340	.541	.568	.499	.513			
	최종	.544	-	.617	.582	-	.417			
정서스트레스	변수	스트7	스트8	스트9	스트10	스트11	스트12			
	초기	.491	.776	.384	.293	.262	.279			
	최종	.485	.803	.396	-	-	-			
생활만족도	변수	생활만1	생활만2	생활만3	생활만4	생활만5				
	초기	.700	.909	.580	.456	.326				
	최종	.382	-	.601	.709	.638				

2) 측정모델의 평가

〈표 29-3〉은 측정모형의 자료적합도를 보여준다. 확인요인분석을 토대로 측정모델 분석을 실시한 결과 만족할 만한 적합도 수준을 보이지 않았다. 따라서 측정모델의 적합도 수준을 향상시키기 위하여 SMC 값을 기준으로 문항을 추가로 삭제하였다. 그 결과 x^2 = 103.729, df = 55, p = 0.000, GFI = 0.898, AGFI = 0.831, CFI =

0.940, RMR = 0.048, RMSEA = 0.084 NFI = 0.883, IFI = 0.942로 나타났다. 카이제곱(x^2) 검정은 그 값이 크면 모델이 데이터에 적합하지 않다는 결론이 도출되는데, 본 연구의 x^2 = 103.729(p = 0.000)로 가설은 기각되었다. 그러나 카이제곱 검정에서 기각되었다는 것은 모델을 채택할 필요조건이지 충분조건이 아니다. 따라서 다른 적합도 지수를 참조하여 판단하여야 한다. 모델을 채택하기 위한 일반적인 적합도 지수의 기준은 GFI, AGFI, CFI, NFI, IFI는 0.9이상, RMR는 0.05이하, RMSEA는 0.1이하로 보고 있다. 본 연구의 GFI는 0.9에 약간 미치지 못하였고, AGFI도 0.9 이하로 나타났다. 그러나 GFI와 AGFI는 표본특성에 기인한 비일관성(inconsistencies)으로 인하여 영향을 받을 수 있기 때문에 표본특성으로부터 자유로운 CFI (comparative fit index)를 권고하고 있는 점을 감안한다면, 본 연구의 CFI 지표값이 0.940으로 나타나 모델 적합도는 수용가능한 수준으로 평가할 수 있다. 또한 측정항목들과 개념간의 비표준화 요인부하값과 다중상관자승(Squared Multiple Correlation : SMC)값을 보면, 잠재변수와 측정변수간의 관계에 대한 모수 추정치가 모두 0보다 상당히 큰 값을 나타내고 있으며 이들 추정치에 대한 C.R. 값도 모두 2를 훨씬 초과하고 있다. 그리고 SMC값은 0.4이상의 값을 보여 잠재변수는 해당 측정변수들의 변량을 상당히 잘 설명하는 것으로 볼 수 있다.

모든 변수의 신뢰도 수준은 Cronbach α값이 0.76~0.90 사이의 수준으로 나타났다.

〈표 29-3〉 측정모델의 평가

개 념		측정 변수	요인 적재치	표준화된 요인적재치	표준오차	C.R.	SMC	신뢰도
관광 만족		관광만5	1.000*	0.834	-	0.000*	0.696	α = 0.8602
		관광만4	0.866	0.745	0.096	9.010	0.555	
		관광만3	1.053	0.878	0.100	10.574	0.771	
여가만족		여가만9	1.000*	0.916	-	0.000*	0.840	0.9026
		여가만8	0.944	0.846	0.074	12.700	0.715	
		여가만7	0.865	0.840	0.069	12.573	0.706	
	신체적 스트레스	스트1	1.000*	0.730	-	0.000*	0.532	0.7596
		스트4	1.271	0.843	0.204	6.231	0.711	

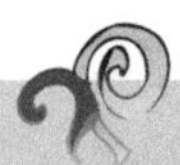

스트레스	정서적 스트레스	스트9	1.000*	0.682	-	0.000*	0.465	0.6299
		스트7	1.000	0.674	0.236	4.242	0.455	
생활 만족도		생활만5	1.000*	0.812	-	0.000*	0.660	0.8461
		생활만4	0.977	0.838	0.105	9.294	0.702	
		생활만3	0.865	0.765	0.100	8.678	0.585	
측정모델 적합도			x^2 = 103.729, df = 55, p = 0.000, CMIN/DF = 1.886, GFI = 0.898, AGFI = 0.831, CFI = 0.940, RMR = 0.048, RMSEA = 0.084 NFI = 0.883, IFI = 0.942					

주) *측정모형에서 측정변수의 모수추정치를 처음 1로 고정시킨 값임.

3) 측정모델의 타당성 검정결과

측정모델을 분석한 후, 해당 모델의 타당성을 평가하였다. 그 결과 <표 29-4>와 같다. 측정모델의 타당성은 집중타당성과 판별타당성으로 구분하여 실시하였는데, 집중타당성을 평가하기 위하여 개념신뢰도값[7])을 이용하였고, 판별타당성을 평가하기 위해서는 평균분산추출값(AVE)[8])을 이용하였다. 그 결과 개념신뢰도는 정서적 스트레스에서 0.7에 못미치는 수치를 보였지만, 나머지 모든 변수들은 0.7 이상의 값을 보였다. 따라서 개념신뢰도 값을 기준으로 하였을 때, 정서적 스트레스는 집중타당성을 확보하였다고 단정할 수가 없을 것이다. 그러나 집중타당성의 또 다른 평가방법인 표준화 회귀계수값[9])을 기준으로 하였을 때는 정서적 스트레스 항목이 0.682, 0.674로 기준치인 0.5이상의 수치로 나타나 집중타당성은 확보하였다고 판단할 수 있다. 판별타당성을 검정하기 위하여 Fornell과 Larcker(1981)가 제시한 방법을 이용하였다. 그 결과 모든 변수들간의 상관계수의 제곱값이 AVE값을 초과하지 않는 것으로 나타났다. 또한 표준오차

7) Hair, J. F. Jr., Anderson, R. E., Tatham, R. L., & Black, W. C.(1998). Multivariate Data Analysis, 5th ed., Prentice-Hall International.

8) Fornell, C., & Larcker, D. F.(1981). Evaluating structural equation models with unobservable variables and measurement error. Journal of Marketing Research, 18(February), 39-50.

9) Anderson, J. C., & Gerbing, D. W.(1988). Structural Equation Modeling in Pratice: a review and recommended two-step approach. Psychological Bulletin, 103, 411-423.

추정구간(two-standard error interval estimates)에서 어떠한 상관계수도 1을 포함하지 않는 것으로 나타났다. 따라서 모든 변수들은 판별타당성을 확보하였다고 할 수 있다.

〈표 29-4〉 측정모델의 타당성 평가 결과

변수명	구성개념간 상관관계				
	1	2	3	4	5
관광만족	1.00				
여가만족	.576 (.070)	1.00			
신체적 스트레스	-.436 (.070)	-.390 (.076)	1.00		
정서적 스트레스	-.312* (.069)	-.188 (.073)	.611 (.097)	1.00	
생활만족도	.435 (.074)	.497 (.084)	-.066 (.075)	-.229 (.084)	1.00
개념신뢰도	.896	.922	.729	.588	.837
AVE	.743	.799	.575	.416	.631

*p〈.05, p〈.01. ( )안의 수치는 공분산의 표준오차(standard error) 값임.

4) 가설 검정결과

〈표 29-5〉은 〈그림 29-1〉의 제안모델에 대한 구조방정식 모델의 추정치 결과이다. 제안모델은 전반적으로 수용 가능한 자료적합도를 보여주었다. 구체적으로는 x^2 = 86.824, x^2/df = 1.608, p = 0.003, GFI = 0.914, AGFI = 0.855, CFI = 0.960, RMR = 0.048, RMSEA = 0.070, NFI = 0.902, IFI = 0.961로 나타났다.

탈북자의 관광만족과 신체적・정서적 스트레스와의 관계에 관한 〈가설 1〉과 〈가설 2〉의 검정결과, 〈가설 1〉은 계수값이 -0.322, C.R. = -2.168로 95%의 신뢰수준에서 유의하다. 〈가설 2〉는 계수값이 -0.335, C.R. = -2.008로 95%의 신뢰수준에서 유의하다. 즉, 탈북자의 관광만족은 그들의 신체적・정서적 스트레스를 감소시켜주는 선행변수로 밝혀졌다.

탈북자의 여가만족과 신체적・정서적 스트레스와의 관계에 관한 〈가설 3〉과 〈가설 4〉의 검정결과, 〈가설 3〉은 -0.202, C.R. = -1.605로 나타나 가설은 기각되었고, 〈가설 4〉는 계수값이 0.003, C.R. = 0.020으로 가설은 역시 기각되었다. 즉, 탈북자의 관광만족과 여가만족은 신체적 스트레스, 정서적 스트레스를 감소시켜주지 못하는 것으로 밝혀졌다.

탈북자의 신체적·정서적 스트레스가 생활만족에 미치는 영향관계인 〈가설 5〉와 〈가설 6〉의 검정결과, 신체적 스트레스는 생활만족도에 예측한 가설의 역방향으로 나타나 〈가설 5〉는 기각되었다. 〈가설 6〉은 계수값이 -0.370, C.R. = -1.774로 나타나 가설은 역시 기각되었다.

탈북자의 관광만족과 여가만족이 생활만족도에 정(+)의 영향을 미칠 것이라는 〈가설 7〉과 〈가설 8〉의 검정결과, 관광만족은 생활만족도에 유의한 영향을 미치지 않는 것으로 나타났으나, 여가만족은 계수값이 0.505, C.R. = 3.554로 나타나 가설 8은 채택되었다. 즉, 탈북자의 여가만족은 생활만족도를 높이는 것으로 밝혀졌다.

〈표 29-5〉 가설 검정결과

경로(가설)	계수값	C.R.	p값
관광만족 → 신체적스트레스 (H1)	-0.322	-2.168	0.030*
관광만족 → 정서적스트레스 (H2)	-0.335	-2.008	0.045*
여가만족 → 신체적스트레스 (H3)	-0.202	-1.605	0.108
여가만족 → 정서적스트레스 (H4)	0.003	0.020	0.984
신체적스트레스 → 생활만족도 (H5)	0.444	2.279	0.023
정서적스트레스 → 생활만족도 (H6)	-0.370	-1.774	0.076
관광만족 → 생활만족도 (H7)	0.250	1.547	0.122
여가만족 → 생활만족도 (H8)	0.505	3.554	0.000**
제안모델 적합도	x^2 = 86.824, x^2/df = 1.608, p = 0.003, GFI = 0.914, AGFI = 0.855, CFI = 0.960, RMR = 0.048, RMSEA = 0.070, NFI = 0.902, IFI = 0.961		

*p〈0.05, **p〈0.01에서 통계적으로 유의함.

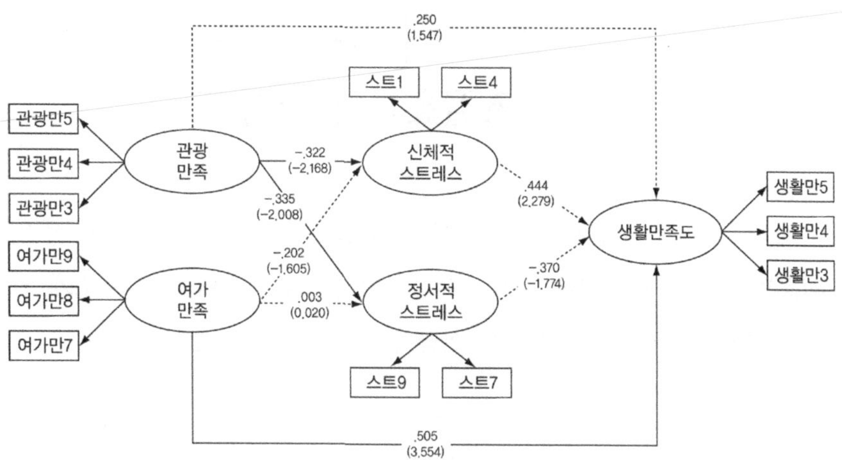

주) 경로계수는 표준화된 경로계수. ( )는 C.R.값임.

〈그림 29-1〉 제안모델의 추정결과

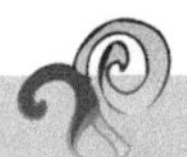

■■■ 제30강 ■■■
조절효과의 검정

제30강에서는 AMOS를 이용하여 조절효과 검정 방법에 대하여 설명한다. 조절효과를 검정하기 위한 AMOS 사용방법은 조금은 복잡하고 어렵게 느껴질 수 있을 것이다. 하나씩 차분하게 실습해보면서 그 방법을 습득해보자.

1 조절효과 검정을 위한 연구 상황

1) 연구 상황에 대한 설명

우리나라는 1997년 IMF 경제위기 이후 인원감축과 임시해고, 계약직의 증가 및 외부 인력의 증가와 같이 고용환경은 매우 열악해지면서 종사원이 지각하는 고용불안정성이 날이 갈수록 높아가고 있다. 그렇다면 종사원이 고용불안정성을 지각한다면, 조직에는 어떠한 영향을 미칠 것인가? 당연히 불안한 고용환경은 안정된 고용환경과 비교하여 종사원이 조직을 위해 헌신하거나 충성할 확률이 낮아질 것이다. 이를 과학적으로 입증하기 위하여 선행연구의 이론을 바탕으로 〈그림 30-1〉과 같은 연구모델을 작성하였다.

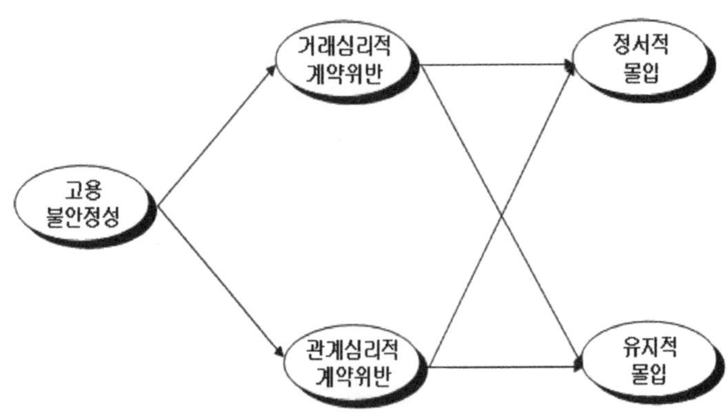

〈그림 30-1〉 제27강의 연구모델

연구모델을 설명하면, 종사원이 고용불안정성을 지각하면 심리적 계약위반(거래심리적계약위반, 관계심리적계약위반)에 정(+)의 영향을 미칠 것이고, 심리적 계약위반은 조직몰입에 부(-)의 영향을 미친다는 것이다.

그런데 이러한 연구모델을 설정하여 각 개념별로 확인요인분석과 측정모델 분석, 그리고 마지막으로 제안모델 분석을 하는 것으로 마치는 것이 아니라, 새로운 문제를 제기하고자 한다. 새로운 문제제기라는 것은 종사원이 고용불안정성을 지각할 때는 정규직과 비정규직 간에 어떠한 차이가 있다는 것이다.

일반적으로 정규직과 비정규직간의 급여수준, 복지처우, 근무시간 등 종사원 대우가 매우 차이가 있다. 그렇다면 위에서 작성한 연구모델에서 고용형태(정규직과 비정규직)가 조절효과를 가질 수 있다고 추론할 수 있다. 만약 조절효과가 있다면 구체적으로 정규직과 비정규직의 차이는 무엇인가를 규명해야 한다. 왜냐하면 기업에서 인사관리 정책을 수립함에 있어, 정규직과 비정규직을 동일시하여 인사정책을 적용한다는 것은 비현실적인 정책이 될 수 있기 때문이다.

따라서 **제30강에서는 설정한 연구모델에서 고용형태(정규직과 비정규직)가 조절효과를 가지고 있는지를 분석할 것이다.**

2) 분석 상황에 대한 설명

제30강에서 사용할 파일은 "**제3부-2**"이다. 여기서는 조절효과 검정방법이 주된 목적이기 때문에 확인요인분석과 측정모델 분석과정은 생략하고 결과만을 제시한다.

저자는 연구모델을 작성하여 각 개념별로 확인요인분석과 측정모델 분석 등을 통하여 변수 정제과정을 거친 후, 수정지수 값을 기준으로 적합도를 향상시켜 최종적으로 〈그림 30-2〉와 같은 제안모델을 획득하였다. **독자들은 각자 AMOS 작업시트에 이와 동일하게 제안모델을 작성하고, 파일명 "조절효과제안모델"로 저장해두자.**

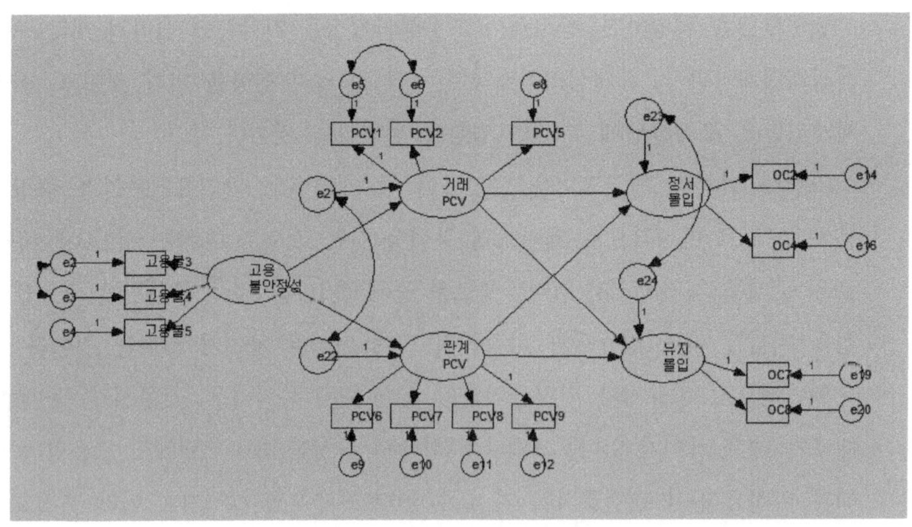

〈그림 30-2〉 제안모델

〈표 30-1〉 파일 "제3부-2"에 대한 설명 및 제안모델에 사용한 최종변수명

구 분		SPSS에 입력된 변수명	변수 정제 후 제안모델에 남은 변수
고용불안정성		고용불1 ~ 고용불8	고용불3, 고용불4, 고용불5
심리적 계약 위반	거래 심리적 계약위반	pcv1 ~ pcv5	pcv1, pcv2, pcv5
	관계 심리적 계약위반	pcv6 ~pcv9	pcv6, pcv7, pcv8. pcv9
조직 몰입	정서적 몰입	oc1 ~ oc4	oc2, oc4
	유지적 몰입	oc5 ~ oc9	oc7, oc8
조절변수		고용형태	해당 없음

2 조절효과 검정 전에 SPSS에서 데이터를 나누자

조절효과를 검정하기 전에 분석할 조절변수를 가지고 SPSS 데이터를 구분하여 저장해 두어야 한다. **제3부-2** 파일을 보면, 조절변수는 "고용형태"로 입력하였고, 이는 정규직=1, 비정규직=2로 코딩되어 있다. 이것을 정규직만 추출하여 새로운 SPSS 파일로 저장하고, 비정규직도 마찬가지로 추출하여 새로운 SPSS 파

일로 저장해 두어야 한다.

사용되는 file명 : 제3부-2

1) 새로운 변수(fulltime, parttime)를 생성시키자

메뉴〉 변환(T) ➡ 변수계산(C)...
(Transform ➡ Compute)

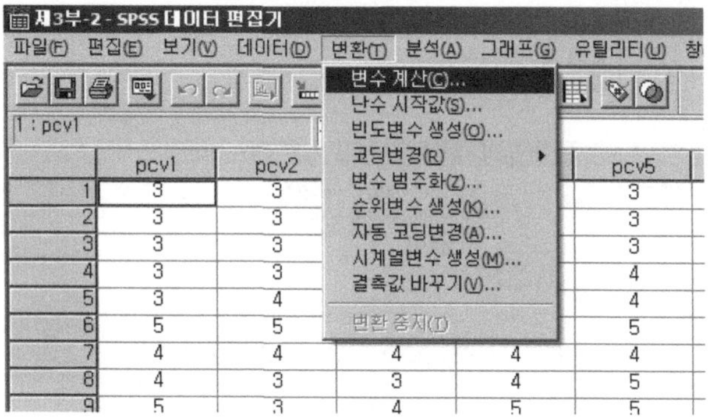

〈그림 30-3〉

〈그림 30-3〉과 같이 SPSS 창에서 변환 ➡ 변수계산을 클릭해보자. 그러면 〈그림 30-4〉와 같은 새로운 창이 생성될 것이다.

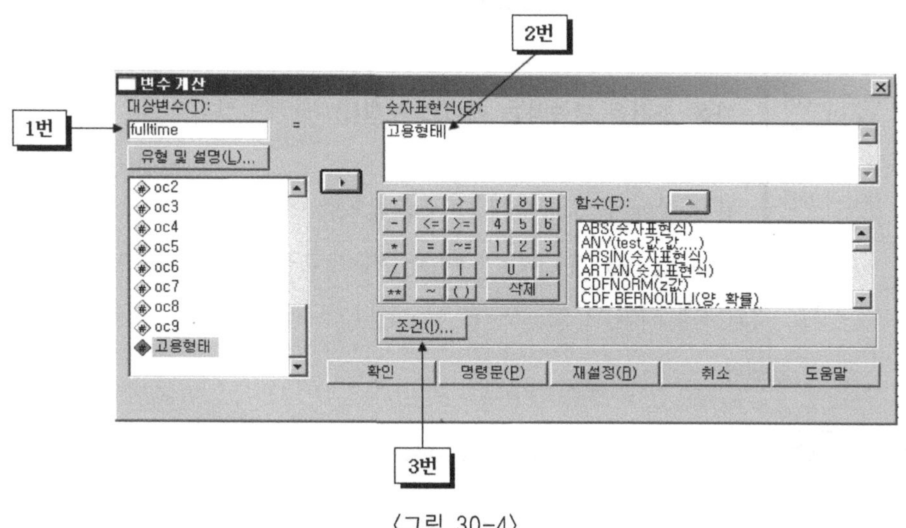

〈그림 30-4〉

1번 **대상변수(T)**:에 변수명을 입력한다. 먼저, 정규직을 추출하기 위하여 변수명을 "fulltime"으로 입력하자.

2번 왼쪽에 있는 변수명에서 고용형태를 **숫자표현식(E)**:에 이동시키자. 고용형태는 정규직 = 1, 비정규직 = 2로 입력된 변수이다.

3번 **조건(I)...**를 클릭하면, 〈그림 30-5〉와 같은 새로운 창이 생성된다.

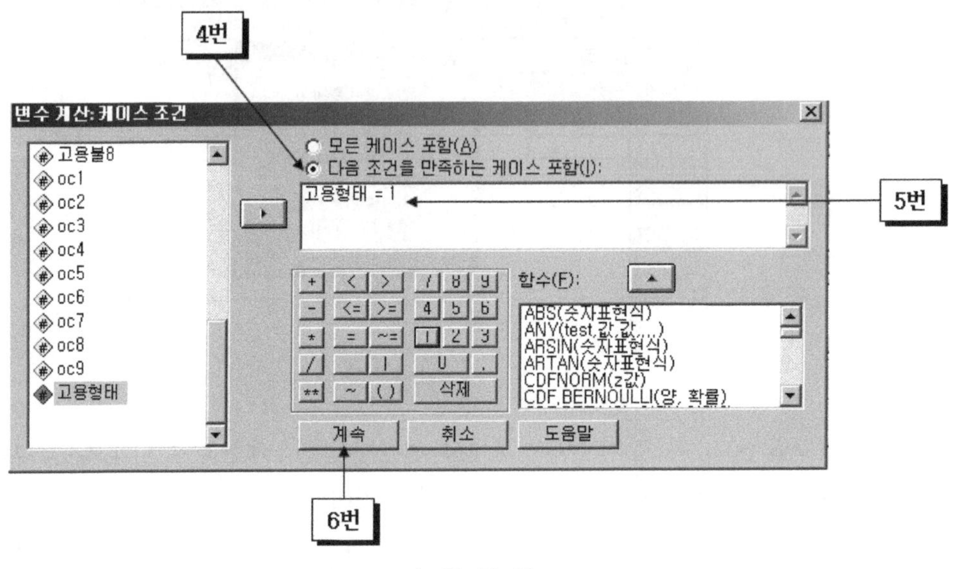

〈그림 30-5〉

4번 **다음 조건을 만족하는 케이스 포함(I)**:에 체크한다.

5번 왼쪽 창에서 "고용형태"를 오른쪽으로 이동시킨 후, " = 1"를 직접 입력한다. 고용형태 변수는 정규직 = 1, 비정규직 = 2로 코딩되어 있으므로, "고용형태 = 1"로 입력하게 되면 "1"로 코딩된 변수들만 "fulltime"이라는 새로운 변수로 따로 추출된다.

6번 **계속**을 누르고, **확인**을 클릭한다. 그러면 〈그림 30-6〉과 같이 SPSS창 제일 마지막 부분에 fulltime이라는 새로운 변수가 생성된다. 여기서는 정규직만

1.00으로 나타난다.

oc5	oc6	oc7	oc8	oc9	고용형태	fulltime	변수
3	3	4	3	2	1	1.00	
2	3	2	3	3	1	1.00	
4	4	4	4	4	2	.	
3	3	3	3	3	1	1.00	
2	5	3	1	3	1	1.00	
3	3	2	2	4	1	1.00	
3	4	4	3	3	1	1.00	
3	3	4	4	4	1	1.00	
1	1	1	1	5	1	1.00	
3	3	2	3	3	1	1.00	
5	5	4	4	4	2	.	
3	3	4	4	4	1	1.00	
3	3	3	3	3	1	1.00	
3	4	4	3	3	1	1.00	
4	3	3	2	3	1	1.00	
3	5	5	5	1	1	1.00	
3	3	3	3	3	1	1.00	

〈그림 30-6〉

비정규직도 위와 동일한 방법으로 새로운 변수를 생성시키면 된다. 여기서 주의할 점은 최초 **대상변수(T):**는 "parttime"으로 입력하고, **다음 조건을 만족하는 케이스 포함(I):**에서 **"고용형태 = 2"** 로 입력해야 한다. 왜냐하면, 비정규직은 2로 코딩되어 있기 때문이다. 그러면 최종적으로 〈그림 30-7〉과 같은 SPSS 화면이 된다.

oc8	oc9	고용형태	fulltime	parttime	변수
3	2	1	1.00	.	
3	3	1	1.00	.	
4	4	2	.	2.00	
3	3	1	1.00	.	
1	3	1	1.00	.	
2	4	1	1.00	.	
3	3	1	1.00	.	
4	4	1	1.00	.	
1	5	1	1.00	.	
3	3	1	1.00	.	
4	4	2	.	2.00	
4	4	1	1.00	.	
3	3	1	1.00	.	
3	3	1	1.00	.	
2	3	1	1.00	.	
5	1	1	1.00	.	
3	3	1	1.00	.	
2	2	1	1.00	.	

〈그림 30-7〉

2) "fulltime과 parttime"을 각각 새로운 파일로 저장하자.

앞에서 정규직과 비정규직을 변수명 "fulltime"과 "parttime"으로 구분하여 새로운 변수를 생성시켰다. 그 다음은 정규직만을 따로 추출해서 새로운 변수명으로 저장하고, 비정규직만을 따로 추출해서 새로운 변수명으로 저장해두어야 한다. 다시 말해, 정규직은 286명인데, 이들만 따로 추출해서 새로운 파일로 저장하고, 비정규직 109명도 마찬가지로 따로 추출해서 새로운 파일로 각자의 컴퓨터에 저장해야 한다는 것이다. 이 파일은 다음에 나오는 조절효과 검정 전에 사용한다.

정규직과 비정규직을 따로 추출해서 새로운 변수명으로 저장하는 방법은 다음과 같다. 먼저, 〈그림 30-8〉과 같이 메뉴에서 **데이터➡케이스 선택**을 클릭한다. 그러면 〈그림 30-9〉와 같은 화면이 생성된다.

메뉴〉 데이터(D) ➡ 케이스 선택(C)...
(Data ➡ Select Cases...)

제3부-2 - SPSS 데이터 편집기

파일(F) 편집(E) 보기(V) 데이터(D) 변환(T) 분석(A) 그래프(G) 유틸리티(U)

1 : pcv1

날짜 정의(E)...
변수 삽입(V)
케이스 삽입(I)
케이스로 이동(S)...
케이스 정렬(O)...
데이터 전치(N)...
파일 합치기(G)
데이터 통합(A)...
직교계획(H)
파일분할(F)...
케이스 선택(C)...
가중 케이스(W)...

	pcv1			pcv4	pcv5
1	3			2	3
2	3			3	3
3	3			3	3
4	3			4	4
5	3			3	4
6	5			5	5
7	4			4	4
8	4			4	5
9	5			5	5
10	4	3	3	4	3
11	3	2	2	3	3

〈그림 30-8〉

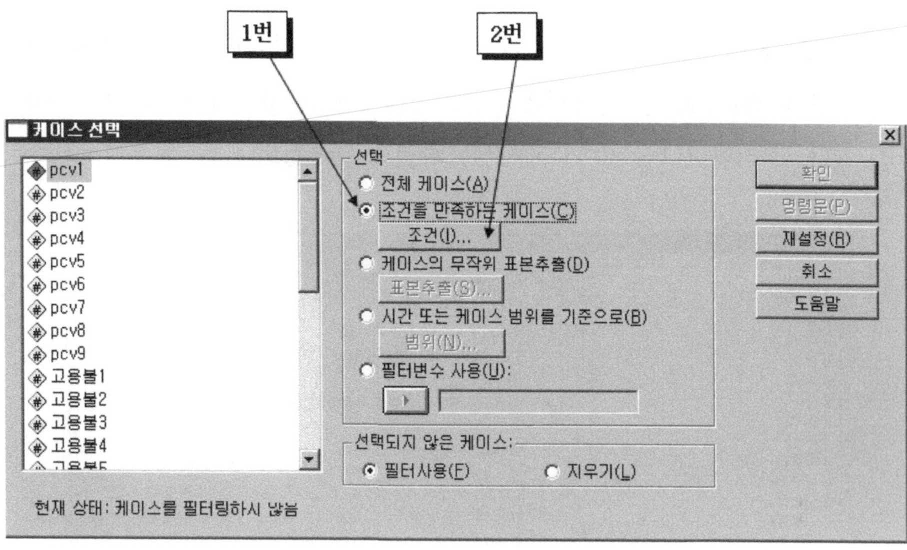

〈그림 30-9〉

1번 **조건을 만족하는 케이스**(C)를 선택한다.

2번 **조건**(I)...를 클릭한다. 그러면 〈그림 30-10〉과 같은 새로운 창이 생성된다.

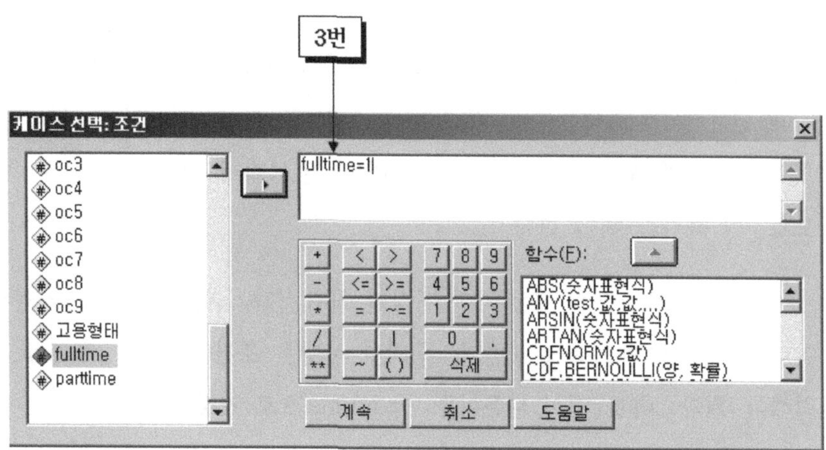

〈그림 30-10〉

3번 왼쪽창에 있는 fulltime을 오른쪽으로 이동 시킨 후, **"fulltime = 1"**로 입력한다. fulltime 즉, 정규직은 1로 코딩되어 있기 때문이다. 그 후에 **계속**을 누른다. 그러면 〈그림 30-11〉과 같은 화면으로 구성된다.

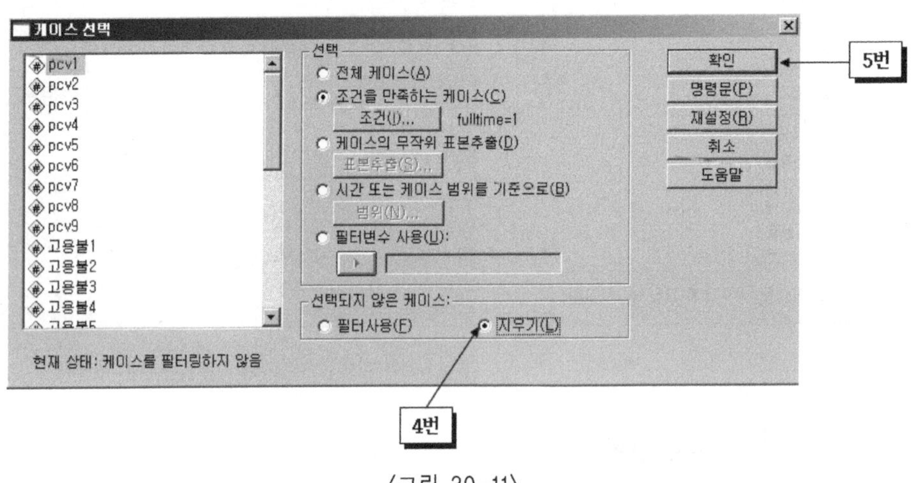

〈그림 30-11〉

4번 **선택되지 않은 케이스:**에서 **지우기**를 선택한다. 여기서 선택된 케이스는 앞에서 입력한 "fulltime = 1"이다. 그렇다면 선택되지 않은 케이스 지우기를 선택하였으니, fulltime만 남고 나머지는 없어지게 된다.

5번 확인을 누른다. 그러면 SPSS 창은 286명 즉, 정규직으로 코딩된 것만 남게 된다. 이것을 **다른이름 "fulltime" 으로 저장**하자. 여기서 주의할 점은 그냥 저장을 누르게 되면 기존의 원래 데이터가 없어지게 되므로, 반드시 "다른이름으로저장"하기를 해야 한다.

이제는 parttime만을 추출하여 저장할 차례이다. **"제3부-2"** 파일을 불러온 후, 앞과 동일한 방법으로 실시한다. 주의할 사항은 **조건(I)...**에서 **parttime = 2**로 입력해야 된다. 이것 역시 **다른이름 "parttime"으로 저장**해 두자.

3 조절효과 검정 전 단계

AMOS를 실행하여 앞에서 저장한 "조절효과제안모델" 파일을 불러온다. 그러면 〈그림 30-12〉와 같은 화면이 나타날 것이다.

1) 그룹을 나누어 준다.

여기서는 조절변수를 그룹으로 나누어주는 곳이다. 즉, 조절변수인 고용형태는 정규직과 비정규직으로 구성되어 있으므로, 두 그룹으로 나누어주어야 한다.

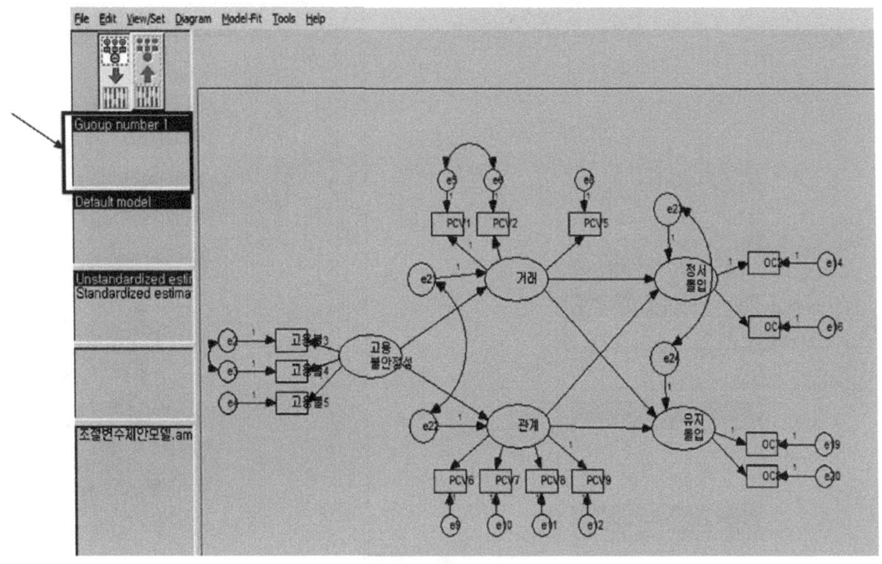

〈그림 30-12〉

"Group number 1"를 더블클릭해보자. 〈그림 30-13〉과 같은 창이 새로이 생성될 것이다. 아래에서 설명하는 데로 "Group number 1"를 "fulltime"으로 직접 입력하고 "New"를 클릭한다. 그러면 "Group number 2"가 나타난다. 이 역시 같은 방법으로 "parttime"으로 입력하고 "Close"를 클릭하면 된다. 이러한 단계를 수행하면 최종적으로 〈그림 30-14〉와 같이 왼쪽창에는 fulltime, parttime이 나타난다.

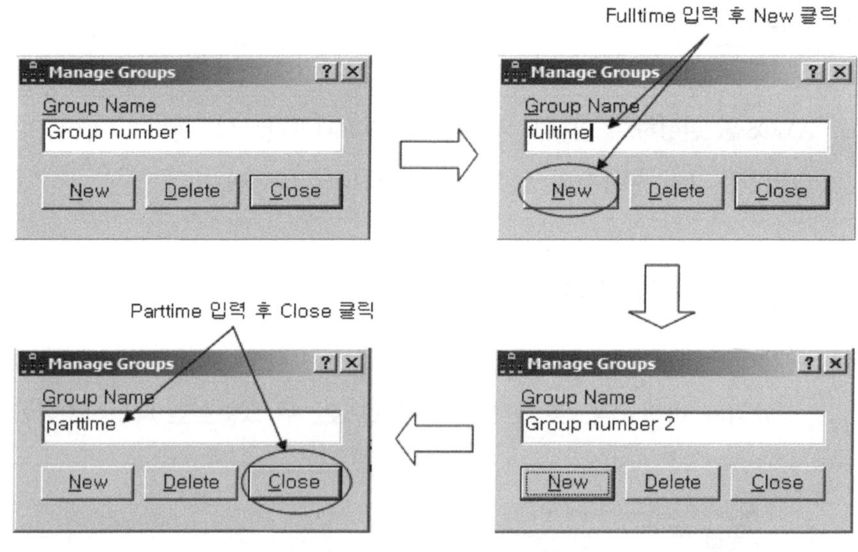

〈그림 30-13〉

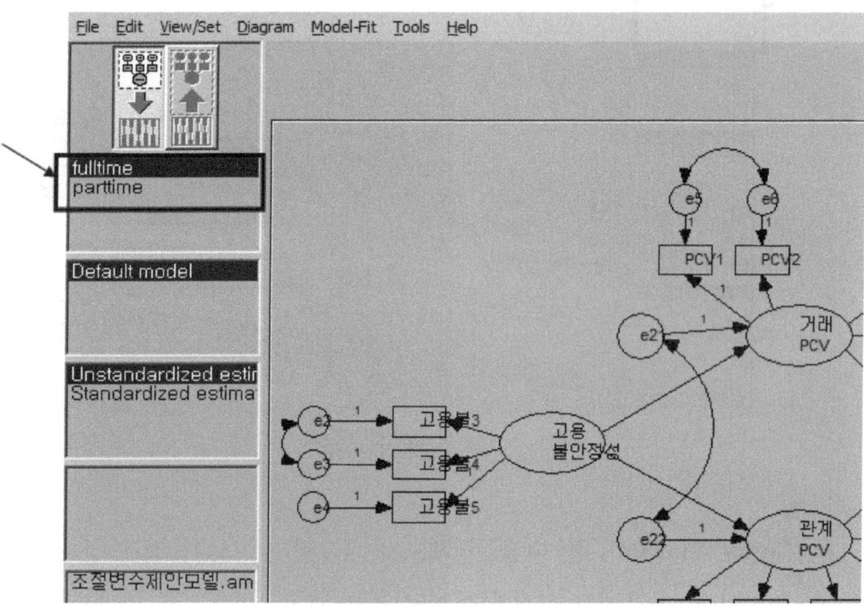

〈그림 30-14〉

2) 경로선에 이름을 부여한다

각각의 경로선에 이름을 부여야 한다. "조절효과제안모델"에서 경로선은 총 6개인데, 각각의 경로선에 이름을 부여해야 한다. 먼저, 〈그림 30-15〉와 같이 왼쪽에서 “fulltime”을 선택하고, “고용불안정성➡거래심리적계약위반” 경로를 더블 클릭하자. 그러면, “Object Properties” 창이 생성되는데 여기서 Parameters를 선택하고 Regression weight에 a1를 입력한다. a1은 임의로 입력하는 숫자이므로, 크게 신경 쓰지 않는다. 중요한 것은 fulltime과 parttime의 경로명이 달라야 한다는 것이다. fulltime은 각각의 경로를 나름의 순서에 입각해서 a1, a2, a3, a4, a5, a6로 입력한다. 그 후 〈그림 30-16〉과 같이 parttime도 fulltime의 순서에 동일하게 b1, b2, b3, b4, b5, b6를 입력한다. 좀 더 자세한 사항은 〈표 30-2〉를 참고한다.

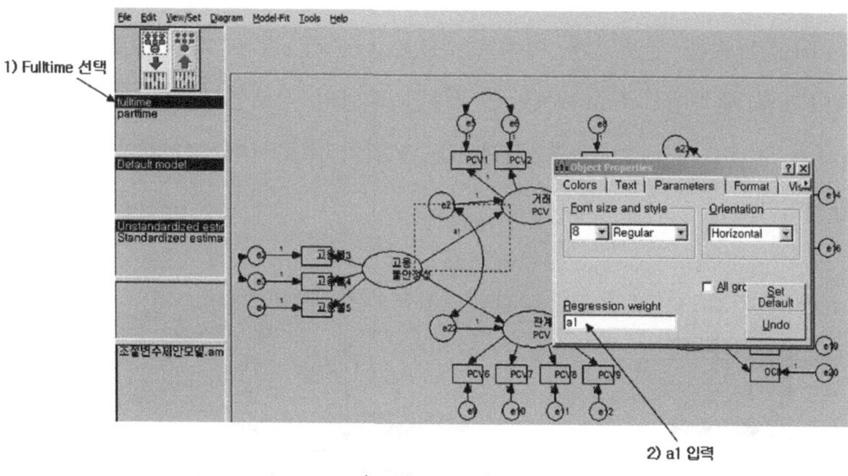

〈그림 30-15〉

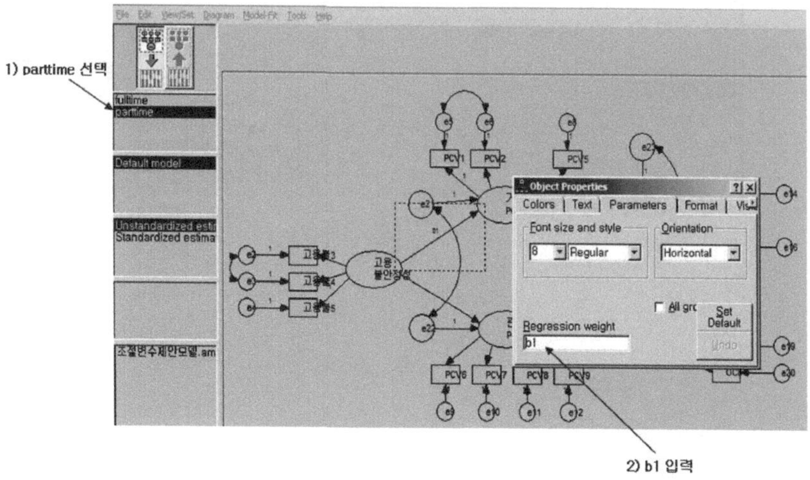

1) parttime 선택

2) b1 입력

〈그림 30-16〉

〈표 30-2〉 경로명

경 로	fulltime 경로명	parttime 경로명
고용불안정성 ➡ 거래심리적계약위반	a1	b1
고용불안정성 ➡ 관계심리적계약위반	a2	b2
거래심리적계약위반 ➡ 정서적몰입	a3	b3
거래심리적계약위반 ➡ 유지적몰입	a4	b4
관계심리적계약위반 ➡ 정서적몰입	a5	b5
관계심리적계약위반 ➡ 유지적몰입	a6	b6

모든 과정을 완벽하게 마치고 나면, 다음과 같은 화면으로 된다. 〈그림 30-17〉의 왼쪽에서 fulltime을 선택하면 모델의 경로선이 a1~a6까지 나타나고, 〈그림 30-18〉의 parttime를 선택하면 모델의 경로선이 b1~b6까지 나타난다면 완성이다.

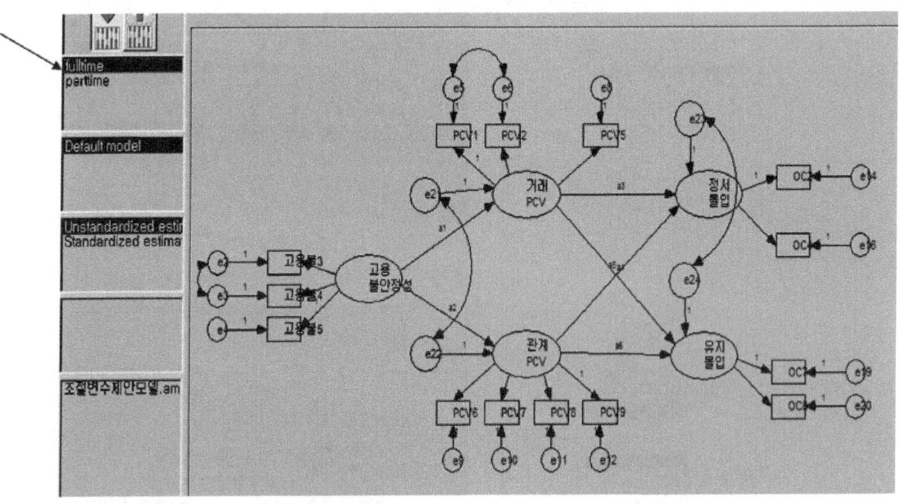

〈그림 30-17〉

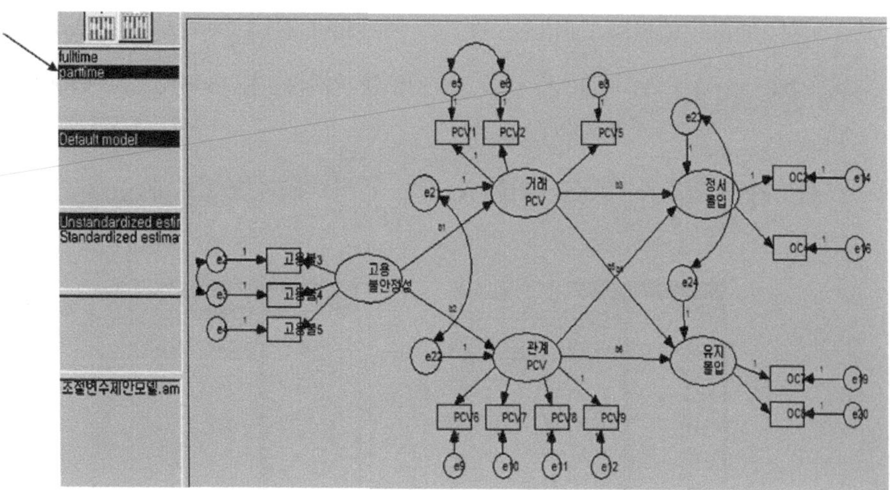

〈그림 30-18〉

3) 비제약모델과 제약모델을 설정하자

조절효과 검정을 위한 다음 단계로 비제약모델과 제약모델을 설정해야 한다. 〈그림 30-19〉와 같이 "Default model"를 더블클릭하자.

Default model를 더블클릭하면 〈그림 30-20〉과 같은 화면이 생성되는데, 여기서 Default model를 삭제하고 "비제약모델"로 입력한다. 그 후 New를 클릭하면, Model Number 2가 나타나는데 이를 삭제하고 "제약모델"로 입력한다.

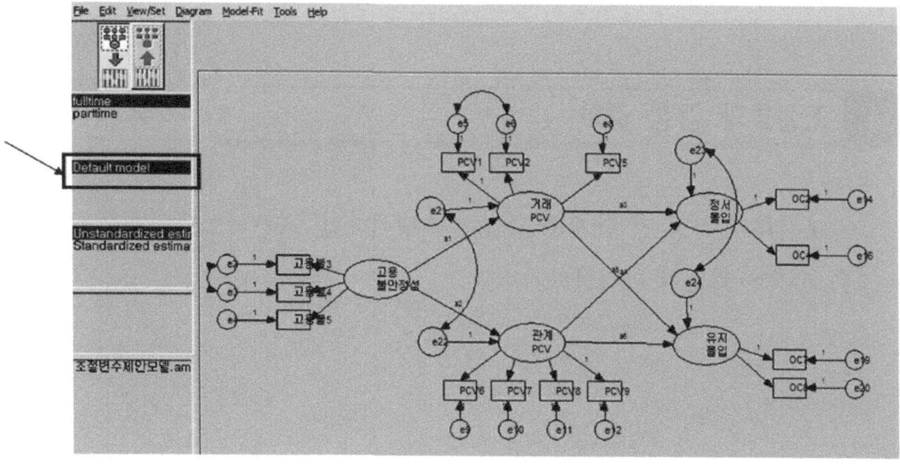

〈그림 30-19〉

그 후 fulltime 경로와 parttime 경로를 제약해야 한다. 제약하는 방법은 a1 = b1, a2 = b2, a3 = b3, a4 = b4, a5 = b5, a6 = b6를 입력한다. 마지막으로 Close를 누른다.

이로써 조절효과 검정을 위한 단계는 끝이 나고, 조절효과 분석을 실시하면 된다.

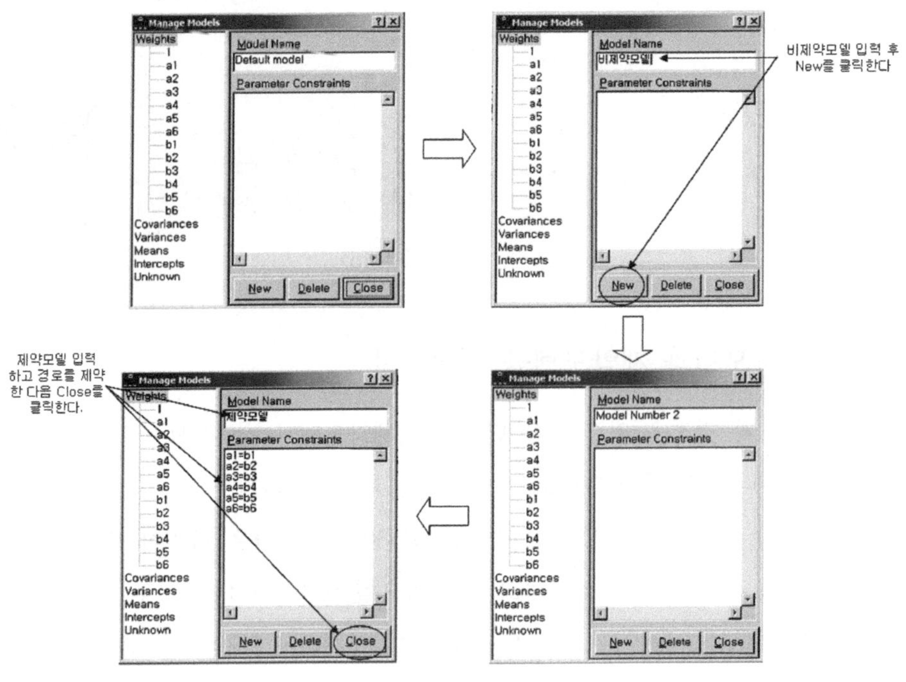

〈그림 30-20〉

4 조절효과 검정 결과

조절효과 검정 전 단계를 충실히 수행했다면, 최종적으로 〈그림 30-21〉과 같은 AMOS 화면이 나타난다.

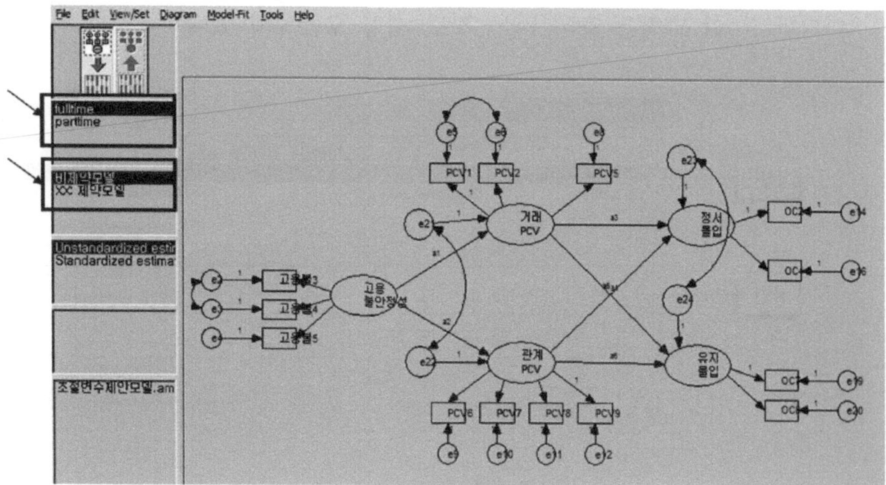

〈그림 30-21〉

1) 조절효과 분석 방법

조절효과를 분석하기 위해서는 다음과 과정을 반드시 거쳐야 한다. 먼저, 〈그림 30-22〉와 같이 File에서 Data Files를 선택한다. 그러면 〈그림 30-23〉과 같은 창이 생성될 것이다.

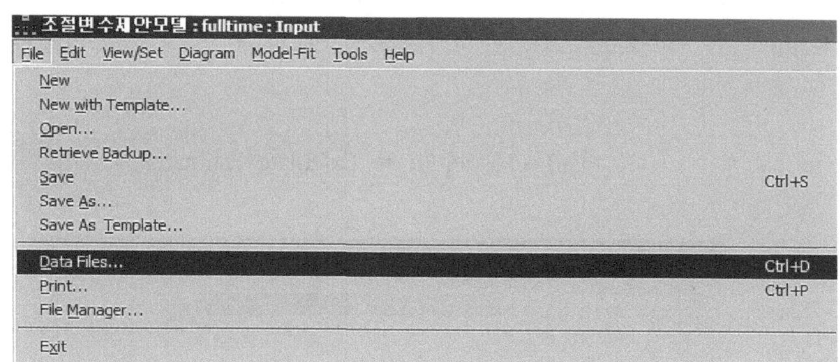

〈그림 30-22〉

Data Files 창이 나타나면, 1번 fulltime을 마우스로 선택하고, 2번 File Name을 클릭한다. 그 후에 각자 컴퓨터에 저장된 SPSS 파일 "fulltime"(이 파일은 앞에서 새로운 이름으로 이미 저장해 둔 파일이다)을 선택하고 열기를 클릭한다. 그 후에 3번 OK를 한다. 그러면 fulltime 오른쪽에 fulltime.sav 파일이 나타난다. 이 파일은 286부라는 것도 제일 오른쪽에 있다.

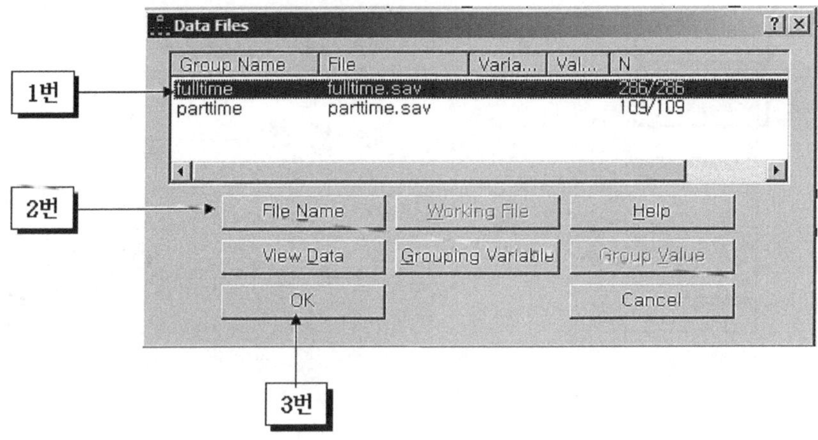

〈그림 30-23〉

마찬가지로 parttime도 마우스로 선택한 후, File name를 클릭하여 컴퓨터에 저장된 SPSS파일 "parttime"를 열기한다. 그러면 위의 화면과 같이 구성될 것이다.

그 후에 〈그림 30-24〉와 같이 메뉴에서 Model-Fit를 선택하고 Calculate Estimates를 클릭하자. 그러면 분석결과가 도출된다.

메뉴〉 Model-Fit ➡ Calculate Estimates

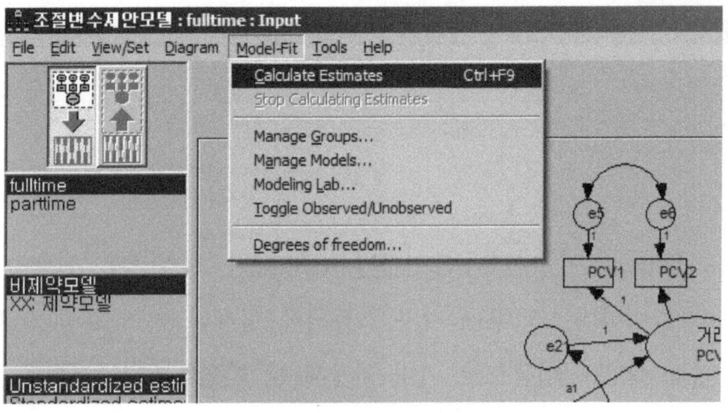

〈그림 30-24〉

2) 조절효과 검정결과

메뉴〉 View/Set에서 Table Output를 선택하면, 〈그림 30-25〉와 같은 분석결과를 볼 수 있다. 그 중 제일 먼저 조절효과가 유무를 파악해야 한다.

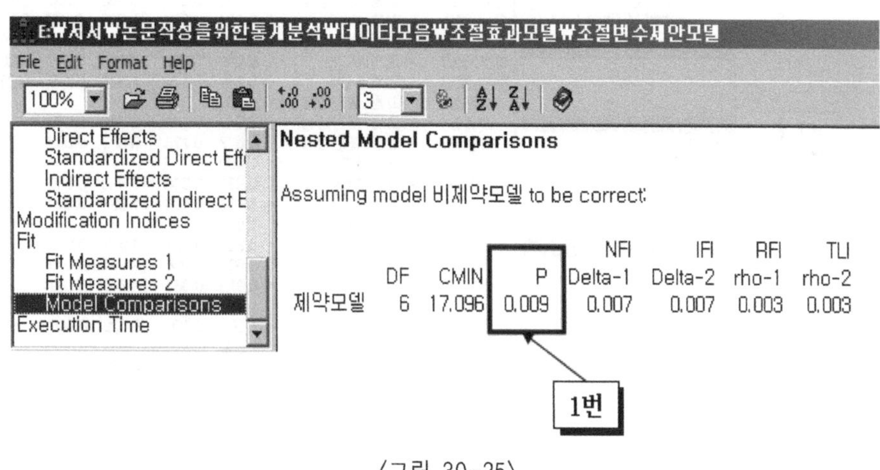

〈그림 30-25〉

1번 왼쪽 창에서 아래로 내려오면, "Model Comparisons"이 있는데 여기서 조절효과 결과를 알 수 있다.

본 연구의 조절효과 결과는 p = 0.009로 나타났다. 이는 귀무가설을 기각하고 연구가설을 채택한다는 의미이다. 따라서 본 모델에서 고용형태는 조절효과가 있다고 할 수 있다.

- 귀무가설 H_0 = 고용형태는 조절효과가 없다.
- 연구가설 H_1 = 고용형태는 조절효과가 있다.

2번 조절효과 검정결과 조절효과가 있는 것으로 나타났다는 것은 정규직과 비정규직 간에는 분석결과에 차이가 있다는 말이다. 구체적인 분석결과의 차이는 〈그림 30-26〉의 Regression Weights에서 알 수 있다. 이를 클릭해보자,

그러면 오른쪽에서 경로계수가 나타날 것이다.

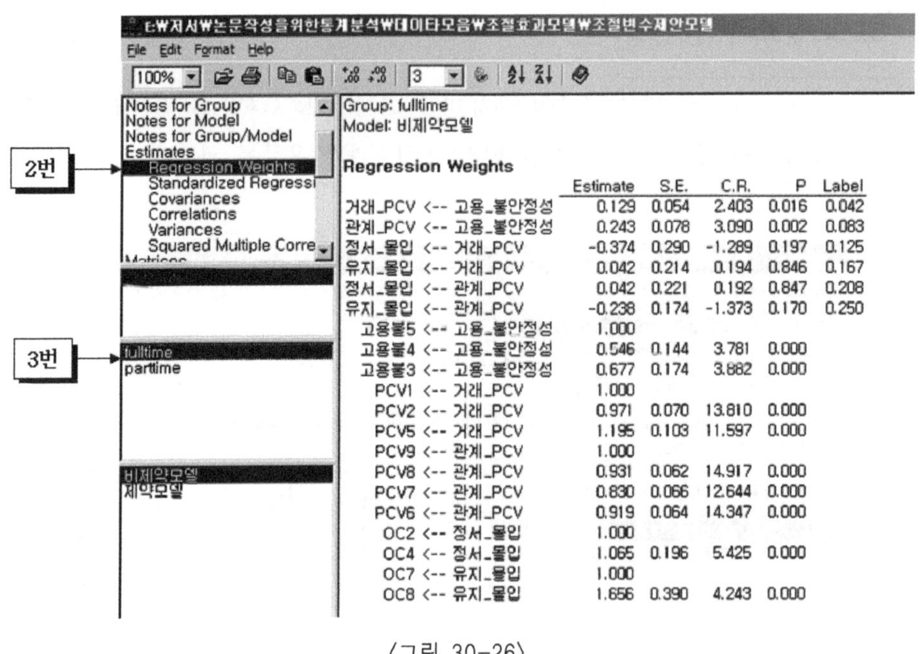

Regression Weights

			Estimate	S.E.	C.R.	P	Label
거래_PCV	<--	고용_불안정성	0.129	0.054	2.403	0.016	0.042
관계_PCV	<--	고용_불안정성	0.243	0.078	3.090	0.002	0.083
정서_몰입	<--	거래_PCV	-0.374	0.290	-1.289	0.197	0.125
유지_몰입	<--	거래_PCV	0.042	0.214	0.194	0.846	0.167
정서_몰입	<--	관계_PCV	0.042	0.221	0.192	0.847	0.208
유지_몰입	<--	관계_PCV	-0.238	0.174	-1.373	0.170	0.250
고용불5	<--	고용_불안정성	1.000				
고용불4	<--	고용_불안정성	0.546	0.144	3.781	0.000	
고용불3	<--	고용_불안정성	0.677	0.174	3.882	0.000	
PCV1	<--	거래_PCV	1.000				
PCV2	<--	거래_PCV	0.971	0.070	13.810	0.000	
PCV5	<--	거래_PCV	1.195	0.103	11.597	0.000	
PCV9	<--	관계_PCV	1.000				
PCV8	<--	관계_PCV	0.931	0.062	14.917	0.000	
PCV7	<--	관계_PCV	0.830	0.066	12.644	0.000	
PCV6	<--	관계_PCV	0.919	0.064	14.347	0.000	
OC2	<--	정서_몰입	1.000				
OC4	<--	정서_몰입	1.065	0.196	5.425	0.000	
OC7	<--	유지_몰입	1.000				
OC8	<--	유지_몰입	1.656	0.390	4.243	0.000	

〈그림 30-26〉

3번 경로계수를 파악하는데 방법은 다음과 같다. “fulltime”을 선택하면 정규직의 분석결과가 나타나고, “parttime”을 선택하면 비정규직의 분석결과가 나타난다.

다음에 나오는 〈표 30-3〉를 보면, 정규직의 경우에는 고용불안정성이 거래/관계 심리적 계약위반에 영향을 미치는 것으로 나타났고, 비정규직의 경우에는 고용불안정성이 거래/관계 심리적 계약위반 뿐만 아니라 거래심리적계약위반이 정서적 몰입에도 영향을 미치는 것으로 나타났다. 또한 정규직의 경우에는 고용불안정성이 거래심리적계약위반 보다 관계심리적계약위반에 더 많은 영향을 미치지만, 비정규직의 경우에는 거래심리적계약위반에 더 많은 영향을 미치고 있다. 이와 같이 정규직과 비정규직 간에는 분석결과에서 차이가 있는 것으로 나타난다.

〈표 30-3〉 정규직과 비정규직의 경로계수

구 분	정규직 분석결과	비정규직 분석결과
	C.R.(p값)	C.R./p값
고용불안정성 ➡ 거래심리적계약위반	2.403(0.016)	3.244(0.001)
고용불안정성 ➡ 관계심리적계약위반	3.090(0.002)	2.541(0.011)
거래심리적계약위반 ➡ 정서적몰입	-1.289(0.197)	-2.158(0.031)
거래심리적계약위반 ➡ 유지적몰입	0.194(0.846)	-1.300(0.194)
관계심리적계약위반 ➡ 정서적몰입	0.192(0.847)	1.221(0.222)
관계심리적계약위반 ➡ 유지적몰입	-1.373(0.170)	0.748(0.454)

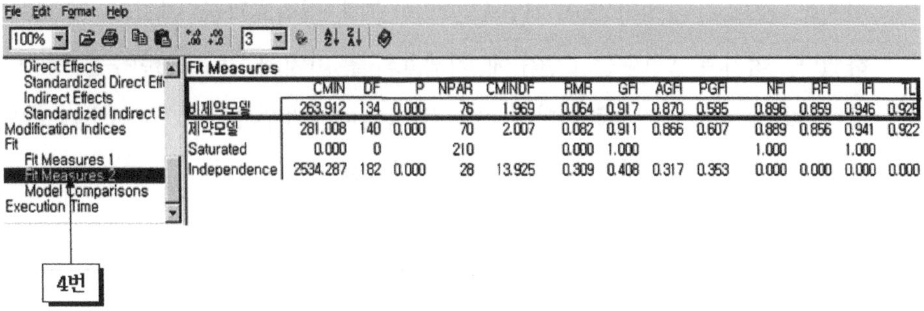

File Edit Format Help

Direct Effects
Standardized Direct Eff
Indirect Effects
Standardized Indirect E
Modification Indices
Fit
Fit Measures 1
Fit Measures 2
Model Comparisons
Execution Time

Fit Measures

	CMIN	DF	P	NPAR	CMINDF	RMR	GFI	AGFI	PGFI	NFI	RFI	IFI	TLI
비제약모델	263.912	134	0.000	76	1.969	0.064	0.917	0.870	0.585	0.896	0.859	0.946	0.929
제약모델	281.008	140	0.000	70	2.007	0.082	0.911	0.866	0.607	0.889	0.856	0.941	0.922
Saturated	0.000	0		210		0.000	1.000			1.000		1.000	
Independence	2534.287	182	0.000	28	13.925	0.309	0.408	0.317	0.353	0.000	0.000	0.000	0.000

4번

〈그림 30-27〉

4번 〈그림 30-27〉의 Fit Measures 2를 클릭하면, 조절효과를 검정한 모델의 적합도를 알 수 있다. 여기서는 비제약모델의 결과를 보면 된다. 적합도는 전반적으로 수용가능하다는 것을 알 수 있다.

■□□ 제31강 □□■

간접효과의 검정

1 간접효과 검정을 위한 연구 상황

간접효과란 독립변수가 종속변수에 영향을 미칠 때, 매개변수에 의해 매개되는 것을 의미한다. 예를 들어 〈그림 31-1〉를 보면, A변수는 B변수에 직접효과를 미치는 것으로 가정하였고, B변수는 C변수에 직접효과를 미치는 것으로 가정하였다. 여기서 A변수는 C변수에 직접효과를 미치지 않고, B변수를 통해 효과를 미치는 것으로 가정하였다. 즉, B변수는 매개변수가 되고, A변수는 C변수에 간접효과를 미치는 것으로 연구모형을 설정한 것이 된다.

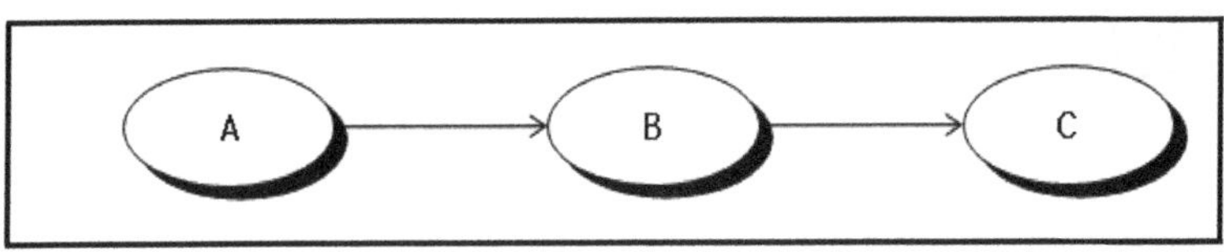

〈그림 31-1〉

본서 제 3부의 연구모형인 〈그림 31-2〉를 기준으로 설명하면 다음과 같다. 연구모형의 경로도를 살펴보면, 관광만족은 신체적 스트레스에 직접효과를 미치는 것으로 가정되어 있고, 신체적 스트레스 역시 생활만족도에 직접효과를 미치는 것으로 가정되어 있다. 또한 관광만족과 생활만족도 간의 경로 역시 직접효과를 미치는 것으로 가정되어 있다. 여기서 관광만족과 생활만족도 간에는 직접효과 외에 간접효과도 존재하게 된다. 즉, 관광만족과 생활만족도 간에는 신체적 스트레스와 정서적 스트레스를 통해 영향을 미칠 수도 있는 것이다. 이때 신체적 스트레스와 정서적 스트레스는 매개변수가 되고, 이를 통해 효과를 검정하는 것이 간접효과 검정이 된다. 이와 마찬가지로 여가만족와 생활만족도 간에도 신체

적 스트레스와 정서적 스트레스를 통한 간접효과가 존재하게 된다.

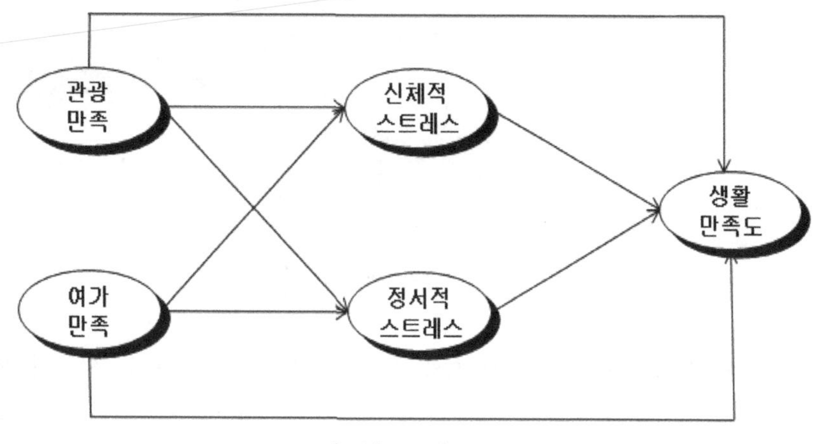

〈그림 31-2〉

2 간접효과 검정 방법

사용되는 file명 : 제3부-1

1) 간접효과 검정 절차

(1) 먼저, AMOS창에 제 28강에서 분석한 최종적으로 수정한 제안모델(그림 28-6)을 연다. 만약 독자 여러분들이 최종 수정한 제안모델을 저장하지 않았다면, 다시 분석을 실시해야 한다.

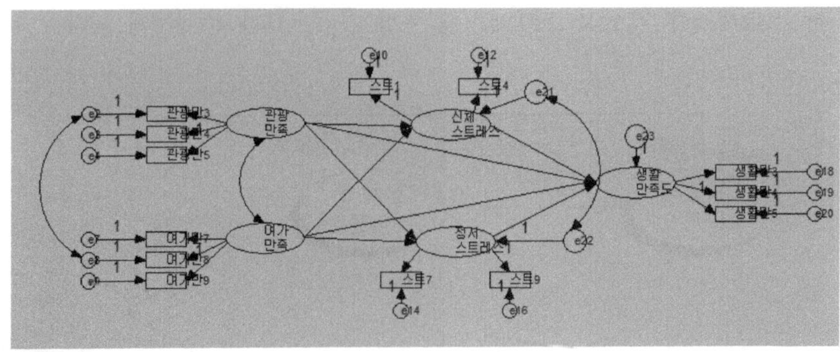

〈그림 31-3〉

(2) **메뉴〉 View/Set**에서 **Analysis Properties...**를 클릭하고, 새로이 생성되는 **Analysis Properties** 창에서 Output를 선택하자. 여기서 Standardized estimates와 Indirect, direct & total effects를 클릭하자.〈그림 31-4참고〉

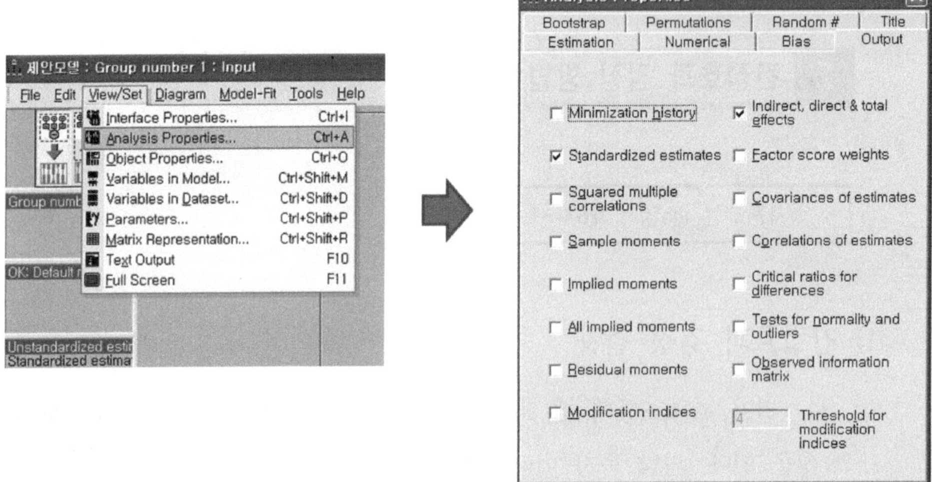

〈그림 31-4〉

(3) 메뉴〉 Model-Fit에서 Calculate Estimates를 클릭하자. 그러면 AMOS는 분석을 실행한다.〈그림 31-5참고〉

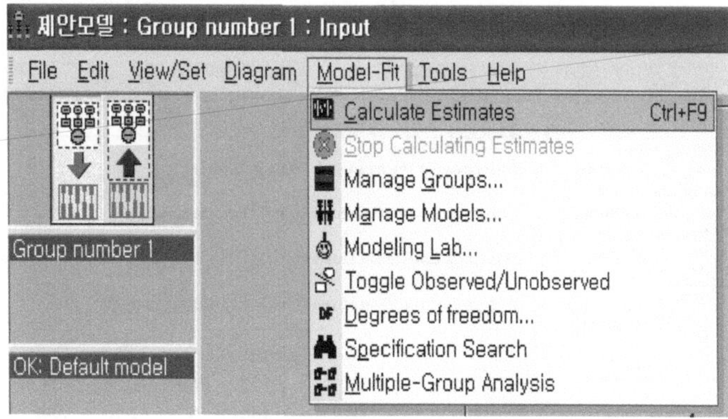

〈그림 31-5〉

(4) 분석을 실행한 후, View/Set에서 Text Output를 선택한다. 그러면 분석결과가 나타날 것이다.〈그림 31-6참고〉

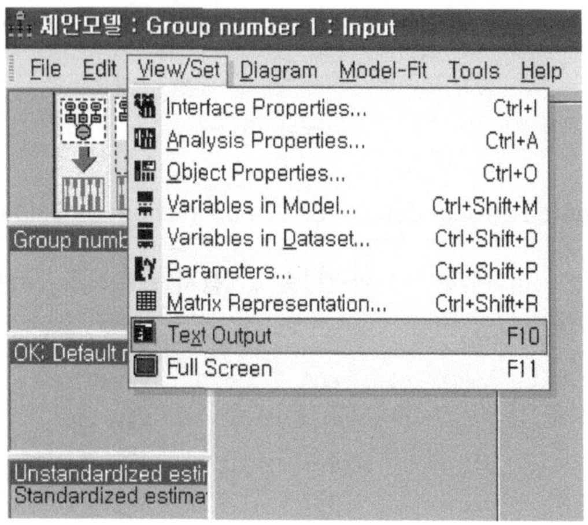

〈그림 31-6〉

2) 간접효과 분석결과 해석방법

간접효과 검정결과를 보기 위하여 View/Set에서 Text Output를 선택한 후, Estimates를 클릭하면 〈그림 31-7〉과 같은 화면이 나타난다. 여기서 제일 마지막 부분에 있는 **Standardized Indirect Effects(Group number 1-Default model)의 결과를 참고하면 된다.**

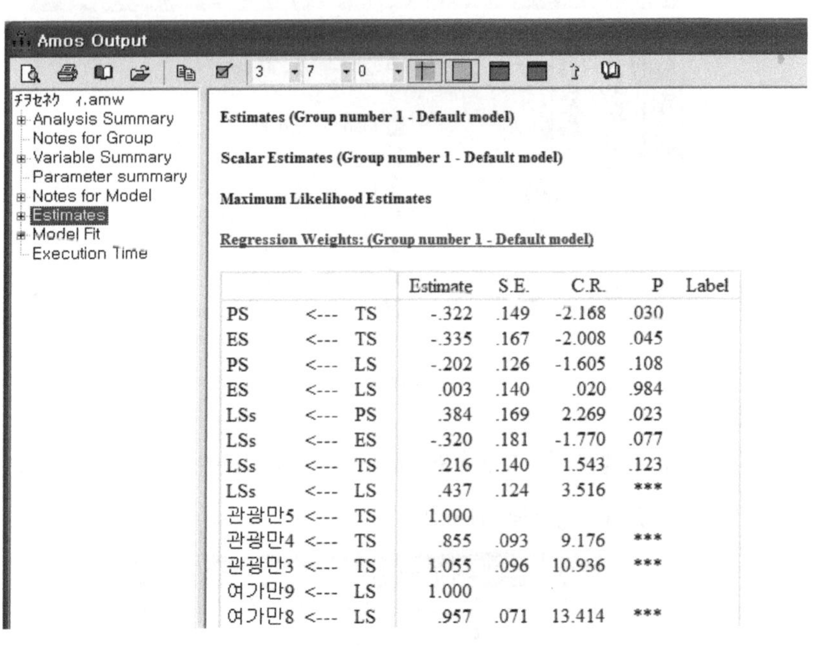
Amos Output

3 7 0

チﾇセﾈｸ ｨ.amw
Analysis Summary
Notes for Group
Variable Summary
Parameter summary
Notes for Model
Estimates
Model Fit
Execution Time

Estimates (Group number 1 - Default model)

Scalar Estimates (Group number 1 - Default model)

Maximum Likelihood Estimates

Regression Weights: (Group number 1 - Default model)

			Estimate	S.E.	C.R.	P	Label
PS	<---	TS	-.322	.149	-2.168	.030	
ES	<---	TS	-.335	.167	-2.008	.045	
PS	<---	LS	-.202	.126	-1.605	.108	
ES	<---	LS	.003	.140	.020	.984	
LSs	<---	PS	.384	.169	2.269	.023	
LSs	<---	ES	-.320	.181	-1.770	.077	
LSs	<---	TS	.216	.140	1.543	.123	
LSs	<---	LS	.437	.124	3.516	***	
관광만5	<---	TS	1.000				
관광만4	<---	TS	.855	.093	9.176	***	
관광만3	<---	TS	1.055	.096	10.936	***	
여가만9	<---	LS	1.000				
여가만8	<---	LS	.957	.071	13.414	***	

〈그림 31-7〉

Standardized Indirect Effects(Group number 1-Default model)

	여가만족	관광만족	정서 스트레스	신체 스트레스	생활 만족도
정서 스트레스	.000	.000	.000	.000	.000
신체 스트레스	.000	.000	.000	.000	.000
생활만족도	-.084	-.015	.000	.000	.000
생활만5	.312	.153	-.255	.318	.000
생활만4	.322	.157	-.263	.328	.000
생활만3	.294	.144	-.240	.299	.000
스트7	.002	-.214	.000	.000	.000
스트9	.002	-.222	.000	.000	.000
스트4	-.178	-.248	.000	.000	.000
스트1	-.157	-.219	.000	.000	.000
여가만7	.000	.000	.000	.000	.000
여가만8	.000	.000	.000	.000	.000
여가만9	.000	.000	.000	.000	.000
관광만3	.000	.000	.000	.000	.000
관광만4	.000	.000	.000	.000	.000
관광만5	.000	.000	.000	.000	.000

〈표 31-1〉

〈표 31-1〉은 간접효과 추정결과이다. 제안모델에서 간접효과가 나타날 수 있는 경로는 여가만족과 생활만족도, 관광만족과 생활만족도 간의 관계에서만 나타날 수 있다. 분석결과에서도 여가만족과 생활만족도 간에는 -.084, 관광만족과 생활만족도 간에는 -.015의 수치를 보이고 있다. 즉, 여가만족이 신체적 스트레스와 정서적 스트레스를 통해 생활만족도에 -.084만큼 간접적으로 영향을 미치고 있고, 관광만족도 역시 신체적 스트레스와 정서적 스트레스를 통해 생활만족도에 -.015 만큼 간접적으로 영향을 미친다는 의미이다. 이때 나타나는 수치는 경로계수 값이며, 여기서는 유의확률(p값)은 제시되어 있지 않다. 그런데 안타깝게도 경로계수 값만으로 통계적 유의수준하에서 간접효과 유무를 파악할 수 없다. 따라서 p값을 알아야한다. **AMOS에서 간접효과의 p값을 확인하기 위해서는 Bootstrap를 이용하여야 한다.**

3 Bootstrap를 이용한 간접효과 p값 확인하는 방법

1) Bootstrap를 이용한 간접효과 p값 확인하기

AMOS에서는 유의확률을 제시하지 않고 계수값 만을 보여주고 p값은 Bootstrap를 이용하여야 하는 분석들이 있다. 본서에서는 간접효과 p값과 26강(3번)에서 언급한 상관계수의 p값 등이 Bootstrap를 이용하여야 한다. Bootstrap를 이용한 분석방법을 살펴보자. 어려운 것이 없으니 교재에서 제시한데로 따라하기만 하면 된다.

(1) 먼저, View/Set에서 **Analysis Properties...**를 클릭하고, 새로이 생성되는 **Analysis Properties** 창에서 **Bootstrap**를 선택하자. 〈그림 31-8〉의 가운데 그림이 나타날 것이다. 여기서 Perform bootstrap를 체크하고, Number of bootstrap은 임의 설정하면 된다. 본서에서는 500을 입력하였다. Bias-corrected confidence intervals는 95% 신뢰구간으로 설정 한다. 그 다음은 오른쪽 그림과 같이 Output 탭을 클릭하고, 우리가 알려고 하는 것인 표준화된 간접효과이므로 Standardized estimates

와 Indirect, direct & total effects를 체크하면 된다.

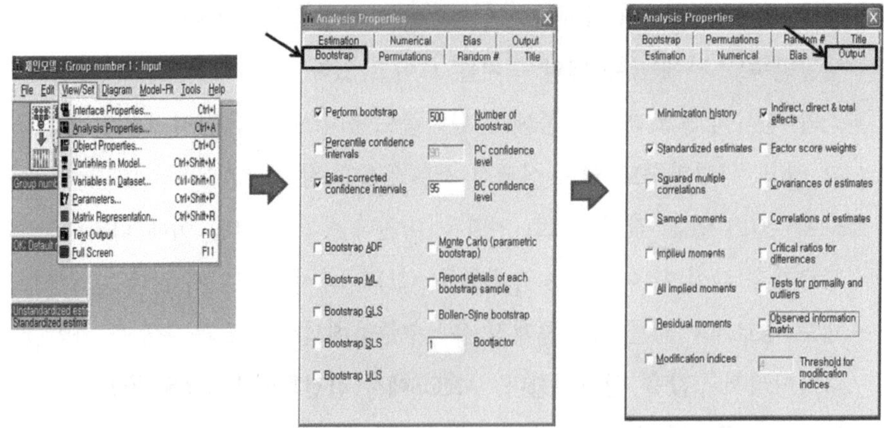

〈그림 31-8〉

(2) 메뉴〉 Model-Fit에서 Calculate Estimates를 클릭하자. 그러면 AMOS는 분석을 실행한다.〈그림 31-9참고〉

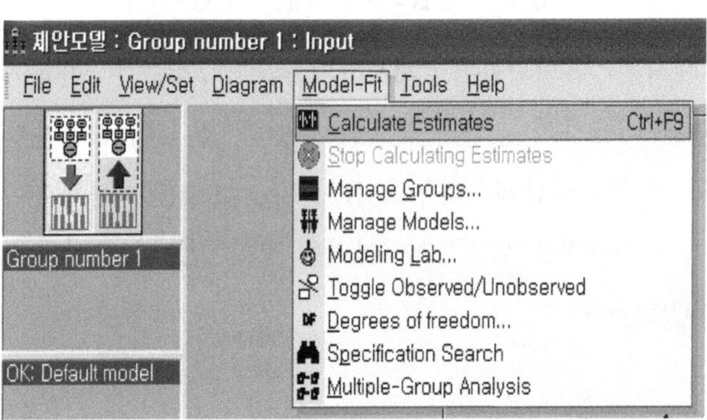

〈그림 31-9〉

(3) 분석을 실행한 후, View/Set에서 Text Output를 선택한다. 그러면 분석결과가 나타날 것이다.〈그림 31-10참고〉

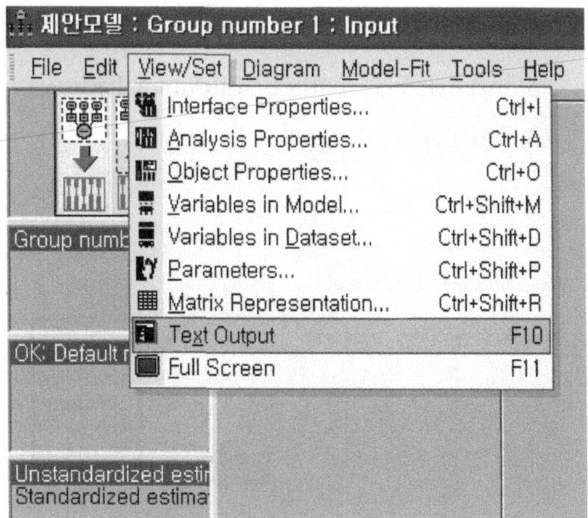

〈그림 31-10〉

(4) Output 창에서 Estimates를 한번 클릭하면, 〈그림 31-11〉과 같이 나타날 것이다. **여기서 다음 과정이 매우 중요하다. 천천히 따라 해보자.**

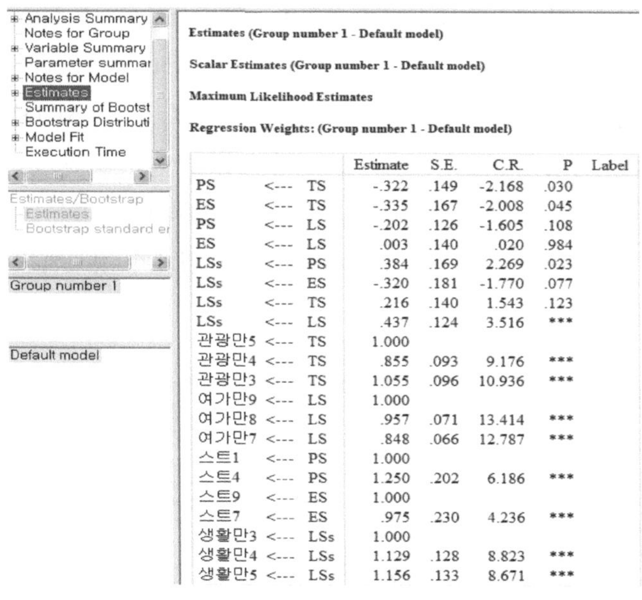

Estimates (Group number 1 - Default model)

Scalar Estimates (Group number 1 - Default model)

Maximum Likelihood Estimates

Regression Weights: (Group number 1 - Default model)

			Estimate	S.E.	C.R.	P	Label
PS	<---	TS	-.322	.149	-2.168	.030	
ES	<---	TS	-.335	.167	-2.008	.045	
PS	<---	LS	-.202	.126	-1.605	.108	
ES	<---	LS	.003	.140	.020	.984	
LSs	<---	PS	.384	.169	2.269	.023	
LSs	<---	ES	-.320	.181	-1.770	.077	
LSs	<---	TS	.216	.140	1.543	.123	
LSs	<---	LS	.437	.124	3.516	***	
관광만5	<---	TS	1.000				
관광만4	<---	TS	.855	.093	9.176	***	
관광만3	<---	TS	1.055	.096	10.936	***	
여가만9	<---	LS	1.000				
여가만8	<---	LS	.957	.071	13.414	***	
여가만7	<---	LS	.848	.066	12.787	***	
스트1	<---	PS	1.000				
스트4	<---	PS	1.250	.202	6.186	***	
스트9	<---	ES	1.000				
스트7	<---	ES	.975	.230	4.236	***	
생활만3	<---	LSs	1.000				
생활만4	<---	LSs	1.129	.128	8.823	***	
생활만5	<---	LSs	1.156	.133	8.671	***	

〈그림 31-11〉

(5) Estimates를 더블클릭하면, 〈그림 31-12〉의 왼쪽 그림과 같이 Estimates 아래에 Scalars와 Matrices가 생성된다. 여기서 다시 Matrices를 더블클릭하면

〈그림 31-12〉의 오른쪽 그림과 같이 Total Effects, Standardized Total Effects, Direct Effects, Standardized Direct Effects, Indirect Effects, Standardized Indirects Effects가 생성된다.

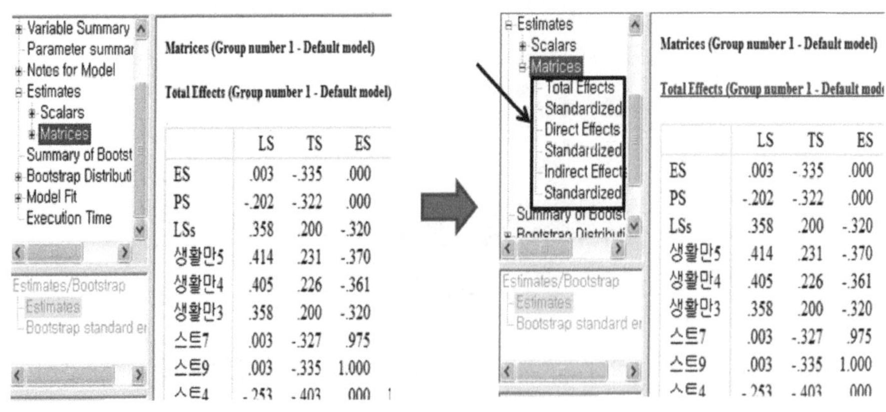

〈그림 31-12〉

(6) Total Effects, Standardized Total Effects, Direct Effects, Standardized Direct Effects, Indirect Effects, Standardized Indirects Effects에서 우리가 알고자 하는 결과는 표준화된 간접효과이다. 그러므로 〈그림 31-13〉 왼쪽 그림과 같이 Standardized Indirect Effects를 클릭하자. 클릭을 하면 오른쪽 그림과 같이 아래 부분의 Estimates/Bootstrap 부분이 활성화된다. 여기서 Bootstrap Confidence를 클릭하자. 그러면 AMOS Output창에 결과가 생성된다.

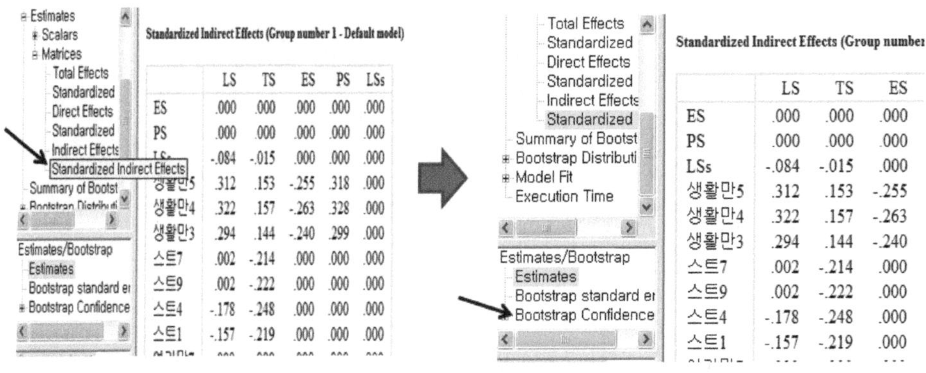

〈그림 31-13〉

(7) AMOS Output창 오른쪽에 생성된 결과 중 마지막 부분에 보면 **Standardized Indirect Effects - Two Tailed Significance**가 〈표 31-2〉와 같이 나타난다. 여기서 여가만족이 정서적 스트레스와 신체적 스트레스를 통해 생활만족에 미치는 간접효과의 p값은 .216이고, 관광만족이 정서적 스트레스와 신체적 스트레스를 통해 생활만족에 미치는 간접효과의 p값은 .954로 나타난다.

결과적으로 p값이 0.05보다 크므로 간접효과는 없다고 해석할 수 있다.

Standardized Indirect Effects - Two Tailed Significance (BC)
(Group number 1 - Default model)

	여가만족	관광만족	정서 스트레스	신체 스트레스	생활 만족도
정서 스트레스	...	...	...	...	...
신체 스트레스	...	...	...	...	...
생활만족도	**.216**	**.954**	...	...	...
생활만5	.009	.148	.204	.062	...
생활만4	.008	.171	.201	.057	...
생활만3	.008	.153	.190	.062	...
스트7	.988	.104	...	...	...
스트9	.980	.173	...	...	...
스트4	.167	.074	...	...	...
스트1	.155	.079	...	...	...
여가만7	...	...	...	...	...
여가만8	...	...	...	...	...
여가만9	...	...	...	...	...
관광만3	...	...	...	...	...
관광만4	...	...	...	...	...
관광만5	...	...	...	...	...

〈표 31-2〉

2) Bootstrap 오류발생시 해결방법

Bootstrap를 이용하여 p값을 확인하다보면, 드물게 〈그림 31-14〉와 같은 메시지가 나타날 수도 있다. 만약, 이와 같은 메시지가 나타났다면 많은 경우 오차항간 공분산 설정에 문제가 있을 가능성이 높다.

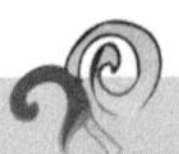

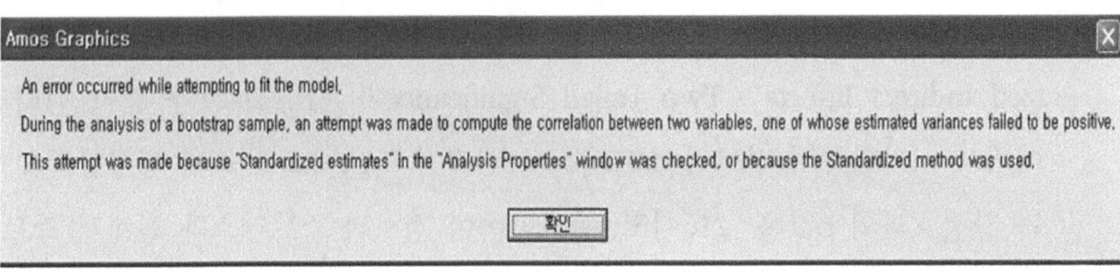

〈그림 31-14〉

우리는 **제 28강 모델의 수정 및 개량**에서 수정지수를 이용한 모델 적합도를 향상시키는 방법을 배웠다. 또한 세 가지 모델 수정방법을 통하여 수정지수를 이용하여 적합도를 향상시키는 것이 가장 좋게 나타났었다. 기억이 잘 나지 않는다면, 제 28강을 다시 참고해야 한다.

〈그림 31-15〉 왼쪽 그림은 본서에서 설명한 수정지수를 이용하여 최종 적합도를 생성시킨 제안모델이다. 여기서 오른쪽 그림과 같이 e7번 ↔ e16번 간 공분산을 설정하기로 가정해보자. 물론 측정변수의 오차항과 잠재변수의 오차항간에 공분산을 설정한다는 것은 공분산 설정 원칙에 위배되는 사항이지만, 설명의 편의를 위하여 공분산을 설정하였다. 각자 분석을 실시해보자. 〈그림 31-14〉와 같은 오류 메시지가 나타날 것이다. 따라서 간접효과를 검정하는 논문을 작성할 때는 최종 제안모델을 결정하기 전에 Bootstrap를 이용하여 먼저 p값 확인 가능 여부를 보아야 한다. **만약 오류 메시지가 나타난다면 가장 먼저 공분산 설정에 의심을 가지고 해당 공분산을 제거 해야 한다.**

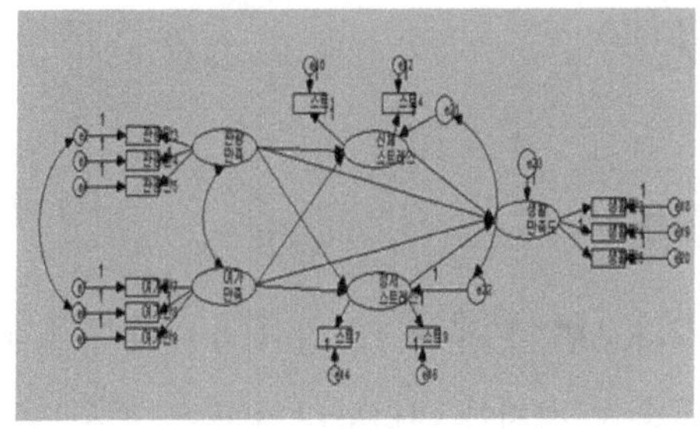
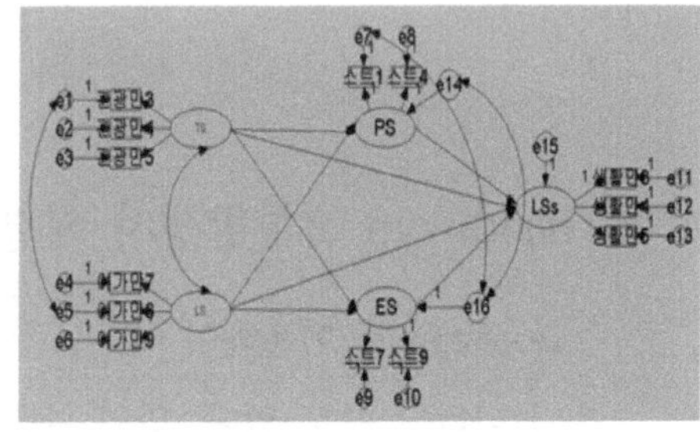

〈그림 31-15〉

4 논문에서 간접효과 검정결과 제시방법

간접효과 검정결과를 논문에 제시하고자 할 때, 일반적으로 아래의 표와 같이 제시하면 된다. 본서의 제 29강 〈표 29-5〉 가설 검정결과에서 간접효과 검정결과를 추가하면 된다.

간접효과 유무에 대한 일반적 해석은 다음과 같다. 관광만족은 신체적 스트레스와 정서적 스트레스를 경유하여 생활만족도에 미치는 간접효과는 p값이 .954로 간접효과는 없는 것으로 나타났다. 또한 여가만족 역시 신체적 스트레스와 정서적 스트레스를 경유하여 생활만족도에 미치는 간접효과는 p값이 .216으로 나타나 간접효과가 없는 것으로 밝혀졌다.

경로(가설)	계수값	C.R.	p값	간접효과	
				계수값	p값
관광만족 → 신체적스트레스 (H1)	-0.322	-2.168	0.030*		
관광만족 → 정서적스트레스 (H2)	-0.335	-2.008	0.045*		
여가만족 → 신체적스트레스 (H3)	-0.202	-1.605	0.108		
여가만족 → 정서적스트레스 (H4)	0.003	0.020	0.984		
신체적스트레스 → 생활만족도 (H5)	0.444	2.279	0.023		
정서적스트레스 → 생활만족도 (H6)	-0.370	-1.774	0.076		
관광만족 → 생활만족도 (H7)	0.250	1.547	0.122	-.015	.954
여가만족 → 생활만족도 (H8)	0.505	3.554	0.000**	-.084	.216
제안모델 적합도	χ^2 = 86.824, χ^2/df = 1.608, p = 0.003, GFI = 0.914, AGFI = 0.855, CFI = 0.960, RMR = 0.048, RMSEA = 0.070, NFI = 0.902, IFI = 0.961				

*p<.05, **p<.01

 Bootstrap를 이용한 상관계수 유의수준 확인하는 방법

제 26강 측정모델 타당성 평가 3번에서 AMOS에서 상관계수 값만 제시되어 있다고 하였다. 상관계수의 유의확률을 확인하기 위해서는 Bootstrap를 이용하여 확인해야 한다. Bootstrap를 이용하는 방법은 앞에서 설명한 간접효과 p값을 확인하는 방법과 동일하다. 단, 상관계수 p값을 확인하기 위해서는 View/Set ➡ **Analysis Properties...**에서 Correlations of estimates를 체크하여야 한다. 그 후 분석을 실시하면 AMOS Output창이 생성되는데, 여기서 Estimates 더블클릭, Scalars 클릭, 확인하고자 하는 Correlations 클릭하면 아래의 Estimate/Bootstrap가 활성화된다. 여기서 Bootstrap Confidence를 클릭하면 측정모델의 상관계수 p값을 확인할 수 있다.

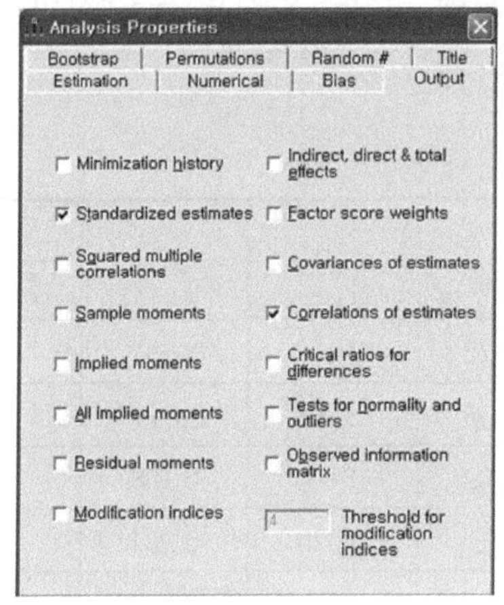

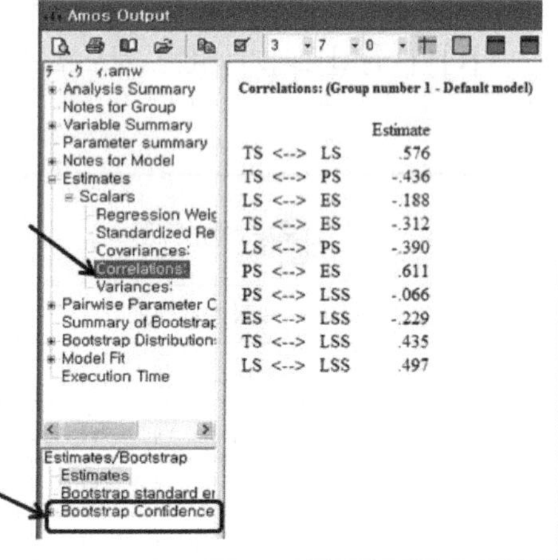

참고문헌

■ **국내문헌**

강병서(2002). 인과분석을 위한 연구방법론. 무역경영사.

강병서, 김계수(1998). 사회과학통계분석. 고려정보산업.

김범종(1997). 연구조사 방법론 워크북. 도서출판 석정.

노형진(2003). SPSS/Amos에 의한 사회조사분석. 형설출판사.

노형진(2003). 한글 SPSS 10.0에 의한 알기 쉬운 다변량분석. 형설출판사.

노형진, 정한열(2001). 한글 SPSS 10.0 기초에서 응용까지. 형설출판사.

배병렬(2007). Amos 7에의한 구조방정식모델링. 도서출판 청람.

우수명(2006). 마우스로 잡는 SPSS for Window 12.0. 인간과복지.

정충영, 최이규(1998). SPSSWIN을 이용한 통계분석. 무역경영사.

조현철(2003). 구조방정식모델 SIMPLIS & AMOS. 도서출판 석정.

채서일(2000). 사회과학조사방법론. 학현사.

최인규, 허준(2000). 구조방정식 모형과 경로분석, SPSS 아카데미.

허준, 최인규(2000). AMOS를 이용한 구조방정식 모형과 경로분석. 고려정보산업.

■ **국외문헌**

Anderson, J. C., and D. W. Gerbing(1992). Assumptions and Comparative Strengths of the Two-Step Approach : Comment on Fornell and Yi. *Sociological Methods and Research*, 20, 321-333.

Arbuckle, J. L., and Wothke, W.(1999) Amos 4.0 User's Guide. SPSS Inc.

Arbuckle, J. L.(2006). Amos 7.0 User's Guide, SPSS Inc.

Bagozzi, R. P., and T. F. Heatherton(1994). A General Approach to Representing Multifaceted Personality Constructs : Application to State Self-Esteem. *Structural Equation Modeling*, 1(1), 35-67.

Baumgartner, H., AND C. Homburg(1996). Applicaitons of Structural Equation Modeling in Marketing and Consumer Research : A Review. *International Journal of Reserach in Marketing*, 13, 139-161.

Bentler, P. M., and D. G. Bonett(1980). Significance Tests and Goodness of Fit in the Analysis of Covariance Structures. *Psychological Bulletin*, 88, 588-606.

Loehlin, J. C.(1992). *Latent Variable Models an Introduction to Factor, Path, and Structural Analysis.* 2nd ed., Lawrence Erlbaum Associates, Publishers, Hillsdale, New Jersey.

SPSS(2004). SPSS Base 12.0 Applications Guide. SPSS Inc.

Index

저자

송지준

현(現) 영남사이버대학교 경영학과 교수로 재직 중이며, easy SPSS/AMOS 논문통계분석연구원(www.easyspss.com) 대표원장이다. 경영학박사이며, 논문통계분석연구원과 전국 국·공립/사립 대학원에서 논문통계 특강을 정기적으로 실시하고 있으며, 중소/강소/대기업 등에서 통계자문을 맡았다.

▸ Homepage: www.easyspss.com
▸ E-mail : easyspss@hanmail.net

예제파일은 21세기사 홈페이지(http://www.21cbook.co.kr) 커뮤니티→자료실에서 다운받으시기 바랍니다.

논문작성에 필요한 SPSS/AMOS 통계분석방법

개정증보 1판 1쇄 발행 2015년 10월 01일
개정증보 1판 12쇄 발행 2024년 12월 26일
저 자 송지준
발 행 인 이범만
발 행 처 **21세기사** (제406-2004-00015호)
경기도 파주시 산남로 72-16 (10882)
Tel. 031-942-7861 Fax. 031-942-7864
E-mail : 21cbook@naver.com
ISBN 978-89-8468-618-2

정가 30,000원